고려시대 전적자료집성

고려시대 전적자료집성

곽승훈 편저

혜안

緣 起

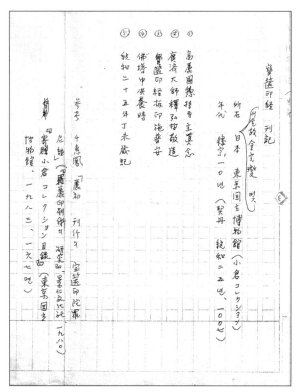

〈고려 목종 10년『보협인경』간기 : 李基白 선생님 親筆 원고〉

『고려시대 전적자료집성』은 위의 이기백 선생님 원고에서 비롯되었습니다.
곽승훈은 그 뜻을 받들어 정리하여 편저자의 이름을 외람되이 얻을 뿐,
독자들께서는 이기백 선생님이 진정한 편저자임을 알아주시기 바랍니다.

삼가 선생님께 올립니다

선생님께서는 1995년 대학원 박사과정 수업에서 고려시대 刊記 자료를 集成해야 된다고 일찍이 말씀하셨습니다. 그 때 선생님께서 내려주신 원고는 高麗 肅宗代 大覺國師가 간행한 『續藏經』을 비롯한 몇 편이었습니다. 이를 바탕으로 학기말까지 모은 것이 대략 60여 건이었습니다. 그 뒤에도 틈틈이 새로 발견되는 자료를 모았습니다만, 다시 본격적으로 모은 것은 10년여 전이었는데, 어느덧 250여 쪽이 되었습니다. 당시 선생님께서 말씀하신 것은 현재 전하고 있는 木版本에 기록된 刊記 자료였지만, 자료를 모으면서 의문이 생겨나 아래처럼 外延을 도모하였습니다.

하나는 책은 전하지 않아도 『東文選』에 수록된 序文과 跋文 속에 담긴 서적 간행의 취지입니다. 이는 당시 제가 선생님께 여쭈었는데, 좀 생각해보자고 하셨습니다. 그러나 선생님 생전에 제가 본격적인 수집을 하지 못했고, 그래서 다시 가르침을 받지 못하였습니다. 그런 도중에 여러 연구 논문들을 살피면서, 연구자들이 『高麗史』와 같은 正史를 벗어나는 자료들을 지나치는 경우를 종종 보게 되었습니다. 또한 刊記는 책을 간행하는 사람들의 활동을 살피는 것으로서, 그들이 지닌 사상적 경향을 잘 보여줍니다. 그래서 思想史를 살피는 것이 되는데, 序文과 跋文은 그 취지를 잘 알려줍니다. 이에 저의 좁은 소견으로 刊記 자료집에 이를 과감히 수용하였습니다. 연구자들이 한 번에 읽고 살필 수 있도록 하고자 하는 뜻에서 입니다.

둘은 이런 때문에, 刊記 자료는 典籍 자료가 되었고 자연 책 제목도 바꾸게 되었습니다. 그러면서 생겨난 문제가 寫經 자료였습니다. 이는 일찍이 선생님께서 『韓國上代古文書資料集成』으로 모아놓으셔서 중복되는 점도 없지 않아 망설였습니다. 마침 학술회의에서 金杜珍 선생님을 뵙게 되어, 가르침을 받아 寫經의 跋文도 수록하였습니다. 그리하여 誤·脫字를 校正하고 새로 발견된 자료들 역시 추가하였습니다.

6

셋은 서적은 전하지 않더라도, 文獻이나 金石文 속에 기록되어 전하는 서적들의 刊行과 引用 기사입니다. 여기에는 서적들을 刊行하고 寫經하는 뜻과 緣起가 자세히 담겨 있습니다. 그래서 이를 수용하였습니다. 나아가 고려인들의 저술로 그 제목만 전하는 경우는 각 王代의 끝에 표를 만들어 제시하였습니다. 이 또한 책으로 간행되었을 개연성이 높기 때문입니다. 그래서 연구자들이 그냥 지나치지 않도록 하였습니다.

이렇게 外緣을 추가하고, 또 새로 발견되는 것들을 모으매 400쪽의 분량이 되었고, 시간은 어느덧 10년을 훌쩍 넘어 왔습니다. 하여 이제 더 이상 늦출 수 없어 上梓의 글을 감히 올리옵니다.

깊이 살피옵소서.

2020년 6월 여름의 길목에서 불초 곽승훈이 올립니다.

일러두기

1. 수록대상

1) 고려시대에 고려인들이 간행한 서적으로, 木版本과 筆寫本(寫經 포함) 등에 기록된 刊記와 跋文 등 발행 기사를 모두 수록하였다. 하지만 고려시대에 발행된 당시의 실물이 많이 전하지 않는 실정이다. 그래서 조선시대는 물론 中國과 日本에서 이루어진 重刊本과 筆寫本 등에 남아 전하는 고려시대 간행 기사를 찾아 수록하였다.

2) 고려인들의 저술로 중국에서 重刊된 서적은 물론, 고려인들의 布施로 중국에서 간행한 서적들도 수록하였다. 그 서적들이 고려에 들어와 영향을 주기 때문이다.

3) 서적의 간행 동기를 알 수 있는 序文·跋文, 연구에 참고가 될 수 있는 畵師·刻手·書者 記事 등을 수록하였다. 나아가 서적의 일부만 傳하거나 전하지 않더라도, 다른 문헌 속에서 그 序文이나 跋文이 찾아지는 것은 그 全文을(或은 部分) 수록하였다.

4) 고려인들의 저술로 전하지 않더라도, 다른 문헌(혹은 金石文)에 내용의 일부가 전해지는 引用 기사와 緣起 기사도 수록하였다. 중국과 일본의 자료 속에 전하는 기사들도 마찬가지로 수록하였다. 단, 저술·편찬된 사실만을 전하는 簡略 記事는 각 王代의 末尾에 표를 만들어 수록하였다. 또한 刊記가 없더라도 注目할 書籍들 역시 표를 만들어 연구자들이 놓치지 않도록 하였다.

5) 고려인들의 저술 가운데 刊行 與否가 확실하지 않은 詩卷·旅行記 등에 실린 序文이나 跋文 등은 수록하지 않았다. 이들 역시 편찬·간행되었을 가능성이 없지 않으나, 대체로 개인의 문집 속에 포함되어 간행되고 있다. 또한 이들 자료는 별도로 독립하여 정리할 필요가 있기 때문이다.

6) 『高麗大藏經』으로 影印本(48冊)에 실린 刊記는 수록하지 않았다. 어느 정도 정리되었고,

또 별도로 정리할 필요가 있기 때문이다. 그렇더라도 책의 刊行 趣旨를 담은 跋文이나 傳來 緣起 등 연구에 필요한 기사가 담긴 經論은 찾아서 그 내용을 모두 수록하였다.

2. 본문 기사의 서술

1) 제목 : 제목은 원전의 표현 그대로 수록하였다. 略稱 異稱 등의 다른 호칭이 있어 혼동이 될 수 있는 것은 '별칭'란을 두어 안내하였다.

2) 소재·전거 : 문헌의 소장처는 공공기관을 중심으로 한·두 곳을 소개하였으며, 개인은 實名을 밝히지 않았다. 문헌이 전하지 않는 逸失本은 典據에 그 근거를 밝혀 놓았다.

3) 저·역 : 著者·譯者·註釋者 등을 原本에 실린 그대로 國籍과 官職 명칭 등을 수록하였다. 국적이 드러나지 않은 경우, 新羅人과 外國人은 ( ) 속에 넣었다. 단, 고려인들은 혼동이 염려되는 경우를 제외하고는 국적을 생략하였다. 撰述·編修 등의 용어 역시 원본 그대로 나타냈다.

4) 서·발 : 서적에 실린 序文과 跋文으로 고려인들의 것을 수록하였다. 외국인의 것은 제목과 연대·저자의 관직명 등만 소개하였지만, 고려와 관련된 내용은 수록하였다. 그리고 서·발문의 일부에서 草書 혹은 行書·楷書를 섞어 쓴 사례가 찾아졌다. 이는 모두 楷書로 정리하였다. 또, 한 곳에서 本字와 異體字가 번갈아 사용된 경우가 나오기도 하였는데, 모두 本字로 校勘 정리하였다.

5) 간기 : 刊記는 편저자가 문헌과 인터넷에 실린 사진 등을 확보하여 확인 검토하였다. 이를 통하여 先學들의 업적에서 나타난 誤謬를 정확하게 校勘하고 註를 달았다. 하지만, 자료 이해에 꼭 필요한 경우로 제한하였다. 연구자들은 이 책을 우선하여 보고 살펴도 좋을 듯하다. 더욱, 略字·俗字 등에 대해서는 뒤의 '4. 오탈자와 이체자 교감' 참조.

간기의 배열은 縱書를 橫書로 바꾸면서 자연 上段은 原本의 右側段에 맞추어졌다. 간기의 새김은 대체로 크기가 동일하지만, 다른 경우도 많다. 독사들의 편의를 위해 註釋을 제외한 모든 글자는 동일하게 나타냈다. 그 결과 작은 글자로 새긴 관직의 行字는 原本과 다르게 정리되었다. 이 점 유의하여 살펴주길 바란다.

간기에서 同一한 文句가 매 卷마다 반복되는 경우에는 '*(卷二/卷三 同一 ; 卷二~卷四 同一)'로 나타내 重複을 피했다.

6) 화사·각수 : 서적에 실린 畵師와 刻手의 이름도 수록하였다. 서적 간행의 취지를 살피거나, 다른 판본과의 비교 연구에 도움을 주기 때문이다.

7) 사진 : 刊記의 사진 자료를 확인할 수 있는 연구 논문과 影印本을 비롯, 인터넷 홈페이지를 소개하였다. 사진 자료를 살폈더라도 공개가 허용되지 않은 것은 생략하였으며, 살피지 못한 것은 참고 항목에 밝혀놓았다.

8) 고이 : 考異는 선학들의 보고서 또는 연구 성과에서 나타나는 錯誤와 그에 따른 판단의 誤謬 등을 검토하고 論證한 내용을 담았다. 이는 후학들이 檢證을 거치지 않고 재인용하면서 오류가 반복되는 것을 막고자 함이다.

3. 참고자료

1) 중요 참고문헌(* 略稱)

大屋德城 述, 『高麗續藏雕造考』, 京都: 便利堂, 1937 ; 『高麗續藏雕造考·新編諸宗敎藏總錄』, 景仁文化社, 1984(影印本). ··· * 『續藏』

東國譯經院, 『高麗大藏經』 45~48, 1965(影印本). ··················· * 『高麗大藏經』

『卍續藏經』, 台北: 新文豊出版公司, 1976~1977. ····················· * 『卍續藏經』

李基白 編, 『韓國上代古文書資料集成』, 一志社, 1987. ···················· * 『集成』

千惠鳳, 『韓國典籍印刷史』, 汎友社, 1990. ····································· * 『典籍』

李智冠, 『校勘譯註 歷代高僧碑文:高麗篇』 3~5, 伽山文庫, 1996~8. ·············· * 『高僧碑文』

南權熙, 『高麗時代 記錄文化 硏究』, 淸州古印刷博物館, 2002. ············· * 『記錄』

金龍善, 『第四版 高麗墓誌銘集成』, 한림대학교 출판부, 2006. ·············· * 『墓誌銘』

권희경, 『고려의 寫經』, 글고운, 2006. ································· * 『고려사경』

장충식, 『한국사경 연구』, 동국대학교출판부, 2007. ····················· * 『한국사경』

천혜봉, 『고려대장경과 교장의 연구』, 범우, 2012. ························· * 『교장』

국립중앙박물관 편, 『발원』, 국립중앙박물관, 2015. ····················· * 『발원』

張東翼, 『元代麗史資料集錄』, 서울대출판부, 1997. ··················· * 『元代麗史資料』

張東翼, 『宋代麗史資料集錄』, 서울대출판부, 2000. ··················· * 『宋代麗史資料』

2) 인터넷 자료 (* 略稱)

http://www.heritage.go.kr/문화재청 국가문화유산포털

··· / 기록유산원문 * 문화유산원문

··· / 문화재검색 * 문화유산검색

10

3) 기타 중요 참고문헌 및 인터넷

金斗宗,『韓國古印刷技術史』, 探究堂, 1973.

朴相國 編,『全國寺刹所藏木板集』, 文化財管理局, 1987.

大東文化硏究院 編,『高麗名賢集』1~5, 成均館大, 1973~1980(影印本).

民族文化推進會 編輯,『影印・標点 韓國文集叢刊』1~7, 景仁文化社, 1990~1993.

張東翼,『日本古中世高麗資料硏究』, 서울대출판부, 2004.

『欽定四庫全書』, 臺灣商務印書館, 1986 ;『影印文淵閣四庫全書』, 서울 : 驪江出版社, 1988.

『大正新修大藏經』第一~五十五冊, 東京 : 大藏出版株式會社, 1924~1941.

『卍新纂大日本續藏經』第一~九十冊, 東京 : 國書刊行會, 1975~1989.

http://jsg.aks.ac.kr/ 왕실도서관 장서각 디지털 아카이브

http://www.cbeta.org/ 중화전산망

4. 오탈자와 이체자 교감

　刊記 자료는 문장을 짓는 作者, 木板에 글씨를 쓰는 書者, 그것을 새기는 刻手, 종이에 인쇄하여 책을 만드는 匠人 등 여러 사람의 손을 거친다. 또한 그 책들은 내부분 정확하게 이루어져 나온다. 그럼에도 자료를 살피다보면, 誤脫字가 자못 보이고, 또 때로는 異體字로도 도무지 판단이 어려운 경우가 나타난다.

　가령, 승려를 뜻하는 '衲'의 경우, 판본에는 '柄' 혹은 '挧'로도 보이는데, 前後의 문장에 비추어 解釋하면 뜻이 통하지 않는다. 더욱 고문서에서는 '木'변을 '才'변처럼 쓰는 것이 흔한 일이라 한다. 서로 通用되는 缺劃 아닌 缺劃으로서, 잘못 쓴 것이 아니란다. 이는 편저자가 살핀 간기자료에서도 마찬가지로 나타났다. 또, 살아있는 이나 죽은 이를 뜻하는 '生亡'은

'生ㄷ'으로도 나온다. 일부 학자들은 이를 '生立'으로 교감하는데, 뜻이 통하지 않는다. 이 사례는 寫經이나 木版本 모두에서 보이는데, 누구의 착오일까? 편저자의 경험으로 보면, 글씨를 쓰는 이가 누락한 것·먹물이 잘 입혀지지 않은 것·오래 되어 색이 바래 원래 없던 것처럼 보이는 것 등등 그 사례가 다 찾아진다. 그러니, 누가 틀린 것이라 말하기 어렵다. 해석에 비추어 볼 때, 당시에 통용되던 이체자였을 가능성도 있다.

따라서 연구자들은 문장의 전후를 자세히 파악하면서 異體字를 校勘해야 한다. 여기서는 다음의 세 유형으로 나누어 校勘하였다.

1) A형 : 原本 글자와 本字의 倂記

: 연구자들에게 익숙치 않은 略字나 異體字(覔(覺)).

覔(覺) 斈(擧) 㥪㥪(愆) 戒(戒) 関 閞開(關) 鈜(鑛) 敀(歸) 弃(棄) 祢(禰) 叚(段) 淂(得) 砺(礪)
岭(齡) 刘(劉) 厸(隣) 㑹(命) 朙(明) 夘(卯) 耷(聞) 𠤎(比) 偹(備) 属(屬) 雠(讎) 湏(須) 峕(時)
実宲实(實) 㝵(碍) 吅(嚴) 掵(掩) 亣(亦) 灵(靈) 荘(莊) 伭(低) 枑(柢) 歬(前) 寂(寂) 菁(精)
斉亝(齋) 斉斉(齊) 戝(職) 尽尽尽(盡) 賛賛(賛) 讃(讚) 迁(遷) 菆(叢) 冣(最) 痴(癡) 波(彼)
斈(學) 巘(巘) 献(獻) 虍虎(虎) 號(號) 浚(後) 旤(禍) 舆(興)

2) B형 : 校勘 없이 原本 글자 수록

: 연구자들에게 익숙한 略字(学(學)) ; 사전에서 파악되는 글자(脉(脈))

覚(覺) 径(徑) 継(繼) 旺 囸 国 國(國) 躬(躬) 規(規) 虬(虯) 既 既(旣) 乱(亂) 断 斷(斷) 対 対(對)
屡(屢) 难(離) 離(離) 裡(裏) 万(萬) 脉(脈) 旡 无(無) 弥(彌) 並(竝) 仏(佛) 宝(寶) 夺(寺) 虵(蛇)
写(寫) 辞 辞 辞(辭) 筭筭(算) 疏(䟽) 実(實) 与(與) 礼(禮) 祢(禰) 么(幺) 尒(爾) 宜(宜) 渕(淵)
潜(潛) 賫 賫(齎) 窃(竊) 偺(僭) 鈂(鈂) 即(卽) 替 賛(贊) 讃(讚) 纉(纘) 鉄(鐵) 躰 体(體) 嘱(囑)
聡(聰) 陁(陀) 学(學) 号(號) 欤(歟)

3) C형 : 原本 글자를 本字로 校勘

: 頻度數가 많은 글자(𠩄(所)) ; 本字와 近似한 글자(曽(曾))

彊(疆) 𢙛(慶) 俭(儉) 歛(斂) 搆(搆) 冦(寇) 起(起) 剛剛(剛) 倹(儉) 難(難) 徒(徒) 歸(歸) 竒(奇)
兾(冀) 摅(據) 槩(概) 难(難) 寧(寧) 荅(答) 篤(篤) 仝(同) 䓁等(等) 畱畄(留) 螯(螯) 満滿(滿)
亾(亡) 忘(忘) 冈罔(罔) 網(網) 密(密) 跋(跋) 發(發) 併(倂) 美(美) 嵗(歲) 是(是) 釈 釈 釋 釋
粎(釋) 舩(船) 選(選) 𠩄(所) 夀(壽) 嘯(嘯) 衺(衰) 数數(數) 繡(繡) 熟(熟) 深(深) 悪(惡) 業(業)
縁(緣) 延(延) 頹(頹) 爱(愛) 歴(歷) 霊(靈) 尭(堯) 圎(圓) 願(願) 幼(幼) 義(義) 残(殘) 雑(雜)

狀(狀) 将(將) 蔵(藏) 伍(低) 茆(節) 之(定) 㢧(正) 曽(曾) 㞚(足) 㐹(從) 㞢(止) 帋(紙) 珎(珍)
㦲(哉) 挾(撰) 刹(利) 叅 叁(參) 処 處(處) 浅(淺) 脫(脫) 佩(佩) 筆(筆) 觧(解) 虚 虛(虛) 或(或)
渙(渙)

* 이외 다수 생략.

* 避諱字 사례 : 光宗(王武) : ① 㱏 正(武의 缺劃) ② 虎(武의 代字)

광종의 避諱는 洪武 연호 표기에 많이 나오는데, 지켜지지 않은 사례가 조금 찾아진다.

또 조선시대와 중국에서 간행된 것은 왕조와 지역이 달라 缺劃이 없다.

차 례

제24대 元宗 王植(初名 王倎：재위 1259~1274) ……………………… 227

III. 고려 후기 상(忠烈王~忠定王 : 1274~1351) · 243

Ⅳ. 고려 후기 하(恭愍王~恭讓王 : 1351~1392) · 413

Ⅰ. 고려 전기
（太祖~毅宗 : 918~1170）

제1대 太祖 王建(재위 918~943)

1-1 『政誡』 一卷·『誡百寮書』 八篇 撰述 기사

전거　『高麗史』卷2, 太祖 19년 9월
연대　太祖 19년(936)

저 : 高麗 太祖 王建

기사 : 王旣定三韓 欲使爲人臣子者 明於禮節 遂自製政誡一卷 誡百寮書八篇 頒諸中外

1-2 『信書訓要』 進上 및 引用 기사

전거　① 『高麗史』卷93, 崔齊顔 ② 『高麗史』卷2, 太祖 26년
연대　太祖 26년(943)

저 : 高麗 太祖 王建

기사 : ① 初太祖信書訓要 失於兵燹 齊顔得於崔沆家藏 以進
② 夏四月 御內殿 召大匡朴述希 親授訓要 曰 "朕聞 大舜耕歷山 終受堯禪 高帝起沛澤 遂興漢業 朕亦起自單平 謬膺推戴 夏不畏熱 冬不避寒 焦身勞思 十有九載 統一三

韓 叨居大寶二十五年 身已老矣 第恐後嗣 縱情肆欲 敗亂綱紀 大可憂也 爰述訓要
以傳諸後 庶幾朝披夕覽 永爲龜鑑 … 其十曰 有國有家 儆戒無虞 博觀經史 鑑古戒今
周公大聖 無逸一篇 進戒成王 宜當圖揭 出入觀省" 十訓之終 皆結中心藏之四字
嗣王相傳爲寶

참고　『訓要十條』로 잘 알려진 태조 왕건의 이 저술은 ①에 의거하여 볼 때, 『信書訓要』로
　　　간행 배포된 것으로 판단된다. 이로써 제목을 삼는다. 이외 고려 태조의 저술로 940년에
　　　지은 興法寺址 眞空大師 塔碑의(보물 제463호) 비문이 있다(「原州 興法寺 眞空大師塔碑
　　　文」, 『高僧碑文』 1, pp.161~167 참조).

1-3 『桂苑筆耕集』序文

소재　국립중앙도서관
연대　新羅 末~高麗 初

저 : 都統巡官侍御史內供奉崔致遠 撰

서문 : (卷頭)
桂苑筆耕序
　淮南入本國兼送詔書等使前都統巡官承務郎
　侍御史內供奉賜紫金魚袋臣崔致遠進所著雜
　詩賦及表奏集二十八卷具錄如後
　　私試今體賦五首一卷
　　五言七言今體詩共一百首一卷
　　雜詩賦共三十首一卷
　　中山覆簣集一部五卷
　　桂苑筆耕集一部二十卷

右臣自年十二離家西泛當乘桴之際亡父誡之曰
十年不第進士則勿謂吾兒吾亦不謂有兒往矣勤
哉無隳乃力臣佩服嚴訓不敢弭忘懸刺無遑冀諧
養志實得人百之己千之觀光六年金名牓尾此時
諷詠情性寓物名篇曰賦曰詩幾溢箱篋但以童子
篆刻壯夫所戁及黍得魚皆爲棄物尋以浪跡東都
筆作飯囊遂有賦五首詩一百首雜詩賦三十首共
成三篇爾後調授宣州溧水縣尉祿厚官閒飽食終
日仕優則學免擲寸陰公私所爲有集五卷益勵爲
山之志爰標覆簣之名地號中山遂冠其首及罷微
秩從職淮南蒙高侍中專委筆硯軍書輻至竭力抵
當四年用心萬有餘首然淘之汰之十無一二敢比
披沙見寶粗勝毀瓦畫墁遂勒成桂苑集二十卷臣
適當亂離寓食戎幕所謂饘於是粥於是輒以筆耕
爲目仍以王韶之語前事可憑雖則傴僂言歸有慙
鳬雀旣墾旣耨用破情田自惜微勞冀達聖鑑其詩
賦表狀等集二十八卷隨狀奉進謹進
　　中和六年正月日前都統巡官承務郎侍御史
　　內供奉賜紫金魚袋臣崔致遠狀奏
桂苑筆耕集一部二十卷
　　都統巡官侍御史內供奉崔致遠撰

사진　국립도서관 원문보기(한古朝46-가142)

참고　1834년 重刊本에 의함(朝鮮 純祖 34년 : 甲午九月大匡輔國崇祿大夫議政府左議政豐山
　　　洪奭周序). 고전DB 원문이미지. 『崔文昌候全集』, 성균관대 대동문화연구원, 1972(影印
　　　本). 위 서문에 따르면, 최치원이 新羅 定康王 元年(中和 6년, 886)에 『계원필경집』을
　　　진상하고 있으나, 간행은 고려 초에 이루어졌다고 여겨진다. 더욱 최치원의 사상적 경향이
　　　고려에 영향을 미친 것으로 보아 이를 수록한다. 최치원 지음, 이상현 옮김, 『계원필경집』

1·2, 한국고전번역원, 2009·2010 ; 崔英成, 『崔致遠의 哲學思想』, 아세아문화사, 2001 ;
장일규, 『최치원의 사회사상 연구』, 신서원, 2008.

1-4 『唐大薦福寺故寺主翻經大德法藏和尙傳』 跋文

소재 日本 京都 高山寺

연대 新羅 末~高麗 初

별칭 : 法藏和尙傳. 賢首傳

저 : 海東新羅國侍講兼翰林學士承務郎前守兵部侍郎知瑞書監事賜紫金魚袋崔致遠 結

발 : (卷末)

于時天復四春枝幹俱首於尸羅國迦耶山海印寺
華嚴院避寇養痾兩偸其便雖生下界幸據高齋平
揖群峰夐抛世路而所居丈室密邇蒙泉韶光煦然
潤氣蒸兮衣如遊霧露座若近陂池加復病躬目勞
燒炙是使棲闡華水窓菲艾煙厭生而或欲梵軀志
問疾者多皆掩鼻有誰逐臭空慙海畔一蕕無所竊
香莫遂山中三嗅及修斯傳自責增懷傷手足虞含
毫不快欻聞香氣郁烈有餘斷續再三尋無來所誰
料贏君歸載變成荀令坐筵時有客僧持盈亦言異
香撲鼻春寒劇嚏因爾豁然僕既勇於操觚僧亦忻
於闡黿斯豈掇古人芳跡播開士德馨之顯應乎傳
草既成又獲思夢覿一緇叟執一卷書而曉愚曰永
徽是永粲元年也劃爾形開試自解曰此或謂所撰

錄永振徽音長明事跡始於今日故舉元年者耶然
而渙恧諛聞莫排疑網適得藏大德遺像供養因削
二短簡書是非二字爲笈擲影前取裁再三是字獨
見心香所感口訣如聞古德既陰許非非今愚乃陽
增病病不爲無益聊以自寬或人不止轣然且攄胡
曰子所標證說春夢可乎哉愚徐應曰是身非夢歟
曰是然則在夢而欲黜夢其猶踐雪求無迹入水願
不濡者焉書不云乎有大夢然後有大覺如睡夢覺
故名佛也抑且王者以乾坤謫見每慎方來庶人以
晝夜魂交能防未兆譬形端影直豈心正夢邪人或
不恒巫醫拱手苟冥應悉爲虛妄念大亦涉徒勞耶
聞昔尼父見周公高宗得傅說信相金鼓普眼山神皆
託靈遊能融妙理故兩朝僧史亦一分夢書況聖教
東流本因睡感從昏至曉出假入眞今也出則窘步
樵原入則酣眠熥室暫息淒淒之歎宜從栩栩之遊
客既溺客之笑容予乃宰予之睡興因憶得吳中詩
叟陸龜蒙斷章云思量浮世何如夢試就南窓一寐
看於是乎擲握筆引幽枕遠尋宰予我近訪邊孝先
瞥遇二賢各吟五字曰糞牆師有誡經笥我無慚僕
於恍惚中續其尾云亂世成何事唯添七不堪

사진 『崔文昌候全集』, p.283 ; 『續藏』 圖板, p.63.

참고 한국불교전서(H0054). 1149년 宋나라 重刊本을(宋紹興十九年 … 吳江縣華嚴寶塔教院嗣
講住持圓證大師義和) 바탕으로 한 『崔文昌候全集』에 의함(『崔文昌候全集』, 성균관대
대동문화연구원, 1972). 더욱 뒤의 13-8 참조(이 책, p.75). 崔英成 譯註, 『譯註 崔致遠文集』
2, 아세아문화사, 1999. 金福順, 「崔致遠의 法藏和尙傳 검토」, 『新羅華嚴宗研究』, 民族社,
1990. 노용필, 「최치원 법장화상전의 역사이론」, 『한국고대인문학발달사(1)』, 한국사학,
2017.

1-5 『健拏標訶一乘修行者秘密義記』撰述

전거　『房山石經遼金刻經』第22卷
연대　新羅 末~高麗 初

별칭：雜華嚴飾論. 秘密義記

저：大香山隱士 釋 法藏(平壤新城人)

참고　逸失本으로 房山石經에 의함(中國佛教協會 編,『房山石經遼金刻經』第22卷, 北京：華
　　　夏出版社, 1991(影印本), pp.628~633). 최근 연구성과를 통해 10세기 전반에 활동한 고려
　　　인 法藏의 저술로 파악되어 이를 수록한다(최연식,「健拏標訶一乘修行者秘密義記와
　　　羅末麗初 華嚴學의 一動向」,『韓國史研究』126, 2004 참조).

〈표 1〉 新羅 末~高麗 初 刊記 未詳의 저술 목록

제목	저자	내용(典據)
『帝王年代曆』	崔致遠	羅末名儒崔致遠 作帝王年代曆 皆稱某王 不言居西干等 (『三國史記』卷4, 智證麻立干 論曰)
『崔致遠文集』(假稱)	崔致遠*	又有文集三十卷 行於世(『三國史記』卷46, 崔致遠)
『餬夲集』	崔承祐**	有四六五卷 自序爲餬夲集(『三國史記』卷46, 崔承祐)

* 최치원의 저술은 이외에도『義湘傳』을 비롯하여 5종의 僧傳이 알려져 있다(곽승훈,「신라 말기 최치원의
　僧傳 撰述」,『불교연구』22, 2005 ;『신라 고문헌 연구』, 한국사학, 2006 참조). 또한『桂苑筆耕集』序文에
　밝혀 놓은『私試今體賦』를 비롯한 4종과『新唐書』藝文志에 밝혀진 '崔致遠四六集一卷'의 저술, 그리고
　금석문을 모아 편집한『四山碑銘』이 있다. 이 저술들은 대체로 그의『文集』30권에 수록되어 고려 초에
　간행되었을 것으로 여겨진다. 최치원 지음, 이상현 옮김,『고운집』, 한국고전번역원, 2009 ; 곽승훈,『최치원의
　중국사탐구와 사산비명 찬술』, 韓國史學, 2005.
** 최승우의 저술은 後百濟 甄萱 36년(927)의「代甄萱寄高麗王書」를 비롯한 七言律詩 등이『三國史記』·『高麗
　史』·『東文選』등에서 찾아진다. 이구의,「최승우가 남긴 시」,『신라한문학연구』, 아세아문화사, 2002.

제2대 惠宗 王武(재위 943~945)

2-1 『伽倻山海印寺創建事蹟』 板成 기사

전거　『伽倻山海印寺古籍』(해인사 소장)

연대　惠宗 즉위년(後晉 天福 8년, 943)

기사 : 右件等事 永ゝ不墜 故以天福八年癸卯十月 依板成籍

사진　국립도서관 원문보기(伽倻山海印寺古籍 : 한古朝21-436). 신집성문헌.

참고　逸失本(명칭은 假稱임). 1874년 간행 『伽倻山海印寺古籍』에 의함(同治十三年甲戌二月
　　　下浣 蓮波門人退庵述). 李智冠 編著, 『伽耶山 海印寺誌』, 伽山文庫, 1992 ; 김영선, 「海印
　　　寺 事蹟 刊本考」, 『書誌學硏究』 19, 書誌學會, 2000.

제3대 定宗 王堯(재위 945~949)

3-1 銀字 『藏經』 寫經 기사

전거 　『遼東行部志』, 乙卯觀銀字藏經上題
연대 　定宗 원년(後晉 開運 3년, 946)

기사 : 高麗王 王堯發心敬造 大晉開運三年丙午二月日

참고 　국립도서관 원문보기(遼東行部志 : 朝58-27). (金)王寂, 『遼東行部志』, 臺北 : 廣文書局,
　　　1968 ; 『集成』, p.40 및 p.325.

제4대 光宗 王昭(재위 949~975)

4-1 『大般若波羅蜜多經』 寫經 기사

전거   『遼東行部志』, 大般若波羅蜜多經一部卷首云
연대   光宗 3년(高麗 光德 4년, 952)

기사：菩薩戒弟子 高麗國王王昭 以我國光德四年歲在壬子秋 敬寫此經一部意者
昭謬將沖幼 獲嗣宗祧 機務旣繁 安危所繫 是以每傾心於天佛 因勤格(恪) 以祈求所
感必通事無不遂 故欲報酬恩德 輒有此願謹記

참고   앞의 3-1과 같음.

〈표 2〉光宗代(949~973) 刊記 未詳의 均如 著述 목록

제목	저자	내용(典據)
『搜玄方軌記』『孔目章記』『五十要問答記』『探玄記釋』『教分記釋』『旨歸章記』『三寶章記』『法界圖記』『十句章記』『入法界品抄記』	均如 (923~974)	師之在世 第二張 以洪法利人 爲己任 若有諸家文書 未易消詳者 必爲之著記釋 故有 搜玄方軌記十卷 孔目章記八卷 五十要問答記四卷 探玄記釋二十八卷 教分記釋七卷 旨歸章記二卷 三寶章記二卷 法界圖記二卷 十句章記一卷 入法界品抄記一卷 並行於代(『大華嚴首坐圓通 兩重大師均如傳』第五解釋諸章分者)

제5대 景宗 王伷(재위 975~981)

제6대 成宗 王治(재위 981~997)

6-1 『崔承老上書文』 序文 및 撰述 기사

전거　『高麗史』卷56, 崔承老

연대　成宗 원년(982)

저：崔承老

서：臣生長草野 性稟愚暗 且無學術 幸値明時 久叨近職 累竊殊榮 雖微長策 可以匡時 猶有片心 期於報國 竊見開元史臣吳兢撰進貞觀政要 欲勸玄宗勤修大宗之政 盖以事體相近 不出一家而其政休明 可爲師範也 臣伏見太祖之創業垂統 所謂祖有功也 諸宗之嗣位守成 所謂宗有德也 祖旣有國有家 以啓子孫之福慶 宗乃或興或廢 未免一時之過愆 所以然者 政有理荒 事有善惡 多不愼終如始 至於危亂 是誠可痛也 自我太祖開國以來 臣所及知者 皆誦在臣心 今謹錄五朝政化善惡之跡 可鑑可戒者 條奏以聞

기사：成宗元年 爲正匡行選官御事上柱國 時王求言 承老上書曰 … 承老見王有志 而可與有爲 乃進此書 餘六條史逸

참고　逸失本. 李基白 외, 『崔承老上書文硏究』, 一潮閣, 1993.

제7대 穆宗 王誦(재위 997~1009)

7-1 『高麗 地里圖』 編撰 기사

전거 　『遼史』 卷14, 聖宗 5, 統和 20년

연대 　穆宗 5년(遼 統和 20년, 1002) 이전

기사 : 七月 辛丑 高麗遣使 來貢本國地理圖

참고 　『遼史』 卷115, 國外記 45, 高麗조에도 수록됨. (元)脱脱 等撰,『標點校勘 遼史』, 景仁文化
　　　社, 1985, p.46 및 p.387.

7-2 紺紙金字 『大寶積經』 卷第三十二 寫經 跋文

소재 　日本 京都國立博物館

연대 　穆宗 9년(遼 統和 24년, 1006)

역 : 唐 菩提流志 編 ; 菩提流志·竺法護·玄奘·義淨·鳩摩羅什 等 譯

발 : (卷末)

大寶積經 卷第三十二

菩薩戒弟子南贍部洲高麗國應天啓聖靜德王太后　　　皇甫氏
大中大夫尙書左僕射判三司隴西縣開國男食邑三百戶金　　致陽
　　　　同心發願寫成金字大藏經
　　　　　統和二十四年七月　　日　　　　　謹記
　　　　　　　書者崔　　　　　　　　　　成朔
　　　　　　　用紙十六幅
　　　　　　　初校花嚴了直炤世大師　　　　曇昱
　　　　　　　重校花嚴業大師　　　　　　　緣密

사진　『集成』, p.325 ;『고려사경』, pp.45~47.
참고　『集成』, pp.41~42. 이종익·송성수 옮김,『한글대장경 96~100 : 大寶積經』1~5, 東國譯經
　　　院, 2002 ; 金唐澤,「高麗 穆宗 12년의 政變에 대한 一考」,『고려 양반국가의 성립과
　　　전개』, 전남대학교출판부, 2010.

7-3 『一切如來心秘密全身舍利寶篋印陁羅尼經』 刊記

소재　안동 보광사, 日本 東京國立博物館(小倉コレクション)
연대　穆宗 10년(遼 統和 25년, 1007)

간기 : (卷頭)
高麗國揔持寺主眞念
廣濟大師釋 弘哲敬造
寶篋印經板印施普安
佛塔中供養時
統和二十五年丁未歲 記

사진　『안동 보광사 목조관음보살좌상』, pp.78~79 ;『典籍』, p.43.

참고　안동 보광사 목조관음보살좌상 불복장임(보물 제1571호). (唐)不空 譯, 이원민 옮김, 『한글대장경 264 : 佛母大孔雀明王經 外』, 東國譯經院, 1999 ; 千惠鳳, 「高麗初期 刊行의 寶篋印陀羅尼 經」, 『韓國書誌學研究』, 삼성출판사, 1991 ; 서병패, 「安東 普光寺 木造觀音菩薩坐像 腹藏典籍 研究」, 『안동 보광사 목조관음보살좌상』, 국가문화유산원문·불교문화연구소, 2009.

제8대 顯宗 王詢(재위 1009~1031)

8-1 七代事跡 編撰 및 引用 기사 : 『太祖實錄』·『惠宗實錄』·『定宗實錄』·『光宗實錄』·『景宗實錄』·『成宗實錄』·『穆宗實錄』

전거 『高麗史』

연대 顯宗代(1013~1031)

저 : 政堂文學 修國史 黃周亮 外

기사 : ① 周亮奉詔 訪問採掇 撰集太祖至穆宗七代事跡 共三十六卷 以進太祖實錄 乃政堂文學修國史黃周亮所撰也(卷95, 黃周亮).

② 太祖實錄即位二年 追王三代祖考冊 上始祖尊謚曰元德大王 妣爲貞和王后 懿祖爲景康大王 妣爲元昌王后 世祖爲威武大王 妣爲威肅王后(卷1, 高麗世系).

③ 太祖實錄十年三月 王入運州 註云即今洪州(卷56, 地理1, 楊廣道 洪州).

참고 제목은 『高麗史』 기록에 미루어 暫定하였다. 김광철, 「고려 초기 실록 편찬」, 『석당논총』 56, 동아대 석당학술원, 2013 ; 김갑동, 「고려의 7대사적과 태조실록」, 『사학연구』 133, 2019.

8-2 紺紙金字 『佛說弥勒成佛經』 寫經 跋文

소재 日本 禪岡市 東長寺
연대 顯宗 6년(乙卯, 1015 : 추정) 文宗 29년(1075 : 추정) 仁宗 13년(1135 : 추정)

발 : (卷末)

佛說弥勒成佛經

弟子高麗國靑州官內懷仁縣戶長陪戎校尉　李英位
　　　　奉爲
聖壽天長福祚无窮兵戈不起於三
邊　佛法長興於万世天下大平　法輪常
轉五穀豐登人民常樂謹成三卷金字弥勒
經普勸受持永充供養
　　　時乙卯五月日　謹記

사진 『集成』, p.325 ;『고려사경』, p.58 ;『한국사경』, p.106.

참고 『集成』, p.43. 이 사경은 앞부분이 떨어져나가 變相圖의 有無를 알 수 없다. 내용 또한
제목처럼 『佛說弥勒成佛經』이 아닌 『佛說弥勒下生成佛經』이 筆寫되어 있는데, 그나마
10행 정도가 漏落되었다. 따라서 연구자들은 세밀히 살펴야 한다. 乙卯年에 대해 권희경은
청주의 지명표기와 武散階의 시행기간, 跋文 속의 '聖壽天長' 등을 검토 현종 6년(1015)으
로 결론지었다(『고려사경』, pp.58~61). 천혜봉은 '兵戈不起於三邊'의 발원 내용에 비추어
仁宗 13년(1135)으로 추정하였다(「高麗 典籍의 集散에 관한 연구」,『고려시대연구』Ⅱ,
한국정신문화연구원, 2000, pp.325~326). 장충식은 여러 상황으로 보아 확신하지 않는다
면서 1135년으로 보았다(『한국사경』, pp.105~107). 곽승훈은 11세기에 '戶長陪戎校尉'와
관련된 여러 사례가 찾아진다는 점에서 1015년이 설득력이 있는데, 文宗 29년(1075)
또한 배제할 수 없다고 본다.

8-3 『大般若經』· 三本『華嚴經』·『金光明經』·『妙法蓮華經』印施 기사

전거   周佇,「大慈恩玄化寺碑銘幷序」

연대   顯宗 11~13년(1020~1022)

기사 : 命工人彫造 大般若經六百卷 幷三本華嚴經 金光明經 妙法蓮華經等 印板着 於此寺 仍別立號 爲般若經寶 永令印施十方

참고   周佇 奉宣撰,「大慈恩玄化寺碑銘幷序」,『新羅寶林寺普照禪師靈塔碑銘 ; 高麗靈巖寺 寂然國師慈光之銘 ; 高麗玄化師碑銘』, 동국대학교출판부, 1985.

〈표 3〉顯宗代(1009~1031) 刊記 未詳의 저술 목록

제목	저자	내용(典據)
『樂道郊居集』·『求善集』	姜邯贊(948~1032)	致仕歸城南別墅 著樂道郊居集 又著求善集(『高麗史』卷94, 姜邯贊)

제9대 德宗 王欽(재위 1031~1034)

제10대 靖宗 王亨(재위 1034~1046)

10-1 『金剛般若波羅蜜經』 刊記

소재 공인박물관

연대 靖宗 8년(遼 重熙 11년, 1042)

간기 : (卷末)

菩薩戒弟子南贍部洲高麗國臨陂縣令

　登仕郎司宰丞同政臣崔　積良

　伏聞我

　大王殿下去年四月

　退齡雖保於天長發疾暫勞於月

　厄弟子特披心禱仰乞

　佛恩果將法力以陰扶救寧病質

　遂使

　聖躬而再起統御群邦爰瀝丹誠

　欲酬前誓[1]刻成金剛般若經一千卷印

　施普散者時重熙十一年二月 日謹記

사진 『記錄』, p.9 ;『空印博物館』, p.45.

---

1) 誓 : 남권희는 '擔'으로 보고 있으나(『記錄』 p.8), 'ㅓ'변을 앞으로 뺀 異體字이다.

참고 卷末 일부만 전함. 昭明太子 32分.『空印博物館』, 양산 : 大雲山 神妙精舍, 2008, pp.44~45.

10-2 『佛說續命經』 刊記

소재 공인박물관
연대 靖宗 8년(1042 : 추정)

간기 : (卷末)
佛說續命經

　　　　前副戶長中尹李 東壽
　　　　四弘願原州弥(彌)勒寺開板廣施

사진 『記錄』, p.12 ;『空印博物館』, p.47.
참고 위의 10-1『金剛般若波羅蜜經』과 함께 발견된 경전으로, 大藏經에는 없고 敦煌寫經本
　　　(『敦煌寶藏』)에서 찾아진다. 그렇지만, 내용이 다소 다르다(『記錄』, pp.10~16).『空印博
　　　物館』, 양산 : 大雲山 神妙精舍, 2008.

10-3 『前漢書』·『後漢書』·『唐書』 刊行 기사

전거 『高麗史』 卷6, 靖宗 8년 2월
연대 靖宗 8년(1042)

기사 : 己亥 東京副留守崔顥 判官羅旨說 司錄尹廉 掌書記鄭公幹等 奉制新刊 兩漢
書與唐書 以進並賜爵

10-4 『禮記正義』·『毛詩正義』 刊行 기사

전거 『高麗史』 卷6, 靖宗 11년 4월
연대 靖宗 11년(1045)

기사 : 己酉 秘書省進 新刊禮記正義七十本 毛詩正義四十本 命藏一本於御書閣 餘
賜文臣

10-5 『佛說解百生寃結陀羅尼經』 刊記 및 印記

소재 공인박물관
연대 靖宗 11년(乙酉, 1045 : 추정). 文宗 4년(庚寅, 1050 : 추정)

별칭 : 佛說解百生寃家經

간기 : (卷末)
摩訶般若波羅蜜　　入內侍衛尉卿金之成
　　　　　　　　　聖壽天長國泰民安願
　　　　　　　　　借人書寫開板印施者
　　　　　　　　　時乙酉歲七月望日謹誌

인기 : (* 卷末 : 墨書)
　　　　　　　　　庚寅四月　日
　　　　　　　　　學生鄭珦先亡父
　　　　　　　　　母離苦佛利愿
　　　　　　　　　印出施与無窮者

사진 　『空印博物館』, p.46 ;『記錄』, p.18.

참고 　'摩訶般若波羅蜜'은 眞言임. 연대는 앞의 10-1『金剛般若波羅蜜經』에 비추어 추정함
　　　(『記錄』, pp.16~19). 『空印博物館』, 양산 : 大雲山 神妙精舍, 2008.

10-6 『大般若波羅蜜多經』印記

소재 　日本 壹岐市 安國寺 및 개인 등

연대 　靖宗 12년(遼 重熙 15년, 1046)

별칭 : 大般若經, 六百般若經

역 : 三藏法師玄奘奉　詔譯

발 : (卷末)

大般若波羅蜜多經卷三十三

菩薩戒弟子南瞻部州高麗國金海府戶長礼院使許　珍壽

　　　特爲

　　　聖壽天長邦家地久隣兵永息　　　　慈親九族

　　　福海增深次願亡考尊靈法界衆生成無上道之願

　　　謹成六百般經永充

　　　供養　　　重熙十五年丙戌四月日　　謹記

大般若波羅蜜多經卷五百七十六

　菩薩戒弟子南瞻部州高麗國金海府戶長礼院使許珍壽

　主聖邦安兵消禾稔慈親益壽先故生天及弟子□□□□

　命久　謹成　六百大般若經永充供養

　　　　　　　重熙十五年丙戌四月日記

追記 : (卷三十三 : 卷末)

看經比丘　　　　　曇光*

己巳十二月二日　　　　記

道林

(卷二百六 : 卷頭)　　　　西伯寺藏*

사진　『集成』, p.328 ;『교장』, pp.60~64.

참고　金海府戶長 許珍壽의 발원으로 조성된 본『大般若波羅蜜多經』은 初造大藏經 木板에서 印出한 뒤, 그 卷末에 筆寫로 적은 발원 내용이다. '追記'에 보이는 '看經比丘 曇光'은『대반야경』을 읽은 고려 승려로, 卷頭의 '西伯寺藏'은 아마도 허진수가 경전을 봉안한 김해지방의 사찰로 여겨진다. 그리고 道林은 日本 승려로 나오지만, 조선 世宗朝에 惡名 높은 松浦海賊黨에 소속된 倭寇로 海賊이었다.

　이『大般若波羅蜜多經』600권은 고려 말 倭寇들에 의해 약탈되어 日本의 壹岐 安國寺에 봉안되었다. 현재 591帖이 파악되었는데, 초조본은 219첩으로 나머지 352첩은 筆寫하여 보충한 것이다. 그리고 卷頭에 '西伯寺藏'으로 표기된 20첩은 지질과 필체로 보아 西伯寺에서 寫經을 하여 누락된 卷次를 보완한 것으로 판단된다. 다른 나머지는 모두 日本에서 사경한 것인데, '西伯寺藏'으로 위장 加筆된 것도 있다. 따라서 紙質과 筆跡을 올바르게 鑑識해야 한다(『교장』, pp.62~66 참조). 동국역경원 편,『한글대장경 21~40 : 大般若經』1~20, 東國譯經院, 2002.

제11대 文宗 王徽(재위 1046~1083)

11-1 『華嚴經』·『大般若經』新成 기사

전거 　『高麗史』卷7, 文宗 5년 正月

연대 　文宗 5년(1051)

기사 : 癸亥 幸眞觀寺 轉新成華嚴·般若經

참고 　기사에 '般若經'으로 나와 있으나, 『大般若經』600권을 조성한 것으로 보아야 한다. 이
　　　두 경전의 刻板은 방대한 양인데, 앞서 30년 전에 현화사에서 조성한 판본으로 인출하였을
　　　가능성도 있다(앞의 8-3 참조 : 이 책, p.51). 하지만, '新成'을 표기한 점에서 보아 새로
　　　각판하였을 가능성이 더 높다.

11-2 『十精曆』·『七曜曆』·『見行曆』·『遁甲曆』·『太一曆』撰述 기사

전거 　『高麗史』卷7, 文宗 6년 3월

연대 　文宗 6년(1052)

저 : 太史 金成澤·李仁顯·韓爲行·梁元虎·金正 등

기사 : 戊午 … 命太史 金成澤撰十精曆 李仁顯撰七曜曆 韓爲行撰見行曆 梁元虎撰

遁甲曆 金正撰太一曆 以禳來歲灾祥

참고　한정수,「고려시대 君主觀의 二元的 이해와 정치적 상징」,『國史館論叢』106, 국사편찬위
원회, 2005.

11-3 紺紙金字『大般若波羅蜜多經』卷第一百七十五 寫經 跋文

소재　삼성리움미술관(보물 제887호)
연대　文宗 9년(遼 淸寧 원년, 1055)

발 : (卷末)

大般若波羅蜜多卷第一百七十五

菩薩戒弟子南瞻部州高麗國金吾衛大將軍大相
太子左右藍門率府率[2]金融範

　　奉爲
　　君王万壽家国一平及先落祖親後亡考妣
　　成兄將弟妻與孥焉存者樂生没者成
　　果金銀字六百般若經也
　　　時淸寧年三月　日記

사진　문화유산원문
참고　『集成』, pp.52~53 ;『고려사경』, pp.61~62 ;『한국사경』, pp.100~101. 서지 및 참고사항은
앞의 10-6 참조(이 책, p.56)

---

　2)『고려사경』은 率□□□□率金融範으로 판독함(p.61).

11-4 『黃帝八十一難經』·『川玉集』·『傷寒論』·『本草括要』·『小兒巢氏病源』·『小兒藥證病源一十八論』·『張仲卿五臟論』 新雕 기사

전거 『高麗史』卷8, 文宗 12년 9월
연대 文宗 12년(1058)

기사 : 己巳 忠州牧進新雕 黃帝八十一難經 川玉集 傷寒論 本草括要 小兒巢氏病源 小兒藥證病源一十八論 張仲卿五臟論 九十九板 詔置秘閣

참고 『小兒藥證病源一十八論』의 경우 천혜봉은 『小兒藥證』으로만 정리하였다(『典籍』, p.116). 또한 『高麗史』譯註(국사편찬위원회 한국사데이타베이스)에서는 『小兒藥證病源』·『一十八論』으로 보았다. 그런데, 중국 宋代 의학서적의 제목을 살펴보면, 『病源一十八論』이나 『一十八論』 등과 같은 제목을 찾기 어렵다. 아마도 제목의 일부가 누락된 듯한데, 여기서는 임시로 합쳐 놓는다.

11-5 大藏經 印施 기사

전거 『高麗史』卷8, 文宗 12년 11월
연대 文宗 12년(1058)

기사 : 冬十一月 庚午 制 以靖宗魂堂 金銀器及 北朝弔祭禮物繒綵 化成藏經 追福靖宗

11-6 『肘後方』·『疑獄集』·『川玉集』·『隋書』 新雕 기사

전거 『高麗史』卷8, 文宗 13년 2월
연대 文宗 13년(1059)

기사 : 甲戌 安西都護府使都官員外郎 異善貞等 進新雕 肘後方七十三板 疑獄集一
十一板 川玉集一十板 知京山府事殿中內給事 李成美 進新雕 隋書六百八十板 詔置
秘閣 各賜衣襨

참고 　『川玉集』은 앞의 기사에서도 보인다(11-4 참조). 이는 착오이거나, 여러 지방에 나누어
　　　刻板한 까닭일 것이다.

11-7 『三禮圖』·『孫卿子書』 新雕 기사

전거 　『高麗史』卷8, 文宗 13년 4월
연대 　文宗 13년(1059)

기사 : 庚辰 知南原府事試禮部員外郎李靖恭 進新雕三禮圖五十四板 孫卿子書九
十二板 詔置秘閣仍賜衣襨

11-8 『大華嚴首座圓通兩重大師均如傳』 序文

소재 　해인사
연대 　文宗 29년(遼 咸雍 11년, 1075)

저 : 前進士赫連挺

서 : (卷頭)
大華嚴首座圓通兩重大師均如傳幷序
嶽(巚)㟧巓名庚切賀之一十万偈復興於身篤天竺亦云身篤也
職龍樹之由濫觴乎扶桑職義相之由祖洽乎

聖朝職首座之由故瑞書院學士唐職夷喆浪新羅職
清河公致遠作相師傳獨首座之行狀闕焉一乘行者
惜之予亦惜之近有殿中內給事康惟顯集首座初終
現迹文則遒麗事多脫略一乘行者憾之予亦憾之
迨咸雍十年首夏之月神衆經注主大師昶雲示以実
錄舊藁一卷因托述於予予曰諾而塵網牽惹志未
全功乃於月下構思灯前綴文縣秋涉冬明春絕筆
自爲序云前進士赫連挺謹序

발 : (卷末)　　　　　　後序
聖人之所以異於人者以其導惑教愚作大利益故也挺
伏審吾師之行狀其聖人也坎楊雄曰登泰山然後知衆
山之迤邐予見古碩德碑銘驚嘆移晷者十數矣見
吾師行狀然後知衆碑之迤邐矣於戲前仏已說后仏未
興世眼漸昏法輪中輟師能傑出助揚玄化神通瑞
應隨緣遍示於塵沙少見寡聞撮要僅存於万一庶逢
博識潤色斯文而已咸雍十一年正月日後序

大華嚴歸法寺主圓通首座均如傳

사진　통합대장경(K1510). 『高麗大藏經』47, p.259. p.262.

참고　高宗 38년(1251)『釋華嚴教分記圓通鈔』와 合附된 重刊本에 의함(뒤의 23-64 참조 : 이
　　　　책 p.212). 한국불교전서(H0060). 林連挺 글짓고, 崔喆·安大會 譯註, 『譯注 均如傳』,
　　　　새문社, 1986(筆寫本 影印 수록) ; 황패강, 「均如傳의 民俗學的 理解」, 『한국문화연구』
　　　　3, 경희대 민속학연구소, 2000.

11-9 金字 『華嚴經』 寫經 기사

전거　『高麗史』卷9, 文宗 31년 3월
연대　文宗 31년(1077)

기사 : 甲寅 幸興王寺轉新成金字華嚴經

11-10 『小華集』 刊行 기사

전거　『高麗史』卷95, 朴寅亮
연대　文宗 34년(1080)경

저 : 朴寅亮·金覲

기사 : 三十四年 與戶部尙書柳洪 奉使如宋 至浙江 遇颶風幾覆舟 及至宋計所貢方
物 失亡殆半 帝勅王勿問 王乃釋洪等 有金覲者 亦在是行 宋人見寅亮及覲 所著尺牘
·表狀·題詠稱嘆不置 至刊二人詩文 號小華集

참고　逸失本

11-11 『西上雜詠』 刊行 기사

전거　『郡齋讀書志後志』卷二
연대　文宗 35년경(1081 : 추정)

별칭 : 高麗詩三卷[3)]

저 : (高麗)崔思齊·李子威·高琥·康壽平·李穗 ; (宋)神宗·畢仲行·兩府 官人 등

서 : 李緖孫

기사 : 右元豊中 高麗遣 崔思齊·李子威·高琥·康壽平·李穗 入貢 上元宴之於東闕之下 神宗製詩 賜館伴畢仲行 仲行與五人者及兩府 皆和進其後 使人金梯(稊)·朴寅亮·裴□·李緖孫·盧柳·金化珍等 塗中 酬唱和七十餘篇 自編之爲西上雜詠 緖孫爲之序

참고   逸失本. (宋)趙希弁 撰,『郡齋讀書志後志』卷二, 高麗詩三卷 ;『欽定四庫全書』第674冊, p.430. 더욱『宋代麗史資料』, pp.486~487 참조. 연대는 최사제가 宋나라에 使行한 해인 1081년에 근거하여 추정하였다(庚辰 遣禮部尙書崔思齊 吏部侍郎李子威 如宋 獻方物 兼謝賜醫藥 ;『高麗史』卷9, 文宗 35년 4월).

11-12 紺紙金字『妙法蓮華經』寫經 跋文

소재   日本 高野山 金剛峯寺
연대   文宗 35년(遼 太康 7년, 1081)

발 : (卷末)
妙法蓮華經卷第一
太康七年辛酉 六月 日高麗國金山寺重職 成元 廣利天人願成此典也
妙法蓮華經卷第八
太康七年辛酉 六月 日金山寺重職 成元 廣利天人願成此典也

---

3) 高麗詩三卷은 책의 제목이 아닌데, 학자들이 편의상 부여한 것이다.

11-13 『古今錄』撰述·『殊異傳』引用 기사

전거　① 『高麗史』 卷95, 朴寅亮 ② 『海東高僧傳』 및 『帝王韻紀』
연대　文宗代(在位 1046~1083년)

별칭 : ② 『新羅殊異傳』

저 : 朴寅亮(?~肅宗 元年(1096))

기사 : ① 嘗撰 古今錄十卷 藏秘府
② 若按朴寅亮殊異傳云 師父魏人崛摩 母曰高道寧 高麗人也(『海東高僧傳』 1, 阿道傳)
謹據國史 旁採各本紀與殊異傳所在 參諸堯舜已來經傳子史 去浮辭 取正理 張其事而詠之(『帝王韻紀』 下, 東國君王開國年代 序)

참고　逸失本. 더욱 ②는 『三國遺事』, 『三國史節要』, 『筆苑雜記』, 『四佳文集』, 『太平通載』,
『大東韻府群玉』 참조. 金乾坤, 「新羅殊異傳의 作者와 著作背景」, 『정신문화연구』 34,
1988 ; 李劍國·崔桓, 『新羅殊異傳 考論』, 중문출판사, 2000 ; 곽승훈, 「殊異傳의 撰述本
과 傳承 연구」, 『震檀學報』 111, 진단학회, 2011. 이 두 책은 박인량이 史官으로 재직하면서
찬술한 것으로 여겨지는데, 상호 관련이 있다고 보아 함께 수록한다.

11-14 『駕洛國記』 撰述 및 略載 기사

전거 『三國遺事』 卷2, 駕洛國記
연대 文宗代(遼 大康 年間 1075~1084년)

저 : 金官知州事文人

기사 : 文廟朝 大康年間 金官知州事 文人所撰也 今略而載之

참고 逸失本으로 縮約된 내용이 『三國遺事』에 전함. 가야문화연구원 편, 『駕洛國記』, 伽倻文化研究院, 1987 ; 丁仲煥, 『加羅史研究』, 혜안, 2000.

11-15 『神衆經注』 撰述 기사

전거 赫連挺, 『大華嚴首座圓通兩重大師均如傳』
연대 文宗代(在位 1046~1083년)

별칭 : 華嚴神衆經注

저 : 神衆經注主大師昶雲

기사 : 咸雍十年首夏之月 神衆經注主大師昶雲 示以実錄舊藁一卷 因托述於予

참고 ‘華嚴神衆’으로 불리는 『神衆經』을 註釋한 것으로 여겨진다. 『화엄경』에 의한 보현행원신
      앙을 닦고자 한 것인데, 관련된 내용으로 뒤의 23-52 참조(이 책, p.200).

11-16 『大悲心陀羅尼啓請』 外 諸經 合附 墨書 寫經 跋文 ①②③

소재 개인
연대 11세기 중엽

합부 : ① 『大悲心陀羅尼啓請』 寫經
② 『佛說度厄經』·『佛說續命經』·『佛頂心觀世音菩薩大陀羅尼經』·『佛說天降觀世音經』上·『佛頂心陀羅尼經』卷下 寫經 合附
③ 『佛說長壽滅罪護諸童子陀羅尼經』·『妙法蓮華經』觀世音菩薩普門品·『佛頂心觀世音菩薩大陀羅尼經』·『大方廣佛華嚴經入不思議解脫經界普賢行願品』寫經 合附

발 : (卷末)
① 大悲心陀羅尼啓請

諸經合入一封　　保俠眞言　　滿陀羅眞言　　物□藥木(等)及
次知助善爲白　　臥乎事是木(等)年年世　　世遇善識法門
無數誓願學佛　　心不退　　　伏願 懇發　　　郎將 張溫
② 佛說度厄經
　　　　　　辛酉鼍月　　日 書寫　誌願
③ 佛說長壽滅罪護諸童子陀羅尼經
　　　　　　　辛亥七月

사진　『記錄』, p.349.
참고　① 『大悲心陀羅尼啓請』은 袖珍本으로, 관세음보살의 名號가 기록됨. ③ 『大方廣佛華嚴經入不思議解脫經界普賢行願品』은 3면을 쓰던 도중에 중단됨. 앞의 10-1 『金剛般若波羅蜜經』과 함께 전해짐(이상 『記錄』, pp.347~350). 『佛頂心觀世音菩薩大陀羅尼經』의 구성과 참고사항은 뒤의 21-1 참조(이 책, p.135).

제12대 順宗 王烋(재위 1083년 7~10월)

12-1 『法華玄贊』·『成唯識論述記』등 章疏三十二部 三百五十三卷 開板印施 기사

전거 「慧德王師眞應塔碑銘幷序」
연대 順宗 즉위년(遼 太康 9년, 1083)~獻宗 원년(1095)

기사 : (慧德王師 詔顯) 自太康九年 至師之末年 搜訪慈恩所撰 法華玄贊 惟識述記 等章疏三十二部 共計三百五十三卷 考正其本 募工開板 私紙墨印布流通 以廣法施 也

참고 師曾於金山寺 選勝于寺之南 走六十許步地 創設一院 額號廣敎 仍筆刻雕經板 置于院(李
　　　 顔 撰(추정), 「(金山寺) 慧德王師眞應塔碑銘幷序」, 『고승비문』 3, pp.25~26). 더욱 뒤의
　　　 13-2 『阿彌陁經通贊疏』 및 13-7 『仁王護國般若經疏法衡抄』 참조(이 책, p.70 및 p.74).

제13대 宣宗 王運(재위 1083~1094)

13-1 靑紙金書『華嚴經』三本·金書『法華經』寫經 기사

전거　①「杭州慧因教院華嚴閣記」②『楊公筆錄』
연대　宣宗 4년(宋 元祐 2년, 1087)

기사：① 元豐八年春 因以其王命使于我 請從源師求授經旨 天子可其奏 義天至杭 禮見源師 源師爲說法要 義天竟其學 還本國 "其兄國王與其母命 以靑紙金書 晉義 熙 唐證聖 貞元中所譯 華嚴經三本 凡一百七十卷 附海舟 捨入源師所住慧因教院 以報皇帝之德"
② 元豐八年 高麗國王令弟祐世僧統 入朝求法 回其國 "母感恩 命工金書 法華經三 本 奇杭州南山惠因院傳敎淨法師處 上祝聖壽"

참고　①「杭州慧因教院華嚴閣記」(『慧因寺志』卷之六, 碑記 ;『中國佛寺史志彙刊』第20冊, 『玉岑山慧因高麗華嚴敎寺志』, p.74). ② 楊彦齡,『楊公筆錄』. 紺紙金字 寫經으로 여겨지 는 이것은 大覺國師가 유학을 마치고 귀국한 뒤 喜捨된 것이다. 연대는『咸淳臨安志』에 의함(元祐二年 以金書晉譯華嚴五十卷 唐則天時譯八十卷 德宗朝譯四十卷 共三部 附海 舟 捨入院：潛設友,『咸淳臨安志』卷78, 寺觀4 惠因院 ;『宋代麗史資料』, pp.400~402). 다만 ②의 '法華經三本'은 다른 기록에 나오지 않고 또 '三本'이라는 점에서 '華嚴經三本의 잘못이 아닐까 의심된다. 이에 둘을 비교하여 살피도록 합쳐 놓는다.

13-2 『阿彌陁經通賛疏』 刊記

소재　日本 和歌山県 高野山 寶龜院
연대　宣宗 5년(遼 大安 5년, 1089)

저 : 大慈恩寺沙門窺基 撰

발 : (卷末)
阿彌陁經通賛疏卷下
此慈恩所撰阿彌陁經通賛一卷者祐
世僧統於元豐元祐之間入于中華求
得將到流通之本也予助洪願付於廣
教院命工重剗自戊辰十月十九日起
首至十二月十日畢乎矣所有功德自
利利他此世來生福慧圓滿普與含識
同會樂方時大安五年己巳二月晦日
記
　　海東大慈恩玄化寺住持
　　廣祐僧統　釋　韶顯題

사진　『續藏』圖板, p.76.
참고　日本 元祿 연간(1688~1703) 重刊本에 의함(『續藏』圖板, p.9). 본문 및 日本의 전래
　　　　緣起는 『大正新修大藏經』 第37冊 참조(東京 : 大藏出版株式會社, 1931, p.347).

13-3 『天台四敎儀』 刊記

전거　『유리원판 불교문화재 도록』
연대　宣宗 6년(遼 大安 5년, 1089)

저 : 高麗沙門　諦觀　錄

간기 : (卷末)
天台四敎儀
　　　大(太)安五年歲次己巳二月　日海印寺重刻

사진　『유리원판 불교문화재 도록』, p.47 ; 『續藏』圖板, p.124.
참고　高麗大 圖書館 所藏으로 알려졌으나, 현재 행방은 알 수 없다. 다만, 일찍이 촬영된
　　　사진 유리원판이 남아서 전체 모습을 살필 수 있다(총무원 문화부, 『유리원판 불교문화재
　　　도록』, 대한불교조계종 총무원, 2004, pp.27~47). 李永子 譯註, 『天台四敎儀』, 經書院,
　　　1988 ; 최기표 옮김, 『天台四敎儀』, 동국대학교 출판부, 2011 ; 이영자, 『법화·천태사상연
　　　구』, 동국대출판부, 2002.

13-4 『永嘉眞覺大師證道歌』 初刊 刊記

소재　아단문고(보물 제889호)
연대　宣宗 6년(遼 大安 5년, 1089)

저 : (唐)永嘉師妹　淨居　註

간기 : (卷末)
永嘉眞覺大師證道歌

高麗國普濟寺了悟沙門紹忠俗善慶共發

心及募緣刻板印施祝延

聖上萬歲　睿躬千秋凡有含靈悟了自心

同行法施具入緣尊名錄如後介

重大師翼宗　慶淑　儞周　全妙　崇炤

成盖　崇化宮主金氏　善男李均　康亮

金幸　善女謙富　占勿　大內　用交

　　　　大安五年己巳三月　日　　　記

사진　문화유산원문

참고　睿宗 14년(1119) 重刊본에 의함(뒤의 16-2 참조 : 이 책, p.108). 남명 법천 외 著, 철우
譯註,『증도가 합주』, 운주사, 2018 ; 金承鎬,「趙明基 舊藏本 證道歌註의 著者에 대하여」,
『서지학보』10, 한국서지학회, 1993. 이 책의 간행연대에 대해 異見이 있다(뒤의 考異③
참조 : 이 책 p.141).

13-5 『大方廣佛華嚴經疏』 刊行 기사

전거　『高麗史』卷10, 宣宗 4년

연대　宣宗 4년(1087) 3월 이전

저 : 淸涼山 沙門 澄觀 述 ; 晉水 沙門 淨源 錄疏注經

기사 : 三月 甲戌 宋商徐戩等二十人來 獻新註華嚴經板

참고　『華嚴經(80권본)』註疏本 120권을 찍어낸 것으로, 卷100 이하에는 교감기록이 있다(錢唐
講華嚴經明義大師 曇慧詳校 雲開講華嚴經興敎大師 常矩重校). 120권의 방대한 이 책은
義天이 중국에 木板을 주문하고 고려에 가져와서 인쇄 간행한 것으로 현재 16권이 전하고

있다(『교장』, pp.260~264 참조). 이로 인해 별도의 刊記나 跋文이 기록되지 않은 것 같으나, 印出 사실이 명확하므로 수록한다.

13-6 『新編諸宗敎藏總錄』序文

소재 日本 京都市 高山寺
연대 宣宗 7년(1090)

별칭 : 海東有本現行錄, 義天目錄, 義天錄

저 : 高麗沙門 義天錄

서 : (卷頭)
新編諸宗敎藏總錄序
漢明夢感之後葉書繼至翻譯流通者無代無
之而及貞觀經論大備粲是西聖之敎霈然莫
禦也自聶道眞道安至于明佺宣律師各著目
錄謂之晋錄魏錄等然於同本異出舊目新名
多惑異途眞僞相亂或一經爲兩本或支品爲
別翻四十餘家紛然久矣開元中始有大法師
厥號智昇刊落訛謬刪簡重複總成一書曰開
元釋敎錄凡二十卷最爲精要議者以爲經法
之譜無出昇之右矣住持遺敎莫大焉予嘗竊
謂經論雖備而章疏或廢則流衍無由矣輒效
昇公護法之志搜訪敎迹以爲己任孜孜不捨
僅二十載于玆矣今以所得新舊製撰諸宗義
章不敢私秘敍而出之後有所獲亦欲隨而錄

之脫或將來編次囮帙與三藏正文垂之無窮
則吾願畢矣時後高麗十三葉在宥之八年歲
次庚午八月初八日海東傳華嚴大教沙門義
天敘

사진 『新編諸宗教藏總錄』, pp.21~22.

참고 한국불교전서(H0066). 1693년 日本 重刊本에 의함(元祿六年 … 壽梓). 義天 錄, 『新編諸宗教藏總錄』, 京都 : 便利堂, 1936년(影印本) ; 『高麗續藏雕造考・新編諸宗教藏總錄』, 景仁文化社, 1984(影印本). 임혜경, 「義天의 新編諸宗教藏總錄 편찬과 그 의의」, 『韓國史論』 58, 서울대 국사학과, 2012 ; 金聖洙, 「新編諸宗教藏總錄의 찬술배경과 서지기술에 관한 연구」, 『書誌學研究』 66, 2016.

13-7 『仁王護國般若經疏法衡抄』 刊記

소재 순천 松廣寺
연대 宣宗 9년(遼 大安 8년, 1092)

저 : (宋)譯經證義講經律論廣演大師 遇榮 集

간기 : (卷末)
仁王護國般若經疏法衡抄卷第六
　　　　海東金山寺廣教院重彫汴京印本榮公所
　　　　撰法衡鈔[4]六卷一部起自辛未閏八月六日
　　　　至於壬申六月十日手畢流通願意者窮尋
　　　　贊疏之鈔文大悟釋經之疏旨能護之法已

---

4) 鈔 : 제목이 '抄'로 되어 있어 다르나, 그대로 둔다.

具所護之邦必興時大安紀曆八年首秋月

二十四日於保慶院記

功德主靈鷲山大慈恩玄化寺住持普利了眞精進融慧廣祐僧統 詔顯 題

사진 문화유산원문.『교장』, p.266.

참고 송광사 사천왕상 불복장임(보물 제1468호). 金山寺 廣教院 간행 교장으로, 조선왕조
世祖代(재위 1455~1468) 刊經都監 飜刻本에 의함(추정). 이외에 刊記가 없는 것으로
『成唯識論義景鈔』·『成唯識論了義燈抄』·『成唯識論述記』·『法華經玄贊會古通今新抄』
등이 있는데, 금산사에서 간행된 것으로 보아 무리가 없다. 강순애,「順天 松廣寺 四天王像
의 服藏典籍考」,『書誌學研究』27, 2004 참조.

13-8『唐大薦福寺故寺主飜經大德法藏和尚傳』刊記

소재 日本 京都市 高山寺

연대 宣宗 9년(遼 大安 8년, 1092)

저 : 海東新羅國侍講兼翰林學士承務郎前守兵部侍郎知瑞書監事賜紫金魚袋崔
致遠 結

간기 : (卷末)

華嚴宗主賢首國師傳

　　　大安八年壬申歲高麗國大興王寺奉

　　　宣彫造　本寂居士梁璋施本鏤板

참고 최치원의 발문 및 참고 사항은 앞의 1-4 참조(이 책, p.38).

13-9 『圓覺經大疏釋義抄』卷第十三 刊記

소재 순천 송광사
연대 宣宗 10년(遼 大安 9년, 1093)

저 : (唐)終南山 草堂寺 沙門 宗密 撰

간기 : (卷末)

    大安九年癸酉歲高麗國大興王寺奉
    宣彫造

각수 : 行中(36면). 緣善(41면)

사진 문화유산원문 ;『서지학연구』27, p.59.
참고 송광사 사천왕상 불복장임(보물 제1468호). 1462년 飜刻本에 의함(天順六年壬午歲朝鮮
    國刊經都監奉敎重修). 강순애,「順天 松廣寺 四天王像의 服藏典籍考」,『書誌學硏究』
    27, 書誌學會, 2004 ; 최애리,「新編諸宗敎藏總錄 所收 圓覺經 註釋書 分析」,『書誌學硏
    究』72, 2017.

13-10 『般若波羅密多心經疏』刊記

소재 청주고인쇄박물관(충청북도 유형문화재 제376호 : 김병구 기증)
연대 宣宗 10년(遼 大安 9년, 1093)

저 : (唐)京兆崇福寺翻經沙門 法藏 述

간기 : (卷末)

般若波羅密多心經疏

大安九年癸酉歲高麗國大興王寺奉
宣雕造

翰林書藝待詔臣　裵簡　書

참고　1462년 飜刻本에 의함(天順六年壬午歲朝鮮國刊經都監奉敎重雕).『교장』, p.224. 학담
지음,『현수법장으로 읽는 반야심경』, 큰수레, 2013. 사진자료는 알려지지 않음.

13-11『大乘阿毗達磨雜集論疏』刊記

소재　순천 송광사(보물 제205호)
연대　宣宗 10년(遼 大安 9년, 1093)

저 : (唐)大奉先寺沙門 (新羅)玄範 述

간기 : (卷末)
大乘阿毗達磨雜集論疏卷第十三 / 卷第十四(*同一)

大安九年癸酉歲高麗國大興王寺奉
宣雕造

사진　문화유산원문
참고　『大乘阿毗達磨雜集論』(印度 安惠菩薩 集論 ; 唐 三藏法師玄奘 譯)의 疏. 1461년 飜刻本
에 의함(天順 五年辛巳歲 朝鮮國刊經都監奉敎重修).

13-12『金剛般若婆羅密多經略疏』刊記

소재 日本 京都市 高山寺

연대 宣宗 11년(遼 壽昌 원년, 1094)

별칭 : 金剛經略疏

저 : 唐 沙門 智嚴 述

간기 : (卷末)

金剛般若婆羅密多經略疏一卷

壽昌元年甲戌歲高麗國大興王寺奉
宣彫造
　　秘書省楷書同正臣魯　　榮　　書
講華嚴經興王寺大師賜紫臣　則瑜　校勘
講華嚴經洪圓寺大師賜紫臣　德詵　校勘

사진 『續藏』 圖板, pp.67~68.

참고 (元魏)菩提流支 譯의『金剛般若婆羅密多經』을 註解한 책임(『교장』, p.228).『卍續藏經』 제38책, p.588.

13-13 高麗本『金剛般若婆羅密多經』刊行 記事

전거 (宋)善熹 述,『辨非集』第1卷, 即則有人問云

연대 宣宗 11년(遼 壽昌 원년, 1094)

기사 : 即則有人問云 此經多云即 又多云則 用此二字如何分別 即不離於此也 則由之於此也 各隨文理語勢用之不同

非曰 近有蓮社淨樂居士張承宣跋云 即則二字者 謹按高麗太安六年 以彼國之祖名稷故 凡經史之字 悉易即爲則 避嫌也 "至壽昌元年 詔刊此經於大興王寺" 從沙門則瑜德詵之請 仍還本文 或傳至中國 至有互寫 然人有所問 知與不知 宜當實對 何苦肆爲穿鑿

참고 『辨非集』(『卍新纂大日本續藏經』第58卷, 東京 : 國書刊行會, 1981, p.588). 위에서 '問云'은 『金剛般若婆羅密多經』을 읽는 사람들이 '即'과 '則'이 쓰임에 따라 달리 나타남에 대한 의문이며, 다음 '非曰'은 非(善熹)가 張承宣(張掄)의 跋文기록을 들어 대답한 것이다. 그 答을 보면, 고려에서 先祖 王稷(太祖 王建의 太子)에 대한 避諱 때문이라고 하면서 '即'을 '則'으로 고친 때문이라 하고 있다. 이는 중국이나 고려에서 開版된 실제와는 맞지 않는 것으로 어떠한 혼동이 있다. 高麗大藏經(再造本)에 실린 『금강반야바라밀다경』을 唐代에 이루어진 燉煌本 寫經이나 木版本과 대조해보면, '即'과 '則'이 함께 기록된 '則即版'이다. 즉, 중국이나 고려 모두 '則即版'이 유행하고 있었다. 만약 善熹가 답변한 내용이 틀리지 않는다면, 일찍부터 중국에서 '全即版'이 나왔어야 한다. 더욱 위의 말대로 고려에서 避諱를 했다면, 모두가 '則'으로 된 '全則版'이 되어야 하는데, 아직은 알려진 것이 없다. 도리어 모두가 '即'으로 바뀐 '全即版'이 찾아지는데, 고려에서 먼저 찾아진다.[5]

---

5) 고려시대에 간행된 全即版으로 恭愍王 6년(1357)과 12년(1363) 간행본이 있다(뒤의 31-14 및 31-22 참조 : 이 책, p.431 및 p.443). '則即版'에서 '全即版'으로의 변천과정을 보면, 五代十國 시기 南唐(937~975)의 石刻에서 그 근원이 찾아진다. 이때부터, '則'을 '即'으로 바꾸는 경향이 나타나는데, 明代에 다시 증가되고, 淸代에 이르러 '全即版'이 완성되며 통용된다(江味農,「金剛經校勘記」, 양관 옮김, 『강미농의 금강경 강의』, 담앤북스, 2016, pp.1097~1115 참조). 그렇지만, 고려에서는 공민왕대에 이미 출현하는데, 이는 明나라의 中原 진출과 밀접하다. 그것은 明나라 初에(永樂 21년, 1423) 들어와 '全即版'이 보급되는 사실에서 일 수 있다(明 朱棣 集注, 『金剛般若婆羅密經』, 臺北 : 文津出版社, 1989(影印本) 참조). 이후 그것이 확산되면서, 淸나라에 들어와 '全即版'이 자리매김 한다. 이러한 결과 오늘날 유통되는 『金剛經』은 한국과 中國 모두 '全即版'이 대부분임을 목격하게 된다.

13-14 『圓宗文類』 刊記

소재　日本　京都　龍谷大學(卷1, 卷14)，奈良　東大寺(卷22)
연대　宣宗代(1084~1093)

저：義天　編定

서：新集圓宗文類序
大華嚴之爲敎也一眞妙蘊滿藏雄詮窮
遍照之心源馨普賢之行海誠生靈之大
本稱性之極談者欤自景煥龍宮風行像
季聖賢繼踵述作連鑣有終南祖師杜順
尊者歎曰大哉法界之經也自非登地何
能披其文見其法哉吾設其門以示之於
是著法界觀門以授高弟知儼尊者儼師
得之變之爲五敎演之爲十玄及乎賢首
祖述於前淸凉憲章於後始可謂能事畢
矣故講大經者咸以儼藏淸凉三家義疏
永爲標準而旁用諸家補焉自我海東浮
石尊者求法之後圓頓之敎主盟諸宗者
四百餘年矣　我國家一統三韓僅二百
載光揚三寶掖群迷累朝敦外護之緣
當世恊中興之化緬承付囑寔在休明每
年春秋於大內會慶殿請百法師開設春
大藏經會等道場佛事又三年一度置仁
王般若百座大會齋僧三萬人以爲恒式
而諸宗義學未始不以論議爲先容也但
以至理幽微群言汗漫問答之際援引頗

難況近世吾宗好異之輩棄本逐末臆說

紛然遂令祖師玄旨壅而難通者六七八

焉精於敎觀者豈不爲之大息矣

主上知其然乃集義學俾議纂修略彼廣

文爲玆要覽以類鳩集離爲二十二卷施

於新學可以省功苟或因要略以通疏鈔

以得經旨因經旨以證理性則孰爲廣乎

孰爲略乎在吾靈覺耳達識深於佛者方

感　吾君之恩而戴佛祖之德也書成

秦上特賜名曰圓宗文類仍命下才爲之

序引臣牢讓未獲聊述端倪謹序

간기 : (卷末)

圓宗文類卷第一

秘書省揩書臣鄭	先	書
興王寺弘敎院講賢首敎觀義學沙門賜紫臣	道隣	詳校
興王寺弘敎院講賢首敎觀義學沙門賜紫臣	慧宣	詳校
興敎寺住持傳賢首敎觀圓覺景哲演奧慈應利生弘濟首座賜紫臣	理琦	重校
興王寺弘敎院講賢首敎觀義學沙門賜紫臣	緇秀	詳校
興王寺弘敎院講賢首敎觀義學沙門賜紫臣	道隣	詳校
興王寺弘敎院講賢首敎觀義學沙門賜紫臣	景宜	詳校
佛日寺寶王院講賢首敎觀義學沙門賜紫臣	覺之	詳校
興王寺弘敎院講賢首敎觀義學沙門賜紫臣	惟儼	詳校
興王寺弘敎院講賢首敎觀義學沙門賜紫臣	慧宣	詳校
眞觀寺道樹院講賢首敎觀義學沙門賜紫臣	承誧	詳校
妙智寺德海院講賢首敎觀義學沙門賜紫臣	精瑩	詳校

佛日寺龍臺院講賢首敎觀義學沙門賜紫臣　　稟賢　詳校

奉先寺住持傳賢首敎觀義學沙門賜紫臣　　樂眞　詳校

松川寺住持傳賢首敎觀義學沙門賜紫臣　　靈悟　詳校

歸信寺住持傳賢首敎觀義學沙門賜紫臣　　應闡　詳校

花嚴寺住持傳賢首敎觀義學沙門賜紫臣　　俊韶　詳校

海印寺住持傳賢首敎觀義學沙門賜紫臣　　處元　詳校

興敎寺住持傳賢首敎觀圓覺景哲演奧慈應利生弘濟首座賜紫臣　　理琦　重校

佛日寺住持傳賢首敎觀性圓景哲演奧慈應利生弘濟首座賜紫臣　　處淵　重校

興王寺住持傳賢首敎觀兼講天台敎觀南山律鈔因明等論等觀普應
圓明福國慈濟廣智開宗弘眞祐世僧統臣　　義天　編定

사진　『續藏』圖板, pp.102~106 ; 신집성문헌 『大覺國師文集』(01844), 3~4면.

참고　전체 22권 가운데, 卷1(吉津宜英·柴崎照和, 「義天編纂 圓宗文類 卷第一」, 『駒澤大學佛
敎學部硏究紀要』56, 驅澤大學, 1998 참조) 및 卷14·卷22(한국불교전서 : H0064)만 전함.
국립중앙도서관 소장본은 복사본임(卷14). 서문은 『大覺國師文集』 卷1에 의함(沈載忍
譯註, 『國譯 大覺國師文集』, 韓國精神文化硏究院, 1989(影印本 수록)). 朴鎔辰, 「고려전
기 義天撰 圓宗文類 所收 불교 문헌의 현황과 전승」, 『韓國學論叢』47, 國民大 韓國學硏究
所, 2017.

13-15 『大方廣佛華嚴經隨疏演義鈔』 刊記

소재　日本 東大寺 圖書館·金澤文庫

연대　宣宗 11년(1094) 獻宗 원년(1095) 肅宗 원년~2년(1096~1097)

저 : (唐)淸凉山大花嚴寺沙門 澄觀 述

간기 : (卷末)

大方廣佛華嚴經隨疏演義鈔卷第四下~卷第五下 (* 同一)

　　大安十年甲戌歲高麗國大興王寺奉

　　宣彫造

大方廣佛花嚴經隨疏演義鈔卷第六上~卷第十下 / 卷第十一下~卷第十五下 (* 同一)

　　壽昌元年乙亥歲高麗國大興王寺奉

　　宣彫造

大方廣佛華嚴經隨疏演義鈔卷第十上 / 卷第十六上~卷第二十上 (* 同一)

　　壽昌二年丙子歲高麗國大興王寺奉

　　宣彫造

大方廣佛華嚴經隨疏演義鈔卷第二十下

　　壽昌三[6]年丁丑歲高麗國大興王寺奉

　　宣彫造

사진　『續藏』圖板, p.71. p.81. p.83 ;『교장』, p.215.

참고　卷第一上~卷第四上에는 刊記가 없음. 천혜봉,『고려대장경과 교장의 연구』, 범우, 2012,
　　　pp.213~217.

13-16 『刊定成唯識論單科』序文 및 刊行 기사

전거　『大覺國師文集』卷1 및 卷8, 上唯識論單科表

연대　宣宗代(1084~1094)

편 : 高麗沙門 義天集

서 : 刊定成唯識論單科序

---

　6) 三 : ‘二’로 새겨졌는데, 착오가 명백하므로 바로잡는다.

皇覺彝訓東漸久矣源乎周派乎漢汪洋
于魏晋瀚漫于隋唐以其戎(戒)定慧之不同
遂致經律論之有異也在昔姚秦羅什入
開(關)大乘論學始翻于世則中百門等是也
江右六朝宗釋氏者皆以三論爲不投之
(*이하 중간 缺落)
觀講主後聽唯識論於玄化寺祐翔大師
又就餘杭慧因寺源公講下稟受大經東
京顯聖寺琳法師門諮決斯論厥後以傳
燈爲己任因住興王寺講演雜華周於十
遍而退隱于伽耶山海印寺愛林泉之樂
萌著述之心泛覽百家將利其器以謂起
信唯識二論是性相兩宗之樞要學人之
所宜盡心者矣然起信論亦嘗粗習但於
唯識未盡其功而恐溺彼繁辭迷其要義
於是尋硏本記斟酌舊科刊而定之勒爲
三卷儻同志者持科玩論先熟正文後冶
疏鈔則唯識之旨庶幾乎易見矣或曰賢
首五敎中判唯識瑜伽爲大乘始敎而云
固非究竟□□之□法師克荷於華嚴何
必橫攻□□□□□□窮五敎故兼學也
盖華□□□□□□□一代枝末從此而
出故也故慈恩疏引例六經而以華嚴冠
之寇初又云經爲根本隨法相以宣揚論
是末宗稟佛言而成理西明疏中釋歸命
偈滿分之言曰滿則如來分是金剛藏解
脫月者可謂深見經論之本末也況清涼有
言性之与相若天之日月易之乾坤學兼

兩轍方曰通人是知不學俱舍不知小乘
之說不學唯識寧見始敎之宗不學起信
豈明終頓之旨不學花嚴難入圓融之門
良以淺不至深深必該淺理數之然也故
經偈云無力飮池河詎能吞大海不習二
乘法何能學大乘斯言可信也二乘尚習
況大乘乎近世學佛者自謂頓悟蔑視權
小及談性相往往取笑於人者皆由不能
兼學之過也或曰唯唯而今而後請從事
於斯矣高麗國傳華嚴大敎廣智開宗弘
(* 이하 缺落)

기사 :
已沐頒行今則摹印方初粧黃甫就屬以
淸商映律虹渚降祥虔繁秘妙之詮上祝
庬鴻之笁

참고 逸失本. 서문과 刊行 기사는 신집성문헌『大覺國師文集』卷1 및 卷8, 上唯識論單科表
      참조. 최애리, 「新編諸宗敎藏總錄의 편성체계 고찰」, 『書誌學報』31, 韓國書誌學會,
      2007.

13-17 『注仁王護國般若經』殘本 및 刊行 기사

잔본 卷第一~四(雅丹文庫 : 보물 제890호)
전거 『大覺國師文集』卷10, 上淨源法師書 第二
연대 宣宗代(1084~1094)

저：大宋國傳賢首祖敎沙門淨源撰集

기사：再蒙訓辭 而鄙鈍所鍾 習成猶淺 業未益進 行未加修 故不能膺 大善知識 敎之
之意 忽承尊慈 爲我先兄國王 箋注仁王護國般若經 將欲摹印流布 不圖短拙 俾預看
詳 自聞命而旣懼且愧者

각수：存植 孫昌 眞甫 呂材 孝兼

사진　문화유산원문

참고　8권본으로 4권만 전함. 刊記를 잃었으나, 흥왕사 교장도감에서 간행한 것이 명확하므로
（『교장』, pp.221~223）, 수록한다. 기사는 신집성문헌：『大覺國師文集』卷10, 上淨源法師
書 第二 참조.

13-18『高麗李相國樂道集』序文

전거　元照,「高麗李相國樂道集序」
연대　肅宗代(1095~1105)

저：百藥公 李頲

서：高麗李相公樂道集序
予昔見 海東使臣 經從吾鄕 名山勝槩 率多題詠 觀其格致 則與夫大國文軌頗同 後見
僧統 所留篇什 語句平易 思味幽遠 復知僧統 又知詩之深者 比以朝辭 廻杭艤舟府亭
忽持李相國詩集 爲示發卷一 覽愛其學 贍而識遠辭 直而理詣大率 稽於釋典 宗於理
性 皆超拔物外之論 非所謂世俗文筆也 處富貴而慕眞寂 故以樂道命其題 居塵染而
守淸節 故以婆塞標其號 以夫道無不在 故其言觸事而發 隨物而應存乎 梗槩且錄百
篇 足以弘贊佛乘 啟迪來裔 豈與夫雕虫刻篆 嘲風詠月者 同日而語哉 然彼國文士

能詩者甚衆 而僧統獨愛 此集將命鏤板 流通於世　向所謂僧統 知詩之深 爲不誣矣
觀是詩者 當體斯意

참고　(宋)元照,「高麗李相國樂道集序」,『芝園集』下 ;『卍續藏經』第59冊, p.665. 이 책은
　　　元照가 高麗의 僧統을 통해 이상국 시집『樂道集』을 받아 보고 높이 평가하면서 그
　　　서문을 지어준 것이다. 또 여기에는 僧統이 홀로 책을 간행하여 세상에 流通시키려 한다는
　　　뜻을 담고 있다. 이에 수록한다. 張東翼은 이 책에 대해「淸平山文殊院記」(『東文選』
　　　卷64)에 보이는『追和百樂(藥)公樂道詩』(뒤의 〈표 5〉) 참조 : 이 책, p.109)로 추정하면서,
　　　승통은 大覺國師 義天으로 추정하였다(『宋代麗史資料』, p.415). 하지만『高麗李相國樂
　　　道集』과『追和百樂(藥)公樂道詩』를 같은 책으로 보기에 어려움이 있다. 百藥公은 재상을
　　　지낸 李頲(1025~1077 : 字 百藥)으로 이자현의 伯父다. 그런데 책의 체목이 전자는 저자
　　　相國 李頲이 즐기는 '樂道'의 뜻을 담고 있고, 후자는 저자 李資玄이 그를 追募하는
　　　뜻을 담고 있다. 따라서 다른 저자 다른 책으로 보는 것이 옳을 듯하다. 연대는 의천이
　　　宋나라에서 귀국한 뒤에 간행하였을 것으로 추정된다.

13-19『分行集』刊行 기사

전거　『破閑集』下, 學士金黃元
연대　宣宗代(1084~1094)

저 : 天院 李載(李軌 : ?~1122) 외

서 : 學士朴昇冲爲序

기사 : 學士金黃元拜大諫 屢陳藥石 未得回天之力 出守星山 路出分行驛 適會天院
李載 自南國還朝 邂近於是驛 以詩贈之 … 縉紳皆屬和幾一百首 目之曰分行集 學士
朴昇冲　爲序 皇大弟大原公鏤板以傳之

참고 연대는 김황원이 선종대 경산부사로 나아간 사실에 의함(宣宗聞之 擢爲右拾遺·知制誥 未幾 出守京山府 … 在京山二年 多惠政 :『高麗史』卷97, 金黃元傳). 김건곤 역주·평설, 『해동문헌총록과 고려시대의 책』, 한국학중앙연구원 출판부, 2013.

제14대 獻宗 王昱(재위 1094~1095)

14-1 『貞元新譯花嚴經疏』卷第十 刊記

소재 日本 東京 大東急記念館文庫

연대 獻宗 元年(遼 壽昌 元年, 1095)

저 : (唐)勅太原府大崇福寺沙門 澄觀 述

간기 : (卷末)

貞元新譯花嚴經隨疏卷第十
　　壽昌元年乙亥歲高麗國大興王寺奉
　　宣彫造

사진 『교장』, p.220.

참고 所有新注正(貞)元花嚴經 某佇望多年 此者 幸叨賜及 感喜交積 伏奉慈旨 更令詳勘 今却
得國王 於卷後簽銜 仍捨淨財 周圓勝事 然某講席煩迫 校勘未盡 俟後次附去 및 去年
容易貢上新疏十卷 幸蒙允納 以副勤誠 不勝忻抃(『大覺國師文集』卷11, 上大宋淨源法師
書 三首 및 與大宋善聰法師狀 三首 : 『교장』, pp.218~220).

14-2 『淨名經集解關中疏』 刊記

소재　연세대 도서관(白樂濬 기증 : 보물 제736호)
연대　獻宗 元年(遼 壽昌 元年, 1095)

저 : 後秦 僧肇 集解 ; 唐中京資聖寺沙門 道液 集(註疏)

간기 : (卷末)

淨名經集解關中疏卷第三 / 卷第四 (* 同一)

　　　壽昌元年乙亥歲高麗國大興王寺奉
　　　宣雕造

사진　문화유산원문 ; 『교장』, p.233.
참고　口訣本. 조선왕조 世祖代(재위 1455~1468) 刊經都監 飜刻本으로 추정됨(『교장』, pp.232
　　~234).

14-3 『妙法蓮華經纘述』 刊記

소재　송광사(보물 제206호)
연대　獻宗 원년(遼 壽昌 원년, 1095)

저 : 唐京師紀國寺沙門釋　慧淨　述

간기 : (卷末)

妙法蓮華經纘述卷第一
　　　壽昌元年乙亥歲高麗國大興王寺奉

宣雕造

　　　　秘書省楷書同正臣南宮　禮　書
妙法蓮華經纘述卷第二
　　壽昌元年乙亥歲高麗國大興王寺奉
　　宣彫造
　　　　寫經院書者臣柳　侯樹　書

사진　문화유산원문 ;『교장』, p.230.

참고　조선왕조 世祖代 刊經都監 飜刻本으로 추정됨(『교장』, pp.229~231). 강순애, 「順天 松廣
　　寺 四天王像의 服藏典籍考」,『서지학연구』27, 2004 참조.

14-4 『大毗盧遮那成佛神變加持經義釋』刊記

소재　日本 東京 大東急記念文庫
연대　獻宗 元年(遼 壽昌 원년, 1095)

저 : (唐)善無畏三藏 一行 述記

간기 : (卷末)
大毗盧遮那成佛神變加持經義釋

　　壽昌元年乙亥歲高麗國大興王寺奉
　　宣彫造

사진　『古寫經大觀』寫眞圖版, p.68.

참고　長承 3년(1134) 日本 筆寫本에 의함(和田維四郎 鬼集,『古寫經大觀』, 日本精藝出版合資
　　會社, 1920, pp.33~34).

14-5 『大盧毗遮那成佛神變加持經義釋演密鈔』 刊記

소재　日本 京都市 眞福寺文庫

연대　獻宗 원년(遼 壽昌 원년, 1095)

별칭 : 大日經義釋演密抄

저 : 燕京圓福寺崇祿大夫檢校太保行崇祿卿總秘大師　賜紫沙門　覺苑　撰

간기 : (卷末)

　　壽昌元年乙亥歲高麗國大興王寺奉
　　宣彫造

참고　嘉曆 2년(1327 : 卷5)와 延慶 2년(1309 : 卷10)의 日本 筆寫本에 의함(黑板勝美 編,『眞福
　　寺善本目錄 續集』, 1936, p.49). 여기에는 『大日經義釋演密抄』로 되어 있으나, 순천
　　송광사 소장의 조선왕조 刊經都監 飜刻本에는 위 제목으로 나와 있다. 이에 정식 명칭으로
　　제목을 바꾸었다. 원문은 『卍續藏』 第23冊 및 『大日本續藏經』 제37권 참조.

14-6 『龍龕手鏡』 卷第四 刊記

소재　고려대 도서관(六堂文庫, 국보 제291호)

연대　11세기경(추정)

저 : (遼)釋行均 字 廣濟 集

간기 : (卷末)

龍龕手鏡入聲卷第四

羅州牧官雕刻四卷入九十三丈
　　　司錄掌書記借良醞令權　得齡

사진　문화유산원문 ;『續藏』圖板, p.143.
참고　行均,『龍龕手鏡』, 亞細亞文化社, 1975(影印本) ; 許泰一,「고려판 영인 遼刻 龍龕守鏡略
　　　考」,『한국학연구』4, 仁荷大 韓國學硏究所, 1992.

제15대 肅宗 王顒(初名 王熙 : 재위 1095~1105)

15-1 『大方廣佛華嚴經談玄決擇』 刊記

소재　日本 金澤文庫 및 高山寺

연대　肅宗 元年(遼 壽昌 2년, 1096)

별칭 : 華嚴經談玄決擇

저 : (遼)上京開龍寺圓通悟理大師賜紫沙門 鮮演 述

간기 : (卷末)

大方廣佛華嚴經談玄決擇卷第二

　　　高麗國大興王寺壽昌二年丙子歲奉宣雕造

사진　『續藏』 圖板, pp.84~86.

참고　日本 筆寫本에 의함(卷2~卷6). 卷末의 기록에 의하면, 흥왕사 판본이 宋나라에 전해져
　　　여러 차례 傳寫된 것임(『교장』, pp.233~234 ; 『卍續藏經』 제11책, p.867 참조).

15-2 書名 未詳 斷片 刊記

소재 예산 수덕사 근역성보관

연대 肅宗 元年(遼 壽昌 2년, 1096)

간기 : (卷末)

海東傳敎沙門　義天　校勘

壽昌二年丙子歲高麗國大興王寺奉
宣雕造

翰林書藝待詔臣裵　蘭　寫

사진 『한국불교미술연구』, p.267.

참고 刊記 斷片으로 서산 문수사 금동좌불상의 불복장임. 장충식, 『한국불교미술연구』, 시공아
트, 2004.

15-3 『圓覺禮懺略本』 刊記

소재 청주고인쇄박물관(충청북도 유형문화재 제375호 : 김병구 기증)

연대 肅宗 2년(遼 壽昌 3년, 1097)

저 : (唐)終南山草堂寺沙門 宗密 述

간기 : (卷末)

圓覺禮懺略本卷第三

壽昌三年丁丑歲高麗國大興王寺奉

宣雕造

　　　　將仕郎諸陵令同正臣金　俊臾　書

圓覺禮懺略本卷第四

壽昌三年丁丑歲高麗國大興王寺奉

宣雕造

　　　　　明書業及第臣宋　幹　書

　　　講華嚴經興王寺大師　賜紫臣　聰敏　校勘
　　　講華嚴經洪圓寺大師　賜紫臣　顯雄　校勘
　　　講華嚴經興王寺大師　賜紫臣　性英　校勘

사진　『교장』, pp.236~237.

참고　조선왕조 世祖代(재위 1455~1468) 刊經都監 飜刻本으로 추정됨(『교장』, p.237). 라정숙,
　　　「宗密의 圓覺禮懺略本 분석」,『불교연구』39, 한국불교연구원, 2013.

15-4 『地持論義記』 刊記

전거　『卍續藏經』第61册
연대　肅宗 2년(遼 壽昌 3년, 1097)

별칭 : 菩薩地持經義記. 地持經義記

저 : 隋淨影寺沙門釋　慧遠　述

간기 : (卷末)

地持論義記卷第五之下終

壽昌三年丁丑歲高麗國大興王寺奉
宣雕造
　　將仕郎尙舍直長同[7]正臣蔣　髦　書

　　講瑜伽論崇敎寺大師　賜紫沙門臣　玄湛　校勘
　　講瑜伽論玄化寺大師　賜紫沙門臣　會凡　校勘
　　講瑜伽論玄化寺大師　賜紫沙門臣　覺樞　校勘

참고　日本 筆寫本에 의하며(卷3下·卷4上·卷5下의 3권만 수록됨), 지금은 逸失됨. 『卍續藏經』
第 61冊, p.494.

15-5 『大方廣佛華嚴經(60권본)』 刊記 ① ② ③

소재　① 개인 ② 아단문고(국보 제202호) ③ 海印寺
연대　肅宗 3년경(遼 壽昌 4년, 1098 : 추정)

저 : 東晉天竺三藏佛馱跋陀羅　譯

간기 : (卷末)
① 大方廣佛華嚴經卷第三十三

　　智異山拯倫寺住持比丘 暢春 祝

---

7) 長同 : '良國'으로 筆寫되어 있으나, 다른 판본과 비교해 볼 때, '長同'의 誤寫가 명확하므로 校正함.

聖壽之願捨財開版晉譯花嚴經第一卷

② 大方廣佛華嚴經卷第三十七

　　　高麗國陜州戶長同正李　必先　上報
　　　四恩下滋三有之願施財雕版花嚴經
　　　第三十七卷時壽昌四年五月日記

③ 大方廣佛華嚴經卷第四十五

　　　迦倻山海印寺依止僧　成軒　特爲
　　　天長地久之願施財開此　卷普施
　　　　壽昌四年戊寅三月　　日謹記

사진　①『典籍』, p.87. ② 문화유산원문.『典籍』, p.84. ③ 국립도서관 원문보기 ;『海印寺經板題跋集』一, 4면.

참고　『典籍』, p.84, 註) 197. 譯經委員會,『한글대장경 華嚴經(六十卷本)』1~3, 東國譯經院, 1985.

15-6 『金剛般若經義記』刊記

소재　청주고인쇄박물관(충청북도 유형문화재 제374호 : 김병구 기증)
연대　肅宗 3년(遼　壽昌 4년, 1098)

저 : 唐西京崇聖寺沙門知恩(或은 玄)[8] 集

---

8) 知恩 : 남권희는 知玄으로 보았다(『記錄』 p.164).

간기 : (卷末)

金剛般若經義記卷上

　　　　壽昌四年戊寅歲高麗國大興王寺奉
　　　　宣雕造
　　　　　　　　御書院書者省臣　御室賢　書

金剛般若經義記卷下

　　　　壽昌四年戊寅歲高麗國大興王寺奉
　　　　宣雕造

　　　　　　　　秘書省楷書同正臣吳　代公　書

　　　　講華嚴經佛日寺大師賜紫沙門臣　覺之　校勘
　　　　講華嚴經佛日寺大師賜紫沙門臣　滋顯　校勘
　　　　講華嚴經興王寺大師賜紫沙門臣　德延　校勘

사진　『記錄』, p.165.

참고　조선왕조 世祖代(재위 1455~1468) 刊經都監 飜刻本으로 추정됨. 책의 卷頭에 "金剛般若
　　　經依天親菩薩論贊略釋秦本義記"라 한 것은 天親의 『金剛般若論』(菩提流支 譯)에 입각
　　　하여 鳩摩羅什 譯의 『金剛經』을 略釋한 것이다(『교장』, pp.238~239).

15-7 『金剛般若經疏開玄抄』刊記

소재　순천 松廣寺(보물 제207호)

연대　肅宗 3년(遼 壽昌 4년, 1098)

저 : 蜀郡沙門公哲 述 ; 東京天淸寺賜紫沙門志蘊 後重删補

간기 : (卷末)
金剛般若經疏開玄鈔卷第四

壽昌四年戊寅歲高麗國大興王寺奉
宣雕造

將仕郞尙衣直長同正臣王　鼎　書

金剛般若經疏開玄鈔卷第五

壽昌四年戊寅歲高麗國大興王寺奉
宣彫造

將仕郞尙舍直長同正臣李　衍　書

金剛般若經疏開玄鈔卷第六

壽昌四年戊寅歲高麗國大興王寺奉
宣雕造

將仕郞司宰主簿同正臣　李　彪　書
講華嚴經興王寺通奧大師賜紫沙門臣　尙源　校勘
講華嚴經佛日寺慈應大師賜紫沙門臣　融觀　校勘
講華嚴經佛日寺慧炤大師賜紫沙門臣　滋顯　校勘

사진　문화유산원문 ; 『續藏』 圖板, pp.33~36 ; 『교장』, pp.240~241.
참고　1461년 飜刻本에 의함(天順五年辛巳歲朝鮮國刊經都監奉敎重修 ; 『교장』, p.239).

15-8 『妙法蓮花經觀世音菩薩普門品三玄圓贊科文』 刊記

소재　순천 송광사(보물 제204호)
연대　肅宗 4년(遼 壽昌 4년, 1099)

저 : (宋)覺花島海雲寺崇祿大夫守司空輔國大師賜紫沙門思孝科定

간기 : (卷末)
妙法蓮花經觀世音菩薩普門品三玄圓贊科文一卷
　　　　壽昌五年己卯歲高麗國興王寺奉
　　　　宣彫造

사진　문화유산원문 ; 『續藏』 圖板, p.32.
참고　조선왕조 世祖代(재위 1455~1468) 刊經都監 飜刻本으로 추정됨(『교장』, p.244).

15-9 『大般涅槃經疏』 刊記

소재　순천 송광사(보물 제90호)
연대　肅宗 4년(遼 壽昌 4년, 1099)

저 : 唐大薦福寺沙門 法寶 述

간기 : (卷末)
大般涅槃經疏卷第九 /第十

　　　　　海東傳敎沙門　　義天　　校勘

壽昌五年己卯歲高麗國大興王寺奉
宣雕造

　　　　將仕郎司宰丞同正臣蔣　髦　書

사진　문화유산원문 ;『續藏』圖板, pp.28~30 ;『교장』, p.243.
참고　간기에서 書者 蔣髦의 기록은 卷10에만 있음. 조선왕조 世祖代(재위 1455~1468) 刊經都監
　　　　翻刻本으로 추정됨(『교장』, p.243).

15-10 『釋摩訶衍論讚玄疏』 刊記

소재　日本 和歌山県 高野山大學圖書館
연대　肅宗 4년(遼 壽昌 5년, 1099)

저 : (遼)通法大師法悟 述

간기 : (卷末)
釋摩訶衍論讚玄疏卷第五
　　　壽昌五年己卯歲高麗國大興王寺奉　宣雕造

사진　『續藏』圖板, p.73.
참고　1288년(謹開印版傳之 … 正應元年戊子 … 沙門慶賢) 日本 重刊本에 의함. 龍樹 造,
　　　　『釋摩訶衍論』의 注釋임(『교장』, pp.244~246 참조).

15-11 『釋摩訶衍論通玄鈔』 刊記

소재　日本 和歌山県 高野山大學 圖書館
연대　肅宗 4년(遼 壽昌 5년, 1099)

저 : 大遼醫巫閭山崇祿大夫守司徒通圓慈行大師賜紫沙門志福撰(疏鈔)

간기 : (卷末)
釋摩訶衍論通玄鈔卷第一

　　壽昌五年己卯歲高麗國大興王寺奉宣雕造

사진　『續藏』圖板, p.75.
참고　1282년(弘安五年壬午 … 高野山金剛三昧院金剛佛子性海書) 日本 重刊本에 의함. 龍樹
　　　　造, 『釋摩訶衍論』의 注釋임(『교장』, p.246 참조).

15-12 金字 『妙法蓮華經』 寫經 기사

전거　『高麗史』卷11
연대　肅宗 6년(1101)

기사 : 四月 … 幸日月寺 慶成金字妙法蓮華經旣畢

15-13 銀字 『瑜伽師之論』·『顯揚聖敎論』 寫經 기사

전거　『高麗史』卷11

연대   肅宗 7년(1102)

기사 : 五月 丙寅 幸玄化寺 慶讚銀書瑜伽顯揚論

참고   『高麗史』卷88, 仁睿順德太后李氏

15-14 『藥師瑠璃光如來本願功德經』刊記

소재   한국학중앙연구원(보물 제1130호)
연대   肅宗 7년(遼 乾統 2년, 1102)

저 : (唐)三藏法師玄奘奉　詔譯

간기 : (卷末)
藥師如來本願功德經一卷

　　　乾統二年壬午歲高麗國大興王寺奉
　　　宣雕造

사진   문화유산원문
참고   조선왕조 飜刻本으로 추정됨(국가문화유산포털).

15-15 『法華玄論』刊記

소재   개인
연대   肅宗 7년(遼 乾統 2년, 1102)

저 : (隋·唐)嘉祥寺 沙門 吉藏 述

간기 : (卷末)
法華玄論卷第四

     乾統二年壬午歲高麗國大興王寺奉
     宣雕造
        寫經院書者臣韓 惟翼 書

사진 『교장』, p.247.

참고 10권중 卷3·卷4만 전함. 조선왕조 世祖代(재위 1455~1468) 刊經都監 飜刻本으로 추정됨
(『교장』, p.248). 平井俊榮,『法華玄論の註釋的研究』, 東京 : 春秋社, 1987.

15-16 『釋苑詞林』 殘本 및 編纂 기사

잔본 卷191~卷195(규장각)

전거 ①「般若寺元景王師碑」 ②「靈通寺大覺國師碑」

연대 肅宗 末~睿宗 初(1101~1108)

저 : 高麗沙門 義天 集

기사 : ① 聖旨賜□釋苑詞□□□□□□□□□□□□□□□□□□□□□□□□ 門人首
座覺純等 重加詳定 以類相從 編爲二百五十卷 至是歲告畢焉
② 又欲會古今文章有補 於敎以爲釋苑詞林 而未及參定至 後乃成故去取失當

참고 ① 金富佾奉 宣撰,「陜川般若寺元景王師碑」,『고승비문』3, p.76. ② 金富軾奉宣 撰,
「靈通寺大覺國師碑」,『고승비문』3, p.126 ; 朴鎔辰,「의천 集 釋苑詞林의 편찬과 그

의의」,『한국중세사연구』19, 한국중세사학회, 2005.

〈표 4〉肅宗代(1095~1105) 刊記 未詳의 저술 목록

제목	저자	내용(典據)
『論語新義』	金仁存 (?~1127)	轉吏部郎中兼東宮侍講學士時 睿宗在東宮講論語 仁存撰新義進講 移中書舍人(『高麗史』 卷96, 金仁存)

제16대 睿宗 王俁(재위 1105~1122)

16-1 『弘贊法華傳』刊記

소재 日本 奈良市 東大寺 圖書館
연대 睿宗 10년(遼 天慶 5년, 1115)

저 : (唐)藍谷沙門 慧詳 撰

발 : (卷末)
弘贊法華傳卷第十

弘贊法花傳者始自東晉終乎李唐凡學法花得
其靈應者備載於此斯可謂裨贊一大事之因緣使
其不墜于地者歟然今海東唯得草本年祀逾遠筆
誤頗多鑽仰之徒病具訛舛余雖不敏讐校是非
欲廣流通因以雕板庶幾披閱之士開示悟入佛之知
見者也時天慶五年歲在乙未季春月十七日於內帝
釋院明慶殿記
海東高麗國義龍山弘化寺住持究理智炤淨光處
中吼石法印僧統賜紫沙門德緣勘校文林郎司
宰丞同　　　正李　　　唐翼書

사진 『續藏』圖板, pp.78~79.

참고 1120년 日本 筆寫本에 의함(保安元年七月八日 於大宰府勸俊源法師書寫畢 宋人蘇景自高麗國奉渡聖教之中 有此法華傳 仍爲留兩本所令書寫也 半僧覺樹記之 ; 『大正新修大藏經』第51冊, 東京 : 大藏出版株式會社, 1931, p.47). 근래에 경주 기림사 불복장에서 卷6~8이 발견되었는데, 1115년 간행본인지는 불분명하다(남권희, 「13세기 天台宗 관련 高麗佛經 3종의 書誌的 考察」, 『서지학보』19, 1997, pp.11~22). 뒤의 24-5 『海東傳弘傳』 撰述 기사 참조(이 책, p.233).

16-2 『永嘉眞覺大師證道歌』 重刊 刊記

소재 아단문고(보물 제889호)

연대 睿宗 14년(1119)

간기 : (卷末)

己亥二月日文林郎司宰少卿李時茂募工重雕

사진 문화유산원문

참고 서지 및 참고 사항은 앞의 初刊本(1089년) 13-4 참조(이 책, p.71). 1089년의 초간에 이은 重刊 연대인 己亥는 1119년 혹은 1179년으로 볼 수 있다. 하지만 상세한 초간 간기에 비해 간략한 중간 간기는 물론, 시기상으로 90년의 차이가 나는 후자는 여전히 부담된다. 따라서 중간 간기는 1119년으로 보는 것이 옳다. 더욱 뒤의 考異③ 『永嘉眞覺大師證道歌』 刊行 연대 참조(이 책, p.141).

16-3 『睿宗唱和集』 刊行 기사

전거　李奎報,『東國李相國全集』卷21, 睿宗唱和集跋尾
연대　睿宗代(1106~1121)

저 : 高麗 睿宗·逸士 郭璵 等

기사 : 伏聞 睿廟聰明天縱 制作如神 席太平之慶 乘化日之長 常與詞人逸士 若郭璵 等 賦詩著詠 摐金振玉 動中韶鈞 流播於人間 多爲萬口諷頌 實太平盛事也 今所謂 睿宗唱和集 是已行于世久矣

〈표 5〉 睿宗代(1105~1122) 刊記 未詳의 저술 목록

제목	저자	내용(典據)
『海東秘錄』 (원년 1106)	金仁存·崔璿·李載·李德羽·朴昇中 등	① 三月 丁酉 命儒臣與太史官 會長寧殿 刪定陰陽地理諸家書 編爲一冊以進 賜名海東秘錄 正本藏於御府 副本賜中書省·司天臺·太史局 (『高麗史』 卷12, 睿宗 元年) ② 嘗與崔璿·李載·李德羽·朴昇中 等 刪定陰陽地理諸書以進(『高麗史』 卷96, 金仁存)
『投壺儀』 (11년 1116)	寶文閣學士 등	十二月 壬午 御淸讌閣 命內侍良醞令池昌洽 講禮記中庸·投壺二篇 謂寶文閣學士等曰 投壺古禮也 廢已久矣 宋帝所賜其器極爲精備 將試之 卿等可纂定投壺儀 幷圖以進(『高麗史』 卷14, 睿宗 11년)
『註解貞觀政要』 (11년 1116)	金緣·朴景仁·寶文閣學士 등	十二月 甲申 宴淸讌閣 謂學士等曰 朕嘗覽貞觀政要 太宗曰 但使天下大平 家給人足 雖無祥瑞 可比德於堯舜 若百姓不足 夷狄內侵 縱有芝草鳳凰 何異於桀紂 斯言至矣 庶幾景行 遂命金緣 朴景仁及寶文閣學士 註解政要以進(『高麗史』 卷14, 睿宗 11년)
『三韓以來事跡』	洪灌	睿宗嘗覽 編年通載 命灌 撰集三韓以來事跡 以進(『高麗史』 卷121, 洪灌)
『注貞觀政要』	金仁存 (?~1127)	仁存好學 老不釋卷 一時詔誥 多出其手 再掌禮闈 多得名士 … 又注貞觀政要(『高麗史』 卷96, 金仁存)
『時政策要』	金仁存·朴昇中	又與昇中 撰時政策要(『高麗史』 卷96, 金仁存)
『心要』·『追和百樂公樂道詩』·『南遊詩』·『禪機語錄』·『歌頌』·『布袋頌』	李資玄 (1061~1125)	(政和七年) 乃以其年八月 謁于南京 … 仍命甄止于三角山淸涼寺 上乃往返 諮問禪理 公於是述進心要一篇 … 至建炎四年秋八月 特賜謚曰眞樂公 所著文章 有追和百樂公樂道詩 一卷 南遊詩一卷 禪機語錄一卷 歌頌一卷 布袋頌一卷(『東文選』 卷64, 淸平山文殊院記)

제17대 仁宗 王楷(初名 王構 : 1122~1146)

17-1 『睿宗實錄』 編修 기사

전거 『高麗史』 卷98, 金富軾
연대 仁宗 元年(1123) 즈음

저 : 金富軾·朴昇中·鄭克永

기사 : 尋與朴昇中 鄭克永 修睿宗實錄

참고 仁宗即位 由叅知政事 陞中書侍郞平章事 奏曰 睿宗在位十七年事業 宜載史冊 貽厥後世
請依宋朝故事 置實錄編修官 從之(『高麗史』 卷97, 韓安仁).

17-2 『三國史記』 刊記

소재 경주 옥산서원(국보 제322-1호)
연대 仁宗 23년(1145)

저 : 金富軾奉宣撰

서 : 進三國史記表

臣某言古之列國亦各置史官以記事故孟子曰
晉之乘楚之檮杌魯之春秋一也惟此海東三國
歷年長久宜其事實著在方策乃命老臣俾之編
集自顧缺爾不知所爲中謝 伏惟聖上陛下性唐
堯之文思體夏禹之勤儉宵旰餘閒博覽前古以
謂今之學士大夫其於五經諸子之書秦漢歷代
之史或有淹通而詳說之者至於吾邦之事却茫
然不知其始末甚可歎也况惟新羅氏高句麗氏
百濟氏開基鼎峙能以禮通於中國故范曄漢書
宋祁唐書皆有列傳而詳內略外不以具載又其
古記文字蕪拙事迹闕亡是以君后之善惡臣子
之忠邪邦業之安危人民之理亂皆不得發露以
垂勸戒宜得三長之才克成一家之史貽之萬世
炳若日星如臣者本匪長才又無奧識泊至遲暮
日益昏蒙讀書雖勤掩卷即忘操筆無力臨紙難
下臣之學術蹇淺如此而前言往事幽昧如彼是
故疲精竭力僅得成編訖無可觀祇自媿耳伏望
聖上陛下諒狂簡之裁赦妄作之罪雖不足藏之
名山庶無使墁之醬瓿區區妄意天日照臨

간기 : (卷末)

三國史記卷第五十

　　　　參考寶文閣修校文林郞禮賓丞同正金　永溫
　　　　參考西材場判官儒林郞尙衣直長同正崔祐甫
　　　　參考文林郞國學學諭禮賓丞同正李　黃中
　　　　參考儒林郞前國學學正朴　　東桂
　　　　參考儒林郞金吾衛錄事參軍事徐　安貞
　　　　參考文林郞守宮署令兼直史館許　洪材

參考將仕郎分司司宰注簿李　　　　溫文

參考文林郎試掌冶署令兼寶文閣校勘崔山甫

編修輸忠定難靖國賛化同德功臣開府儀同三司檢校太師守太保門下侍中

判尙書吏禮部事集賢殿大學士監修國史上柱國致仕金　　富軾

同管句內侍寶文閣校勘將仕郎尙食直長同正金　忠孝

管句右承宣尙書工部侍郎翰林侍講學士知制誥鄭　　　襄明

사진　문화유산원문

참고　1512년 重刊本에 의함(按廉使沈公孝生得一本 与前府使陳公義貴圖所以刊行 於癸酉七
月 下牒于府 八月 始鋟諸梓 … 至甲戌夏四月告成 … 府使嘉善大夫金居斗跋). 民族文化
推進會, 『校勘 三國史記』, 1982(影印本). 고전번역원 DB ;『東文選』卷44, 進三國史記表.
金富軾 著, 李丙燾 譯, 『國譯 三國史記』, 乙酉文化社, 1977.

17-3 『孫氏蠶經』言釋 刊行 기사

전거　「林景和墓誌銘」(국립중앙박물관 소장)
연대　仁宗代(1130~1145)

저：未詳, 言釋：林景和

기사：是時孫氏蠶經 始行于世 然讀者莫曉其意 公以方言釋之奏取 朝旨頒諸中外
遂興養蠶之法

참고　『墓誌銘』4版, p.178. 『孫氏蠶經』은 중국 宋代의 孫光憲(?~968)이 지은 『蠶書』로 추정해
볼 수 있다(김용선, 『역주 고려묘지명집성』 상, 2001, p.278).

17-4 『詳定禮文』初刊 기사

전거 『東國李相國後集』卷11, 新序詳定禮文跋尾
연대 仁宗代(1130~1145)

저 : 平章事崔允儀 等十七臣 集

기사 : 本朝自有國來 其禮制之損益 隨代靡一病之久矣 至仁廟朝 始勅平章事崔允
儀 等十七臣 集古今同異 商酌折中 成書五十卷 命之曰詳定禮文 流行於世

참고 金唐澤,「상정고금예문의 편찬 시기와 그 의도」,『고려 양반국가의 성립과 전개』, 전남대학
교출판부, 2010.

17-5 『大遼古今錄』引用 기사

전거 『遼史』卷42
연대 仁宗 10년(1132)~23년(1146)

기사 : 聖宗統和十二年 汗州刺史賈俊進新曆 則大明曆是也 "高麗所志(進) 大遼古
今錄 稱統和十二年始頒正朔改曆驗矣" 大明曆本宗祖冲之法 具見沈約宋書

참고 『遼史』卷42, 志 12, 曆象志上 曆 ;『標點校勘 遼史』, 景仁文化社, 1985, p.136. 연대는
仁宗 4년(1126) 초에 遼나라가 멸망한 사실로 미루어 추정한다.

17-6 『大覺國師文集』 木板 및 書者 기사

소재 해인사
연대 仁宗代(1132 이후~1146)

저 : 大覺國師 義天

기사 : (書者)
大覺國師文集卷第十二 / 卷第十六 / 卷第八 / 大覺國師外集卷第四 (* 同一)
　　　　　 法性寺住持 賜紫沙門臣慧觀書

사진 국립도서관 원문보기(한古朝21-425). 신문헌집성
참고 현재 文集 23권과 外集 12권의 목판이 확인되나, 상당한 분량이 逸失되어 전체 모습을
　　 알기 어렵다. 沈載烈 譯註, 『國譯 大覺國師文集』, 韓國精神文化硏究院, 1989(影印本
　　 수록). 의천의 문집은 이보다 앞서 結集되고 刊行된 듯하나(崔柄憲의 解題 참조 : 같은
　　 책), 결론짓기 어렵다. 연대는 林存이 인종 10년(1132) 왕명을 받아 지은 「僊鳳寺 大覺國師
　　 碑銘」이 『大覺國師外集』 卷第十二에 실린 것으로 미루어 추정함. 의천 지음, 이상현
　　 옮김, 『대각국사집』, 동국대학교출판부, 2012.

17-7 『柳文』 및 『李翰林集註』·『柳文事實』 刊行 기사

전거 ①『海東繹史』 卷44, 藝文志 3 經籍 3 中國書目 ②『高麗史』 卷99, 崔惟淸
연대 仁宗代~毅宗代(1132~1170)

저 : ① (唐)柳宗元 ② 崔惟淸(1095~1174)

기사 :

① 跋高麗板柳文 高麗刻唐柳先生集 繭紙堅緻 字畫瘦勁 在中華 亦爲善本 陪臣南秀
文跋尾

② 嘗奉詔 撰李翰林集註·柳文事實 王覽之嘉賞 鏤板以傳

참고   ①을 통하여 고려에서 일찍이 柳宗元의 문집 『柳文』을 간행한 사실을 알 수 있다. 독립된
     항목이어야 하지만, 시기 미상이어서 ②의 『柳文事實』과 연계하여 참고토록 하고자
     여기에 수록한다. ②에서 『柳文事實』은 『柳文』에, 『李翰林集註』는 (唐)李太白의 문집
     『李翰林集』에 최유청이 註釋을 붙인 것이다.

〈표 6〉 仁宗代(1130~1145) 刊記 未詳의 저술 목록

제목(연대)	저자	내용(典據)
『奉使語錄』 (5년 1127 : 추정)	金富軾(1075~1151)	金富軾奉使語錄一卷(『宋史』卷203, 藝文志 2)
『金光明經疏』	圓證僧統 金德謙 (1083~1150)	上又命 撰金光明經疏 盖撮要也 書成三卷以獻 上益加敬焉(「金德謙墓誌銘」;『墓誌銘』4版, p.117)
『四威儀頌』· 『上堂語句』	大鑑國師 坦然 (1070~1159)	嘗寫所作 四威儀頌 幷上堂語句 附商舶 寄大宋四明阿育王山廣利寺 禪師介諶印可 諶乃復書極加歎美 僅四百餘言 文繁不載(「斷俗寺大鑑國師碑銘」:『高僧碑文』高麗篇3, p.400)
『注貞觀政要』 (원년 1123)· 『唐宋樂章』 (11년 1133)· 『大平廣記撮要』· 『五天竺國圖』 (24년 1146)	尹誧(1063~1154)	累遷禮部侍郎寶文閣直學士知制誥 宋宣和四年壬寅也 明年仁宗命公 注貞觀政要 以進 … 癸丑秋八月 奉王旨撰集古詞三百首 名唐宋樂章一部 又於大金皇統六年 纂大平廣記撮要 詩一百首隨進呈 … 其年冬十有二月 加檢校大師守司徒叅知政事柱國 又據唐玄裝法師西域記 撰進五天竺國圖 上覽之 賜燕糸七束 仍命右承宣金存中 諮問樂譜 其遭遇之盛 千載一時(「尹誧墓誌銘」:『墓誌銘』4版, p.144.)

제18대 毅宗 王晛(初名 王徹 : 1146~1170)

18-1 『梵書摠持集』 刊記

소재   안동 보광사

시기   毅宗 4년(1150)

별칭 : 大毗盧遮那成佛經等一代聖教中一乘諸經所說一切秘密陁羅尼. 梵字大藏

간기 : (卷末)

時庚午歲六月卜日海東長安

廣濟鋪開板印施無窮

奉祝

聖壽万年兼冀法界有識

含靈共證菩提者

禪師思遠　重校

사진   『안동 보광사 목조관음보살좌상』, p.83.

참고   安東 普光寺 木造觀音菩薩坐像 佛腹藏임(보물 제1571호). 서병패, 「安東 普光寺 木造觀音菩薩坐像 腹藏典籍 研究」, 『안동 보광사 목조관음보살좌상』, 국가문화유산포털·불교문화연구소, 2009.

18-2 『一切如來心秘密全身舍利寶篋陁羅尼』刊記

소재　고양 원각사(경기도 유형문화재 제302호), 해인사 성보박물관.
연대　毅宗 6년(金 天德 4년, 1152)

간기 : (下段部)
梵學大師道輝書海眞寺開板時天德四年月日記

사진　문화유산검색. 『密敎學報』 7, p.85.
참고　원각사 소장 다라니임. 海印寺 毘盧遮那佛 佛腹藏임. 南權熙, 「韓國 記錄文化에 나타난
　　　眞言의 流通」, 『密敎學報』 7, 威德大 밀교문화연구원, 2005.

18-3 『法華經』 寫經 기사

전거　「尹誧墓誌銘」(국립중앙박물관 소장)
연대　毅宗 초~6년(1147~1153) 이전

기사 : 公(尹誧)平生偶 儻有大節 敏於文學 達於政事 該通音律 尤工歌詞 晚年嘗讀
內典 再赴閤門養老宴 親獻手寫法華經一軸 上乃宣勸仍 賜物尤渥

참고　『墓誌銘』 4版, p.144.

18-4 金銀字 『華嚴經』 寫經 기사

전거　『高麗史』 卷18, 毅宗 10년
연대　毅宗 10년(1156)

기사 : 夏四月 甲午 王如興王寺 轉華嚴經 初王無嗣 與妃金氏誓 若生子 當成金銀字 華嚴經四部 及元子生 寫成二部 修興王寺弘教院 藏之 改額弘眞 大設法會 以落之

18-5 『大毗盧遮那成佛經等一代聖敎中無上一乘諸經所說一切陁羅尼』 刊記

소재 해인사 성보박물관

연대 毅宗 10년(金 正隆 元年, 1156)

별칭 : 梵字大藏. 梵書摠持集

간기 : (卷末)

玆者奉爲聖壽無疆國泰民安先亡師
僧父母及法界有情速證菩提之願與
大師萬轉同發信議命工彫造梵字
陁羅尼板印施無窮者
時正豊(隆)⁹⁾元年七月日法水寺重大師資幸¹⁰⁾記

　　　頌曰

寶滿三千界	寶指作福田
唯成有滿業	終不離人天
持經取四句	以勝作良緣
欲入無爲海	須¹¹⁾乘般若舡

　　　　刻手□國寺依止彦平

---

9) 正豊 : 正隆으로 고려 太祖의 부친 王隆의 避諱임.

10) 資幸 : 資行 혹은 資華로 보기도 하나, 資幸이 명확하다.

11) 須 : 문맥으로 보아 이는 '願'의 異體字 '𢙇'를 잘못 쓴 것 같다.

각수 : 大仏(隣 ; 卷頭). 彦平(* 每張 右側 下段).

사진 『願堂』, p.100.

참고 陝川 海印寺 大寂光殿 木造毘盧遮那佛坐像 腹藏典籍임(보물 제1780호). 南權熙,「韓國
記錄文化에 나타난 眞言의 流通」,『密教學報』7, 威德大學校, 2005 ;『海印寺 대적광전법
보전 비로자나불 복장유물 조사보고서』, 해인사 성보박물관, 2008 ;『願堂 : 해인사 원당
암 아미타불 복장유물 특별전』, 해인사 성보박물관, 2017. 더욱 다음의 18-6 참조.

18-6 『大毗盧遮那成佛經等一代聖敎中無上一乘諸經所說一切陁羅尼』 刊記

소재 해인사 성보박물관
연대 毅宗 20년(丙戌年, 1166)

간기 : (卷末)
特爲
主上壽筭增延國土太平
法界有識含靈共證菩
提三途苦倫離苦得樂
之願命工彫刻梵字陁羅
尼一副印施無窮者
　　　歲在丙戌七月 日 　記
知陝州事文林郎試殿中內給事李世陜

각수 : 大仏(卷頭). 存深.

사진 『願堂』, p.101.

참고 陜川 海印寺 法寶殿 木造毘盧遮那佛坐像 腹藏典籍임(보물 제1778호). 서지 및 참고사항 은 위의 18-5 참조. 『願堂』에(p.101) 실린 사진에서 '陜'이 보이지 않으나, 다른 판본의 사진에서 명확히 확인된다.

18-7 『般若波羅蜜多心經』 印記 ①·②

소재 해인사 성보박물관
연대 毅宗 21년(丁亥年, 1167)

인기 : ① (卷末 : 朱書)
般若波羅蜜多心經

      伏爲先伯父尙書工部侍郞史禕

      往生西方見

      佛聞法之願印成時丁亥九月日

      奉三寶弟子國子進士史謙光誌

  ② (卷末 : 墨書)

      特爲親父無病長生之

      願印成丁亥九月日　誌

        弟子國子學生史柔直

사진 ① 『願堂』, p.94. ② 『願堂』, p.95.

참고 ① 陜川 海印寺 法寶殿 木造毘盧遮那佛坐像 腹藏典籍임(보물 제1778호). ② 陜川 海印寺 大寂光殿 木造毘盧遮那佛坐像 腹藏典籍임(보물 제1780호). 연대는 ① 史禕가 文公裕 (?~1159)의 묘지명을 쓴 檢校太子大保承務郞行試尙書工部侍郞 史偉와 동일인으로 판단 되므로, 발문은 1159년과 가까운 정해년인 1167년(毅宗 21)으로 추정된다(국가문화유산포털 해제). 『願堂 : 해인사 원당암 아미타불 복장유물 특별전』, 해인사 성보박물관, 2017.

18-8 『圓宗文類集解』 撰述 및 殘本

잔본　圓宗文類集解卷中(日本 天理市 天理大學 圖書館)

연대　毅宗 말~明宗 초(1165~1173)

저 : 海東大伯山傳敎沙門 廓心 集

참고　한국불교전서(H0291). 1468년 飜刻本에 의하며(成化四年戊子歲朝鮮國刊經都監奉敎於
　　　開城府重修), 卷中만 전함. 刊記를 알 수 없으나, 고려 승려의 저술로 수록한다. 연대는
　　　「龍頭山龍壽寺開創記」에 확심이 1173년(明宗 3) 용수사의 제3대 주지가 된 사실에서
　　　미루어 그 이전에 저술한 것으로 추정됨. 許興植, 「義天의 圓宗文類와 廓心의 集解」,
　　　『書誌學報』 5, 1991 ; 『韓國中世佛敎史硏究』, 一潮閣, 1994 ; 吉津宣英·柴崎照和, 「廓心
　　　圓宗文類集解卷中について」, 『駒澤大學佛敎學部硏究紀要』 52, 1994 ; 박보람, 「圓宗文類
　　　集解의 기초 연구」, 『동아시아불교문화』 35, 동아시아불교문화학회, 2018.

〈표 7〉 毅宗代(1151~1170) 刊記 未詳의 저술 목록

제목(별칭)	저자	내용(典據)
『文烈公文集』	金富軾(1075~1151)	嘗讀文烈公文集 見大覺國師碑(崔滋, 『補閑集』 下卷)
『海東廣智大禪師別錄』(假稱)	之印(1102~1158)	法住至智勒 坐道場者五 師之語要 具如別錄 … 餘資營轉輪大藏於雙峯智勒兩利(「海東廣智大禪師墓誌銘」 ; 『墓誌銘』, p.169)
『濟衆立效方』	金永錫(1089~1166)	嘗閱大宋新羅醫書 手撰奇要便於人者 名之曰濟衆立效方 傳於世(「金永錫墓誌銘」 ; 『墓誌銘』4版, p.205)
『雜書』 (『瓜亭雜著』)	鄭敘(?~?)	① 又得李中書藏用家藏鄭中丞敘所撰雜書三卷幷附於後編以俟通儒(崔滋, 「補閑集序」 ; 『補閑集』 上卷) ② 昔鄭中丞嗣文著習氣雜書亦新話之類也(乙卯七月日翰林學士慶源李棛用題 : 同上)
①『南都集』 ②『文肅公家集』 (『崔文肅公集』)	崔惟淸(1095~1174)	① 又有所著 文章數百篇 及南都集*(『高麗史』 卷99, 崔惟淸) ② 文肅公家集行於世 故唯載訓子一篇(崔滋, 『補閑集』 上卷, 崔譽肅公曰)

* 『南都集』은 毅宗 5년(1151) 判兵部事로 재임하던 중, 大寧侯 王璟이 참소를 입은 사건에 연루되어 南京留守使
로 左遷된 시절의 저술임.

時期 未詳 I : 고려 전기

I-1 『高麗風俗紀』·『高麗志』編撰 기사

전거 『高麗史』卷10, 宣宗 8년 6월 丙午
연대 고려 전기(宣宗 8년(1091) 이전)

기사 : 李資義等還自宋 奏云 帝聞我國書籍多好本 命館伴 書所求書目錄 授之乃曰 雖有卷第不足者 亦須傳寫附來 … 高麗風俗紀一卷·高麗志七卷

참고 宋나라에서 보내주기를 요청한 서적 가운데 하나이다. 다른 책들과는 달리 이 책은 고려에서 편찬된 것이 명백할 것이므로 여기에 수록한다.

I-2 『道詵密記』附 踏山歌 明堂記 引用 기사

전거 『高麗史』
연대 고려 전기(肅宗 원년(1096) 이전)

저 : 道詵(先覺國師)

별칭 : 『道詵秘記』『道詵記』

기사 : 肅宗元年 衛慰丞同正金謂磾 據道詵密記 請遷都南京云 楊州 有木覓壤 可立都城(卷56, 南京留守官楊州)

新羅末 有僧道詵 入唐學一行地理之法而還 作秘記以傳(卷122, 金謂磾)

道詵記云 高麗之地 有三京 松嶽爲中京 木覓壤爲南京 平壤爲西京 … 又云 開國後百六十餘年 都木覓壤(同上)

道詵踏山歌曰 松城落後向何處 三冬日出有平壤 後代賢士開大井 漢江魚龍四海通 … 又曰 後代賢士認人壽 不越漢江萬代風 若渡其江作帝京 一席中裂隔漢江(同上)

三角山明堂記曰 擧目回頭審山貌 背壬向丙是仙龜 陰陽花發三四重 親祖負山臨守護 … 壬子年中若開土 丁巳之歲得聖子 憑三角山作帝京 第九之年四海朝(同上)

道詵松岳明堂記云 西江邊 有君子御馬明堂之地 自太祖統一 丙申之歲 至百二十年 就此創構 國業延長(卷56, 開城府 貞州 白馬山·長源亭)

참고　謹按道詵密記 稀山爲高樓 多山爲平屋(『高麗史』卷28, 忠烈王 3년 7월). (道詵)秘記有國君敬南僧 必致覆亡之語(卷104, 韓希愈). (道)詵密記所載 北蘇箕達者 即峽溪 可以遷都(卷133, 辛禑 4년 11월). 道詵密記有三京巡御之說(卷126, 李仁任 (禑王) 8년). 道詵密記外 其新羅·百濟·高句麗所創寺社 及新造寺社不給(卷78, 寺社田 禑王 14년 7월). 崔惟淸 撰, 「白鷄山玉龍寺贈諡先覺國師碑銘」(『東文選』卷117, 碑銘). 金知見 外著, 『道詵研究』, 民族社, 1999.

I-3 『神誌秘詞』引用 기사

전거　『高麗史』卷122, 方技 金謂磾

연대　고려 전기(肅宗 元年(1096) 이전)

기사 : 神誌秘詞曰 如秤錘·極器 秤幹扶疎 樑錘者五德地 極器百牙岡 朝降七十國 賴德護神精 首尾均平 位興邦 保太平 茗廢二諭地 王業有衰傾

I-4 『王代宗族記』·『聖源錄』 引用 기사

전거　李齊賢,『櫟翁稗說前集』卷1
연대　고려 전기

기사 : ① 謹按王代宗族記 國祖姓王氏 然則非 至太祖始姓王也 種稦之說 不亦誣哉
　　　　按王代宗族記云 國祖太祖之曾祖也 貞明國祖之妃也
　　　② 聖源錄云 寶育聖人者 元德大王之外祖也
　　　　聖源錄云 昕康大王-即懿祖-之妻龍女者 平州人豆恩坫角干之女子也

참고　『高麗史』卷1, 高麗世系

I-5 『編年通錄』·『王代宗錄』 引用 기사

전거　①『高麗史』卷1, 高麗世系 ② 李齊賢,『益齋亂藁』卷9, 宗室傳序
연대　毅宗代(1147~1170)

저 : 金寬毅(寬毅乃毅宗時微官 :『櫟翁稗說』前集一)

기사 : ① 金寬毅編年通錄云 有名虎景者 自號聖骨將軍 … 郡人因封虎景爲大王
立祠祭之 以九人同亡 改山名曰九龍
　　　② 金寬毅王代宗錄 … 宗女與宗子並列 討其世譜 梦然莫之辨也

I-6 『大方廣佛華嚴經(80권본)』卷第六 印記

소재　성암문고(국보　제203호)
연대　12세기

저 : 于闐國三藏實叉難陀奉　制譯

인기 : (卷末 ; 墨書)
大方廣佛華嚴經卷第六

潭陽郡戶長同正田洵美亦出母利往願之成

사진　문화유산원문. 『典籍』, p.105(所藏墨印).

참고　卷頭에 '海東沙門 守其藏本'의 所藏墨印이 있다. 守其는 再造大藏經의 校正과 간행을
　　　　맡은 고승임(뒤의 23-53 『高麗國新雕大藏校正別錄』 참조 : 이 책, p.201).

Ⅱ. 고려 중기
(明宗~元宗 : 1170~1274)

제19대 明宗 王晧(初名 王昕 : 재위 1170~1197)
제20대 神宗 王晫(初名 王旼 : 재위 1197~1204)
제21대 熙宗 王韺(初名 王悳 : 재위 1204~1211)
제22대 康宗 王璹(初名 王貞·王祦 : 재위 1211~1213)
제23대 高宗 王皞(初名 王瞋·王晊 : 재위 1213~1259)
제24대 元宗 王植(初名 王倎 : 재위 1259~1274)

제19대 明宗 王晧(初名 王旼 : 재위 1170~1197)

19-1 『毅宗實錄』 編撰 기사

전거 『高麗史』 卷100, 崔世輔

연대 明宗 初(1171년경)

편 : 同修國事 崔世輔

기사 : 有人訴重房曰 修國史文克謙 直書毅宗被弒事 弒君天下之大惡 宜令武官兼之 使不得直書 克謙聞之 懼密奏王 王重違武臣意 然惡其非舊制 乃授世輔同修國事 世輔擅改事爲史 由是毅宗實錄 脫略多不實

*考異① 『川老解 金剛般若波羅密經』 刊行(明宗 9년 : 1179)

　　목정배의 글에서 '刊記가 分明하지 않으나'라고 추정하면서 1179년에 유통한 위의
『금강경』이 있다고 하였다(목정배, 「한국금강경유통고」, 『불교학보』 11, 동국대 불교문화
연구소, 1974, p.222). 이 기사는 이후 여러 연구에서 검토 없이 그대로 인용하여, 고려에서
1179년에 천로해의 『금강경』이 조판 유통된 것으로 서술되고 있다.

　　그렇지만, 이후 편저자가 간기자료를 수집하면서 실물의 존재에 대한 안내를 살피지
못하였다. 이는 이미도 淳熙 己亥(1179)년에 (宋)無盡이 쓴 서문으로 미루어 추정한
것 같다(뒤의 1258년 간행본 23-75 참조 : 이 책, p.224). 물론 그 중국의 판본이 전래되어

들어왔을 것이고, 그래서 새로 조판 보급되었을 것이지만, 현재 확인되는 것은 1258년 간행본이 가장 빠르다. 따라서 그즈음에 들어와 간행되었을 것이라는 추측 기사를 간행 사실로 보는 것은 문제가 있다. '추정'이라는 표현을 附記해야 한다.

19-2 『如意寶印大隨求陁羅尼梵字軍陁羅相』 刊記

소재 순천 송광사
연대 明宗 14년(金 大定 24년, 1184)

刊記 :
如意寶印大隨求陁羅尼梵字軍陁羅相
高麗國中原府內(* 이하 缺落)

  中尹留 法界往淨土之
  願彫板印施無窮者
      大定二十四年甲辰三月日記

사진 『서지학보』 28, p.112.
참고 광주 자운사 목조아미타여래좌상 및 복장유물임(보물 제1507호). 宋日基, 「光州 紫雲寺 木造阿彌陀佛坐像의 腹藏典籍考」, 『서지학보』 28, 2004, p.88 ; 옥나영, 「紫雲寺 木造阿彌陀佛坐像의 腹藏 如意寶印大隨求陀羅尼梵字軍陀羅相의 제작 배경」, 『이화사학연구』 53, 2016.

19-3 『讎校增續資治通鑑』刊行 기사

전거 　『高麗史』 卷20, 明宗 22년 4월
연대 　明宗 22년(1192)

저 : 鄭國儉·崔詵·書筵 諸儒 등 讎校

기사 : 夏四月 壬子 命吏部尙書鄭國儉 判秘書省事崔詵 集書筵諸儒於寶文閣 讎校 增續資治通鑑 分送州縣 雕印以進 分賜侍從儒臣

19-4 『高麗日曆』引用 기사

전거 　① (宋)尤袤,『遂初堂書目』, 數術家類 ② (宋)李心傳,『舊聞證誤』4
연대 　明宗代(1170~1197)

기사 : ① 高麗日曆 一卷
② 高麗歷日 自契丹天慶八年以後 皆闕不紀 壬戌歲 改皇統 辛未改天德 癸酉改貞元 丙子改正豊 至癸未歲 又闕直 至壬辰歲 方紀大定十二年 不可考云 案壬戌 紹興十二 年也 熊子復中興小歷 改皇統在十四年 按辛酉歲 烏珠與本朝書 已稱皇統元年 而王 大觀行程錄 亦云皇統八年 歲次戊辰 戊辰紹興十八年 逆數之當 以十一年 改元爲正 此所已誤 又正隆 乃海陵年號 見於隆興時政記 亦不當作正豊辛巳歲 葛王即位于會 寧 改元大定 至壬辰爲十二年不誤 但不知癸未歲何以缺 豈非金方紛亂 不暇頒歷于 屬國故耶

참고 　『宋代麗史資料』, pp.438~439. 연대는 尤袤(1124~1193)의 생존 연대와 ②의 大定 壬辰年
　　　　(1172) 기사로 미루어 명종대로 추정한다.

제20대 神宗 王晫(初名 王旼 : 재위 1197~1204)

20-1 『勸修定慧結社文』刊記

소재 국립중앙도서관
연대 神宗 3년(金 承安 5년, 1200)

저 : 海東曹溪山沙門 知訥撰

간기 : (卷末)

　　　　　　　　　(前略)以此功
德上祝
聖壽萬歲令壽千秋天下泰平法輪常轉三
　世師尊父母十方施主普及法界生亡同
　承法雨之所霑永脫三途之苦惱超入大
　光明藏遊戲三昧性海窮未來際開發蒙
　昧燈燈相續明明不盡則其爲功德不亦
　與法性相終始乎庶幾　樂善君子留神
　思察焉時明昌元年庚戌季春公山隱居
　牧牛子知訥謹誌　至承安五年庚申自
　公山社於江南曹溪山以隣有定慧寺名
　稱混同故受　朝旨改定慧社爲修禪社
　然勸修文旡流布故仍其舊名彫板印施

耳

南京留守判官兼勸農使保勝郎將李光甫施財刊板印行

사진　국립도서관 원문보기(한古朝21-164). 신집성문헌

참고　口訣本. 1608년 飜刻本에 의함(大明萬曆三十六年戊申六月日順天府松廣寺重刊). 강건기 역, 『정혜결사문강의』, 불일출판사, 2006 ; 김달진, 『보조국사어록 땅에서 넘어진 자 땅을 짚고 일어나라』, 동화출판공사, 2008.

20-2 『高僧傳序錄』 卷第十四 寫經 跋文

소재　日本 京都 南禪寺

연대　神宗 5년(金 泰和 2년, 1202)

저：梁會稽嘉祥寺沙門釋慧皎撰

발：(卷末)

高僧傳序錄卷第十四

　　泰和二年壬戌十月日　　　　　書

　　　　將仕郎司宰注簿同正金 永濟

사진　『유리원판 불교문화재 도록』, p.50 ; 『고인쇄문화』 17, p.268.

참고　慧皎가 지은 『高僧傳』 13권의 고승목록과 서문을 별도의 卷14로 편성한 책임. 총무원 문화부, 『유리원판 불교문화재 도록』, 대한불교조계종 총무원, 2004 ; 최우경·임호원, 「日本 南禪寺 所藏의 高麗本」, 『고인쇄문화』 17, 청주고인쇄박물관, 2010 ; 釋慧皎 지음, 백명성·이창섭·이재창 옮김, 『한글대장경 高僧傳 外』, 東國譯經院, 1998.

20-3 『眞言諸菩薩摩訶薩種字合部二輪』刊記 기사

전거　남권희, 「한국기록문화에 나타난 진언의 유통」
연대　고려 중기(12~13세기 : 추정)

간기 :

安□ 得道前長 得大丈夫身 六根完具 聰明大智慧 讚揚佛法 三十七尊種字 曼陀羅八
葉一輪
又願衣食具足一切 無求無諸障難 逍遙樂道 根知佛意
同願者 邦彦 西方極樂國 親見阿彌陀佛 摩頂授記 獲六神通 聖壽天長 邦基地久
隣兵永息
大佛頂呪 寶樓閣 文殊八字 智炬 破地獄 滅悉趣 三身 彌陀呪 六字大明 大准提
一切如來非生眼 一切如來心印 一切菩薩諸聲聞 等 十三眞言輪

참고　진언을 가운데서 외곽으로 圓을 풀어가면서 9重으로 새긴 單板 다라니임(남권희, 「한국기
　　　록문화에 나타난 진언의 유통」, 『밀교학보』 7, 2005, pp.88~89).

제21대 熙宗 王韺(初名 王悳 : 재위 1204~1211)

21-1 小字本『佛頂心觀世音菩薩大陀羅尼經』合刻『一字頂輪王陀羅尼』·『自在王治溫毒陀羅尼』·『觀世音菩薩普門品』刊記

소재 국립중앙박물관(보물 제691-1~3호)
연대 熙宗 2년경(1206 : 추정)

별칭 :『佛頂心觀世音菩薩姥陀羅尼經』.『佛頂心陁羅尼經』

구성 : 上卷『佛頂心觀世音菩薩大陁羅尼經』, 中卷『佛頂心療病救産方』, 下卷『佛頂心救難神驗經』

간기 : (下卷 : 卷末)
普門品
特爲晋康侯崔　　兼□南
入內侍將軍瑀殿中內給事珦
危難頓消福壽無彊之願

사진 문화유산원문 ;『國寶』12, p.125.
참고 小字本으로 휴대를 위해 만들어짐(5.3cm×3.6cm). 跋文 내용에 미루어 고려 高宗 6년 (1219)에 새기고 14세기 선기에 씩은 3권 1책의 목판본으로 어겨진나(전혜봉,『國寶』 12, 웅진출판주식회사, 1992, pp.297~298). 하지만, 연대는 최충헌이 熙宗 元年(1205)에

晉康郡開國侯에 오르고, 이듬해 晉康侯가 되어 興寧府를 세우고, 희종 3년(1207)에 晉康公에 이른 사실에 근거해볼 때, 1206년경으로 판단된다. 김무봉,『역주 불설아미타경언해 불정심다라니경언해』, 세종대왕기념사업회, 2008 ; 우진웅, 「불정심다라니경의 판본과 삽화에 관한 연구」,『書誌學研究』60, 2014 ; 이유진·안상우·김동율, 「佛頂心觀世音菩薩 陀羅尼經의 치병법을 통해 살펴본 한국 불교의학의 일면」,『한국의사학회지』32, 한국의 사학회, 2019.

* 考異② 『眞心直說』 저자 논쟁

『眞心直說』은 1200년대 초 普照國師 知訥이 撰述한 것으로 알려져왔으나, 2000년에 들어와 金의 政言(?~1184)이 지은 것이라는 주장이 나오면서 새롭게 주목을 받았다(남권 희·최연식, 「진심직설의 저자에 대한 재고찰」,『한국도서관·정보학회지』31-2, 2000). 이에 대해 반론이 제기되었고(김방룡, 「진심직설의 저서에 대한 고찰」,『보조사상』15, 보조사상연구원, 2001), 지눌의 저술인『修心訣』과『眞心直說』이 元代에 중국에 전해진 것이라는 주장이 나오게 되었다(석길암, 「高麗時代 海東佛教 典籍의 中國 流通에 대하여」, 『불교학연구』17, 2007). 다른 연구로 손성필, 「진심직설의 판본계통과 보조지눌 찬술설의 출현배경」,『한국사상사학』38, 2011 참조.

21-2 『華嚴論節要』 刊記

소재 日本 東京 金澤文庫

연대 熙宗 3년(丁卯年, 1207)

저 : 長者 李通玄 述, 海東曹溪山沙門 知訥 錄

서 : (卷頭)

華嚴論節要序

大定乙巳秋月余始隱居下柯山常以禪門即心即
佛冥心以謂非遇此門徒勞多劫莫臻聖域矣然終
疑華嚴敎中悟入之門果如何耳遂往問講者對曰
當觀事事無㝵(碍)隨而誡之曰汝若但觀自心不觀事
事無㝵即失佛果圓德余不對默自念言將心觀事
事即有㝵徒擾自心何有了時但心明智淨則毛刹
容融必非外境退皈(歸)山中坐閱大藏求佛語之契心
宗者凡三周寒暑至閱華嚴經出現品夅(擧)一塵含大
千經卷之喩後合云如來智慧亦復如是具足在於
衆生身中但諸凡愚不知不覚予頂戴經卷不覚殞
涕然未詳今日凡夫寂初信入之門又閱李長者所
造華嚴論釋十信初位云覚首菩薩者有三一覚自
身心本是法界白淨無染故二覚自身心分別之性
本無能所本來是不動智佛三覚自心善簡擇正邪
妙慧是文殊師利於信心之初覚此三法名爲覚首
又云從凡入十信難者摠自認是凡夫不肯認自心
是不動之佛故又云身爲智影国土亦然智淨影明
大小相入如因陁羅網境界也於是置卷長歎曰世
尊說之於口即爲敎祖師傳之於心即爲禪佛祖心
口必不相違豈可不窮根源而各安所習妄㒷(興)諍論
虛喪天日耶從此益加信心勤修匪懈于玆積歲矣
余謂修心之士先以祖道知自心本妙不拘文字次
以論文辯心之体用是法界性相則事事無㝵之德
同体智悲之功不爲分外矣以故燕坐之暇每爲同
學說之而此論文質而不和連緜造澥難爲開演乂
批判之意不拘常格故世不流行然於大心衆生圓

頓悟入之門寂爲心鏡矣故誓志翹誠焚香請加於
四十卷中撮其綱要編成三卷屬門人冲湛禪者募
工鏤印以傳不朽若覽之者息諸諍論退身自觀得
一念緣起無生裂三乘權学見綱展轉開示窮劫蒙
益使佛祖壽命永不斷絶豈非大丈夫之志也論主
名通玄姓李氏或曰唐宗子又曰滄洲人莫得而詳
張天覚記云此長者殆文殊普賢之幻有也長者應
世伏虎負論神龍化泉晝則天女給侍夜則齒光代
燭等此皆聖賢之餘事感應之常理傳所謂修母致
子近之矣今皆略而不書丁卯正月八日海東曹溪
山沙門知訥序

간기 : (卷末)

華嚴論節要卷第三

海東曹溪山修禪社道人　冲湛
募工彫板印施無窮者
同社道人　　　　慧湛(諶)書
施主社內道人　湛靈
施主羅州戶長直升妻珍衣金

사진　국립도서관 원문보기(古1744-5-257-1-2)

참고　1295년 日本 重刊 筆寫本에 의함(永仁三年十一月十八日終當卷點畢佛子圓種同年十二
月十八日再反刊誤之畢一部上中下點句了矣). 知訥 錄, 金知見 編, 『高麗國知訥錄 華嚴
論節要』, 大阪 : 淸風學院, 1968[서울 : 寶蓮閣, 1972(影印本)] ; 木村淸孝, 「李通玄と普照
國師知訥 : 華嚴論節要硏究への一視點」, 『普照思想』 2, 보조사상연구원, 1988 ; 崔成烈,
「普照知訥의 華嚴論節要硏究」, 『汎韓哲學』 12, 汎韓哲學會, 1996.

21-3 『六祖大師法寶壇經』跋文

소재　동국대, 성균관대
연대　熙宗 3년(金 泰和 7년, 1207)

저 : (唐)惠能　說, 門人　法海　集

발 : (卷末)

泰和七年十二月冬日社內道人湛默持一
卷文到室中曰近得法寶記壇經將重刻之
以廣其傳師其跋之予欣然對曰此予平生
宗承修學之龜鑑也子其彫印流行以壽後
世甚愜老僧意然此有一段疑焉南陽忠國
師謂禪客曰我此間身心一如心外無餘所
以全不生滅汝南方身是無常神性是常所
以半生半滅半不生滅又曰吾比遊方多見
此色近尤盛矣把他壇經云是南方宗旨添
糅鄙談削除聖意惑乱後徒子今所得正是
本文非其沾記可免國師所訶然細詳本文
亦有身生滅心不生滅之義如云眞如性自
起念非眼耳鼻舌能念等正是國師所訶之
義修心者到此不無疑念如何逍遣令其深
信亦令聖敎流通耶默曰然則會通之義可
得聞乎予曰老僧曩者依此經心翫味忘歎
故得祖師善權之意何者祖師爲懷讓行思
等密傳心印外爲韋據等道俗千餘人說無
相心地戒故不可以一往談眞而逆俗又不
可一往順俗而違眞故半隨他意半稱自證

說眞如起念非眼耳能念等語要令道俗等
先須返觀身中見聞之性了達眞如然後方
見祖師身心一如之密意耳若無如是善權
直說身心一如則緣目觀身生滅故出家修
道者尙生疑惑況千人俗士如何信受是乃
祖師隨機誘引之說也忠國師訶破南方佛
法之病可謂再整頹綱扶現聖意堪報不報
之恩我等雲孫旣未親承密傳當依如此顯
傳門誠實之語返照自心本來是佛不落斷
常可爲離過矣若觀心不生滅而見身有生
滅則於法上而生二見非性相融會者也是
知依此一卷靈文得意叅詳則不歷僧祇速
證菩提可不雕印流行作大利益耶黙曰唯
唯於是乎書海東曹溪山修禪社沙門知訥
跋

사진 국립도서관 원문보기(古1741-48). 신집성문헌, 『書誌學硏究』 4, pp.152~153.

참고 1703년 松川寺 간행본에 의함(康熙四十二年八月日… 鎭板于松川寺). 이때 간행된 『六祖
大師法寶壇經』의 정확한 모습은 알 수 없으며, 1300년에 간행되는 몽산 덕이의 간행본을
미루어 살필 뿐이다(뒤의 25-38 서지 사항 참조 ; 이 책, p.287). 朴相國, 「現存 古本을
통해 본 六祖大師法寶壇經의 流通」, 『書誌學硏究』 4, 1989 ; 육조혜능선사 술, 학담
해의, 『육조법보단경해의』, 큰수레, 2000 ; 六祖慧能 著, 鄭性本 譯註, 『敦煌本 六祖壇經』,
韓國禪文化硏究院, 2003 ; 정문환, 「普照知訥과 六祖壇經」, 『불교문화연구』 3, 동국대
불교사회문화연구원, 2002.

이 책의 간기는 大(太)安 五年己巳(1089)인데, 천혜봉은 이를 大安 元年己巳의 誤記로
보아 1209년으로 추정하였다(『典籍』, p.91). 그런데, 시주 崇化宮主金氏가 文宗의 왕비로
서 仁穆德妃(?~宣宗 11년 : 1094)에 追諡된 사실이 확인된다(侍中元冲之女 號崇化宮主
宣宗十一年六月卒 諡仁穆 :『高麗史』卷88, 列傳 1, 仁穆德妃金氏). 따라서 왕비의 생존
기간인 1089년이 옳다. 관련 기사는 앞의 13-4 참조(이 책, p.71).

21-4 金字 大藏經 寫經 기사

전거   『高麗史』卷95, 任濡
연대   熙宗代(1204~1211)

기사 : (任濡) 晩年 奉佛彌篤 金書大藏經幾半 識者譏之

참고   연대는 임유의 생애(1149~1212)를 참조하였다.

제22대 康宗 王璹(初名 王貞·王祦 : 재위 1211~1213)

22-1『宗鏡撮要』刊記

소재　동국대, 송광사

연대　康宗 2년(金 崇慶 癸酉年, 1213)

저 : (宋)延壽 撰 ; 曇賁 撮要

발 : (宋)紹興壬子孟冬初吉四朏(明)盧山个諶書

간기 : (卷末)

宗鏡撮要終

　　　　得此本於天眞上人囑道者正宣募
　　　　工重雕印施崇慶癸酉仲春修禪社
　　　　　　　無依(衣)子慧諶　誌

사진　국립도서관 원문보기(한貴古朝21-306). 신집성문헌

참고　口訣本. 1531년 重刊本에 의함(嘉靖十年辛卯季春全羅道順天府地曺溪山隱寂庵開板).
　　　延壽 지음, 曇賁 엮음, 송찬우 옮김, 『宗鏡錄』, 세계사, 1992(影印本 수록) ; 채상식, 「수선
　　　사의 宗鏡撮要 간행과 사상적 의의」, 『한국민족문화』 50, 부산대 한국민족문화연구소,
　　　2014.

22-2 『正法眼藏』刊記

소재　개인
연대　康宗 2년(金 崇慶 2년, 1213)

저 : (宋)大慧宗杲, 侍者 冲密慧然 錄

간기 : (卷末)
正法眼藏卷上
　　崇慶二年癸酉九月日修禪社道人正宣重板印施
　　　　　　　　　　　靑蓮

사진　『記錄』, p.50.
참고　대혜종고선사 착어, 석영곡 옮김, 『대혜종고 정법안장正法眼藏』, 비움과 소통, 2017.

22-3 『法集別行錄節要幷入私記』刊行 기사

소재　한솔제지(보물 제1222호)
연대　康宗 2년경(1213 : 추정)

저 : 大安元年(1209)己巳夏月日海東曹溪山牧牛子知訥私記

기사 : (卷末)
竊聞達磨來梁顯揚禪法曹溪已後宗習相垂講者
偏彰漸義禪者偏播頓宗禪講相嫌故我國普照國
師欲解他縛以如來三種敎義卪禪宗二種法門集
目別行以貽後學其弟子惠(慧)諶正宣等募工雕板

사진　문화유산원문

참고　1486년 飜刻本에 의함(成化二十二年丙午夏 全羅道光州 無等山圭峯菴開板). 위 기사는
　　　1486년 大傑이 重刊한 跋文에 들어 있는 것으로 지눌이 입적한 뒤에 간행된 사실이
　　　확인된다. 또한 1213년에 제자 慧諶이 『宗鏡撮要』를, 正宣이 『正法眼藏』을 간행한 사실이
　　　확인된다(위의 22-1~2 刊記 참조). 이로 미루어 본 책의 간행연대는 1213년경으로 추정된
　　　다. 김달진, 『보조국사어록 땅에서 넘어진 자 땅을 짚고 일어나라』, 동화출판공사, 2008.

제23대 高宗 王皞(初名 王瞋·王晊 : 재위 1213~1259)

23-1 『三家錄』刊記

소재　국립중앙도서관
연대　高宗 즉위년(金 至寧 元年, 1213)

별칭 : 三家語錄

저 : (宋)大慧·(宋)高峰·(元)蒙山 共著

간기 : (卷末)
三家錄終

　　唐四家錄馬祖百丈黃檗臨濟 黃龍長老所流通
　　宋三家錄大慧高峯蒙山休ˎ庵主所流通此二本
　　錫岭(齡)社主所受持岭一日開鉢囊出示余余一覽而
　　生信曰此二錄使人袪文字而發傳心之妙斬荊林而
　　登活路之要深欲流通願意愈切余今幸任晉陽
　　牧伯下車之月山翁永端之徒聞余願意助緣重
　　彫以廣其傳焉時大金至寧元年癸酉十月日晉州牧
　　兼兵馬左右衛精勇將軍奇 若冲誌

참고   1586년 刊行本에 의함(萬曆丙戌夏鷄龍山上院庵刊板東學寺留鎭). 여기서 宋代 三家 가운데 高峯과 蒙山은 간행연대인 1213년 이후에 활동한 고승들이다. 그런데, 발원자 奇若冲의 경우 高宗代에 慧諶과 교류한 사실이 있고, 관직 명칭 역시 符合한다(『曹溪眞覺國師語錄』, 書狀「答奇侍郞若冲」). 따라서 이 발문이 엉뚱한 사실을 전하는 것으로 보는 것도 옳지 않다. 발문에 唐代 四家·宋代 三家의 두 책을 가지고 간행한다고 나와 있기 때문이다. 이 가운데 고려 때에 삼가를(혹은 그 이상) 뽑아 편성 간행하였고, 西山大師의 명으로 重刊하면서 체제가 바뀐 것이 아닌가 여겨진다(西山大師命筆特此刊行爾門人普願謹書). 이런 점에서 앞으로 세밀한 검토가 요청된다.

23-2 『六祖大師法寶壇經』 刊行 기사

전거   朴相國, 「現存 古本을 통해 본 六祖大師法寶壇經의 流通」
연대   高宗 元年(金 貞祐 2년, 1214)

저 : 慧能大師 說 ; 法海 集

기사 : 高麗國晉康府乳母 特爲晉康公 及妃主王氏 福壽無疆 厄會頓除云云 募工彫板 印施无窮 良緣者 貞祐二年甲戌 二月日誌

참고   逸失本. 1462년 重刊本으로(天順六年壬午歲朝鮮國刊經都監奉敎重修), 동국대 정성본 교수의 제보로 알려짐(朴相國, 「現存 古本을 통해 본 六祖大師法寶壇經의 流通」, 『書誌學研究』 4, 1989, p.138). 더욱 "高麗古本忠藏高麗古刊卷首題云 法寶記壇經一卷 曹溪山六代祖師慧能大師說 見性頓敎 直了成佛 決定無疑 法釋沙門法海集 卷末云 大師俗姓盧 先天二年壬子歲滅度 至寶歷二年丙午歲 得一百二十七年矣" 참조.

23-3 『金剛般若波羅密多經』 木板 刊記

소재　海印寺(국보 제206-5호)
연대　高宗 원년(金 貞祐 2년, 1214)

간기 : (卷末)

　　　上祝
　　　皇齡萬歲國泰民安兵戢年豊法輪常轉
　　　先亡父母妹氏女子兼及法界衆生亡同生淨
　　　土之願特雕金剛般若印行廣布者
　　　　　　　貞祐二年甲戌十月日道人　迅機　誌
　　　　　　　　　　無救居士周　通富　書
　　　　　群生寺住持重大師　　　探古
　　　　　施財刊板
　　　　　符仁寺大師　淸守　　　　孝如　刻

사진　국립도서관 원문보기(한古朝21-434 ;『海印寺經板題跋集』一, 23면)
참고　昭明太子 32分. 최영호,「1214년에 조성된 해인사 소장 金剛般若波羅蜜經의 역사문화적
　　　성격」,『석당논총』61, 동아대 석당학술원, 2015.

23-4 『圓頓成佛論』·『看話決疑論』 合綴 附『拘子無佛性話看病論』 刊記

소재　국립중앙도서관
연대　高宗 2년(金 貞祐 3년, 1215)

저 : 海東曹溪山沙門 知訥撰

간기 : (卷末)

看話決疑論終

　噫近古已來佛法衰廢之甚或宗禪而斥敎或崇

　敎而毀禪殊不知禪是佛心敎是佛語敎爲禪網

　禪是敎網遂乃禪敎兩家永作怨讎之見法義二

　学返爲矛楯之宗終不入於无諍門履一實道所以

　先師哀之乃著圓頓成佛論看話決疑論遺草在

　箱篋閒近乃得之傳示大衆時有錫齡社主希蘊

　聞之大悅力請流通仍勸洪州居士李克材施財

　刊板印施无窮所冀

　聖壽天長邦基地久宗風不斷佛日永明法界含靈

　了心成佛耳時貞祐三年乙亥五月無衣子慧諶跋

　方廣敎海方山討其幽径截話門徑山言其奧普照

　国老正眼一覷隻手雙收爲二論以發揮之奇哉法

　施遠被方來無衣子爲跋流布於叢林元文太細有

　妨稽閱繕寫重彫益廣以弘通庶使義明緣起無

　礙之由法悟詮註不及之致紹豊

　佛種密賁(賛)

　皇圖云

守大師門下侍中上柱國上將軍判吏部御使[12]臺事　崔沆誌

拘子無佛性話看病論 (卷末)

　　　　上入室　心幢請

　　　　無衣子　述

---

12) 使 : 史의 착오임.

사진　국립도서관 원문보기(한古朝21-159)

참고　1616년·1617년 合綴 重刊本에 의함(萬曆四十四三年丙辰季冬日黃延道松和修曾留板·
　　　萬曆四十五年丁巳仲夏日黃延道松化水甌開刊). 慧諶과 崔沆의 跋文으로 미루어 두 책은
　　　함께 간행된 것으로 여겨지는데, 조선시대에는 간혹 분리되기도 하였다. 『拘子無佛性話
　　　看病論』의 경우 고려시대에 함께 간행되었는지 분명하지 않으나, 중간본에 합철되었으므
　　　로 附記한다. 보조지눌선사 지음, 학담 과해, 『간화결의론과해』, 큰수레, 2000(제2판) ; 김
　　　달진, 『보조국사어록 땅에서 넘어진 자 땅을 짚고 일어나라』, 동화출판공사, 2008 ; 인경,
　　　『화엄교학과 간화선의 만남』, 명상상담연구원, 2006.

23-5 『注金剛般若波羅密經』 刊記

소재　순천 송광사(자운사 위탁 : 보물 제1507호)
연대　高宗 2년(金 貞祐 3년, 1215)

저 : 姚秦天竺沙門鳩摩羅什譯 ; 註解者 未詳

서 : 注金剛般若波羅密經幷序　武林沙門 慧燈 述

간기 : (卷末)
注金剛般若波羅密經
　　予得此本於松廣社□□□衣大和尚處募工
　　重雕印施無窮□□□□□
　　聖筭無彊邦□□□□□□□□□屬皆得解
　　脫三世讎□□□□□□□□無餘涅槃耳
　　　　時貞祐三年乙亥九月日淸州牧司祿兼掌書記葛　南成誌

각수 : 存耆. 仁赫.

참고 광주 자운사 목조아미타여래좌상 및 복장유물임. 불상은 고창 선운사에서 모셔옴. 1행의
'□□□衣大和尙'은 慧諶無衣大和尙으로 추정 된다(노기춘, 「새로 발견된 注金剛般若波
羅蜜經과 松廣寺 寺名에 관한 연구」, 『서지학연구』 29, 2004, p.369 ; 宋日基, 「光州
紫雲寺 木造阿彌陀佛坐像의 腹藏典籍考」, 『서지학보』 28, 2004, p.98).

23-6 『海東高僧傳』 殘本 및 撰述 기사

잔본 卷1 및 卷2(미국 버클리 대학)
연대 高宗 2년(乙亥年, 1215)

저 : 京兆五冠山靈通寺住持敎學賜紫沙門臣覺訓奉宣撰

기사 : (卷頭)
然源乎周派乎漢汪洋於晉魏汗漫於隋唐波之
於宋而淵沄於海東也都筭佛入滅至今乙亥二
千一百六十四年滅後第一千一十四年入後漢
至今一千一百五十一年自順道入句高麗至今
八百四十四年矣且道不自弘弘之由人故著流
通篇以示于後按古梁唐宋三高僧傳皆有譯經
以我本朝無翻譯之事故不存此科也(『海東高僧傳』 卷1, 流通).

사진 『해동고승전연구』 寫本資料, pp.91~92.
참고 후대의 筆寫本임. 장휘옥, 『해동고승전연구』, 민족사, 1991(影印本 수록).

23-7 『佛頂心觀世音菩薩大陀羅尼』木板 刊記

소재 　해인사(보물 제734-10호), 국립중앙도서관
연대 　高宗 2년(乙亥年, 1215)

간기 : (卷末)

御梅縣[13]居信男兒乙亥
特爲今生則腹病除□
後世則速証菩提之類
佛頂心□□□□□□
□□□□□□□□□
　　　乙亥三月　日

사진 　국립도서관 원문보기(한古朝21-421)
참고 　을해년(1215)에 태어난 남아의 무병과 복을 기원하며 간행한 것으로 여겨짐. 경전의
　　　구성과 참고사항은 앞의 21-1 참조(이 책, p.135). 이를 대조해보면, 이 책은『佛頂心觀世音
　　　菩薩大陁羅尼經』上卷 가운데 도입부의 서문을 제외한 본문과 다라니 주문을 수록하였
　　　다. 이로써 연대를 을해년 간지에 맞추어 추정하였다.

23-8 『佛說熾盛光大威德金輪王消災吉祥陀羅尼經』 刊記

소재 　東大寺(대구광역시 유형문화재 제63호)
연대 　高宗 3년(金 貞祐 4년, 1216)

간기 : (卷末)

---

13) 御梅縣 :『高麗史』卷57, 地理志 2, 尙州牧조에 실린 禦侮縣으로 판단된다.

佛說熾盛光大威德金輪王消災吉祥陀羅尼經

奉 佛弟子高麗國尙晉安東道按察副使龍虎軍攝中郞將典農司判官金 叔龍
　　　　伏爲
聖壽天長邦基永固
晉康公寶體福壽無疆
淸河知奏事壽考維棋尒災不顯國泰民安玆發
弘願募工刻成此經印施無窮者
　　　　　時貞祐四年丙子八月 日　謹誌

사진　문화재검색

참고　『高麗大藏經』再造本 속의 『佛說大威德金輪佛頂熾盛光如來消除一切災難陀羅尼經』과
　　　내용은 같지만, 용어 등 일부가 다르다. 권자훈 외 옮김, 『한글대장경 261 : 大方廣菩薩藏
　　　文殊師利根本儀軌經 外』, 東國譯經院, 2001 참조.

23-9 『梵書摠持集』 刊記

소재　연세대 도서관(민영규 기증)
연대　高宗 5년(金 貞祐 6년, 1218)

별칭：大毗盧遮那成佛經等一代聖敎中一乘諸經所說一切秘密陀羅尼

간기：(卷末)
奉　佛弟子高麗國金山寺大師
僧惠謹發誠心奉祝我
皇齡永固國土恒安隣兵
永息百穀咸登法界生

亡離苦得樂之願爰

請巧手彫板梵字大藏一部

安于金山寺印施無窮者

　　　時貞祐六年七月日誌

　　　　刻手開泰寺大師仁赫

사진　『귀중고서특별전』, pp.47~49.

참고　袖珍本. 『귀중고서특별전 - 민영규선생기증』, 연세대 도서관, 2007 ; 全東赫, 「梵書總特集から見た高麗密敎の性格」, 『綜合佛敎硏究所年報』11, 大正大學, 1989 ; 김수연, 「민영규본 범서총지집의 구조와 특징」, 『韓國思想史學』54, 2016.

23-10 『新曆』編撰 기사

전거　『高麗史』卷129, 叛逆 崔忠獻 4년조

연대　高宗 5년(1218)

저 : 知太史局事 金德明

기사 : 有郎將金德明 嘗以陰陽之說 媚忠獻 官至知太史局事 所進新曆皆變舊法 日官及臺諫 心知其非 畏忠獻 莫敢言者

참고　김덕명의 이 저술을 『高麗日曆』으로 보기도 있는데, 이는 착오다. 1218년 이전에 이미 존재한 사실이(앞의 19-4 『高麗日曆』 참조 : 이 책, p.131) 확인된다.

23-11 『宗門圓相集』 跋文

소재 아단문고(보물 제888호)
연대 高宗 6년(金 貞祐 7년, 1219)

저: 傳法沙門 志謙 集錄

발: (卷末)

宗門圓相集

圓相之作始於南陽忠國師實從上佛祖之命脉
也其旨趣幽玄宏妙非智識所可擬議學者皆
溟涬然莫有窺其涯涘者況能發楊(揚)之乎縑
是南陽潙仰已後尠有弘傳之者也今
王師華藏寺大禪翁以獨見之明覷破先聖骨
髓禪寂之外出一隻手搜集諸家禪錄中所著
之相百七十則鳩工鏤板印施無窮雷大法皷
以演唱之豈非大法之興其有所待焉耳南陽
華藏是二大老皆國師也國師作之國師繼之
可不謂希世之事耶庸詎知昔之作者非華
藏乎今之繼者非南陽乎然於中有箇諸師
畫不出華藏收不盡底一相具眼衲子試
請辨看

時貞祐七年己卯四月八日妙峰庵 夢如 跋

사진 문화유산원문
참고 한국불교전서(H0081). 『曉城先生八十頌壽高麗佛籍集佚』, 保景文化社, 1985(影印本) ;

申振旭, 「崔氏 武臣政權과 曹溪宗과의 관계 一考」, 『동국사상』 20, 동국대 불교대학, 1988.

23-12 『吉凶逐月橫看』 木板 刊記

소재 경북 성주군 심원사(보물 제1647호)
연대 高宗 6년(金 貞祐 7년, 1219)

저 : 浮石寺願堂主重太師　知□　撰

간기 : (卷末)
貞祐七年己卯六月　日　浮石寺願堂主重太師　知□　撰

사진 『민족문화논총』 59, p.407. 국가문화유산포털.
참고 위은숙, 「13세기 '吉凶逐月橫看 高麗木板'을 통해서 본 고려의 擇日문화」, 『민족문화논총』 59, 영남대 민족문화연구소, 2015.

23-13 『西河先生集』 序文·跋文

소재 규장각, 고려대
연대 高宗 9년(金 貞祐 10년, 1222)

저 : 林椿

서 : (卷末)
西河先生集序

將仕郎尙書禮部郎中知製誥李仁老撰

貴與壽人心之所同欲也然君子之所貴在德而
不必在於爵位所謂久而不朽者在於名而不必
在於壽昔顏回高枕陋巷中而萬世與舜禹同榮
夷齊恥食周粟採薇於首陽山名與日月爭光則
老子云死而不亡者壽蓋謂此也設令不義而富
且貴以養其軀徒與龜蚨並久則此柳子所謂赫
赫而辱皤皤而天者也豈不悲哉西河先生少有
詩名於世讀書初若不經意而汲其缺
字字皆有根蔕眞得蘇黃之遺法雄視詞場可以
穿楊葉於百步矣而屢擧不得第及
毅王末年閽門遭禍一身僅脫避地於江之南累
歲還京師收合餘燼思欲雪三奔之恥卒不就一
名宗伯李相國贈詩曰莫嗟丹桂久含冤人道明
年作狀元無限禹稱多日恨不敎英俊在吾門雖
窮躓不振而名動搢紳如此大抵秉筆之徒工於
詩則短於爲文互有得失右擅其美罕有兼得之
先生文得古文詩有騷雅之風骨自海而東以布
衣雄世者一人而已其沒已二十載學者莫不口
詠而心慕之將以俎豆於屈宋之間君子之所謂
貴且壽者其在是歟今得遺篇於後生諷誦之餘
凡若干首分爲六卷目曰西河先生集命兒子祕
校程手寫將鏤板以傳之惜其天不與年所綴述
不至於多見鳳凰一毛足以知九苞之瑞矣先生
諱椿字耆之其學實得之家叔學士宗庇云

발 : (卷末)

西河先生集卷第六終

後序

予於人雖片善必錄況鉅材也西河林先生椿材之
鉅者也平生所綴緝呑古英豪不幸而夭於時寧
夭於文章有所嗇而然耶何其功之不見施於世
如此近聞李大諫眉叟於後輩間搜得殘槀編爲
六通雖藏之家而歎乎無以刻鏤如鏡之在奩其
光明有未盡於照物者是可惜也慮其異日塵蝕
埃滅而不傳于後之人仍取其本隨牒賚送西京
諸學院使之勒板成移上都附書籍店廣布而流
於世爲後生規矱云
貞祐十一年壬午14)仲冬樞密院使吏兵部尚書上
將軍崔瑀跋

사진　국립도서관 원문보기(古3648-64-37-100)
참고　1713년 重刊本에 의함(林西河集重刊序 … 今上三十九年歲在癸巳中秋日完山崔錫鼎
　　　序). 임춘 지음, 진성규 옮김, 『西河集』, 지식을만드는지식, 2015 ; 황병성, 「임춘의 거사론
　　　과 정치관의 성격」, 『全南史學』16, 全南史學會, 2001.

＊ 考異④ 白紙墨字 『大般若波羅蜜多經』 卷第二 寫經 跋文 錯誤

日本 京都 南禪寺 소장. 이 책의 발문에 "嘉定十五年(宋 寧宗 15년 : 1222) 十二月 第二卷
八千八百九十五字也 檀越三寶弟子聖智"가 기록되어 있는데, 권희경의 연구에서 고려인
에 의해 이루어진 寫經으로 소개되었다(『高麗寫經의 硏究』, 미진사, 1986, p.17). 또한
이는 이후 다른 연구자들에 의해 계승되었다 (『集成』, p.66. 『한국사경』, p.108). 그런데
근래에 南禪寺 소장 자료를 검토하면서 1400년에 시주된 日本 寫經으로 밝혀졌다(신정엽·

---

14) 貞祐十一年壬午 : 貞祐 연호는 1213년에 시작되어 1217년에 興定으로 바뀌었다. 더욱 임오년은 1222년
으로 추산하면 정우10년이 맞다. 당시 金과 고려의 교류가 불편한 상황이었음을 엿볼 수 있다.

기윤혜, 「南禪寺 大藏經에 포함된 日本 寫經과 木板 經典」, 『고인쇄문화』 17, 청주고인쇄박물관, 2010, p.352).

23-14 『解深密經』 卷第二 寫經 跋文

소재   日本 京都市 南禪寺
연대   고종 10년(金 貞祐 11년, 1223)

역 : 大唐三藏法師玄奘奉 詔譯

간기 : (卷末)
解深密經卷第二

貞祐十年癸未[15]六月日   寫成
金紫光祿大夫知門下省事守司空左僕射文   惟弼 (*이하 手決)

사진   『고인쇄문화』 17, p.264.
참고   서대원 옮김, 『해심밀경』, 시공사, 2001 ; 최우경·임호원, 「日本 南禪寺 所藏의 高麗本」, 『고인쇄문화』 17, 청주고인쇄박물관, 2010, p.265.

23-15 『新集御醫撮要方』 序文

전거   『東國李相國全集』 卷21
연대   高宗 13년(丙戌年, 1226)

---

15) 貞祐十年癸未 : 貞祐 연호는 1213년에 시작되어 1217년에 興定으로 바뀌었다. 더욱 계미년은 1223년으로 추산하면 정우11년이 맞다. 당시 중국과 고려의 어려운 상황을 엿볼 수 있다.

저 : 樞密相公 崔宗峻 編

서 : 李奎報
新集御醫撮要方序
夫有生之所重者身與命而已矣雖死生壽夭
皆開(關)乎天若因節宣失適爲疾恙所寇而無良
方妙藥以理之則其間豈無橫失其命者耶是
古聖賢所以著本草千金斗門聖惠諸方以營
救萬生之佘(命)者也然部秩繁浩難於省閱其若
寢疾彌留勢可淹延時日則謁醫可也搜諸書
求其方亦可也至如暴得重病蒼黃危急則又
何暇謁醫搜書之是爲也不若採菁撮要以爲
備急之具也　國朝有茶房所集藥方一部文
略効神可濟萬佘以歲久脫漏幾於廢失矣今
樞密相公崔諱宗峻見而惜之思欲摹印以廣
其傳以此聞于　上上遂欣然頷可公於是分
爲二卷又添附諸方之最要者使人繕寫名之
曰　御醫撮要承制勑送西京留守官彫印使
流播於人間是亦　聖朝視民如赤子之仁政
也抑又士君子所以汎濟含生之意也噫有善
不可盖者予守也公又佘之爲序則其可避乎
敢再拜略書梗槩耳時丙戌四月日序

참고　逸失本. 고전DB 원문이미지 :『東國李相國全集』卷21 ;『東文選』卷83, 新集御醫撮要方
序 ; 이경록,『고려시대 의료의 형성과 발전』, 혜안, 2010.

23-16 『禪門拈頌集』序文

소재　해인사
연대　高宗 13년(金 貞祐 14년, 1226)

저：無衣子 慧諶 編, 門人眞訓 等 採集

서문：(卷頭)

禪門拈頌集序

詳夫自　世尊迦葉已來代代相承燈燈無盡遞相密
付以爲正傳其正傳密付之處非不該言義言義不足
以及故雖有指陳不立文字以心傳心而已好事者强
記其迹載在方冊傳之至今則其鹿迹固不足貴也然
不妨尋流而得源據末而知本得乎本源者雖萬別而
言之末始不中也不得乎此者雖絶言而守之末始不
惑也是以諸方尊宿不外文字不悋慈悲或徵或拈或
代或別或頌或歌發揚奧旨以貽後人則凡欲開正眼
具玄機羅籠三界提拔四生者捨此奚以哉況
本朝自　祖聖會三已後以禪道延
國祚智論鎭隣兵而悟宗論道之資莫斯爲急故宗門
學者如渴之望飮如飢之思食余被學徒力請念
祖聖本懷庶欲奉福於
國家有裨於　佛法乃率門人眞訓等採集古話凡一
千一百二十五則幷諸師拈頌等語要錄成三十卷以
配傳燈所冀堯風與禪風永扇舜日幷
佛日恒明海晏河淸時和歲稔物物各得其所家家純
樂無爲區區之心切切於此耳弟恨諸家語錄未得盡
覽恐有遺脫所未盡者更待後賢貞祐十四年丙戌仲

冬海東曹溪山修禪社無衣子序

사진　통합대장경(K.1505). 국립도서관 원문보기(古1797-5)

참고　『高麗大藏經』46. 高宗 30년(1243) 重刊本에 의함(뒤의 23-40 참조 : 이 책, p.188). 김월운
　　　옮김, 『한글대장경 72~76 : 禪門拈頌集』 1~5, 東國譯經院, 2002 ; 김호동, 「禪門拈頌과
　　　眞覺國師 慧諶」, 『한국 고·중세 불교와 유교의 역할』, 경인문화사, 2007 ; 조명제 지음,
　　　『선문염송집연구』, 경진출판, 2015. 더욱 뒤의 23-23 『禪門拈頌說話』 참조(이 책, p.169).

23-17 『林祭酒百家衣詩集』 序文 및 刊行 기사

소재　성암문고, 연세대
연대　高宗 14년 이전(1227 : 추정)

별칭 : 百家衣集

저 : 林惟正

서 : (卷頭)

　　　試起居舍人知　制誥趙　文拔
百家衣者大原王舒玉始唱之山谷輩繼
起而和於後觀其體每於古之詩摘取一
句鬪湊而別著新篇語意牽連全如刱造
夫人之能於至此雖古猶乏也求之於今
而有獲焉襄陽林先生惟正性聰敏凡文
章一經於耳目輒頌之無一語忘于心斯
所以負記識平生綴述効王體多矣方其
弄賤毫如沈宋許燕韓張劉白藏在胷臆

間隨意吐句破瑣屑之堅陣擒雕鑿之酋
帥皆摧幢折角崩潰而散是効也貴速不
貴遲大抵秉筆之士月搜日鍊幸而得嘉
篇則曰巧然其功不及於拙速遠矣今先
生自登第官至國子祭酒其間雲步內庭
星馳外域當是時見古今題詠立而次其
韻皆得於天趣如日落照紅於燒飛花白
似銀又烟滋疊𪩘(𪩘)晴如刮風去長江淨似
鋪之句之類眞所謂筆端三昧遊戲自在
也惜其天不與年冥於長往其詩亦從而
十失八九論者不盈志時相國淸河崔公
瑀好善君子也搜得遺篇於散逸之餘凡
若干首諷詠之若嚌醴亟醨聞雅音不竟
曲其慊於心矣嘗召予而告之曰斯文金
玉也必有收而寶于後世者宜叙之無使
精英淪於土其囑之甚勤豈可以辭淺不
自効爲辭遂承命而閱之數四至句疊處
將削之公曰樂天詩豪也案其集有句曰
閑慵兩有餘者再矣且古之編撰若此雖
疊而不害於義於是幷錄之離爲三卷旣
而用山谷語目曰百家衣集以壽其傳噫
公之持國家勤燮理似不容於餘事而尊
儒之志深且重至是寵先生遺篇如此使
死而有知先生其必感云

기사 : 是編嘗刊于慶州

사진 『書誌學報』13, pp.253~256 및 p.148.

참고 1439년 重刊本에 의함(是編嘗刊于慶州 歲久板缺 人多傳寫以觀 正統己未秋 都觀察使開
城李相國宣 倩人抄得 經筵所藏印本 復鋟梓于安東大都護府). 林惟正,『百家衣集(影印
本)』;『書誌學報』13, 1994. 연대는 조문발이 기거사인을 거쳐 高宗 14년(1227)에 起居注
로 오른 사실에 의해 추정함(歷司諫·起居舍人 高宗十四年 以禮部郎中 兼起居注·史館修
撰官 修明宗實錄 :『高麗史』卷102, 趙文拔). 허흥식,『고려의 동아시아 시문학 - 백가의
집 百家衣集』, 민족사. 2009.

23-18 『梵書摠持集』刊記

소재 개인
연대 高宗 14년(丁亥年, 1227)

간기 : (卷末)

　　　　　伏爲
　　　聖壽天長儲齡地
　　　　久淸河相國福壽
　　　　無疆兼發四弘願
　　　　募工彫板印施無
　　　　窮者
　丁亥八月日　大門□書

각수 : 子柱 叔聚 得伍.

사진 『서지학연구』71, p.339.
참고 卷頭 부분이 逸失되어, 제목은 다른 사례에 비추어 추정함(남권희,「고려시대 간행의
수진본 小字 총지진언집 연구」,『서지학연구』71, 2017 참조).

23-19 『明宗實錄』編撰 기사

전거 『高麗史』卷22, 高宗 14년
연대 高宗 14년(1227)

저 : 監修國史 崔甫淳, 修撰官 金良鏡·任景肅·兪升旦

기사 : 九月 庚辰 監修國史平章事崔甫淳 修撰官金良鏡 任景肅 兪升旦 等 撰明宗實
錄 藏於史館 又以一本 藏於海印寺

23-20 『金剛盤若波羅蜜經』(小字本)·『梵摠持集』·『佛頂心觀世音菩薩大
陀羅尼經』刊記

소재 화성 봉림사(보물 제1095-6·7·8호)
연대 高宗 15년(戊子年, 1228)~18년(辛卯年, 1231)

간기 : ① (卷末)
金剛盤若波羅蜜經

如來爲一大事因緣故出現於世開示悟入佛之知見佛
知見者豈有他哉即衆生心是徹悟此心便是本來成佛
何假劬勞積功累行爲哉若不尒者且於經敎中求其宗
要受已能讀讀已能誦誦已能持因言得義得義忘言因
義了心了心忘義斯亦成佛之階漸也已沙門普觀雖未
能直悟本心而亦善知階漸於敎乘中擇取智悲行願現
密要門乃請道人悅可隷書金剛般若法華普門品華嚴
行願品又請三重惠旿(歸)梵書大藏神呪遂與侍郞李紞三

重大師文光同心結願雕板印施願欲奉福於

國家施恩於罔極遠來求跋嘉其誠願之至方對客次信

筆即書戊子四月上旬祖月庵無衣子跋

　　　　同願大師　　　釋光彫刻

② 梵摠持集一部 (* 刊記 없음)

③ (卷頭)　　　　　　　　　辛卯

佛頂心觀世音菩薩大陀羅經卷上

(卷下 : 卷末)

聖壽萬歲淸河相國福壽無疆

□(*이하 판독 불가)

사진　문화유산원문

참고　華城 鳳林寺 木造阿彌陀佛坐像腹藏典籍一括 유물의 일부임(보물 제1095-6~8호). ①
　　　『금강경』跋文을 미루어 볼 때,『法華經』普門品과『華嚴經』普賢行願品도 간행되었을
　　　것으로 여겨지나, 실물은 찾아지지 않았다. ②『범총지집』일부는『금강경』발문에 보이는
　　　梵字大藏神呪로 1228년에 함께 조성하였을 것이다. 그리고 ③『佛頂心觀世音菩薩大陀羅
　　　經』卷上 우측에는 '辛卯'가 새겨졌는데, 1231년이다. 이는 간행 사업이 1228년에 발원되어
　　　시작되고 1231년에 완성된 사실을 알려준다.『佛頂心觀世音菩薩大陀羅尼經』에 대해서
　　　는 앞의 21-1 참조(이 책, p.135). 최연주,「修禪社와 강화경판 고려대장경 彫成」,『대구사
　　　학』81, 대구사학회, 2005 ; 채상식,「13세기 전반기 간행한 금강경 사례들과 사상적
　　　의미」,『석당논총』61, 동아대 석당학술원, 2015.

23-21 『大般若經科』 刊記

소재　해인사(보물 제734-7호)

연대　高宗 17년(庚寅年, 1230)

간기 : (卷末)

大般若經科

　　大般若第四百三十一云若善男子等教
　　一有情住預流果所獲福聚猶勝教化一
　　贍部洲諸有情類皆令安住十善業道何
　　況令住一來不還阿羅漢果獨覺菩提若
　　善男子教十方各如兢伽沙等世界一切
　　有情皆令安住阿羅漢果獨覺菩提若復
　　有人於此般若爲他廣說所獲福聚甚
　　多於彼

　　　　　　　　　　　道人　惠□[16]
　　　　　　　　庚寅年　　開板

사진　국립도서관 원문보기(한古朝21-414)

* 考異⑤ 科分 『金剛經』 刊行 錯誤

　　목정배의 글에서, 최범술의 연구를 인용하여 "해인사사간본으로서 科分金剛經이 있다"
고 하였고, 또한 註6)에서 '鄭晏誌가 跋하였다'고 하였다.[17] 그런데 최범술의 논문을
살펴보면, 일부 혼동이 보인다.[18] 해당 부분은 No.73 諸經集의 2~3항목으로, '2.科分金剛
經'의 비고에 '庚寅年(1230) 開刊 鄭晏誌'로 나와 있고, '3.科分金剛經'의 비고에는 '第一張~
其餘分'으로 나와 있다. 하지만, '庚寅年 開刊'은 위처럼 『大般若經科』가 개판된 사실을
알려주는 기사다. 이로써, 우선 두 기사의 제목이 서로 바뀌었음을 알겠다. 이후 나머지
부분은 '3.科分金剛經'을 설명하는 기사로, 1245년에 정안이 발문을 쓴 간행본과 實相이

---

16) □ : 마멸되어 판단이 어려우나, '圓' 혹은 '園'이라 여겨진다.
17) 목정배, 「한국금강경유통고」, 『불교학보』 11, 동국대 불교문화연구소, 1974, p.222, 註6).
18) 崔凡述, 「海印寺 寺刊 鏤板目錄」, 『동방학지』 11, 연세대 동방학연구소, 1970, pp.36~39.

일치한다(23-42 : 이 책, p.193 참조). 비고란의 '新造補缺' 곧 缺落된 것을 새로 보완하였다는 기사처럼, 이 간행본은 앞부분을 補板하여 경전을 완성해놓았다. 그러나, 여기에는 科分이 없어 제목과 일치하지 않는다. 더욱 최우가 발원하여 1237년에 간행한 『금강경』(大字本)에도 科分이 없다(23-31 : 이 책, p.178 참조).

그런데, 1214년에 道人 迅機가 주도하여 간행한 『금강경』에는 昭明太子의 32分이 들어 있다(23-3 : 이 책, p.147 참조). No.73의 '4.金剛般若經' 항목이다. 科分 혹은 科文에 대한 언급이 없지만, 목판수 12장이 일치한다. 최범술의 연구는 아마도 이를 염두에 둔 것이라 여겨진다.

이로써 보면, 최범술의 科分 『金剛經』 기사는 1214년 『金剛經』 혹은 1230년 『大般若經科』의 간행 사실을 전하는 가운데 일어난 착오로 여겨진다.

23-22 『金居士集』 序文

전거   『東文選』 卷83
연대   高宗 19년(1232) 이전(추정)

별칭 : 金翰林集. 金員外集. 金克己集

저 : 金克己

서 :

　　　金居士集序　　　　　　　俞升旦
四序迭循而春回天宇則羽蟲百族乘淑氣之漲
暖引吭罅觜玉囀珠哢嚶嚶嘍嘍磔磔觸耳可愛及至
梧樹朝陽長離綵羽覽德輝而下翔啭雅音而中
律則向之群噣反哇淫啾雜蔑足聽者翰苑金先
生以詩鳴于時其類是歟眞人中鸞鳳也先生諱

克己鷄林人也童齔穎悟開口成章即有驚人語
逮壯不汲汲于進自登進士第不復首路京師借
勢公卿之門唯與逸人韻士嘯咏山林故文譽益
豐而宦途愈阻安仁素髮颯已垂領始補義州防
禦判官亦非在上推轂引手之援自以桂藉久次
見調耳秩滿替迴明廟聞其詞藻召直翰林院搢
紳鉅公昔但飮其名今始嚌其實同然歆服曾無
異辭惜乎命不副才卒以六品靑衫而就木焉儀
曹之命亦泉壤之追寵朱銀華錫不逮其存吁可
嘆也哉有集百餘卷噫膝下絶析薪之克荷琴中
少流水之深知若稍延引歲月則殆磨滅于醬瓿
間賴今相國淸河崔公瑀愛才好善出自天性當
世之嘶風冀野自衒爲山子駃騠者與夫眠沙伏
草隱逸德於坰牧者咸蒙翦拂騰踔雲路至乃骨
苟駿雖死尙以千金市故先代之以文名世生不
遇以隕沒者雖片言隻字皆欲捃拾以傳不朽而
先生遺藁首被搜訪凡得古律詩四六雜文共一
百三十五卷盖其平昔乎[19]錄分送數州俾售工而
鏤于板者欲其速成也一日大常嚴府錄叔卿見
訪於弊廬欸諭相國公之旨因以題辭屬於予自
顧朽鈍屢負血指汗顔之愧宜執謙挹以推妙嶄
竊感相國公之知待又喜掛名於先生集中聊記
梗槩冠諸篇首云

참고　逸失本. 고전DB 원문이미지 :『東文選』卷83, 金居士集序. 연대는 서문을 쓴 유승단이 1232년
　　　　에 사망한 사실로 미루어 추정함. 金乾坤 著,『金克己遺稿』, 韓國精神文化硏究院, 1997.

---

19) 乎 : 문맥으로 보아 '手'의 착오다.

23-23 『禪門拈頌說話』 序文 및 刊行 기사

소재　순천　松廣寺　錦溟講伯
연대　高宗 21년(1234) 미상

별칭 : 拈頌說話集

저 : 覺雲 撰(慧諶 弟子)

서문 : (卷頭)
禪門拈頌集序
　　禪者圭峯云具云禪那此云思惟修亦云靜
　　慮斯皆定慧之通稱也當此看則敎外別傳一味
　　禪也且如來禪祖師禪同別如何也如來
　　禪者山山水水法法全眞也祖師禪者和根
　　拔去了沒巴鼻也如經云若見諸相非相
　　即見如來云云者是如來禪也如法眼云
　　若見諸相非相即不見如來云云者是祖師禪也
　　又佛法有頭角邊謂之如來禪佛法無
　　頭角邊謂之祖師禪也門者不同世間門淺
　　室深但以出入爲義無門爲門無門故
　　能現一切門也拈頌者拈振其網頌宣其意也
　　集序者行靜云序者緒也如繭得緒
　　緒盡一繭之絲玆集得序以盡一經之義也
　　　　　　　　　　覺雲說

기사 : 古拈話跋
窃觀禪敎之旨語默不到處古今無盡時誰能體此孔

聖予欲無言盖知其妙矣是以我　能仁禪燈點迦葉
之心敎海寫阿難之口西乾四七葉葉分芳東震二三
燈燈續熖人生斯世欲指人心見性成佛舍此而奚以
哉由是海東眞覺大士獵取諸錄對傳燈而集成拈頌
五六卷傳於覺雲雲奉命于修禪社入院三年涉世忘
然而掩觀七日粲然明著故俯爲後昆寫斯記時筆端
五色舍利落如雨點殆非人巧之所成似借神功而就
也已

참고　1538년(皇明嘉靖十七年歲在著雍閹茂應鍾哉) 重刊本의 華嚴宗裔 宇宙翁 跋文에 의함.
　　　慧諶의『禪門拈頌集』과 覺雲의『拈頌說話集』이 처음부터 함께 간행되었는가의 여부는
　　　알 수 없다. 다만 고려 말 조선 초에 활동한 龜谷 覺雲(判曹溪宗事)에 의해 합편 간행되었
　　　다. 이로 인해 慧諶의 제자인 覺雲이 편찬한『禪門拈頌說話』의 찬자가 龜谷 覺雲으로
　　　알려지게 되었다. 그러나 위 宇宙翁의 跋文에 의해 覺雲과 龜谷 覺雲이 서로 다른 사람임
　　　을 알게 되었다. 그렇지만 오늘날 전해지는 책들은 龜谷 覺雲의 合刊本으로 重刊한
　　　것들이다(이영석, 「선문염송의 편찬에 관한 연구」, 『淨土學硏究』 5, 한국정토학회, 2002).
　　　혜심·각운 지음, 김월운 옮김, 『선문염송·염송설화』 1~10, 동국역경원, 2005(1684년 重刊
　　　本 수록) ; 혜심 편집, 각운 저술, 정천구·송인성·김태완 역주, 『선문염송·염송설화』,
　　　부산대학교 한국민족문화연구소 : 육일문화사, 2009 ; 조명제, 「禪門拈頌說話의 인용 문
　　　헌과 사상적 특징」, 『역사와 경계』 108, 부산경남사학회, 2018.

23-24 『金剛般若波羅蜜經賛』 序文

소재　국립중앙도서관
연대　高宗 21년(1234) 이전(추정)

별칭 : 金剛經賛

저 : 無衣子贊并序注

서문 : 夫般若有三曰實相曰觀照曰文字因文字而起
　　　觀照因觀照而證實相則之經也上昇覺路頓作
　　　金僊大還丹也乃作贊曰

찬 : 般若大智光　堅利如金剛　能破一切障　四魔惡敢當
　　　經義巨思議　果報亦難量　降心住無住　離相是宏綱
　　　信解等諸佛　誦持多吉祥　今古受持者　靈異頗昭彰
　　　或見須菩提　或伏閻羅王　益世壽冥福　感天樂異香
　　　水火不我害　鬼神不我殃　枷鏁不我繫　刀兵不我傷

사진 국립도서관 원문보기(川老金剛經 : 한古朝21-217-19)

참고 1869년에 重刊된 『金剛般若波羅密經』에 의함(同治八年京畿廣州修道山奉恩寺藏板).
　　이 판본은 宋代에 간행된 川老解의 중간본으로, 여기에 위 慧諶의 『金剛般若波羅密經贊』
　　이 合付되어 있다. 贊은 위에 제시한 본문으로 간략하지만, 간략한 설명과 『금강경』의
　　持誦靈驗 사례가 수록되어 있다. 연대는 혜심이 1234년에 입적한 사실로 미루어 그
　　이전으로 추정하였다. 한편 1258년에 川老解의 『金剛般若波羅密經』이 간행되는데(23-75
　　: 이 책, p.224), 혹 그때 함께 간행되었을지도 모르겠다. 단 시간의 차이가 있으므로
　　1258년은 부담이 되지만, 重刊本일 수도 있다. 연구자들은 자세히 살피길 바란다.

23-25 『十二國史』重彫 跋文

전거 李奎報, 『東國李相國全集』卷21
연대 高宗 21년(1234) 이전(추정)

발 : 十二國史重彫後序

十二國史諸史之樞要也漁獵不煩而足以鑑
諸國之興亡善惡故今按部盧公軾雖居衛霍
之班雅好孔姬之術於書傳中偏嗜是書弭節
完山募工彫印以施學者是亦好善君子利人
之一端也某月日全州牧掌書記某序

참고　逸失本. 고전DB 원문이미지 ;『東國李相國全集』卷21, 十二國史重彫後序. 연대는 다음
　　　기록으로 미루어 추정함. 時按廉使郞將盧公 使牧官新印十二國史 又官吏某有不愜吾意
　　　者 欲因事斥之 故有是語 明日召其吏 令印史二本 遣獻因貰 其罪不問 … 時閼逢敦牂(甲
　　　午) 涂月(12월)日誌(『東國李相國全集』卷25, 記 夢驗記).

23-26 『新序詳定禮文』跋文

전거　李奎報,『東國李相國後集』卷11
연대　高宗 21년~28년(1234~1241)

저 : 李允綏

발 : 新序詳定禮文跋尾　　代晉陽公行
夫帝王之政莫先於制禮其沿革也損益也宜
一定之以淑人心以齊風俗矣安可因循姑息
不即立常典使之紛然異同哉　本朝自有國
來其禮制之損益隨代靡一病之久矣至
仁廟朝始勑平章事崔允儀等十七臣集古今
同異商酌折中成書五十卷命之曰詳定禮文
流行於世然後禮有所歸而人知不惑矣是書
跨歷年禩簡脫字缺難於攷審予先公迺令補

緝遂成二本一付禮官一藏于家其志遠也果
於遷都之際禮官遑遽未得賫來則幾若已廢
而有家藏一本得存焉予然後益諳先志且幸
其不失遂用鑄字印成二十八本分付諸司藏
之凡有司者謹傳之勿替毋負予用志之痛勤
也月日某跋

참고　逸失本. 고전DB 원문이미지 :『東國李相國後集』卷11, 新序詳定禮文跋尾. 연대는 고종
　　　21년(1234)에 崔怡가 晉陽候에 책봉되고, 고종 28년(1241)에 이규보가 사망한 사실에
　　　의해 추정하였다. 金塘澤, 「詳定古今禮文의 편찬 시기와 그 의도」,『고려 양반국가의
　　　성립과 전개』, 전남대학교출판부, 2010.

23-27 『大佛頂如來密印修證了義諸菩薩萬行首楞嚴經』(戒環解) 刊記

소재　해인사(국보 제206-3호)
연대　高宗 22년(乙未年, 1235)

별칭 : 首楞嚴經要解. 楞嚴經 戒環疏

저 : (唐)般刺密帝 譯, (宋)溫陵開元蓮寺比丘 戒環 解

서 : 首楞嚴經要解序 前住福州上生禪院嗣祖沙門　及南　撰

발 : 建炎己酉中秋後五日住胡山萬安比丘 行儀 謹跋(宋 : 1129)

간기 : (卷末)
大佛頂如來密印修證了義諸菩薩萬行首楞嚴經卷第十

奉爲

聖壽天長鄰兵永息

晉陽侯厄會消除福壽增延文虎叶和穀登

民樂法界生亡同證圓通之願盡捨家儲彫

板楞嚴經戒環疏印施無窮者

   時乙未七月 日   謹誌

   財主鹿鳴鄕前長李 勝光

   同願道人等 克圓 了非

사진 국립도서관 원문보기(한古朝21-426)

참고 宋板本의 重刊本. 口訣本. 李耘虛 註解,『首楞嚴經註解』, 東國譯經院, 1995 ; 이건표 옮김,『완역 능엄경』, 보문각, 2004 ; 김진열 지음,『楞嚴經硏究入門』, 운주사, 1993 ; 趙明濟,「高麗後期 戒環解 楞嚴經의 盛行과 思想史的 意義」,『釜大史學』12, 釜山大 史學會, 1988.『능엄경』의 戒環 解는 오늘날 독립된 번역이 없으나, 譯註者들의 풀이를 통해 반영되었다. 뒤에 高麗의 閑庵 普幻이 戒環 解를 刪補하여 이해를 도왔다. 따라서 이를 살피면, 戒環의 註解를 살필 수 있다(뒤의 25-9『楞嚴環解刪補記』附 刪補通妨 참조 : 이 책, p.253). 그리고 또 다른『능엄경』해설서로 明나라의 憨山德淸의 저술이 있다(감산덕청 지음, 장순용 역주,『수능엄경통의』1·2, 운주사, 2020 참조).

23-28 『佛說梵釋四天王陀羅尼經』刊記

소재 海印寺(보물 제734-6호)
연대 高宗 23년(丙申年, 1236)

간기 : (卷末)

佛說梵釋四天王陀羅尼經

  伏爲

聖壽無疆隣兵永息時和
歲稔國泰民安之願
　　　　丙申六月　日　誌
　　　　　　刻手　大朮(叔)[20]
海印寺　彫造

사진　국립도서관　원문보기(한古朝21-418)

23-29 新雕『東坡文集』跋文

전거　『東國李相國全集』卷21
연대　高宗 23년(柔兆涒灘：丙申年, 1236)

저：(宋)蘇東坡

발：全州牧新雕東坡文集跋尾
夫文集之行乎世亦各一時所尙而已然今古
已來未若東坡之盛行尤爲人所嗜者也豈以
屬辭富贍用事恢博滋液之及人也周而不匱
故歟自士大夫至于新進後學未嘗斯須離其
手咀嚼餘芳者皆是其摹本舊在尙州不幸爲
虜兵所焚滅了無孑遺矣完山守禮部郎中崔
君址好學樂善君子人也聞之慨然方有重刻
之志時胡騎倏來忽往間不容毫州郡騷然略
無寧歲則似若未遑於文事而太守以爲古之

---

20)　大朮：'大升'으로 보기도 하는데, '叔'의 異體字다.

人尙有臨戎雅歌投戈講藝者文之不可廢如
此以是邑之大也此一段么麼事咄嗟可辦而若
以彼區區戎醜之故將姑息以俟太平庸詎知
後之來者又因循姑息便不成吾志耶遂直
斷聞于　上上亦好文欣然允可於是當虜之
未來間農之未作使之雕鏤不日酒畢費不煩
而力有餘矣非夫幹事貞固綽有餘裕者孰於
此時成大事如此其敏耶其爲政之大體亦可
知已君於予爲門人故託以標識予亦嘉君之
以他邑之亡書以爲私憂移之其邑汲汲於補
益學子是以粗書本末以跋其尾云時龍集柔
兆涒灘辜月日金紫光祿大夫參知政事修文
殿大學士監修國史判戶部事大子大保臣李
奎報序

참고　逸失本. 고전DB 원문이미지 :『東國李相國全集』卷21, 全州牧新雕東坡文集跋尾

23-30 『妙法蓮華經』 木板 刊記 및 印記

소재　① 해인사(국보 제206-1호) ② 경주 기림사(보물 제959-2-11호)
연대　高宗 23년(丙申年, 1236)

역 : 姚秦三藏法師鳩摩羅什奉詔譯

간기 : ① (卷末)
妙法蓮華經卷第七
　　經云此法華經能令衆生至一切智

又云無量國土中乃至名字不可得
聞自　佛敎東流道俗奉持感應如
響者無出此經至於書寫半字靈異
異常豈非無緣慈中別有緣於此土
耶我輩生於季末獲聞斯典應當慶
幸况　我國家賴以壓北水鎭山川
豈特當來之益爾間或未免隨世興
癈可不嘆乎奮越辛巳春正月十一
日清晨奉閱首卷不覺流涕庶欲奉
持窮未來際助揚　聖化是夜夢坐
一空室忽見　我本師釋迦如來步
至中庭梵王先導入我室中奮起跪
邀坐坐已放大光明墻壁屋宇忽然
通透炗朗空界非世所喩　無量壽
經所云百千日月猶如聚墨於此渙
然疑釋踴躍稱歎不覺驚覺覺已光
猶炟赫良久乃變因感悟宿緣自後
益發信誠雖造次顚沛未嘗不繫念
第恨夙因雜駁不克荷擔空懷懊惱
於是請山人明覺鋟板印施無窮少
報　慈恩之万一用祝
我聖筭亘天儲齡後地隣兵瓦解朝
野鏡清次願晉陽候長爲家國柱石
永作　佛法藩墻更願我先考及亡
姊兄弟與六親眷屬洎三途受輪廻
者同承此因共生極樂世界丙申年
十二月十五日優婆塞　鄭　奮　誌

印記 : ② (墨書)

　　　　　　　施主黃　仲貴
　　　　　　　　妻朴　氏 (*卷第三/ 卷第六 同一)

사진　문화유산원문

참고　② 기림사 소장본은 後刷本임. 印記는 卷3과 卷6 末尾에도 똑같이 들어 있는데, 그
　　　앞에 "秀州雲閒善住寶閣淨人晉儒勾當"이라고 하는 中國에서의 開版 기록이 새겨져 있
　　　다. 李耘虛 譯,『法華經』, 東國大學校 譯經院, 1990 ; 정병삼,「고려후기 鄭晏의 불서
　　　간행과 불교신앙」,『불교학연구』24, 불교학연구회, 2009.

23-31 『金剛般若波羅密經』(大字本) 木板 刊記

소재　海印寺(국보 제206-20호)
연대　高宗 24년(丁酉年, 1237)

별칭 : 大字金剛經

간기 : (卷末)
金剛般若波羅密經

守大傅門下侍中上柱國上將軍判御史臺事晉陽侯崔　瑀
　　　　　　特發弘願以大字
　　　　　　金剛般若經彫板流通所冀隣兵不起
　　　　　　國祚中興延及法界有情俱霑勝利
　　　　　　破諸有相共識眞空
　　　　　　　　時丁酉十二月　日謹誌

사진 　규장각 원문보기 ; 대자금강경(奎 11717). 『典籍』, p.188.

참고 　채상식, 「13세기 전반기 간행한 금강경 사례들과 사상적 의미」, 『석당논총』61, 동아대
　　　 석당학술원, 2015.

23-32 『南明泉和尙證道歌』 刊記

소재 　국립중앙도서관 一山文庫(보물 제758호)

연대 　高宗 26년(己亥年, 1239)

저 : (宋)千頃山沙門法泉頌

서 : 熙寧十年丁巳(1077)　　括蒼吳庸天用序(卷頭)

발 : 熙寧九年七月(1076)　　括蒼 祝況後序(卷末)

간기 : (卷末)

南明泉和尙頌證道歌一部

　　　夫南明證道歌者實禪門之樞要也故後学
　　　參禪之流莫不由斯而入升堂覩奧矣然則
　　　其可閉塞而不傳通乎於是募工重彫鑄
　　　字本以壽其傳焉時己亥九月上旬中書令
　　　晉陽公崔　怡　謹誌

사진 　문화유산원문. 국립도서관 원문보기(일산貴1784-5)

참고 　발문에 보이는 '重彫鑄字本'에 의거하여 보면, 이 책은 금속활자본이 되는데, 오늘날
　　　 전하는 간행본은 후대에 飜刻한 목판본이다. 그런데, 근래에 양산 공인박물관 소장본(보물

제758-2호)이 이때 만들어진 금속활자본으로 알려져 있다(박상국,『남명천화상송증도가 : 세계 최초 금속활자본의 탄생』, 김영사, 2020(번역 및 공인본 影印 수록) 참조). 김성수,「남명송증도가의 간행 배경에 관한 분석」,『서지학연구』47, 2010 ; 손환일,「남명천화상송증도가(공인본)에 나타난 금속활자본의 특징」,『문화사학』48, 한국문화사학회, 2017. 이 책에 대한 註釋書로『南明泉和尙頌證道歌事實』참조(뒤의 23-58 : 이 책, p.205).

23-33 『一切如來心全身舍利寶篋印眞言』 刊記

소재　서울 수국사
연대　高宗 26년(己亥年, 1239)

간기 :
一切如來心全身舍利寶篋印眞言(上段)
己亥十月日侍中崔宗峻　印施(左側段)

사진　『미술사학연구』255, p.41.
참고　單面 다라니임. 수국사 불상은 철원 보개산 심원사에서 모셔 온 것임(문명대,「수국사 고려(1239년) 목아미타불좌상의 연구」,『미술사학연구』255, 2007 참조). 송일기,「守國寺 木造阿彌陀佛坐像의 腹藏典籍 硏究」,『書誌學硏究』58, 한국서지학회, 2014.

23-34 『妙法蓮華經』(戒環解) 刊記 및 印記

소재　① 호암미술관(보물 제692-2호) ② 개인(보물 제692-1호)
연대　高宗 27년(上章困敦 : 庚子年, 1240)

저 : (宋)溫陵開元蓮寺比丘 戒環 解

발 : 建炎三年己酉春仲南社除饉　祖派　跋(1129)

간기 : (卷末)

妙法蓮華經卷第七

蓮經大義會三歸一合於東土統三之應其在歸崇
之意孰能如此今者芘蒭四一幸得宋本戒環解義
其文旨簡宏宜當演揚於普賢道場以廣其傳予聞
而悅之遂令雕板以報環師清淨慧眼之遠矚焉時
上章困敦羘月下旬謹誌

　　金紫光祿大夫守大師中書令上柱國上將軍監修國史判御史臺事晉陽公崔　怡

인기 : (卷末 : 筆寫)

施主	姜福	德花
	文天	勝阿只
	李切勿	六月
	姜元竟	竟德
	宋南子	三月
朴務		
	金千	
	全氏	明悟

사진　문화유산원문. 『記錄』, p.41.

참고　인기는 1240년 초간본의 追記인지는 분명하지 않으나, 그래도 멀지 않은 시기에 인쇄한
　　　것으로 여겨진다. 이 판본은 고려 후기에 인쇄된 후쇄본이 나온다(뒤의 34-2 참조 : 이
　　　책, p.553). 龍樹　普光　講解, 『妙法蓮華經戒環疏』, 가평 : 佛敎精神文化院, 2010.

23-35 『妙法蓮華經心幷三十七品讚頌』序文

전거　李奎報,『東國李相國全集』卷21
연대　高宗　28년(1241) 이전(추정)

서문 : 妙法蓮華經心幷三十七品讚頌序
妙法蓮華經心四句偈者文簡旨脩(備)含一部之
義雖衰耄多忘及女人不識文字者亦易誦持
與讀大本同其利則宗(實)可謂用力少而見功多
者也其所謂三十七品讚頌者不知誰所撰歟
愚竊疑後之若沙門法師者其意豈以爲向所
謂老忘與女人其根器不同有止讀經心者有
欲讀一部則不及而讀經心四句則有餘者故
於三十七品各著讚頌置於不及有餘之間引
而進之輒欲勸之者歟侍郞金元瑜得唐本切
欲摹印廣施於人其爲利可涯哉旣募工彫鏤
因乞予冠之以序云

참고　逸失本. 고전DB 원문이미지 ;『東國李相國全集』卷21, 妙法蓮華經心幷三十七品讚頌序
　　　연대는 1241년 이규보가 사망한 사실로 미루어 추정.

23-36 『大方廣佛華嚴經疏』(如來出現品三十七) 刊記

소재　해인사(국보　제206-18호), 동국대 도서관
연대　高宗　28년(辛丑年, 1241)

별칭 : 華嚴經疏註

저 : 淸涼山沙門 澄觀述 ; 晉水沙門 淨源録疏注經

간기 : (卷末)

大方廣佛華嚴經疏卷第三

       龍壽寺社堂比丘 玄揆 主張

      下鋸寺道人 天章 戒湛 勸緣

         道人 聞契   校勘

   辛丑五月 日伽耶山下鋸寺 雕造

각수 : 義 正 玄 王柱 光 惠耳 光林 弘正 道 智一 義堅 三旀(『大方廣佛華嚴經疏』).
    智 義 道 智一 惠耳 石光(『大方廣佛華嚴經隨疏演義鈔』).

사진   신집성문헌 : 『華嚴經疏註』(하거사 1241), 83면.

참고   卷1~卷4. 『大方廣佛華嚴經隨疏演義鈔』卷1~卷2(如來出現品)도 함께 간행된 것으로 추
    정됨(국보 제206-19호 : 『記錄』, p.53 참조).

23-37 『佛說長壽滅罪護諸童子陀羅尼經』 刊記

소재   단양 불교천태중앙박물관(충청북도 유형문화재 제303호)

연대   高宗 28년(辛丑年, 1241)

별칭 : 佛說長壽滅罪護諸童子經. 佛說長壽命經

역 : 罽賓國沙門佛陀波利奉　詔譯

간기 : (卷末)

佛說長壽命經

東北面兵馬副使長州分道朝散大夫神虎衛保勝將軍尙書吏部侍郎李 君□²¹⁾
      特爲
    皇齡益固晉陽公福壽無疆文虎臣寮忠貞輔國
    佛日恒明法輪常傳干戈不起國土太平三世父母
    兄弟姊妹睿登彼岸蒼海十方蠢動迷倫同□□
    若種智之願謹發誠心請工彫板長壽命經□□
  無窮者   時辛丑正月 日
             施財
             施財
        (* 缺落 未詳)

사진 『충청북도문화재대관』 II, p.657.
참고 『충청북도문화재대관』 II, 충청북도문화재연구원, 2017 ; 최주광 편저, 『長壽滅罪護諸童子陀羅尼經』, 대구 : 한영출판사, 1994.

23-38 『妙法蓮華經』(科文本) 刊記

소재 경주 기림사
연대 고종 28년(辛丑年, 1241)

간기 : (卷末)

妙法蓮華經卷第七

---

21) □ : '戊'로 보이는데, '戌' 혹은 '戍'이나 '戎'일 수도 있다.

昔天台智者親承佛旨科節經文坦然
明白然此科舊本字寫漫滅大小不中
因剪出中字揷科其上募工彫板以廣流
通所冀
皇齡万歲令筭無疆兵災息滅朝野和
平法界含靈同證佛慧耳時辛丑孟秋
全州牧判官郎將安時俊誌

사진　『서지학보』19, p.46.

참고　기림사 불복장으로 경전의 본문이 없는 刊記 斷簡임. 이 책은 본문 상단에 科文이 달려
　　　있으며, 元宗 3년(1262)에 다시 印出되었다(뒤의 24-3 참조 : 이 책, p.232). 남권희, 「13세
　　　기 天台宗 관련 高麗佛經 3종의 書誌的 考察」, 『서지학보』 19, 1997.

23-39 『東國李相國集』 初刊 序文 및 跋文

소재　규장각, 국립중앙도서관
연대　고종 28년(辛丑年, 1241)

저 : 李奎報

서 : (全集卷第一 : 卷頭)
東國李相國文集序
公姓李諱奎報字春卿始名仁氐夢奎星報異
瑞因改之九歲能屬文時號奇童稍長經史百
家佛書道秩無不遍閱一覽輒記爲詩文略不
蹈古人畦徑以詩捷稱王公大人聞其能邀致
之請賦難狀之物令每句唱強韻若古若律走

筆立成風檣陣馬不足況其速也方未冠時有
吳先生世才者世所謂名儒平生小許可人一
見奇之許以忘年人或非之曰先生長於李三
十餘年矣何媒此頑孺子使之驕耶先生曰非
爾輩所知也此子非常人後必遠到矣少放曠
自號爲白雲居士酣飮賦詩爲事人不以經濟
待之無何名振海外獨步三韓翶翔玉堂出入
鳳池王言帝誥高文大冊皆出一手不十年位
至台鼎則吳之知人信矣何一吳先生知公遠
到而衆莫之知也當公之擁金紫立朝端珠瞳
雪髭輝映人物左右皆指之曰人中龍其奇資
偉望不類於常者如此自作相來屹立爲正直
大臣人無間言者然則公之初不自檢束特譴
浪翫世耳晚年嗜讀洗心經窮大衍之數古之
人云通天地曰儒公之謂歟於丁酉歲固乞退
以金紫光祿大夫守大保門下侍郎平章事修
文殿大學士監修國史判禮部翰林院事大子
大保致仕雖家居外國交聘徵誥文字皆委之
以是眷遇不衰每受俸多小與現官宰輔相等
其平生所著不蓄一紙嗣子監察御史涵收拾
萬分之一得古賦古律詩牋表碑銘雜文幷若
干首請爲文集公可其請分爲四十一卷號曰
東國李相國文集涵又請曰集已成矣不可無
序於是公乃命予予固不才亦諸子之伍莫敢
以冠首爲讓公命益勤姑序一二辛丑八月日
入內侍朝散大夫尙書禮部侍郎直寶文閣太
子文學李需序

발 : (後集卷第一 : 卷頭)

東國李相國後集序

嗣子涵謹言大人平生所著多矣然本不收蓄
又爲人取去不還或焚棄之^{前集有焚藁詩}僅存十之
二三故難於編綴凡大人所嘗遊踐儒家釋院
及交游士大夫間無不搜覓得詩文凡若干首
分爲四十一卷編成前集侍郞李需序之集成
之後又得遺逸及近所著古律詩八百四十七
首雜文五十首成後集十二卷噫脫不幸不傳
于世亦足爲一門子姓傳家之寶矣大人初登
第時嘗與四五同年將遊通濟院聯鞍唱和公
詩一句云寒驢影裏碧山晚斷鴈聲中紅樹秋
^{四韻失三句}聞此詩流入于宋大爲其宰相所賞此
少年時所賦特一首耳其賞如此況得見全集
乎又代琴學士讓官表云昔也帶雙學士有譏
越分者幾人今則兼三大夫將復置賢於何地
此亦人所愛誦而皆不得全篇以附于此是一
恨也由此觀之其遺珠漏玉之不見者非止此
而已矣時辛丑十二月日知洪州事副使兼勸
農使管句學事將仕郞尙食奉御涵謹序

사진 고전DB 원문이미지

참고 조선왕조 英·正祖 시기의 重刊本에 의함. 김철희 외 공역,『국역동국이상국집』I~Ⅶ,
      1967(影印本 수록) ; 金泰旭,「高麗 武人政權期 東國李相國集의 편찬과 간행」,『아시아문
      화』12, 翰林大 아시아문화연구소, 1996 ; 남권희,「證道歌字와 東國李相國集」,『서지학
      연구』48, 2011 ; 김용선,『생활인 이규보』, 일조각, 2013 ; 김용선,『이규보 연보』, 일조각,
      2013.

23-40 『禪門拈頌集』 重刊 刊記

소재　해인사, 고려대
연대　高宗 30년(癸卯年, 1243)

간기 : (卷末)

憑玆彫刊法宝流通功德奉祝
聖曆遐基　儲闈衍慶　晉陽公
壽筭延綿身宮帖泰干戈息靜朝
野和平自他故誤殺傷巨細物命
三世結搆萬類冤讎滅盡惡心迴
投善道及予今未來世雉諸撗難
不滯他途常生勝族肢根究備相
好精殊業障消除聰智發明窮
佛祖教悟自己心廣泊群迷徑超
極樂願者
　　　　斷俗寺住持禪師萬宗記

宗門奧旨布在方冊學者耄於披
究先　國師令門人等採集古話
凡一千一百二十五則幷拈頌等
語要編爲三十卷鋟木流行然諸
家語錄時未全備捃拾未周以囑
于後遷都時不遑賫持遂失其本
今曹溪老師翁因其廢更加商搉
撼前所未見諸方公案添三百四
十七則欲以重鐫而因緣未契禪
師萬宗般若中來乘夙願力輸貲

于　海藏分司募工彫鏤以壽其
傳囑予爲誌姑書始末云癸卯中
秋逸庵居士鄭晏跋

각수: 惠耳 元卿·卿 卽玄 公弼(卷1). 弘義 得光 有元(卷2). 益柔·益·柔 示一 印如(卷3). 尹弘·尹 天孝 順心(卷4). 三旀 孝之(卷5). 允卿·允·允京 云正 義天 性一(卷6). 大節 天兼 礼全 惠度 之竟 光乂(卷7). 惠珎·惠珎刀·惠·珎 法美 梁庇 法庄(卷8). 天孝 金升(卷9). 承輝·承 光照 宗有(卷10). 之玄·玄 智弘·弘(卷11). 呂右 世珎·世·珎 (卷12). 唐文 得水·水 戒照(卷13). 道宣·道·宣(卷14). 地起 文必(卷15). 学修·修 基(卷16). 思訓(卷17). 仁乂 順 天亮(卷18). 玄回·玄·回 京靑·景淸·景淸刀(卷19). 高希(希) 法蘭·蘭 法基(卷20). 仁哲 文益刀 示一(卷21). 守玄·守·玄 戒休(卷22). 石光 守和(卷23). 鄭洪 卽玄 公必·公弼 節□ 中国(卷24). 又玄 宝祥 希演(卷25). 應甫 良 公甫 敦必 之有 永丁(卷26). 淂之 弘有 得心 處剛·處·剛(卷27). 禹侅 趙元 昌□·昌(卷28). 成呂·成呂刀 仁基(卷29). 孝大 子龍 仁乞(卷30).

사진 통합대장경(K.1505). 국립도서관 원문보기(古1797-5). 『교장』, p.154.

참고 全 30卷 10冊. 初刊本의 서지 및 참고사항은 23-16 참조(이 책, p.160). 刻手기사는 다음 글에 의함(최영호, 「해인사에 소장된 鄭晏 조성경판의 역사 문화적 성격」, 『석당논총』 65, 동아대 석당학술원, 2017, p.92). 정병삼, 「고려후기 鄭晏의 불서 간행과 불교신앙」, 『불교학연구』 24, 불교학연구회, 2009.

23-41 『金剛三昧經論』 附 :『宋高僧傳』 元曉傳 刊記

소재 해인사
연대 高宗 31년(甲辰年, 1244)

저: 新羅國沙門　元曉　述

간기 : (卷末)

金剛三昧經論卷下

　　　伏爲　寶祚無疆儲闈凝慶氛塵永寢
　　　朝野昇平晉陽公福海等瀹壽岳齊高
　　　次願孀親洎及佛奴變呻爲謳嚮年有
　　　永鏤板印施重念　此經出自虯宮發
　　　起因於疾病更願普及法界含生生生
　　　不聞疾病之音不處胞胎常遊
　　　諸佛淨妙國土爾甲辰八月初五日優
　　　婆塞鄭　　晏誌

각수 : 得心 文益·文弋刀 天孝 仁乂 又玄 唐文 祿祥 洪叙 汝 明升 益柔 王柱 山宝
守玄 了英 趙元 之允 三旅 高希 石光 尹弘 義天 敦必 禹俌 中国 之有 日卿 就和
應甫 元卿 心 処剴·処

사진　통합대장경(K.1501). 국립도서관 원문보기(승계古1751-3)

참고　『高麗大藏經』45. 한국불교전서(H0017). 刻手 기사는 다음 글에 의함(최영호, 「해인사에
　　　소장된 鄭晏 조성경판의 역사 문화적 성격」, 『석당논총』65, 동아대 석당학술원, 2017,
　　　p.92). 은정희·송진현 역주, 『원효의 금강삼매경론』, 일지사, 2000 ; 원효 지음, 김호귀
　　　옮김, 『금강삼매경론』, 동국대출판부, 2019 ; 배상현, 「高麗時代人의 元曉觀과 金剛三昧
　　　經論의 入藏」, 『白楊史學』15, 新羅大史學會, 1998 ; 로버트 버스웰 저, 김종명·조은수
　　　역, 『중국과 한국의 선사상 형성 : 불교 위경으로서의 금강삼매경』, 한국학중앙연구원,
　　　2015 ; 이병학, 『역사 속의 원효와 금강삼매경론』, 혜안, 2017.

23-42 『大方廣佛華嚴經入不思議解脫經界普賢行願品』 木板 刊記

소재　해인사(국보 제206-7호), 규장각
연대　高宗 32년(乙巳年, 1245)

저 : 罽賓國三藏般若奉　詔譯

발 : (卷末)
大方廣佛華嚴經普賢行願品

普賢菩薩乘六牙白象雨寶蓮華從空來
諸善神王三天王龍神八部八万億童子
擁護三千大千六種震動外道惡魔盡來
歸伏此呪力山崩海渴日月星辰皆悉墮
落三千大天世界衆魔摧碎微塵受持善
男子善女人普賢菩薩諸天善神營衛護
得生東方阿閦佛國
　清涼國師曰西域相傳云普賢行願讚
　爲略華嚴經大方廣佛華嚴經爲廣普
　賢行願讚今以觀之理實然矣一經之
　主是普賢初會是普賢所說窮終亦是
　普賢所說五周之因皆普賢行五周之
　果則普賢行所成亦是得果不捨因門
　之果用耳復是四十卷之窮終遍收玄
　妙而爲華嚴關鍵修行樞機文約義豊
　功高益廣能簡能易惟遠惟深可讚可
　傳可行可寶

간기 : (卷末)

本朝修禪社有令聰禪者戒行有缺人
不之敬奧丁丑十二月在蘇來山龍門
寺遘疾十餘日忽一日洗浴更衣召諸
道侶曰我平生無他解行唯誦華嚴行
願一品日課五卷尔今日寅目無非淨
土重重重重如帝網珠乃令僧擧古偈
云極樂不離眞法界弥陁即是自心玉
眉間毫相無方所露柱燈籠亦放光唱
畢曰此是吾偈也又曰當此之時立化
也得倒化也得然也涉奇怪不如無事
遂踞床而逝此豈非　經云若人誦此
普賢願我說小分之善根一念一切悉
皆圓成就衆生淸淨願乎又定慧元禪
師於乙未十有一月率衆避胡寇於海
島禪餘勵衆同誦　此經有一禪者在
禪堂側假寐夢見一大淸池紅蓮雜還
暎水敷榮傍有萎悴者一朶方覺衆皆
定罷同聲諷誦數如蓮也其萎悴者豈
非睡禪者耶古德云念佛纔開口金池
已種蓮果不誣矣人生幻化不啻浮泡
往生蹊徑其捷如此因循望後光陰有
限臨危湊亟悔將何及冀諸高識不惜
片時工夫深心受持不得已而無常忽
至乘此願王同生極樂豈不快哉乙巳
正月望日優婆塞鄭　　晏誌

각수 : 法蘭

사진　국립도서관 원문보기(한古朝21-434 ;『海印寺經板題跋集』一, 16~17면)

참고　경전 후반부의 偈頌에는 그 상단에 科文을 두어 안내하였는데, 淸凉 澄觀의 疏에 따른
　　　것이다. 경전의 末尾에는 速疾滿普賢陀羅尼 등 3종 진언을 수록하여, 수행자는 항상
　　　受持讀誦할 것을 나타냈다. 刻手 기사는 다음 글에 의함(최영호,「해인사에 소장된 鄭晏
　　　조성경판의 역사 문화적 성격」,『석당논총』65, 동아대 석당학술원, 2017, p.92). 학담
　　　연의,『화엄법계와 보현행원 : 화엄경 보현행원품』, 큰수레, 2008 ; 정병삼,「고려후기
　　　鄭晏의 불서 간행과 불교신앙」,『불교학연구』24, 불교학연구회, 2009.

23-43『金剛般若波羅密經』木板 刊記

소재　해인사(국보 제206-6호)
연대　高宗 32년(乙巳年, 1245)

간기 : (卷末)
金剛般若波羅密經

　　　伏爲四恩三有法界含生乘此慧
　　　船不處胞胎常遊
　　　十方諸佛國土鏤木印施云乙巳
　　　三月　日優婆塞鄭　晏　誌

사진　국립도서관 원문보기(한古朝21-424). 신집성문헌

참고　앞부분 6판은 後代에 새로 보완하여 啓請 등 眞言에 대해서는 알 수 없음. 정병삼,
　　　「고려후기 鄭晏의 불서 간행과 불교신앙」,『불교학연구』24, 불교학연구회, 2009.

23-44 『三大部節要』編撰 刊行 기사

전거 『東文選』卷117, 萬德山白蓮社圓妙國師碑銘幷序
연대 高宗 32년(1245) 이전

저 : 圓妙國師 了世

기사 : 嘗自謂一門 教海浩汗 學者迷津 乃撮綱要 出三大部節要 鏤板流行 後進多賴焉

23-45 『法華文句幷記節要』刻手 기사 및 印記

소재 기림사
연대 1240년대(추정) 및 忠烈王 5년(1279 : 추정)

저 : 編者 未詳(高麗人 : 추정)

인기 : (卷末)
法華文句幷記節要卷第六
　　　　己卯十月　日印出

각수 : 宗 性 宜 完(卷3). 文 得珠今(卷4).
　　　成呂刊 允卿 天曉 惠耳 自保呂儀 中國(卷5).

사진 『서지학보』19, pp.44~47.
참고 卷4에 '萬德藏本'이라는 所藏印이 있음. 남권희에 의하면, 이 책은 『妙法蓮華文句』20권과 『法華文句記』30권 중에서 品마다 거의 같은 분량으로 註釋을 달아 10卷 3冊으로 편집한 것으로 추정된다. 또 중국에서 발견되는 사례가 없어 고려 승려가 편찬한 것으로 추정된다.

연대는 卷5의 刻手 成呂가 1243년 간행 『禪門拈頌集』 卷29에 새겨진 '成呂刀' 기사를 통해 같은 사람으로 판단되며(23-40 : 이 책, p.189), 이 점은 외형을 통해서도 이해된다. 편자는 당시 萬德寺에서 활동했던 了世로 여겨지며, 간행은 그를 이은 天因 혹은 天頙에 의해 이뤄졌을 가능성이 높다(남권희, 「13세기 天台宗 관련 高麗佛經 3종의 書誌的 考察」, 『서지학보』 19, 1997, pp.22~27 참조). 이를 미루어보면, 己卯年은 忠烈王 5년(1279)으로 추정된다.

23-46 『天台三大部補注』 刊記

소재　개인

연대　高宗 32년(乙巳年, 1245)

별칭 : 法華三大部補注

저 : (宋)永嘉沙門釋　從義　撰

간기 : (卷末)

天台三大部補注卷第三

乙巳歲分司大藏都監開板

사진　『記錄』, p.195.

참고　14卷 가운데 卷1~5만 전하며, 卷1~2는 刊記가 없다. 또한 '乙巳歲分司大藏都監彫造'로도 나와 있는데, 卷四와 卷五 어디에 해당하는지 알려지지 않음(『記錄』, p.194 참조). 천태삼대부는 法華三大部로도 불리는데, 天台智顗가 『법화경』을 풀이한 것으로 『法華文句』·『法華玄義』·『摩訶止觀』 각각 10권 상·하로 이루어졌다. 여기에 注를 달은 것이 『天台三大部補注』다(『卍續藏經』 第28冊 참조).

23-47 『祖堂集』序文 및 刊記

소재 해인사
연대 高宗 32년(乙巳年, 1245)

저 : (宋)今則招慶 有靜·筠二禪德 袖出近編 古今諸方法要 集爲一卷 目之祖堂集
    (高麗)沙門釋 匡儁 新編

서 : 祖堂集序   (宋)泉州招慶寺主淨修禪師文僜(省僜) 述

서 : (卷頭)
已上序文幷祖堂集一卷先行此土尒後十卷
齊到謹依具本爰欲新開印版廣施流傳分爲
二十卷以此先寫七佛次騰天竺二十七祖幷
諸震旦六代代有傍正祖位次第並以錄上隨
其血脉初後聯綿佋穆之儀有孫有嫡也其纂
成所以群英散說周覽於眼前諸聖異言獲瞻
於卷內今以沙門釋匡儁所冀中華集者永祛惜
法之痕此界微曹願敷弘禪之美深慚洞徹乞
恕儻(惥)尤一一上名次第如後

간기 : (卷末)
祖堂集卷第一
　　　　　乙巳歲分司大藏都監彫造

사진 통합대장경(K1503). 신집성문헌

참고 『高麗大藏經』45. 균·공 집성 ; 김월운 옮김, 『조당집』1·2, 동국역경원, 2008 ; 韓基汶, 「祖堂
      集과 新羅·高麗 高僧의 行績」, 『한국중세사연구』6, 한국중세사학회, 1999 ; 변인석, 「祖堂

의 增補에 관한 논란의 부정적 視覺」,『韓國古代史探究』16, 한국고대사탐구학회, 2014.

23-48 『花嚴經探玄記』 刊記

소재　해인사
연대　高宗 32년(乙巳年, 1245)

저：(唐)終南山至相寺沙門 智儼 述 ; 魏國西寺沙門 法藏 述

간기：(卷末)
花嚴經探玄記卷第二
　　　　乙巳歲分司大藏都監　開板
花嚴經探玄記卷第三
　　　　　乙巳歲分司大藏都監彫造
花嚴經探玄記卷第十七　　　　書者臣高申說書
　　　　乙巳歲分司大藏都監開板

사진　통합대장경(K.1513)
참고　『高麗大藏經』47. 노혜남 옮김,『한글대장경 華嚴經探玄記』1~4, 東國譯經院, 1996 ; 楼
　　　井唯,「法藏撰 探玄記における国土の成仏論」,『印度學佛教學研究』67-1(146), 東京：日本
　　　印度學佛教學會, 2018.

23-49 『佛說預修十王生七經』 木板 刊記

소재　해인사(국보 제206-10호)
연대　高宗 33년(丙午年, 1246)

별칭 : 佛說閻羅王授記四衆逆修生七往生淨土經(原題), 十王生七經, 十王經

저 : (唐)成都府 大聖慈寺 沙門 藏川 讚述

간기 : (卷末)
佛說預修十王生七經

    伏爲先考孀親生亡骨肉夫婦親
    緣普及法界衆生不滯幽途隨願
    往生
    諸佛國土鏤板印施云丙午三月
    日　優婆塞鄭　晏　誌

각수 : 三旀

사진　신집성문헌 ;『預修十王生七經』, 19면.
참고　刻手 기사는 다음 글에 의함(최영호, 「해인사에 소장된 鄭晏 조성경판의 역사 문화적 성격」,『석당논총』65, 동아대 석당학술원, 2017, p.92). 藏川 述, 김두재 옮김,『시왕경』, 성문, 2006 ; 최미연,『佛說預修十王生七經板에 대한 연구』, 동국대 석사논문, 2004 ; 승범 지음,『생전예수재 연구』, 운주사, 2020.

23-50 『唐賢詩範』 刊記

소재　해인사 경판(국보 제206-26호)
연대　高宗 33년(丙午年, 1246)

서 : 唐賢詩範序　　　　　　(宋) 熙寧改元(1068) 七月望日樂安任訪

간기 : (卷末)

唐賢詩範卷下

　　　　丙午歲　分司大藏

　　　　　開板

사진　국립도서관 원문보기(古3715-80-135-1)

참고　鄭容秀 編, 『唐賢詩範 : 附格齋賡韻唐賢詩』, 지성인, 2014(影印本). 정용수, 「唐賢詩範의
　　　발굴과 그 자료적 가치」, 『석당논총』 58, 동아대학교 석당학술원, 2014 ; 金程宇, 「韓國海
　　　印寺雜版本 唐賢詩範 初探」, 『석당논총』 60, 2014 ; 최영호, 「해인사에 소장된 『唐賢詩範』
　　　의 역사·문화적 성격」, 『석당논총』 60, 2014 ; 허흥식 해제·판독, 『당현시범과 백가의집』,
　　　민족사, 2016.

23-51 『禪門三家拈頌集』 跋文

소재　경주 기림사(보물 제959-4-13호)
연대　高宗 33년(丙午年, 1246)

별칭 : 禪門雪竇天童圜悟三家拈頌集(原題)

저 : 龜庵老禪(夢如) 編

발 : (卷末)

禪門三家拈頌集卷第六

　　　後序
　　　道自有言逾相師師千軌分鑣莫之能禦然
　　　其深挹道源啓迪群惑一字一音金相玉振

者莫若三家如雪竇言奧而理量大天童語
精而秋毫分圜悟機曠而褒貶足師是三家
則掉鞅於相域也無疑龜庵老禪於國老所
撰拈頌三十卷中撮出三家總成一部囑
晉陽公板壽傳焉觀夫一佛之宗派而三之
者三家也三家之派匯而一之者老禪也然
一而三之三而一之俱未免誵訛具知方眼
試請辨看丙午七月日道者天英跋

각수 : 存植　植 古大 大才 上者 金升 立 有立 大有 大由 大

사진　문화유산원문. 『記錄』, p.42.

참고　경주 기림사 소조비로자나불 불복장임. 1464년 飜刻本임(天順八年甲申歲朝鮮國刊經都
監奉教重修). 이 책은 高麗 慧諶(1178~1234)이 지은 『禪門拈頌集』30권 내용에서 龜庵老
禪(夢如)이 雪竇, 天童, 圓悟 등 三家의 것을 뽑아 6권으로 편집한 것이다. 蔡尙植,
「修禪社刊 禪門三家拈頌集의 사상적 경향」, 『高麗後期佛敎史硏究』, 一潮閣, 1991.

23-52 『大方廣佛華嚴經(80권본)』 世主妙嚴品 華嚴神衆 및 諸善知識 刊記

소재　海印寺(국보 제206-4호)
연대　高宗代(1214~1247 : 추정)

별칭 : 華嚴神衆

저 : 于闐國三藏實叉難陀奉　詔譯

간기 : (卷末)

大方廣佛華嚴經

　　　　伏爲

　　　　聖祚天長

　　　　淸河相國壽祿延弘干戈不作

　　　　禾穀有稔普與法界生亡共登

　　　　樂岸請山人志閑敬寫華嚴神

　　　　衆募工雕板者

　　　　　　　　十二月日誌

　　　順安山城防護別監同縣令興威衛攝散員李　榮

사진　국립도서관 원문보기(한古朝21-434 ;『海印寺經板題跋集』一, 26~31면)

참고　『大方廣佛華嚴經(80권본)』世主妙嚴品에 실린 비로자나불을 비롯한 여러 보살과 神衆들의 名號와 더불어『화엄경』入法界品에 나오는 55선지식과 9보살의 명호가 기록되어 있다. 이는 독송을 통하여 그들의 호지와 가피를 받고자 하는 보현행원신앙사례의 하나다. 그리고 같은 체제로 이루어진 寫經이 있어 주목된다(뒤의 30-3 紺紙金字『大方廣佛華嚴經行願品神衆合部』참조 ; 이 책, p.405).

23-53 『高麗國新雕大藏校正別錄』撰述

소재　해인사
연대　高宗代(1233~1247 : 추정)

저 : 沙門 守其 等 奉勅 校勘

참고　통합대장경(K1402). 한국불교전서(H0268). 刊記 序 跋은 없으나, 고려대장경 간행을 이해하는 데 중요한 책이다. 이외에도 守其가『大藏經目錄』(『大藏目錄』)을 간행한 것으로 알려져 있다. 박진효·김진철·이창섭 옮김,『한글대장경 135 : 高麗國新雕大藏校正別錄』,

동국역경원, 1994 ; 吳龍燮, 「高麗國新雕大藏校正別錄연구」, 『서지학연구』 창간호, 1986.

23-54 『大方廣佛華嚴經(80권본)』 淨行品 木板 刊記

소재　해인사(보물 제734-5호)

연대　高宗代(1214~1247 : 추정)

역 : 于闐國三藏沙門實叉難陀譯

간기 : (卷末)

□□祖師在居士時詣波羅門僧請受菩薩戒或謂西僧曰是

□□若誦華嚴經又能講解梵叟愕且唶曰但持華嚴功用難

□矧解義耶若人誦百四十願已爲得大師具足戒者無願別投□

□□□□大傳(* 이하 磨滅)

□□□廈寺僧□宗(實)至誠刻栴檀造遍照相刺血寫淨行一品

□一□合十指啓願三□佛名三拜三圍遶然後寓之寫□彫板

印施納入一僧人百四十同誦同修期於佛界□□□末日此結社願

　　　　　同願　西海郡夫人崔氏　小兒李氏

　　　　　道人一眞　　　刊字大師　釋比[22)

사진　국립도서관 원문보기(한古朝21-415)

참고　刊記와 더불어 발원 내용을 자세하게 기록했는데, 磨滅이 심해 정확하게 파악하기 어렵다.
석계정 강의, 석진목 번역, 『지혜의 선물 - 화엄경 정행품 강록』, 하늘북, 2012 ; 김동림,

---

22) 釋比 : 해인사 사이버 장경판전을 통해 당시 각수로 참여했던 '釋光'으로 보는 견해도 있다(최영호, 「海印寺에 소장된 江華京板 高麗大藏經의 外藏 연구1」, 『석당논총』 53, 동아대 석당학술원, 2012, p.301). 그러나, 국립중앙도서관 소장의 1943년 인쇄본을 보면 '比'로 보인다. 경판을 조성한 간지가 없어, 고종대로 잠정하였다. 하지만, 발문에 보이는 '西僧' 등의 글귀로 볼 때, 보다 後代의 것일 가능성이 있다. 앞으로의 연구를 기대한다.

「화엄경 정행품에 담긴 서원사상」, 『동아시아불교문화』 38, 동아시아불교문화학회, 2019.

23-55 『佛說十二摩訶般若波羅密多經』 緣起

소재 해인사(보물 제734-1호)
연대 고종대(1214~1247 : 추정)

연기 : (卷末)
佛說十二摩訶般若波羅密多經
大唐五臺山中將開法師年八十始讀
此經生存三百九十歲便生兜率陁天
新羅國遠明大師往唐傳此經傳受
黃龍寺開善法師誦此經生存三百
年轉生爲婆羅密國太子

사진 국립도서관 원문보기(한古朝21-417)

23-56 『鄕藥救急方』 刊行 기사

전거 『鄕藥救急方』(日本 宮內廳 書陵部 所藏)
연대 高宗代(1214~1247 : 추정)

기사 : 昔大藏都監 刊行是書 歲久板朽 舊本罕見

참고 1417년 重刊本에 의함(永樂丁酉七月日朝奉大夫安東儒學敎授官尹祥謹跋). 이경록 옮김, 『국역 향약구급방』, 역사공간, 2018(影印本 수록). 初刊本의 序文이나 刊記는 수록되

지 않았다. 위 기사는 尹祥이 쓴 重刊本의 跋文으로 그의 문집에도 수록되어 있다(鄕藥救急方 甚有神驗 所載諸藥 皆東人易知易得之物 而合藥服法 亦所嘗經驗者也 若京師大都 則醫師有之 蓋在窮鄕僻郡者 忽遇蒼卒 病勢甚緊 苟有是方 則不待扁緩 人皆可能救之矣 是則事易功倍 利莫甚焉 :『別洞先生集』卷2, 拾遺 「義興開刊鄕藥救急方跋」).

23-57 血書『法華經』幷『遺敎經』寫經 跋文

소재 日本 京都市 本法寺
연대 高宗 34년(丁未年, 1247)

발 :
墜露添海纖塵足嶽豈以小善根無補於宗敎哉故瀝
血敬寫
七軸蓮経仍發十二大願普爲法界一切衆生悉皆迴
向所冀
佛日與舜日恒明禪風共堯風齊扇護法晋陽公福壽
無同締願輪金公敎即壽緣延洪同願道侶修行離障
道眼圓明生生世世不相捨離力宏疆
大法廣度衆生現今 父母盧氏高氏各保安寧當生
佛利文虎百寮忠淸奉國韃靼免賊不復來侵兵災息
國土平農桑稔萬民樂三世師親常得安隱普及法界
血氣之屬同悟本心逕登佛地凡諸見聞隨喜四衆所
獲福聚如我無異

    時丁未六月 日 曹溪山修禪社第二世
    眞覺門人皆骨山松蘿西庵布衲 行愚書
  幷誌

朝請大夫秘書監　金　孝印　施牋

前淮陽都護副使　安　孝德　施筆

道　人　　　　　成一　施筆

道　人　　　　　印空　連次

道　人　　　　　心海　貼草

卅三庵供養主道人　天訓　施糧

同願助辦慶讚法會者　　泉映

　　　　　　　　　　　仁照

　　　　　　　　　　　天佼

　　　　　　　　　　　智雄

　　　　　　　　　　　性堅

　頓覺寺住持大禪師　益藏偈讚

偈曰

筆頭紅点指頭蓮　爍爍靈光滴粉牋

具體而徵看不見　頂門無限莫能宣

참고　京都國立博物館 編,『京都寺社調査報告』21 本法寺, 2000, p.64. 사진 자료가 실리지
　　　않아, 보고서를 바탕으로 문장은 임의 배열하고 略字는 正字로 고쳤다.

23-58 『南明泉和尙頌證道歌事實』 刊記

소재　해인사
연대　高宗 35년(戊申年, 1248)

저 : 瑞龍禪老 □連(高麗)

간기 : (卷末)

南明泉和尚頌證道歌事實卷第三

予素信內典而南明泉和尚頌證道歌一部尤所
留心然涉事有根蔕不能無疑越丁未歲出鎭
金城裒集禪侶請瑞龍禪老連公主法點示以禳
蒙寇因得草本指南於連公藏篋寶之庶欲鏤
板施於學者因循未遂歲戊申按行卞韓道兼
任大藏分司私心喜幸然草本訛略未即下刀
因囑幹事比丘天旦俾禪伯舉上人儺(讎)校募工
筆而書之簡善手而鐫之所冀
我晉陽公壽增岳峙福畜淵深塞消狼大天掃
攙槍時和歲稔使祖燈永耀於無窮耳九月上旬
慶尙晉安東道按察副使都官郎中全　光宰　誌

사진　통합대장경(K1500). 『교장』, p.188.

참고　『高麗大藏經』45. 한국불교전서(H0083). (唐)永嘉大師의 『證道歌』에 (宋)南明泉和尚이
　　　게송을 붙인 『永嘉大師證道歌南明泉禪師繼頌』에 대한 註釋書임. □連 지음, 성재헌
　　　옮김, 『남명천화상송증도가사실』, 동국대학교출판부, 2018 ; 高翊晋, 「高麗大藏經 補遺
　　　板所收 證道歌事實의 著者에 對하여」, 『韓國佛敎學』1, 1975/『韓國撰述佛書의 硏究』,
　　　民族社, 1987 ; 조명제, 「고려후기 공안선의 수용과 남명천화상송증도가사실」, 『불교학연
　　　구』50, 2017.

23-59 『南陽先生詩集』 木板 序文

소재　해인사(국보 제206-24호)
연대　高宗 36년(己酉年, 1249)

저 : 南陽 白賁華

서 :

南陽先生詩集序

夫天有五行非辰象無以彰物有萬變非
文詞募之寫先王所以燭天下之至幽洞天
下之至賾以寧其國政厚其人倫者莫近於詩
矣　南陽先生白公諱賁華字無咎中古名學
士諱光臣之嗣也其先乃新羅永郎之仙侶曰白
仲鶴官至諫議大夫後徙藍浦縣子孫因家
焉　公少警悟自然生知韶齔便措意於文□若
大成至十九於一年中連捷進士第英名藉甚
聳動一時猗尒異哉昔廣陵蕭穎士亦以十九昇
捷得名譽滿天下方之於公未爲遠近公爲人
貞亮博雅諳練古今□於人遠矣籍□內侍不
離近密者幾二十年逐得主□銀□歲甲申
以禮部員外郎出守星山郡未幾遘疾即世
噫天與其才不與其齡詞章未得以黼黻舜
衣德業未得以鹽梅殷鼎纔□員郎齒未及
知命隕生太早悲夫其平生所著詩文無慮一
千餘首當　國朝遷邑其孤等甚藐故未得貴
來長子希諗曹溪韻士也近於人家偶得其遺
藁凡二百餘首編爲兩卷恐其淪沒乞鄙詞爲
題予辭不獲已强揮筆而叙之其立身行道
出處始末與其族系宗派即吾先人所著墓誌
載之之詳故此不復論唯存其崖略耳時己酉
三月日前禮部員外郎隴西李涵澤之序

사진 　국립도서관 원문보기(古3644-130), 『민족문화』 15, pp.16~17.

참고 　본 서문은 판독이 어려워 안정의 校勘을 따름(안정, 「南陽先生詩集考」, 『민족문화』 15, 한국고전번역원, 1992). 서수생, 「南陽文學과 그 板本에 대하여」, 『지역학논집』 8, 2004 ; 여운필, 「南陽 白賁華의 生涯와 詩世界」, 『백양인문논집』 16, 2010.

* 考異⑥ 紺紙金字 『佛說父母恩重經』·『華嚴經』 梵行品 寫經 跋文

　　두 경전의 발문을 보면, 『佛說父母恩重經』은 '庚戌四月日'로, 『華嚴經』 梵行品은 '丁巳歲十一月'로 나와 있다. 연호가 없어 단정할 수 없지만, 사경의 형식과 내용 등을 미루어 1250년과 1257년으로 보기도 한다(禿氏祐祥, 「異本父母恩重經解說」, 『宗敎硏究』 5-2, 東京 : 宗敎硏究發行所, 1928, p.122). 이 점은 위에서 살필 수 있듯이 金나라가 쇠퇴하면서 高宗代에는 중국 연호를 사용하지 않았으므로, 타당하게 여겨진다.

　　그럼에도 수긍하기 어려운 점이 있다. 이 시기에는 元나라의 공격을 여전히 받고 있었다. 그래서 발원문을 보면, 전쟁의 兵禍가 없기를 바라는 내용을 담고 있다. 하지만, 이 사경의 발문에는 들어 있지 않다. 그런데, 『佛說父母恩重經』의 경우 忠烈王 26년(1300)에 간행된 『佛說父母恩重經』(경주 기림사 불복장)과 같다. 상중하권의 구성과 行字數 모두가 일치하고 있다. 이는 이 사경이 목판본을 바탕으로 이루어졌음을 알려준다. 따라서 사경 연대는 庚戌年은 1310년으로 丁巳年은 1317년으로 보아진다(뒤의 26-4 참조 : 이 책, p.310).

　　한편, 이와 반대로 1300년의 목판본이 본 사경을 바탕으로 이루어진 것으로 보고, 1250년과 1257년으로 설정한 견해도 있다(송일기, 「韓國本 父母恩重經 형성에 관한 연구」, 『한국도서관·정보학회지』 37권 1호, 한국도서관·정보학회, 2006, pp.273~275). 하지만, 이 경우 연대의 차이가 심하다. 물론 1300년보다 많이 앞선 시기에 조성된 새로운 목판본이 나올 경우, 본 사경의 연대를 1250년으로 소급할 수 있다. 이런 점에서 앞으로 연구자들의 검토를 기다린다.

23-60 『佛說阿彌陀經』木板 刊記

소재　연세대 도서관
연대　高宗 37년(庚戌年, 1250)

간기 : (卷末)

　　　伏爲
　　　聖德遐昌隣兵不作朝野咸安
　　　法輪普轉兼及含生共登樂岸
　　　募工雕板印施無窮者
　　　　　　　庚戌七月日　誌
　　　浮石寺住持僧統　　覺膺

사진　『민영규 선생 기증 귀중고서특별전』, 연세대 중앙도서관, 2007, p.113.
참고　위의 刊記 부분 목판만 전함(고서(귀) 648 0).

23-61 『十句章圓通記』跋文

소재　해인사
연대　高宗 37년(庚戌年, 1250)

저 : 高麗國歸法寺主　圓通首座 均如說

발 :

十句章圓通記卷下
　　至相尊者以生知之智事杜順師學華嚴夢神僧冥告悟六相
　　洞一乘於是約三觀之妙摠地論之旨撰茲十句標於略疏之

初則可謂法界漩澓矣新羅僧法融受業於浮石嫡孫神
琳和尚造釋然理深辭質罕有得其門者至
本朝第四葉光宗時有圓通首座名均如得諸佛心佩一乘印
承　聖主睿顧大闡圓宗如搜玄探玄等諸祖之書古未
消釋者皆釋之或首座親自下筆或門人記其所聞令人人不
待百城之遊面承善友之誨則眞性海指南也然其文皆方言古訓
歌草而寫及乎後世歌草之書不傳雖上智大根皆臨
卷自失溟涬然昧其所歸遂使微言蕉沒妙旨淪湑時已
久矣本講和尚名天其以丙戌春始住雞龍岬寺搜古藏得此記
乃首座門人曇林親承所錄也本講和尚嘆大道之難行慶半
珠之不失親削方言校其差舛以融公本文參寫雉爲二通
以施後學也
高麗國江華京十九年庚戌月日弟子等誌

사진　통합대장경(K1507)

참고　『高麗大藏經』47. 한국불교전서(H0056) ; 均如 著, 장순용 옮김, 『한글대장경 239 : 十句章圓
　　通記 外』, 東國譯經院, 1998 ; 고익진, 「十句章圓通記 本文考」, 『韓國佛教學』6, 韓國佛教學
　　會, 1981 ; 木村淸孝, 「十句章圓通記について」, 『華嚴學研究』創刊號, 華嚴學研究所, 1987.

23-62 『佛說阿彌陁經』 刊記

소재　해인사(국보 제206-12호), 국립중앙도서관

연대　高宗 38년(辛亥年, 1251)

저 : 姚秦三藏法師鳩摩羅什奉詔譯

간기 : (卷末)

佛說阿彌陁經

　　特爲
聖壽天長儲齡之久淸河相國
福壽無疆干戈永息國土大平
普共法界一切有情同生西方
極樂國土彫出阿弥陁經永充
功德者
　　　　辛亥四月　日　刻手道人永[23]安
東京副留守管句學事試禮賓小卿朴隨

사진　국립도서관 원문보기(한古朝21-423)
참고　앞부분은 補板이라, 眞言 등의 수록 상황을 정확히 알 수 없음. 卷末에 無量壽佛往生淨土
　　　呪 眞言 수록.

23-63 『釋華嚴旨歸章圓通鈔』 刊記

소재　해인사
연대　高宗 38년(辛亥年, 1251)

저 : 高麗國歸法寺主圓通首座 均如說

간기 : (卷末)
華嚴旨敀(歸)章圓通鈔下
　　　　本講和尙興王寺敎學僧統天其以甲午年始住開泰寺於古

---

23) 永 : '水'로 보기도 하는데, 확대해보면 '永'이 확인된다.

藏搜得此本乃八德山故(歸)法寺圓通首座均如所說而雍熙
四年丁亥三月三十日竟寫入教藏本也本講自是常依而
開演及示寂第子等以江花京十七年戊申歲於東泉社
請諸德結安居削去方言以施学人則本講和尙之志也
願承此因和上及法界衆生同入花嚴普圓法界耳

    辛亥五月 日   弟子   誌

사진   통합대장경(K1508)

참고   『高麗大藏經』47. 한국불교전서(H0057) ; 均如 著, 장순용 옮김, 『한글대장경 239 : 十句
章圓通記 外』, 東國譯經院, 1998 ; 이선이(태경), 「均如의 釋華嚴旨歸章圓通炒 三對六句
에 나타난 圓通의 의미 고찰」, 『韓國佛敎學』78, 韓國佛敎學會, 2016.

23-64 『釋華嚴敎分記圓通鈔』附『大華嚴首座圓通兩重大師均如傳』 緣起 및 刊記

소재   해인사, 규장각
연대   高宗 38년(辛亥年, 1251)

저 : 高麗國歸法寺主圓通首座   均如   說

연기 : (卷末)
一乘名并出體故也   圓通鈔卷第一終   三十五卜
現德五年己未八月日摩訶岬藪五教章習時記
    說主白雲房均如大大德 重副法膺法師 記者
    開泰寺理原法師   開泰寺教藏付
現德七年庚申夏講時所說所詮章記   說主均如
    大師僧 記者惠藏法師   開泰寺教藏付

法水寺藏中卷削方言釋記云五冠山摩訶岬寺沙門
　　均如輒任法筵粗申鄙釋
峻豐三年壬戌均如大德於法王寺長講說師時所說義
　　理章記　記者惠藏法師　雍熙四年丁亥四月
　　日竟寫開泰寺教藏入
又本云峻豐三年壬戌於京都法王寺均如大大德夏
　　講時所說下卷章記　副師心融法師　重副師
　　僧標法師　記者僧諾法師　重熙十一年壬午十月
　　日竟寫入光教寺教藏
　　　　　　此是　本講和尚所得教分記
　　　　　　中均如聖師所傳古義諸本標
　　　　　　記也皆落簡殘編未得具本
　　　　　　又由記者有巧拙取捨有不同故
　　　　　　使諸本有多差別也今錄于此
　　　　　　欲使後來備知源起耳
華嚴教分記圓通鈔卷第四
　　　　　　右所詮章釋者開泰寺古藏中方言本云現
　　　　　　德七年庚申夏節均如大師僧所說也
　　　　　　副師心融法師　記者惠藏法師也
　　　　　　伽倻山法水寺古藏削方言本云五冠山摩
　　　　　　訶岬寺沙門均如輒任法筵粗申鄙釋
　　　　　　今依法水寺本流行

간기 : (卷末)
釋華嚴教分記圓通鈔卷第六
　　　　　汀華京辛亥十一月　　　書

사진　통합대장경(K1510)

참고 　『高麗大藏經』47. 한국불교전서(H0059). 『大華嚴首座圓通兩重大師均如傳』이 合綴되어 있으나, 새로운 跋文을 두지 않음(초간 跋文은 앞의 11-8 참조 : 이 책 p.61). 均如 著, 김두진 옮김, 『한글대장경 222·223 : 釋華嚴敎分記圓通鈔』 1·2, 東國譯經院, 1997·1999 ; 鎌田茂雄, 『釋華嚴敎分記圓通鈔の注釋的硏究』, 東京 : 東京大學 東洋文化硏究所, 1987.

23-65 『華嚴經三寶章圓通記』 刊行 緣起

소재　해인사

연대　고종 38년경(辛亥年, 1251 추정)

저 : 高麗國歸法寺主圓通首座 均如　　　說

연기 : (卷末)

華嚴經三寶章圓通記卷下

　　均如聖師在　光宗朝行化神異感通具如學士赫連廷所述行

　　狀錄及海東僧史自聖師旣遠法界宗中廣大之義墜

　　乎地則嗚呼大道之難行也本講和尙天其生於相去數

　　百余載之后生如宿植一依義相門下所傳妙旨聖師

　　遺記當此季末五濁之深揭獨力□□宗古義然后

　　海東学人知有華嚴義持一路矣弟子事本講□預聞

　　一二大義今依如公三宝章古記刊削羅言雖爲二卷

　　以施学人非敢好事欲成就先和尙之本願耳

사진　통합대장경(K1509)

참고　『高麗大藏經』47. 한국불교전서(H0058). 刊記가 명확하지 않으나, 앞서 살핀 균여의 저술들과 함께 간행된 것으로 추정됨. 均如 著, 장순용 옮김, 『한글대장경 239 : 十句章圓通記 外』, 東國譯經院, 1998 ; 이선이, 「均如의 禪에 대한 認識 : 華嚴經三寶章圓通記

流轉章의 第十成觀을 중심으로」,『韓國禪學』17, 한국선학회, 2007.

23-66 『東國李相國集』 重刊 刊記

소재 규장각, 국립중앙도서관 등
연대 高宗 38년(辛亥年, 1251)

저 : 李奎報

간기 : (卷末)
李相國集跋尾
嗣孫益培言祖文順公全集四十一卷後集
十二卷年譜一軸行于世者尙矣多有訛
舛脫漏之處今者分司都監雕海藏告畢
之暇奉
勑鏤板予幸守比郡以家藏一本讐校流
通耳

　　　　辛亥歲高麗國分司大藏都監
　　　　奉勑雕造

　　　　校勘河東郡監務管句學事將仕郞良醖令李　益培
　　　　錄事將仕郞軍器注簿同正張　世候
　　　　錄事將仕郞軍器注簿同正井　洪湜
　　　副使晉州牧副使兵馬鈐轄試尙書工部侍郞全　光宰
　　使

참고 서지 및 참고사항은 앞의 23-39 初刊 기사 참조(이 책, p.185).

23-67 『宗門撫英集』刊記

소재 개인
연대 高宗 41년(甲寅年, 1254)

저 : (宋)越州剡谿超化禪院住持傳法釋　惟簡　集

서 : 宗門撫英集序　撰 … 時大宋皇祐五年(1053)
　　 宗門撫英集後序　陳碩 作 … 時皇祐三年

간기 : (卷末)
宗門撫英集卷中
　　　　　　　甲寅年分司大藏重彫
宗門撫英集卷下
　　　　　　　甲寅歲分司大藏都監重刻

사진 『曉城先生八十頌壽高麗佛籍集佚』, p.372. p.467.
참고 『曉城先生八十頌壽高麗佛籍集佚』, 保景文化社, 1985(影印本) ; 閔泳珪,「高麗佛籍集
　　 佚札記」,『佛敎와 諸科學』, 東國大學校, 1987 ;『四川講壇』, 又半, 1994.

23-68 『注心賦』刊記

소재 고려대, 동국대
연대 高宗 41년(甲寅年, 1254)

저 : (宋)延壽 述

서 : 紹興三十年歲次庚辰(1160)

　　　寧遠軍節度使錢惟治序庚午歲(1180)

간기 : (卷末)

　　　　甲寅歲分司大藏都監重雕

사진　고려대 도서관 E-고서

참고　1397년 重刊本에 의함(洪武丁丑秋七月日…妙嚴尊者無學題). 延壽 著, 『註心賦』, 韓國精
　　　神文化硏究院, 1980(影印本) ; 영명연수 지음, 박건주 옮김, 『註心賦 역주』, 學古房, 2014.

23-69 『重添足本禪苑淸規』 刊記

소재　日本 小坂機融 所藏

연대　高宗 41년(甲寅年, 1254)

저 : (北宋)眞定府十方洪濟禪院住持傳法慈覺大師 宗賾 集

서 : 重添足本禪苑淸規 … 崇寧二年八月十五日序(1103)

간기 : (卷末)

禪苑淸規第十

　　　聖宋政和元年上元日重添(* 中國 記事)

　　　　　甲寅歲分司大藏都監重雕

사진　『重添足本禪苑淸規』, p.210.

참고　崔法慧 編, 『重添足本禪苑淸規』, 民族社, 1987(影印本) ; 자각종색선사 원저, 최법혜

역주, 『고려판 선원청규 역주』, 가산불교문화연구원, 2001.

23-70 『天台隱士寒山拾得詩集』刊記

소재 순천 송광사
연대 高宗 41년(甲寅年, 1254)

저 : 天台隱士寒山 ; 拾得 ; 豊干 ; 閭丘胤 編

서 : 天台隱士寒山拾得詩集幷序   朝議大夫使持節台州諸軍事守刺史上柱國賜緋
魚袋閭丘胤撰

간기 : (卷末)
天台隱士寒山拾得詩
　　　　　　甲寅歲分司大藏都監雕造

사진 『松廣寺 聖寶博物館 佛書展示 圖錄』, p.84.
참고 송광사 성보박물관.『松廣寺 聖寶博物館 佛書展示 圖錄』, 태학사, 2004 ; 寒山子 著, 金達
鎭 譯註,『寒山詩』, 世界社, 1989. 더욱 뒤의 27-3『寒山詩』刊行 기사 참조(이 책, p.325).

23-71 『補閑集』序文 및 跋文

소재 국립중앙도서관, 中國 北京 國家圖書館
연대 高宗 42년(乙卯年, 1255)

별칭 : 續破閑集

저 : 守大尉 崔　滋撰

서 : (卷頭)

補閑集序

文者蹈道之門不涉不經之語然欲鼓氣肆言竦動時
聽或涉於險怪況詩之作本乎比興諷喩故必寓託奇
詭然後其氣壯其意深其辭顯足以感悟人心發揚微
旨終歸於正若剽竊刻畫誇耀靑紅儒者固不爲也雖
詩家有琢鍊四格所取者琢句鍊意而已今之後進尙
聲律章句琢字必欲新故其語生鍊對必以類故其意
拙雄傑老成之風由是喪矣我本朝以人文化成賢雋
間出贊揚風化光宗顯德五年始闢春闈擧賢良文學
之士玄鶴來儀時則王融趙翼徐熙金策才之雄者也
越景顯數代間李夢游柳邦憲以文顯鄭倍傑高凝以
詞賦進崔文憲公冲命世興儒吾道大行至於文廟時
聲明文物粲然大備當時冢宰崔惟善以王佐之才著
述精妙平章事李靖恭崔奭參政文正李靈幹鄭惟産
學士金行瓊盧坦濟濟比肩文王以寧厥後朴寅亮崔
思齊思諒李頔金良鑑魏繼廷林元通黃瑩鄭文金緣
金商祐金富軾權適高唐愈金富轍富佾洪瓘印份崔
允儀劉羲鄭知常蔡寶文朴浩朴椿齡林宗庇芮樂全
崔誠金精文淑公父子吳先生兄弟李學士仁老兪文
公升旦金貞肅公仁鏡李文順公奎報李承制公老金
翰林克己金諫議君綏李史館允甫陳補闕澕劉冲基
李百順兩司成咸淳林椿尹于一孫得之安淳之金石
間作星月交輝漢文唐詩於斯爲盛然而古今諸名賢
編成文集者唯止數十家自餘名章秀句皆埋沒無聞
李學士仁老略集成編命曰破閑晉陽公以其書未廣

命予續補强拾廢忘之餘得近體若干聯或至於浮屠
兒女輩有一二事可以資於談笑者其詩雖不嘉幷錄
之共一部分爲三卷而未暇彫板今侍中上柱國崔公
追述先志訪採其書謹繕寫而進時庚寅四月日守大
尉崔滋序

발 : (卷末)

風雅旣變至唐宋詩人多爲投贈　由是文集
浩廣世不可遍閱好事者掇取　聯異語陽秋之
謂爲詩話本朝文物比隆漢唐而惇尙儒術不事
雕虫然以詞藻顯名者亦不爲少初未有緝成卷
帙故其集行於世唯數十家而已餘湮沒無聞誠
可惜也昔鄭中丞嗣文著習氣雜書亦新話之類
也崇慶中李大諫眉叟筆素所記者略爲評論名
破閑今參政崔公續編之名補閑夫閑者逍遙無
事之稱也閑而事翰墨其閑不全故曰破　故以
爲非破也從容嘯咏暢發天和祗所以裨益閑味
故曰補然則參政之詔題其旨高矣　淸河公
居功名富貴之地而　經史深於文章見此書
而悅之乃曰其有自公退食開吟齋迎佳士手披
口咏而資淸活足以粉澤大平丹靑文化則於國
家閑暇之美豈　小補補閑之義於此益知也於
是命予志之而召公鋟梓云乙卯七月日翰林學
士慶源李藏用題

사진　규장각 원문보기(奎 4580). 『한민족어문학』40, pp.254~257.

참고　조선왕조 전기 重刊本에 의하며, 跋文은 中國 國家圖書館 소장본에 의함(박현규, 「중국
　　　국가도서관장본 보한집과 고려 이장용 跋文」, 『한민족어문학』40, 한민족어문학회, 2002

참조). 大東文化硏究院 編, 『高麗名賢集』 2, 成均館大, 1973(影印本) ; 최자 지음, 박성규 역주, 『역주 보한집』, 보고사, 2012 ; 진단학회, 「제16회 한국고전연구 심포지움 - 補閑集의 종합적 검토」, 『震檀學報』 65, 1988.

23-72 『六祖大師法寶壇經』 跋文

소재 동국대 도서관
연대 高宗 43년(柔兆執徐 : 丙辰年, 1256)

저 : 惠能 說 ; 門人 法海 集

발 : (卷末)
法寶記壇經是曹溪六祖說見性成佛決定
無疑法依此經者佛在堂背此經者魔在舍
魔佛之辨莫由此經矣其或目求耳聞而尙
由魔佛[24]者吾末如之何也已普照祖[25]翁依
此經而自除眼眚與人刮膜亦由此經故此
經之流播海東也異乎他書道人靈淑得科
正本攄緣鋟梓欲廣印施嘉其知寶在所與
人共之故書以爲跋柔兆執徐病月淸明二
日晦堂安其書

사진 『書誌學硏究』 4, p.153.
참고 1703년 松川寺 간행본에 의함(康熙四十二年八月日 … 鎭板于松川寺). 참고 및 서지 사항은 앞의 21-3 및 25-38 참조(이 책, p.139 및 p.287).

---

24) 大雄山廣濟院 重刊本(국립중앙도서관 소장. 한古朝21-304)에 '路'로 나온다.
25) 廣濟院 중간본에 '也已 普照祖翁'으로 나온다. 뒤늦게 발견하고 여기에 공백을 둔 것 같다.

23-73 『四分律藏初分』 卷第十八 寫經 跋文

소재 日本 京都 南禪寺
연대 高宗 43년(丙辰年, 1256)

저 : 姚秦罽賓國三藏佛陀耶舍共竺佛念等 譯

발 : (卷末)
四分律卷第十八

　　　　正議大夫左右衛上將軍致仕權妻牛峯郡夫人崔　氏

　　　　　　　　　　　　　丙辰十月　日　誌

　　　　　　　　　　　　道人　性幢　書

사진 『유리원판 불교문화재 도록』, p.19 ;『고인쇄문화』17, p.267.
참고 총무원 문화부,『유리원판 불교문화재 도록(국사편찬위원회 소장)』, 대한불교조계종 총무
　　 원, 2004 ; 최우경·임호원,「日本 南禪寺 所藏의 高麗本」,『고인쇄문화』17, 청주고인쇄박
　　 물관, 2010 ; 김월운 옮김,『한글대장경 62~64 : 四分律』1~3, 東國譯經院, 2002 ; 정혜지
　　 오 편,『사분율 : 네 부분으로 이루어진 율장』1·2, 大韓佛敎曹溪宗 大覺會大覺出版部,
　　 2018·2019.

23-74 『大方廣佛華嚴經普賢行願品別行疏』 刊記

소재 국립중앙박물관(보물 제1126호)
연대 高宗 43년(丙辰年, 1256)

저 : (唐)勅大原府大崇福寺沙門 澄觀 述

간기 : (卷末)
大方廣佛華嚴經普賢行願品別行疏一卷

承教有言於諸大乘經教但誦文字不解義趣六重
謗法之一也普賢行願品者天下道俗莫不諷誦然
經初長行十叚(叚)則十種行願次第不忒至十一叚雖
顯經勝德然其間修十法行獲五種果隱而不顯況
於重頌前七行願則皆應長行至於第八輒明廻向
自玆已後祇夜伽陁雜而難分非熟爛大疏愽問先
知者至此不能無凝近得清涼略疏其猶臨鏡自分
妍醜喜逢斯教爲小聞者刊板流行所冀佛日重光
法輪永轉　聖籌何長邦基益固清河相國祿壽增
延干戈掃地禾黍登場法界生靈同入普賢圓滿行
海歲在丙辰八月日檀那山月南典香　無用　誌

山人　信之　校勘

山人　牧其　　書

同願緣起寺火香　心益

사진　문화유산원문

참고　『화엄경』40권본(罽賓國三藏般若奉　詔譯)의 권40을 별도로 분리하여 澄觀이 註釋한
　　　책임. 1387년(禑王 13) 重刊本에 의함(뒤의 32-41 참조 : 이 책 p.537).

23-75 『川老解 金剛般若波羅蜜經』 初刊 刊記

소재　국립중앙박물관(보물 제1127호), 서울역사박물관(보물 제974호)

연대　高宗 58년(戊午年, 1258)

저 : (秦)鳩摩羅什 譯 ; (宋)冶父川老 解

서 : 川老金剛經序 … 淳熙己亥(1179) 結制日 西隱五戒 慧藏 無盡 書

발 : 紹興辛巳(1161) 八月晦日 左朝議大夫 直祕閣主管 台州崇道觀 鄭震 題

간기 : (卷末)

　　　　厥號般若經者非一　　　我佛喩以金剛最妙

　　　　注解是經義者雖衆川老着語聯頌尤嘉鎵是

　　　　麻谷丐[26]士惟遷募工重彫印施無窮上祝

　　　　皇齡兼鎭隣寇泊盡法界諸有情同入無餘大

　　　　涅槃也噫法喩齊彰妙理語頌兼摽(標)奧旨彫板

　　　　印施洪願曷勝導哉時重光戊午孟冬仲旬　寓

　　　　禪月庵山人天演跋

　　　　　　　　棟梁道人　　惟迁(遷)誌

　　　　　　　　道人　　　正安刻

사진　문화유산원문. 『典籍』, p.100.

참고　1387년 重刊本에 의함(32-40 : 이 책, p.536). 연대 기록에서 '重光'은 光復을 맞았다는
　　　뜻으로, 戊午年(1258) 3월 丙子日에 崔氏武人政權의 마지막 執政者인 崔竩가 죽고,
　　　高宗이 王權을 회복한 사실을 나타낸 것이다(復政于王). 또한 이 당시 고려에서는 金나라
　　　가 蒙古 세력에 밀려나면서부터 중국 연호를 사용하지 않고 있었다. 1228년 이후에

---

26) 丐 : '丏'으로도 보는데, 착오다. 丐士는 化主를 뜻한다(『列祖提綱錄』三十三, 眞淨文禪師化士歸上堂
　　諸州丐士經年去 次第歸來復納疏 ; 韓國泰華山 平心寺主 淨圓, 『國譯泰華禪學大辭典』1책, 平心寺,
　　2019, p.200).

간행된 전적들이 그 상황을 잘 알려준다(이 책 23-18 이후 참조). 다음 禪月庵(寺)은 강화도에 있었던 절로 파악된다.[27] 이런 점에서 위 刊記는 고려에서의 간행 사실을 잘 알려준다. 그러므로 혹 中國에서 간행한 것으로 보는 것은 옳지 않다. 한편, 송일기는 刻手 正安이 大藏經 사업에 참여한 사실에 비추어 1258년에 간행된 것으로 보면서, 영남대 도서관 소장본을 그 사례로 추정하였다(송일기, 「川老와 鄭震의 金剛經合註本 연구」, 『불교학보』 86, 동국대 불교문화연구원, 2019, p.54). 하지만 간기 부분이 없어 단정하기에 부담이 있다. 앞으로의 연구를 기다린다(야보 도천 저, 전기철 주해, 『천로 금강경』, 다시, 2006).

23-76 『圓覺經』 雕造 기사

전거   『高麗史』 卷106, 金坵
연대   高宗代 후반 36년(1249)~43년(1256)

기사 : 崔沆雕圓覺經 令坵跋之 坵作詩曰 蜂歌蝶舞 百花新摠 是華藏藏裏珍 終日啾啾說圓覺 不如緘口過殘 春沆怒曰 謂我緘口耶 遂左遷

23-77 『密敎大藏』 卷第六十一 刻手 기사

소재   호림박물관
연대   高宗 45년(1258)~元宗 5년(1264)

기사 : 密敎大藏卷第六十一   散員金靖刻

---

27) 일연선사가 元宗 2년(1261)에 서울에 나아가(赴京) 선월사 주지로 부임한 사실이 찾아지는데(「麟角寺 普覺國尊靜照塔碑文」, 『고승비문』 5, p.192 참조), 당시는 개경으로 환도하지 않은 때였다. 따라서 선월암은 개경이 아닌 江都에 있었던 절이었음을 알겠다.

사진 『발원』, p.103.

참고 연대는 金靖이 부친 金俊(金仁俊)이 고종 45년(1258) 別將이 된 이후 蔭敍로 散員으로 나아간 뒤, 이후 김준이 권력을 장악하면서 승진하여 원종 6년(1265) 郞將으로 元나라에 賀正使를 간 사실에 미루어 추정한다.

〈표 8〉 高宗代(1214~1247) 刊記 未詳의 저술 목록

제목	저자	내용(典據)
『瓊源錄』	任景肅(1251 致仕)	任景肅瓊源錄 宗女與宗子 並列討其世譜 梦然莫之辨也(『益齋亂藁』 卷9, 宗室傳序)
『銀臺集』『後集』『雙明齋集』	李仁老(1152~1220)	補桂陽管記 所著銀臺集二十卷 後集四卷 雙明齋集三卷 破閑集三卷 行於世(『高麗史』 卷102, 李仁老)
『曹溪集』	惠文(月松和尙)	曹溪集月松和尙所著(『海東文獻總錄草本』 諸家詩文集 釋家：『海東文獻總錄』(影印本, p.315)
『諸寺院籍』	崔怡 (崔瑀：1166~1249)	諸寺院籍崔怡所撰(『海東文獻總錄草本』 諸家雜著述一：『海東文獻總錄』(影印本, p.808)

제24대 元宗 王楯(初名 王倎 : 재위 1259~1274)

24-1 『破閑集』跋文

소재 국립중앙도서관, 규장각

연대 元宗 元年(庚申年, 1260)

저 : 左諫議大夫秘書監寶文閣學士知制誥李仁老撰

발 :

南華篇曰親父不爲子媒親父譽之不若非其父
者也何則蓋謂聽者惑也子之於父亦猶是苟以
父之所爲推美於文翰之中則秖自招謗耳又不
若非其子者也然戴經云父作子述則昔童烏之
參玄是也又況魯論云父在觀其志父歿觀其行
則之志也之行也豈他人所能得其髣髴哉惟子
乃能耳若以南華之親嫌背戴經魯論誠子之義
而不錄先人志行而傳於不朽則觀父之義安在
哉我先人生大金天德四年壬申早喪考妣無所
依歸有大叔華嚴僧統寥一撫養之常不離左右
訓誨勤勤三墳五典諸子百家莫不漁獵至乙未
夏題名豹牓翌年秋月踵入賢關連捷考藝又庚
子春場首登龍門聲動士林及氷淸司業崔公永

濡爲賀正使以書狀官預于一行是年臘念七行
至漁陽鵝毛寺迺祿山鍊兵所也因留詩云槿花
相暎碧山峯卯酒初酣白玉容舞罷霓裳猶未畢
一朝雷雨送猪龍入燕都元日館門額上題春帖
子云翠眉嬌展街頭柳白雪香飄嶺上梅千里家
園知好在春風先自海東來題未幾名遍中朝及
還朝出爲桂陽書記俄入補翰林凡諸詞疏皆出
手下厥後中朝學士遇本朝使价則取誦前詩問
云今爲何官不已先人始自翰院至於誥院凡十
有四載演綸餘暇遇景落筆詞若湧泉略無停滯
時人指之曰腹藁日與西河耆之濮陽世材輩約
爲金蘭花朝月夕未嘗不同世號竹林高會倚酣
相語曰麗水之濱必有良金荆山之下豈無美玉
我本朝境接蓬瀛自古號爲神仙之國其鍾靈毓
秀間生五百現美於中國者崔學士孤雲唱之於
前朴參政寅亮和之於後而名儒韻釋工於題詠
聲馳異域者代有之矣如吾輩等苟不收錄傳於
後世則堙沒不傳決無疑矣遂收拾中外題詠可
爲法者編而次之爲三卷名之曰破閑又謂儕輩
曰吾所謂閑者蓋功成名遂懸車綠野心無外慕
者又遁迹山林飢食困眠者然後其閑可得而全
矣然寓目於此則閑之全可得而破也若夫汩塵
勞役名宦附炎借熱東騖西馳者一朝有失則外
貌似閑而中心洶洶此亦閑爲病者也然寓目於
此則閑之病亦可得而醫矣若然則不猶愈於博
奕之賢乎當時聞者皆曰然集旣成未及聞于上
而不幸有微恙卒于紅桃井第先是家有鴉頭孫
女夢見靑衣童十五輩奉靑幢翠盖扣門叫喚家

僅閉門力拒俄而門鎖自開靑衣踴躍直入相賀
須臾而散去未幾而卒則安知不爲玉樓之記而
召之耶上仙之夕有赤氣一條上衝牛斗間竟夜
不滅望之者皆怩焉此盖先人之平昔也自負其
文章聲勢而恨不得提衡居常鬱鬱及登左諫議
大夫始受選銓之命未開試席天不假年奄然而
逝則其胸中憤氣發而上衝者又未可知也噫平
生所著古賦五首古律詩一千五百餘首手自撰
爲銀臺集又撰耆老會中雜著爲雙明齋集洪樞
府思胤是雙明太尉公之姻族也嘗管興王寺受
朝旨付板敎藏堂傳於世其餘皆未上板但積年
蠹朽於家藏耳頃當水龍秋首北兵大至掠及松
都城中擾亂卷入江都時又霾霖連月携幼扶老
共迷所適或塡溝壑而死者亦多矣僕時爲學諭
扈從法駕艱難跋涉中常賷遺藁不啻若簒金猶
恐有隻字之失期成萬世子孫之寶寤寐不忘者
將五十年矣頃以事黜於東閣貶秩左符於機張
縣于時按廉使大原王公弭節弊封問民之暇語
及先人遺藁裹余力薄未遂其志命取雜文三百
餘首破閑集三卷躬自檢閱命工鋟梓光曜幽宮
又使僕之鬱結一朝氷釋則可不覿縷本末而視
無極耶其所未畢者倘有雲來收拾餘緖繼志板
傳則與戴經魯論所說亦可鏡於千古矣庚申三
月日孽子閣門祇候世黃謹誌

사진 국립도서관 원문보기(한貴古朝44-가52)

참고 1659년 重刊本에 의함(추정). 『高麗名賢集』 2, 成均館大 大東文化研究院, 1973(影印
本) ; 이인로 지음, 박성규 역주, 『역주파한집』, 보고사, 2012 ; 이진한 외, 『破閑集』, 景仁

文化社, 2013 ; 진단학회 편, 「제19회 한국고전연구 심포지움 - 파한집(破閑集)의 종합적 검토」, 『震檀學報』73, 1992.

24-2 『重編曹洞五位』序文

소재   日本 京都大學
연대   元宗 원년(元 中統 元年, 1260)

별칭 : 『重修曹洞五位』

저 : 門人後曹山 慧霞 編 ; 門人 廣輝 釋 ; 後學 晦然(一然 : 高麗) 補.

서 : 洞山五位顯訣并先曺山揀出語要序 … 門人後曺山了悟大師 慧霞述
重集洞山偏正五位曹山揀語并序 … 門人 廣輝述

서 : 重編曺洞五位序
詳夫石頭一派源乎曹溪浸潤四世至于洞山
其流始大盈科洋溢而有條不紊自大師謝世
世五傳而到于大陽機法未融斯道穽(寂)寥賴慈
濟塔開異苗間出激濁淮舒以結懸絲之寄流
芳襄郢能迴既倒之瀾及其大漸童嶺渦漩四
明流乾滲坤坱軋無垠焉則其前後波及海東
者特彼餘沫耳是以宗徒尟有得其醇全者然
有新羅金藏靈岩清虛雲住嶽須弥儼無爲微
燕口慧虛鳳湛大嶺清院臥龍海龍瑞岩泊岩
之比現於典二十許員尊宿是醇乎醇者也各
自問津津會返魯魯變故得正中妙叶行于靑

丘者其來尙矣迨后昆洞陳其五膠柱刻舟使
一味澆漓之甚人或面之以莛中禪謂涉意想
置之閫外或溟涬然望涯而退噫廣陵散幾乎
絶矣豈不曰兩刄交鋒電火難追動成窠臼差
落顧佇何嘗誤人落意思血指汙顏哉恚婦謗
沈無香故人飲乳成毒斯有徵矣且觀价之垂
範固難擬議雪峯是一千五百人善知識九嚼
屠門而染指雲居是妙光幻有東土七生大宗
師再投爐鞴以請槌況其獰焉者乎匠民云亡
操斧失措海印沈輝按指不妙苟一月之未窺
則三舟領略有執指之迷一源之不復則九流
扶疎有殊致之惑致之不一指之不忘良導之
憂也斯曹山所以種、指注而不辭也霞以編
之輝以釋之此錄之所以行也而辭語糾纏尋
究稍難比有普法禪師老謙得宋本重刊又拾
曹洞之遺文并疎山末山二家語訣排爲下篇
憊其不甚詳過致多乖謬爲失不淺嘗自介懷
曾謁曹溪小融和尙語及曹洞家世和尙厼(亦)以
此云慨然流嘆者再三然未暇一二諮稟噬臍
無及矣心竊自謂遇幸因緣心須改正値世多
難未償素志越丙辰夏寄錫輪山吉祥菴因有
餘閑乃將旧本三家語句務便檢閱錯綜其辭
隨門夾入依旧離爲二册以備童蒙之求同袍
之上人索觀之懼藁本之或泯切有刀梓之請
予曰嘉矣庶憑法水之淸一洗障瘼之茂子其
圖之凡揀云者曹山語也釋云者輝語也二文
前後詳略不同者取詳去略兩通者俱存之但
文有前却豈涉胸臆至於闕注不釋處補以短

畨(聞)如支敏度首楞合文杜元亢凱麟經夾傳豈喪
彫文實全半璧摸影厥蹤涓塵足壑庶幾尋流
得源掬海識川新豊老人免其墜地尓中統元
季實沈膓八遺鳳笑軒晦然序

사진 『人文科學』 31, pp.300~304.

참고 1680년 日本 重刊本에 의함(延寶八庚申 … 武野葛西注見性寺主淵龍汚點京上銅駝坊
書肆村上勘兵衛壽梓). 閔泳珪, 「一然의 曹洞五位 2卷과 그 日本 重刊本」, 『人文科學』
31·32, 延世大 人文科學研究所, 1974·1975(影印本 수록) ; 일연 지음, 이창섭·최철환
옮김, 『重編曹洞五位』, 대한불교진흥원출판부, 2002 ; 김호귀, 「重編曹洞五位 小考」, 『白
蓮佛教論集』 10, 해인사 백련불교문화재단, 2000.

24-3 『妙法蓮華經』(科文本) 印記

소재 경주 기림사
연대 元宗 3년(壬戌年, 1262)

인기 : (筆寫)
妙法蓮華經卷第七

　　　　　　勤發洪愿印成
　　　　　　蓮經一百部廣施者
　　　　　　　壬戌六月 日 誌
　　　　　　万德社內道人 心秀

사진 『서지학보』 19, p.46.
참고 앞의 23-38 『妙法蓮華經』(科文本)의 印記임(이 책, p.184 참조).

24-4 新舊譯『仁王般若經』印成 기사

전거 『高麗史』卷26, 元宗 5년 7월
연대 元宗 5년(1264)

기사 : 夫仁王般若 偏爲護國安民 最勝法文 … 金俊爲寡人親朝 欲設仁王法會 印成 是經新舊譯各一百二部

24-5 『海東傳弘錄』撰述 기사

전거 了圓,『法華靈驗傳』序文
연대 元宗 9년(1268)경

저 : 眞靜國師 天頙 蒙且

기사 : 本朝眞淨國師所撰 海東傳弘錄四卷

참고 逸失本. 忠惠王 元年(1340) 간행『法華靈驗傳』에 그 逸文 12편이 수록되어 있음. 서문은 비서 임계일이 지은 것 같은데(請述傳弘錄序 ;『湖山錄』卷3, 次韻答林秘書桂一), 전하지 않는다. 연대는 허흥식의 考證에 의함(許興植,『眞靜國師와 湖山錄』, 民族社, 1995, p.49 참조).

24-6 『白衣解』殘本 및 撰述 기사

잔본 筆寫本 1권(동국대 도서관)
연대 元宗 10년경(元 至元 己巳年, 1269)

별칭 : 白衣禮懺解

저 : 惠永(1228~1294)

기사 : 至元四年 移住俗離寺 己巳加僧統 卒中贊柳公瑣 請釋白衣禮懺 師旁引經文 撰解一卷 傳爲龜鑑 甲戌移住佛國寺(金晅,「弘眞國尊碑銘」)

사진 신집성문헌

참고 卷頭 逸失. 惠永이『白衣觀音禮懺文』에 대해 여러 경론을 인용하여 풀이하고 주석을 붙인 책. 金晅,「高麗國大瑜伽桐華寺住持五教都僧統普慈國尊贈諡弘眞碑銘幷序」;『高僧碑文』4, p.285 ; 이선이,「백의해의 관음수행관 고찰」,『佛教研究』24, 韓國佛教研究院, 2006.

24-7『萬德山白蓮社靜明國師詩集』序文

전거 林桂一,「萬德山白蓮社靜明國師詩集序」
연대 元宗代(1260~1273)

저 : 圓妙國師 了世

서 : 林桂一
文章之作固釋氏之餘事然自唐宋間高僧四十
餘人詩集行於世斯亦可尙已或有業浮屠未精
者反託文章之流以自放至如儒釋兼資道行孤
潔求之前古罕聞焉國師諱天因系出朴氏燕山
郡人也弱齡穎悟博聞強記以能文稱擧秀士入
賢關以直赴第一生失意春官士林皆爲嘆惜即

謝世與同舍生許迪前進士申克貞拂衣長往抵
萬德山參圓妙國師旣零染因造謁松廣山諶和[28]
尙得曹溪要領而還舊山祇服師訓誦蓮經始開
普賢道場涉二稔歸隱智異山又移錫毗瑟山屛
跡修眞累歲迺還後國師傳天台敎觀慧解果發
機辯風生及國師旣耄欲令繼席師卽脫身避之
上洛功德山會今相國崔公滋守洛創米麵社以
邀之師將老焉國師再遣人强迫且讓云何背絶
之甚率不得已來主院門從衆望也丁未冬避胡
寇入象王山法華社示微疾上遣中使以書遺藥
餌明年孟秋初七法付門人圓晥仍囑曰吾沒後
無厚葬立塔無謁有位求碑銘但就棄地茶毗耳
是日退寓山南龍穴庵掩關絶事淡如也八月四
日召門弟曰吾當行矣爲書寄崔相國及鄭參政
法弟天吉至五日浴讀更衣陞座厲聲云大丈夫
衝天氣焰於何處用侍者問四土淨境現前未審
遊戲何土答唯一性境又告衆云病僧絶粒十餘
日脚甚無力然得法身冥資脚力稍健將此脚力
天堂亦得佛刹亦得五蘊廓淸三界無迹說一偈
曰半輪明月白雲秋風送泉聲何處是十方無量
光佛刹盡未來際作佛事言訖而逝年四十四臘
二十三弟子正觀夢遊何方似有人大謼云因和
尙已得上品下生矣其他瑞異多載行狀此略之
師自出家不喜著述因與人往還詩文頗多不許
門人撰錄十失八九但攟拾末年遺藁許多篇離
爲三卷予幸顋名香社親炙有素師旣沒國家多

28) 和 : 목판본에 '知'로 되어 있으나, '和'의 잘못이 명백하므로 교정한다.

故未遑立豐碑頌功德亦師之雅志也猶恐其軌

躅堙滅後人何述焉適有道人袖行狀與詩集來

示予不敢以鄙拙自解略敘師之遺迹是特太山

一毫耳

참고   逸失本. 고전DB 원문이미지 ; 『東文選』卷83, 萬德山白蓮社靜明國師詩集序. 연대는 원묘
       국사 요세의 가르침을 받은 임계일과 柳璥 등의 활동연대에 비추어 추정하였다. 더욱
       忠宣王 2년(1310)에 간행된 26-5 『萬德山白蓮社第二代靜明國師後集』(이 책, p.312) 참조.

24-8 『華嚴經(60권본)』 寫經 기사

전거   『湖山錄』卷3, 次韻寄龍藏社主卓然公幷序[29]

연대   元宗代(1260~1273)

기사 : 遙聞畢書晋本雜花經 邀致大衆 開張大會 慶抃無已 謹次閑禪老 所寄詩韻
課成二首 一以紀譯主 流通之妙益 一以賀尊宿 書寫之眞功

참고   許興植, 『眞靜國師와 湖山錄』, 民族社, 1995, p.146 및 p.469.

24-9 『法華經』 印成 기사 ①②

전거   『湖山錄』 ① 卷3, 又寄柳平章幷序 ② 卷4, 法華印成慶讚疏

연대   元宗代(1260~1273)

---

29) 『湖山錄』은 眞靜天頙이 지은 『萬德山白蓮社第四代眞靜國師湖山錄』의 略稱임. 한국불교전서(H0086,
    H0292). 연대는 원묘국사 요세의 가르침을 받은 임계일과 柳璥 등의 활동연대에 비추어 추정하였다.
    이하 24-12까지 註記를 省略한다.

기사 :

① 近來歲月甚促 才餞季冬 依然孟春猶寒 暗催老相 復吹前韻 寄呈一首 旣已同我願
海 印成蓮經一千部 更欲成千部 普勸流通也

② 旣弟子早聞玄旨 增發弘心 今與白蓮山人 先印成於五十五 始自靑丘土俗 欲布施
於千大千 寔敞熏筵 俾宣妙義 梵音洋乎盈耳 他鑑了然臨頭 伏願聖祚遐長 皇基鞏固
宗室安寧而壽考 文虎忠貞而輔毗 十日雨五日風 致農桑之興業 九年水七年旱 無民
物之被災 白額潛蹤 赤眉斂跡 干戈不起於塞北 玉帛咸會於海東

참고   許興植,『眞靜國師와 湖山錄』, 民族社, 1995, ① p.152 및 p.465. ② p.255.

24-10 金字『華嚴經』·『法華經』寫經 기사

전거   『湖山錄』卷4, 金字華嚴法華經慶讚疏
연대   元宗代(1260~1273)

기사:斷俗寺禪師 門人大師敦元 請社內道人 自收書寫 旣畢元師 物故同行 大師道
閑設慶讚 安居法會

참고   許興植,『眞靜國師와 湖山錄』, 民族社, 1995, p.241 및 p.383.

24-11 三本『華嚴經』寫經 기사

전거   『湖山錄』卷4, 爲山人文阮(悅)[30]倩人書華嚴經願文

---

30) 阮(悅) : 이 기사는 대흥사 소장본에 있는 내용으로 일지암 소장본에는 누락되어 있다. 전자 '阮'은
   허흥식의 판독이며(p.278), 후자 '悅'은 리영자의 판독이다(리영자 역주,『천책스님의 호산록』, 해조음,
   2009, p.282).

연대   元宗代(1260~1273)

기사 : 某謹發弘心 請曹溪山人貫諧 書寫三本 凡一百八十卷 用盡莊嚴 永爲萬代法
寶 以用廣流通 將此妙因 皇基鞏固 國界豊平 佛日增輝 法輪常轉 普及法界迷輪
同獲舍那果智

참고   許興植, 『眞靜國師와 湖山錄』, 民族社, 1995, p.278.

24-12 『法華經』 寫經 기사

전거   『湖山錄』 卷4, 倩人書法華經兼紙扇一千願文
연대   元宗代(1260~1273)

기사 : 是用發虔誠 書妙法蓮華經一部 用助流通 又表千如法門 切欲成紙扇一千柄
廣施一切 庶得淸凉妙益 凡一擧一搖 知所謂實相風月 俱在自己掌中 非是外來也
有緣檀那同斯願文

참고   許興植, 『眞靜國師와 湖山錄』, 民族社, 1995, p.280.

〈표 9〉 元宗代(1260~1274) 刊記 未詳의 저술 목록

제목	저자	내용(典據)
『龍樓集』	忠烈王·金坵·李松縉·僧 祖英	忠烈王爲世子 與學士金坵李松縉 僧祖英 唱和 龍樓集(『櫟翁稗說前集』 卷1)
『禪家宗派圖』·『潤色華嚴錐洞記』	李藏用(1201~1272)	又喜浮屠書 嘗著禪家宗派圖 潤色華嚴錐洞記(『高麗史』 卷112, 李藏用)
『崔文淸公家集』	崔滋(1188~1260)	元宗元年卒 年七十三 諡文淸 家集十卷 續破閑集三卷 行於世(『高麗史』 卷102, 崔滋)

時期 未詳 Ⅱ : 고려 중기

Ⅱ-1『萬善同歸集』刊記

소재　담양 용흥사
연대　고려 중기(文宗 25년(1071)~元宗 15년(1274))

저：(宋)杭州慧日永名寺智覺禪師 延壽 述

서：萬善同歸集序 … 熙寧四年(1071) 將仕郎識秘書郎前徐州豊縣令關景仁序

간기：(卷末)
萬善同歸集卷下

高麗國知密城郡 螢(塋)原寺住持 沙門僧亮 命工彫板

사진　신집성문헌

참고　1855년(咸豊五年乙卯九月十一日草衣意恂因燹重書) 重刊本에 의함. 上卷과 中卷은 목
판본이나, 下卷은 筆寫本임. 연대는 "顯宗九年 稱知密城郡事 忠烈王元年(1275) … 降爲
歸化部曲 屬之雞林 … 後復稱密城縣 十一年 陞爲郡 又降爲縣 恭讓王二年 以曾祖益陽侯
妃朴氏內鄕 陞爲密陽府：『高麗史』 卷57, 志 11 密城郡)"와 序文에 의거함. 영명연수
술 ; 석성법 강의 ; 도영 편역,『만선동귀집 강기』, 비움과소통, 2019 ; 박인석,「龍興寺
소장 萬善同歸集의 간행과 특징」,『韓國禪學』38, 한국선학회, 2014.

II-2 『海東三國通歷』引用 및 目錄 기사

전거 　①『海東高僧傳』卷1, 我道 ② 王應麟, 『玉海』16, 地理 異域圖書
연대 　고려 중기

저：高得相

기사： ① 按高得相詩史曰 "梁氏遣使曰元表 送沈檀及經像 不知所爲 咨四野 阿道逢
時指法"

　　　　相註云 "阿道再遭斬害 神通不死 隱毛禮家"
　 ② 海東三國通歷十二卷 高麗高得相撰 係以中朝歷代正朔

참고 　①은『삼국유사』에도 인용되었다(高得相詠史詩云 梁遣使僧曰元表宣送溟檀及經像：『三
國遺事』卷3, 阿道基羅). ②는『宋代麗史資料』, p.436 재인용.

II-3 『十二緣生祥瑞經』寫經 跋文

소재 　日本 京都市 南禪寺
연대 　고려 중기

역：西天譯經三藏朝散大夫試鴻臚少卿傳法大師臣 施護奉 詔譯

발：(卷末)
十二緣生祥瑞經卷下一

　　　　銀靑光祿大夫樞密院使吏尙書太子賓客崔　[手決]

사진 『고인쇄문화』 17, p.271.

참고 연대는 추밀원이 肅宗 즉위년(1095)에 中樞院에서 추밀원으로 바뀐 사실과, 忠烈王 元年 (1275)에 다시 密直司로 바뀐 사실에 미루어 추정하였다. 手決이 되어 이름을 정확히 알기 어려우나, 武人政權의 崔沆일 가능성이 있다(王拜沆 銀靑光祿大夫 樞密院副使 吏兵部尙書 御史大夫 太子賓客:『高麗史』 卷129, 叛逆 崔沆). 최우경·임호원, 「日本 南禪寺 소장의 高麗本」, 『고인쇄문화』 17, 청주고인쇄박물관, 2010 ; 동국역경원 편, 『한 글대장경 13:阿羅漢具德經 外』, 東國譯經院, 2002.

〈표 10〉 해인사 소장 無刊記 木板으로 주목할 책(13~14세기)

제목	저자	국보 번호
『略諸經論念佛法門往生淨土集』 卷上	未詳	제206-27호
『十門和諍論』	新羅 元曉 述	제206-28호
『金光明經』	北涼三藏法師 曇無讖 譯	제734-1호
『佛說普門經』	大唐三藏法師 菩提流志 譯	제734-2호
『佛說天尊却瘟瘟神呪經』 2종	未詳	제734-8호(대자본) 제734-9호(소자본)
『佛說上天王天帝釋淸命長生經』	失譯	제734-14호
『菩薩戒本持犯宗要』	新羅 元曉 述	제734-15호
『智者大師勸修西方淨業儀幷發願文』	隋 智顗	제734-17호
『起信論筆削記』	新羅 元曉 述	제734-18호
『起信論抄』	新羅 元曉 述 編者 未詳	제734-23호 『起信論疏』의 抄出임
『起信曉疏』	新羅 元曉 述	제734-24호
『起信論科』	未詳	제734-25호

* 『大方廣佛華嚴經』 관련 경판은 제외함.

Ⅲ. 고려 후기 상
(忠烈王~忠定王 : 1274~1351)

제25대　忠烈王 王昛(初名 王諶·王賰)
　　(재위 1274년 6월~1298년 1월, 복위 1298년 8월~1308년 7월)
제26대　忠宣王 王璋(初名 王謜)
　　(재위 1298년 1월~8월, 복위 1308년 7월~1313년 4월)
제27대　忠肅王 王卍(初名 王燾)
　　(재위 1313년 4월~1330년 1월, 복위 1332년 2월~1339년 4월)
제28대　忠惠王 王禎
　　(재위 1330년 1월~1332년 2월, 복위 1339년 4월~1344년 9월)
제29대　忠穆王 王昕(재위 1344년 9월~1348년 12월)
제30대　忠定王 王胝(재위 1348년 12월~1351년 10월)

제25대 忠烈王 王昛
(初名 王諶·王賰 : 재위 1274년 6월~1298년 1월)

25-1 『妙法蓮華經』 觀世音菩薩普門品 木板 刊記

소재　해인사(국보 제206-8호), 국립중앙도서관
연대　忠烈王 元年(元 至元 12년, 1275)

역: 姚秦三藏法師鳩摩羅什奉詔譯

간기 : (卷末)
妙法蓮華經普門品
　　　觀世音菩薩六字大明眞言
唵麼抳鉢訥銘吽
　　若誦此呪隨所住處有無量諸佛菩薩
　　天龍八部集會又具無量三昧法門誦
　　持之人七代種族皆得解脫腹中諸虫
　　當得菩薩之位是人日日得具六波羅
　　蜜圓滿功德得無盡辯才淸淨智聚口
　　中所出之氣觸他人身蒙所觸者離諸
　　瞋毒當得菩薩之位假若四天下人皆
　　得七地菩薩之位是諸菩薩所有功德
　　與誦六字呪一遍功德等無有異若以

金寶造如來像數如微塵不如書寫此
六字中一字功德此呪是觀音菩薩微
妙本心若人書寫此六字大明則同書
寫八萬四千法藏所獲功德等無有異
若人得此六字大明是人貪瞋癡病不
能染着若戴持此呪在身者亦不染着
貪瞋癡病此戴持人身手所觸眼目所
觀一切有情速得菩薩之位永不復受
生老病死苦廣如大乘莊(莊)嚴寶王經說

　　　至元十二年乙亥二月日　山人　禪厽(隣)寫

사진　국립도서관 원문보기(한古朝21-411)
참고　(宋)千息災 譯, 최종웅 지음,『佛說大乘莊嚴寶王經 역해』, 올리브그린, 2019 ; 蔡尙植,「至元
　　　15년 仁興社刊 歷代年表와 三國遺事」,『高麗後期佛敎史硏究』, 一潮閣, 1986, pp.170~175
　　　; 金京昌,『大乘莊嚴寶王經의 觀音信仰 硏究』, 동국대 불교대학원 석사논문, 2009.

25-2 紺紙銀字『不空羂索紳變眞言經』卷十三 寫經 跋文

소재　용인 호암미술관(국보 제210호)
연대　忠烈王 원년(元 至元 12년, 1275)

역 : 大唐天竺三藏菩提流志譯

발 : (卷末)
不空羂索神變眞言經卷第十三　　慕
　　　　至元十二年乙亥歲高麗國

　　　　　王發願寫成銀字大藏

(卷末 背面)
三重大師 安諦書

사진　문화유산원문 ;『集成』, p.346 ;『고려사경』, p.48.
참고　『集成』, p.94 ; 주법장 옮김,『한글대장경 255 : 不空羂索紳變眞言經』, 동국역경원, 2010.
　　　충렬왕 발원의 寫經은 이후 계속되어 15년(1289)에 慶讚會가 베풀어진다(25-23 金字
　　　大藏經 寫經 기사 참조).

25-3 紺紙銀字 『文殊師利問菩提經』 寫經 跋文

소재　日本 京都國立博物館
연대　忠烈王 2년(元 至元 13년, 1276)

별칭 : 伽耶山頂經

역자 : 姚秦龜茲三藏鳩摩羅什譯

발 : (卷末)
　　　至元十三年丙子高麗國王發
　　　願寫成銀字大藏
(背面)
三重大師 安諦書

사진　『集成』, p.346 ;『고려사경』, p.48.
참고　『集成』, p.95 ; 김달진 옮김,『한글대장경 157 : 文殊師利問經 外』, 동국역경원, 2001.

25-4 『首楞嚴經新科』刊行 기사

전거　『楞嚴環解刪補記』, 金之禛誌
연대　忠烈王 2년(丙子年, 1276)

저：(高麗)普幻 新科

기사：丙子秋受 朝旨請師 王盟宗室 斷俗寺大禪師鏡智 親詣衆見 覩師願文 心甚敬歎 請山人光印 寫新科二卷 募工鏤板 師因煩退 歸湖州之 開心蘭若(己卯余月哉生明 朝請大夫秘書監致仕 金之禛誌)

참고　逸失本. 『楞嚴環解刪補記』에 실린 金之禛의 誌文에 의함. 뒤의 25-9 참조(이 책, p.251).

25-5 四朝實錄 編修 記事：『神宗實錄』·『熙宗實錄』·『康宗實錄』·『高宗實錄』

전거　『高麗史』卷28, 忠烈王 3년 5월
연대　忠烈王 3년(1277)

저：監修國史 柳璥；修國史 元傅；同修國史 金坵 등

기사：壬寅 命監修國史柳璥 修國史元傅 同修國史金坵 修高宗實錄

참고　嘗領史館撰神·熙·康·高 四朝實錄士林傳爲異事(『高麗史』卷105, 柳璥) 김구 열전에서는 『高宗實錄』이 누락되어 있는데(嘗撰神·熙·康三朝實錄；『高麗史』卷106, 金坵), 편찬자의 착오이기 보다는 이듬해에(1278년) 그가 사망한 때문일 것이다.

25-6 紺紙銀字 『佛說菩薩本行經』 卷下 寫經 跋文

소재   용인 호암미술관
연대   忠烈王 4년(元 至元 15년, 1278)

역 : 失譯人名今附東晉錄

발 : (卷末)
佛說菩薩本行經卷下
　　　至元十五年戊寅高麗國王發願
　　　寫成銀字大藏

사진   『集成』, p.347 ; 『고려사경』, p.49 ; 『한국사경』, p.86.
참고   『集成』, p.96 ; 한길로 옮김, 『한글대장경 14 : 悲華經 外』, 동국역경원, 2001.

25-7 『佛說長壽滅罪護諸童子陀羅尼經』 木板 刊記

소재   해인사(국보 제206-21호), 규장각
연대   忠烈王 4년(元 至元 15년, 1278)

역 : (唐)罽賓國沙門佛陀波利奉　詔譯

간기 : (卷末)
佛說長壽命經
　　　伏爲
　　　皇帝億載統臨 宮主國王各
　　　保万年儲宮宗室慶膺千歲

次願妻梁氏及諸兒産延年益
壽災萌不兆福海彌深先亡父
母六親眷屬離苦得樂法界有
情具霑利樂之願與新荷寺典
香正玄同誓刻板印施無窮者
　　　　至元十五年五月日誌
　　　　棟梁道人　正玄
　　京山府副使殿中內給事田　盧

사진　규장각 원문이미지(奎 15541).

참고　『記錄』(pp.56~57)에서는 '緣化比丘信起 施主 廉永寶'가 추가되어 있어 앞으로 확인이
　　　필요하다. 종래 인흥사개판으로 알려졌으나, 착오다. 서지 및 참고사항은 앞의 23-37
　　　참조(이 책, p.183).

25-8 『歷代年表』 木板 刊記

소재　해인사(국보 제734-18호), 국립중앙도서관
연대　忠烈王 4년(元 至元 15년, 1278)

저 : 一然

간기 : (卷末)
至元十五仁㒷(興)社開板

사진　국립도서관 원문보기(한古朝21-422)

참고　蔡尙植, 「至元 15년 仁興社刊 歷代年表와 三國遺事」, 『高麗後期佛敎史硏究』, 一潮閣,
　　　1986.

25-9 『楞嚴環解刪補記』 附 『刪補通妨』 刊記

소재 동국대, 해인사
연대 忠烈王 5년(元 至元 16년, 1279)

저：(唐)般刺蜜帝 譯, (宋)戒環 解, (高麗)閑庵普幻 刪補記

저：一然(추정：『刪補通妨』)

서：(卷上：卷頭)
楞嚴環解刪補記序
於戲昔如來成道以淸淨智眼普觀一切衆生無不具有如來智
慧尒乃掩開(關)七日有寧不說法之語更以後得智觀之然後於仙
覺場敎興頓漸羅大千八部之衆者洋乎盛哉然皆俯循來機曲
爲中下有枝蔓之說者多矣此經乃龍勝菩薩嘗於灌頂部誦出
十通流在五天皆諸經所未聞之義惟心法之大旨五天世主保
護秘嚴不妄傳授智者大師聞之晨夕焚香西嚮膜拜願早至此
土續佛慧命然竟不及見唐神龍初此經方至廣州譯潤流播若
夫文富義博無出雜華指體投機無偕此典故疏釋之流殆且百
家然仁岳子璿可度智圓輩可謂鐵中錚錚者也近古溫陵環師
育王价諶之高弟觀其釋此經宛若珠之在貫葉之從條信學佛
者之樞筈也閑庵幻老吾雖未得親炙僕之方外執友開天英大
禪處詳其爲人幻公乃一代法施也早脫名韁一衣一鉢茹高激
淸於山水之間純一做工夫其石霜枯木之徒歟於古人公案及
此經發明心地者非一嘗據環師之解工撥隱微精拘深致詳評
諸舛枝梧之說幷採諸疏之中理者輒書於簡日之爲刪補記庶
覽此經者之津涉也幻公因發誓言願於來世正信家生童眞出
家於佛了義無師自悟卽於楞嚴深得佛旨以我所解科釋斯經

目曰楞嚴正義不依城內之乳純一無雜弘通正法普使末法入
道之流捨邪歸正紹隆佛種其爲志也大矣哉適及是時我亦決
定出頭來忝讚佐之伍不是淺淺彔沿(沿)歲在乙亥淸明後五日金
紫光祿大夫守大尉中書侍郎 ^{平章事寶文閣大學士同修國史}
^{判禮部事金圻次山序}

首楞嚴經環解刪補記卷上　　　　　閑庵　普幻撰
夫出世之學始自見聞逮乎證入其中明昧升降不同明宗即易
擇法且難若未極於種智究竟到無疑惑地孰能於差別文字一
一辨析令人不疑者哉今時學者或拘於古今之域或泥於名位
之彊信不越賢豪解不超文字良可嘆坎溫陵環師育王諶公之
門人也觀其所解首楞嚴經雖曰見地明白言辭婉艷既未極乎
種智又不窮於敎迹故其所解義或中不中屢有得失之處致使
學者惑乎名拘於文徒事口諍而遺棄佛意令法味淡薄涅槃所
謂城內之乳不其然乎余雖末流學曰又淺不受人瞞底眼人固
有之略借其光不以古今名位爲畏直得是其是非其非取法^數_之
失準依句違義之文別錄于此刪而定之幷錄集解之中理者目
之曰刪補記以貽同學取實忘名之徒此所謂下下人有上上智
上上人有沒意智也冀諸達者勿以古今賢鄙誚焉集解者大宋
吳興沙門仁岳採諸師註解之要略幷著己意直註是經目爲集
解其諸師者長水子璿福唐可度孤山智圓橋李弘敏資中弘沇
眞諦崇節興福惟愨是也

발：(卷下：卷末)
　　余寓盧山縣之鳳敀(歸)寺閱藏經有年矣有道友覺幻其名
　　者臥龍國老之門人也受國老之囑於縣之坤麓荊一庵
　　榜之曰敀老越乙丑歲秋八月欲邀致國老設落成會因
　　歲儉願莫之遂故請余演楞叩(嚴)而小償其志余以大將退
　　之所故牢讓不就幻又凭國老之命而强之辭不獲已於

是年孟冬念五与道侶若干輩赴焉開演次解中或有枝
梧文義不順之處粗述鄙意刪而補之法會將罷遂成巨
輕因而自念他世承願力出頭來得遇斯文不因明力自
誚宿重故載于方册目之曰刪補記然未知達鑑可否啓
于睦庵和尙和尙據衆人之意從頭點竄以大鉗鎚試之
余以精義通之題云刪補通妨附于卷尾并以願文合載
以備後世之資云至元十六年己卯正月既望盧山閑庵
　　普幻　　誌

昔者子厚見左氏國語其說多浮夸經淫不概於聖懼世
之學者溺其恢詭而不申乎中庸於是本諸理著非國語
而乃今是非章灼豈小補哉閑庵大老幻公於溫凌疏中
斥其誕而定其謬亦吾家之柳丶州也韶陽然和尙見而
奇之間或有妨難之詰而閑庵通之以無碍辯珉玉自別
矣彼豈敢騁奇於名句而黼黻之金石之用震曜後世之
耳目耶誠有益於後昆而止耳至元十六年三月月缺之
一日廣明傳法住開天眞靜大禪師祖　跋

詳夫內德論云一木無以搆室一火無以調羹況乎立大
法幢豈以一緣能辦哉今閑庵生于季世承宿善重於楞
嚴宝典深達妙理欲入正法之幢興殘救廢品評諸疏舛
差得失遂成新科并刪補記各二卷庶幾流傳而事緣未
諧因循有年矣伯崑怡大禪雜修江陽之梦溪寺欲樹楞
嚴道場越丙子秋受　朝旨請師王盟宗室斷俗寺大禪
師鏡智親詣衆見覩師願文心甚敬歎請山人光印寫新
科二卷募工鏤板師因猒煩退故湖州之開心蘭若
我主上聞師道藝傾渴歲久戊寅季冬特下
手詔敦諭赴闕適有天下會同事聘于

帝庭爲設楞嚴法會於白蓮社　侖(命)公主盟以備行宮福
利明年仲春乘輿還國凡師之善根莫不隨喜有
旨召興法寺禪師祖桓靑松寺禪師天其　分寫删補記二
卷仍　勅經像修補都監司鋟梓流通噫其成辦勝事
因緣万幸若合符契者非宿劫所結疇能如是哉所冀
皇帝陛下統御萬年
我主上福壽無彊永保三韓　后掖凝休　儲闈毓慶東
西協和中外寧謐雨暘常調災殄不作普及迷流咸躋覚
岸者己卯余月哉生明朝請大夫秘書監致仕金之槇誌

간기 : (卷末)

經像修補都監
中大夫密直使右承旨試三司使寶文署直學士知制誥
金　周弼
正議大夫千牛衛攝上將軍判大僕寺事廉　承益
朝議大夫右司議文翰侍讀學士充史舘修撰官知制鄭　㒷(興)

宮主　陪	內侍朝散大夫左右衛精勇將軍盧英	
	內侍興威衛保勝中郎將	禹　天錫
	入內侍神虎衛精勇郎將	周　公伯
	內侍左右衛保勝郎將	康　碩
	內侍尙衣朝奉	權　宜
	內侍雜織署令	金　守淵
	內侍守宮署承	白　琮
	內侍順陵直	尹　令瞻
	內侍天壽寺孝眞殿直	趙　仁暉
	良醞令同正	白　良繼
	書題及第	安　丁佼
	良醞令同正	金　文冏

禮賓承同正	吳　昇
禮賓承同正	呂　仁贊
良醞承同正	卜　有先
都令同正	孫　元行

사진　신집성문헌

참고　한국불교전서(首楞嚴經環解刪補記 : H0091). 이 책은 동국대에 筆寫本 2종이 전함. 卷上
의 서문은 1866년 筆寫本에 의하며(上之丙寅六月日昌松子書于兜率社), 卷下의 발문과
간기는 1461년 重刊本의(天順五年辛巳歲朝鮮國刊經都監奉敎重修) 筆寫本에 의함. 『刪
補通妨』은 저자 기사가 드러나 있지는 않으나, 일연의 저술로 알려져 이를 기록한다(承垣
교감번역, 『首楞嚴經環解刪補通妨』; 『普覺國師一然』, 경상북도 군위군, 2012).

　　普幻, 『瑜伽心印 正本首楞嚴經環解刪補記』上下, 回想社, 1972 ; 張碩鏡 譯註, 『瑜伽
心印 正本首楞嚴經環解刪補記』 상중하, 以會文化社, 1996 ; (唐)般剌蜜帝 譯, (宋)戒環
解, (高麗)閑庵普幻 刪補, (朝鮮)開雲堂 大星 合編, 尹暘星 編著(수정보완), 김두재 譯,
『瑜伽心印 正本首楞嚴經 : 環解刪補改正 不空譯開雲編』, 도서출판 일일사(* 不空은 再
譯임), 2005 ; 김창숙, 「開雲堂 大星의 瑜伽心印正本首楞嚴經環解刪補記에 대하여」, 『禪
學』 6, 한국선학회, 2003. 더욱 23-27 『大佛頂如來密印修證了義諸菩薩萬行首楞嚴經』(戒
環解) 참조(이 책, p.173).

25-10 紺紙銀字 『菩薩善戒經』 卷第八 寫經 跋文

소재　동국대 박물관(보물 제740호)

연대　忠烈王 6년(元 至元 17년, 1280)

저 : 宋罽賓三藏求那跋摩 譯

발 : (卷末)

菩薩善戒經卷第八
　　至元十七年庚辰歲高麗國
　　王發願寫成銀字大藏
(背面)
菩薩善戒經第八卷　第三十二張　維
　　禪師　安諦　書

사진　문화유산원문. 신집성문헌
참고　안성 청원사 건칠아미타불좌상불복장임.『集成』, p.99 ;『고려사경』, pp.49~50 ; 김월운
　　　외 옮김,『한글대장경 194 : 大方廣十輪經 外』, 동국역경원, 2002 ; 이한정·홍승균 옮김,
　　　『한글대장경 208 : 大乘阿毘達磨雜集論 外』, 동국역경원, 2002.

25-11 『慈悲道場懺法』 卷第十 刊記

소재　日本 京都 南禪寺
연대　忠烈王 8년(元 至元 19년, 1282)

서 : 慈悲道場懺法傳

저 : 梁朝諸大法師 集撰

간기 : (卷末)
慈悲道場懺法卷第十
特爲
聖壽天長泊及先考李氏超升淨利
現在偏孀妻之父母己家配耦孩嬰
福壽延洪三世一切冤魂解怨釋結

法界故殺誤傷水陸亡靈離苦得樂印
施無窮者
　　　　時至元十九年壬午七月日誌
　　　東京副留守前朝散大夫版圖摠郎李　德孫

사진　『고인쇄문화』17, p.253.
참고　『高麗大藏經』47(K1512).『記錄』, pp.267~268 ; 최우경·임호원, 「日本 南禪寺 소장의
　　　高麗本」, 『고인쇄문화』17, 청주고인쇄박물관, 2010, p.252 ; 김월운 外 옮김, 『한글대장경
　　　132 : 禮念彌陀道場懺法·慈悲道場懺法』, 東國譯經院, 2002 ; 황산 주해, 『자비도량참법』,
　　　도반, 2016 ; 梁武帝 集撰, 耘虛龍夏 譯, 『慈悲道場懺法』, 운주사, 2006 ; 강향임·강대현,
　　　「밀교 경애법도량 자비도량참법 연구」, 『韓國佛敎學』89, 韓國佛敎學會, 2019.

25-12 紺紙銀字 『妙法蓮華經』 寫經 跋文

소재　국립중앙박물관
연대　忠烈王 9년(1283 : 추정)

역 : 後秦龜玆國三藏法師鳩摩羅什奉　詔譯

발 : (卷末)
妙法蓮華經卷第七
　　　　特爲
　　　國王宮主無諸災厄兵戈潛消國土
　　　　　大平兼及已(己)身不逢九橫速脫
　　　　　三界盡未來劫作大佛事亦願
　　　　　一門眷属(屬)無諸病苦無盡法界
　　　　　生亡共證普(菩)提者

正議大夫密直司右承旨呉(興)威衛上將軍判大府知軍簿司事廉丞益

願我臨欲命終時　　盡除一切諸障礙

面見彼佛阿弥陁　　即得往生安樂刹

　　　　兼及妻氏永寧郡夫人魯氏分身

　　　　女子小男等厄會消除壽命延長

　　　　成就曩願

十方諸佛菩薩　　朗鑒

사진　『고려사경』, p.63 ;『발원』, p.49.

참고　7卷 1帙. 南溪院의(경기도 개성군 청교면 덕암리) 석탑에 봉안되었던 경전임. 연대는
　　　발원자 염승익이 충렬왕 9년(1283) 7월에 왕명을 받아 남계원의 석탑을 수리한 사실(『高麗
　　　史』卷29)에 근거하여 추정한다(『고려사경』, pp.62~65 ;『한국사경』, pp.109~111 참조).
　　　『集成』, pp.102~103.

25-13 紺紙銀字 『顯識論』 寫經 跋文

소재　연세대 도서관
연대　忠烈王 10년(元 至元 21년, 1284)

저 : (梁)眞諦三藏 譯

발 : (卷頭 : 제2권)
顯識論
　　　　至元二十一年甲申高麗國
　　　　王發願寫成銀字太藏

三重 昆蘊 書

사진 『集成』, p.350 ;『고려사경』, p.50.
참고 卷子裝 1권을 折帖裝 2권으로 바꿈.『集成』, p.104 ;『한국사경』, p.90 ; 총무원 문화부,
      『유리원판 불교문화재 도록』, 대한불교조계종, 2004 ; 송성수 옮김,『한글대장경 114 : 佛
      性論 外』, 東國譯經院, 2002.

25-14 紺紙金字『佛說雜藏經』一卷 寫經 跋文

소재 국립중앙박물관(김용두 기증)
연대 忠烈王 10년(元 至元 21년, 1284)

저 : (東晋)法顯 譯

발 : (卷末)
佛說雜藏經一卷
　　　　　至元二十一年甲申歲高麗國
　　　　　國王宮主特爲
　　　　皇帝萬年法界含靈共證菩提
　　　　　發願寫成金字大藏

　　　　　　禪師 之讓[31] 書

사진 『金龍斗翁 蒐集文化財』, p.168 ;『고려사경』, p.51.
참고 寫經斷簡임. 國立中央博物館,『金龍斗翁 蒐集文化財 歸鄕特別展圖錄』, 通川文化社,

---

31) 讓 :『集成』은 之護로『고려사경』은 之護(讓)로 보았으나, 讓이 옳다.

1994 ;『集成』, p.105 ; 김성구 옮김, 『한글대장경 162 : 諸法集要經 外』, 東國譯經院, 2002.

25-15 紺紙金字『百千印陁羅尼經』외 四經合部 寫經 跋文

소재　日本 京都 龍谷大學
연대　忠烈王 10년(元 至元 21년, 1284)

역 : (唐)實叉難陀 譯

합철 : 救面然餓鬼陁羅尼神呪經 ; 佛說甘露陁羅尼 : (唐)實叉難陀 譯.
　　　莊嚴王陁羅尼呪經 ; 香王菩薩陁羅尼 : (唐)義淨 譯.

발 : (卷頭)

　　　　高麗國王王　　　　　賄(* 朱印임)

　　　　元 成 殿　　　　　　(* 朱書 파스파 문자)

(卷末)

香王菩薩陁羅尼呪經一卷

　　　　　至元二十一年歲在甲申高麗國

　　　　國王　宮主特爲

　　　皇帝万年四海和平法界含生共證菩提

　　　　發願寫成金字大藏

　　　　　中軍錄事兼修製軍器注簿崔楨書

화사 : 鄭 益迂(神將像 變相畫 右側 下段 * 추정)

사진   『書誌學硏究』74, p.289. p.279. p.288.

참고   김영률 외 공역,『한글대장경 260 : 七佛八菩薩所說大陀羅尼神呪經 外』, 東國譯經院,
       1999 ; 남권희·석혜영,「1284년 忠烈王, 元成公主 발원 金字大藏 百千印他羅尼經(合部)
       의 서지적 연구」,『書誌學硏究』74, 2018 ; 김종민,「紺紙金字 百千印陁羅尼經四經合部
       사경을 통해 본 고려시대 왕실발원 사경」,『불교미술사학』28, 불교미술사학회, 2019.

25-16 紺紙金字 『妙法聖念處經』 寫經 跋文

소재   中國 天津博物館(혹은 北京 古宮博物館)
연대   忠烈王 11년(至元 22년, 1285)

역 : (宋)法天 譯

발 :

　　　　至元二十二年乙酉歲高麗國

　　　　國王宮主特爲

　　皇帝萬年四海和平法界含生[32]共證

　　　　菩提發願寫成金字大藏

　　　　式目錄事大盈署令金必爲書

참고   사진 자료는 알려지지 않음.『集成』, p.106 ;『고려사경』, pp.51~52 ;『한국사경』, pp.64~
       65 ; 김성구 옮김,『한글대장경 161 : 深密解脫經 外』, 東國譯經院, 2002.

---

32) 含生 :『集成』과『한국사경』은 ‘共生’으로,『고려사경』은 ‘生立’으로 보았다. 사진 자료가 알려지지
    않은 때문에 혼돈이 있다. 편자가 살펴 온 다른 사례로 볼 때, ‘含生’(앞의 25-15 참조) 혹은 ‘生亡’(앞의
    25-12 및 뒤의 25-18 참조)으로 여겨지나 전자가 유력하다. 후일 원본을 열람하게 되면 유의하여
    살펴주길 바란다.

25-17 『妙法蓮華經』刊記

소재 　용인 호암미술관(보물 제693호)
연대 　忠烈王 12년(元 至元 23년, 1286)

저 : 姚秦三藏法師鳩摩羅什奉 詔譯

서 : 妙法蓮華經弘傳序 　(唐)終南山 釋 道宣 述

간기 : (卷末)

妙法蓮華經卷第七
　　　夫蓮經之旨甚深微妙於諸經中最
　　　尊最上若能竊爲一人說經一句其
　　　切叵涯何况方便廣施於衆是用弟
　　　子早勤信奉與前戶長李希呂同轉
　　　願輪躬板而手彫以廣流通所冀
　　皇帝万年國王宮主各保千秋儲闈衍
　　　慶宗室凝休陰陽調朝野平
　　　佛日恒明法輪永轉法界含靈共證
　　　菩提至元二十三年丙戌五月 日道
　　　人 　成敏 　誌
　　　同願
　　　　　　判官升仕郎良醞令曹 　胤
　　　知洪州事副使管句學事殿中內給事尹 　玥

사진 　문화유산원문
참고 　李耘虛 譯,『法華經』, 東國大學校 譯經院, 1990.

25-18 『佛說長壽滅罪護諸童子陀羅尼經』 墨字 寫經 跋文 기사

전거 南權熙, 『高麗時代 記錄文化 硏究』
연대 忠烈王 12년(丙戌年, 1286)

발 : (卷末)
伏願
皇帝萬年國王千秋干戈永靜國泰民
安仰[33]又先考父母親姻眷屬及法
界生亡[34]承此功[35]德盡往西方極樂
世界親見彌陀之願請人敬書寫
經廣施無窮者
時丙戌九月　日 施主 金延 施主 朱万

참고 남권희, 『고려시대 기록문화 연구』, 청주고인쇄박물관, 2002, p.358. 사진자료는 제공되지
　　　않음.

25-19 『大華手經』 刊記

소재 서산 文殊寺
연대 忠烈王 13년(元 至元 24년, 1287)

역 : 此印出不空譯(唐)

---

33) 仰 : 『記錄』은 '抑'으로 보았는데, 문맥으로 보아 착오다.
34) 生亡 : 『記錄』은 生立'으로 보았는데, 문맥으로 보아 착오다.
35) 功 : 『記錄』은 '切'로 보았는데, 문맥으로 보아 착오다.

간기 :

　至元二十四年丁亥三月　日

　　僧齋色　開板

사진　『美術資料』18, p.14 ;『발원』p.93.

참고　서산 문수사 불복장임. 姜仁求,「서산 文殊寺 금동여래좌상 服藏遺物」,『美術資料』
　　　18, 국립중앙박물관, 1975.

25-20『一乘法界圖圓通記』刊記

소재　국립중앙도서관, 동국대

연대　忠烈王 13년(元 至元 24년, 1287)

저 : 高麗國歸法寺圓通首座均如說

간기 : (卷末)

一乘法界圖圓通記卷下

　　　此記中所目義与一名自名口許義等准十句圓

　　　通記等大有不同則聖師所立之義隨時差別耶記者

　　之取捨有不同耶未敢詳定待後得佛祖本意者弃(棄)也

　　法界圖者義相祖師所述一乘妙旨包含三十

　　句偈玄關之靈鑰法海之宗源昔圓通首座均

　　如大師住摩訶岬藪白雲房以　光宗朝戊午

　　七月演說圖文副師靈眼法師重副法凝法師

　　記者國賢法師越辛丑七月　日金生寺住持

　　法師法璉記其所說寫入大藏後有尙州勝長

寺玄如法師依毗摩邏方丈文莊師藏本譯爲
二卷名爲惠保即此記也蓋興敎寺學人惠保
展轉記耳以玄如法師未見均如大師廣說故
譯有差舛壬寅歲金生寺住持首座印元於古
藏搜得法瑼法師所寫此記方言本一卷流傳
後進盤龍社比丘日幢詳校二本爲上下卷目
爲法界圖圓通記厥後此記傳爲法要學者競
欲索焉而徒有寫本訖無板本故未得廣流或
恐不壽傳今坐講闍梨興王寺敎學海印寺住
持僧統天其与業內諸德詳定此記分爲三卷
奉承
上制彫板廣布奉福無窮者至元二十四年丁
亥五月　日前摠郞金　晅　用晦　　跋
　　　　金城寺住持三重大師永曇書
　　　　大藏都監開板

사진　국립도서관 원문보기(古1797-3)

참고　哲學·宗敎硏究室 編,『法界圖圓通記』, 韓國精神文化硏究院, 1995(影印本) ; 균여 저,
　　　최연식 옮김,『일승법계도원통기』, 동국대학교출판부, 2010 ; 金杜珍,『均如華嚴思想硏
　　　究 : 性相融會思想』, 一潮閣, 1983 ; 정병삼,「균여 法界圖圓通記의 화엄사상」,『韓國學
　　　硏究』7, 숙명여자대학교 한국학연구센터, 1997.

25-21 『妙法蓮華經』(科文本) 刊記

소재　아단문고(보물 제918호)

연대　忠烈王 14년(元 至元 25년, 1288)

저 : 姚秦三藏法師鳩摩羅什奉 詔譯 ; 科者 未詳

간기 : (卷末)
妙法蓮華經卷第七
    特 □
皇帝   統御万年
    國王宮主元子殿下各保千秋無
    諸災患福壽無彊文臣虎將忠貞
    □□天變□□應時消滅干戈不
    起□□昇平法界含靈同生安養

    至元二十五年戊子七月 日
        僧齋色 刻板

사진 문화유산원문

참고 上段에 科文을 두었다. 1317년에 간행된『科註妙法蓮華經』(元의 徐行善 科註)과 같지만
(뒤의 27-10 참조 : 이 책, p.331), 註는 수록되지 않았다. 刊記는 없지만, 同一本이 청주대
박물관에 소장되어 있다(2·4·5·6권 : 충청북도 유형문화재 제246-2호)

25-22『正法念處經』銀字 寫經 跋文

소재 미상
연대 忠烈王 15년(元 至元 26년, 1289)

발 : (卷末)
正法念處經卷第五十

至元二十六年己丑高麗國
王發願寫成銀字大藏

(19장 背面)

禪師 天后 書

사진　『記錄』, pp.358~359.

참고　寫經斷簡. 元魏 婆羅門 瞿淡般若流支의 譯經임. 김월운 옮김,『한글대장경 59~61 : 正法
　　　念處經』1~3, 東國譯經院, 2002.

25-23 金字 大藏經 寫經 기사

전거　『高麗史節要』卷21, 忠烈王 15년
연대　忠烈王 15년(1289)

기사 : 閏十月 金字大藏經成 王與公主親幸觀之 又親設慶讚會

참고　閏月 乙酉 幸金字院 慶讚大藏經(『高麗史』卷30, 忠烈王 15년 閏10월). 이 기사로 보아
　　　충렬왕이 발원한 대장경 사경은 원년(1275)에 시작된 사례로 미루어 볼 때(위의 25-2
　　　참조 : 이 책, p.248), 15년에 걸쳐 이루어졌음을 알겠다. 한편, 부산광역시 유형문화재
　　　제174호로 지정된『감지금니묘법연화경』(권7)이 1276년에 충렬왕이 발원하여 조성한
　　　것으로 알려져 있다(문화재검색 참조). 발문이 소개되지 않아 단정할 수 없지만, 충렬왕대
　　　에 조성된 또 다른 사례로서 주목된다.

25-24 『人天寶鑑』木板 刊記

소재　해인사(국보　제206-9호)
연대　忠烈王 16년(元 至元 27년, 1290)

저 : (宋)曇秀 集

서 : 紹定三年庚寅結制日　四明沙門曇秀(1230)

발 : 紹定庚寅中秋　住靈隱妙堪書

간기 : (卷末)

　　至元十六年己卯宋商馬都網賫此人天宝鑑
　　集一部來請天台講元禪師自因齋訖用此錄
　　爲賤施觀識長老理淵取來傳布行于海東麟
　　角退老一然書
　　予前年春省國師詣麟角國師語我曰人天宝
　　鑑錄實學者之所宝也我欲彫板流行汝能寫
　　之乎予時眼昏辭以不能至秋國師示疒(寂)予追
　　念曰國師欲鏤板我不書之此錄之不行我之
　　罪也眼雖昏黑宜强書之於是筆之至元二十
　　七年庚寅七月八日包山禪厶(隣)題

사진　국립도서관 원문보기(한古朝21-427). 신집성문헌

참고　比丘曇秀舍錢刊此普勸受持同到佛地臨安府上圓覺印行(中國 刊記). 哲學·宗敎硏究室
　　　編, 『禪宗永嘉集 人天寶鑑』, 韓國精神文化硏究院, 1980(影印本) ; 曇秀 編, 백련선서간
　　　행회 譯, 『人天寶鑑』, 藏經閣, 1992 ; 椎名宏雄, 「高麗版 人天眼目とその資料」, 『駒澤大學
　　　佛敎學部硏究紀要』 44, 東京 : 駒澤大學, 1986.

25-25 『一切如來心秘密全身舍利寶篋印悉□□□□陁羅尼』 刊記

소재 고양 원각사(경기도 유형문화재 제302호), 아산 온양민속박물관
연대 忠烈王 18년(元 至元 29년, 1292)

간기 : 十地無窮者賛成事兼近侍康碩文囧玄錫玄璟池環閔卿鄭子濬供物色員李芝
李光林速以此功德普及於一切我等與群生皆共成佛道一切如來心秘密全身舍利
寶篋印悉□□□□陁羅尼至元二十九年四月日僧齋色開板

사진 문화유산검색. 신집성문헌
참고 金剛界曼荼羅임. 許興植,「1302年 阿彌陀佛腹藏의 造成經緯와 思想傾向」,『한국중세불
교사연구』, 일조각, 1994. p.236. 더욱 함께 전해진 뒤의 25-32『梵字圓形二十六種陀羅尼』
참조(이 책, p.277).

25-26 『大悲心陁羅尼啓請』 木板 刊記

소재 서울대 도서관. 규장각
연대 忠烈王 19년(元 至元 30년, 1293)

별칭 : 千手千眼觀自在菩薩廣大圓滿無礙大悲心陀羅尼啓請. 大悲心陀羅尼

간기 : (卷末)
大悲心陁羅尼經觀世音菩薩白佛言世
尊若諸衆生誦持大悲神呪墮三惡道者
我誓不成正覺誦持大悲神呪者若不生
諸佛國我誓不成正覺誦持大悲神呪者
若不得無量三昧辯才者我誓不成正覺

現在生中一切所求若不果遂者不得名
爲大悲心陁羅尼也誦持此陁羅尼者若
在江河大海中沐浴其中衆生得此人浴
身之水霑着其身一切惡業重罪悉皆消滅
卽得轉生他方淨土蓮花化生不受胎身
濕卵之身何況受持讀誦之者若誦持者
行於道路大風時來吹此人身毛髮衣服
餘風下過諸類衆生得其人飄身風吹着
身者一切重障惡業並皆滅盡更不受三
惡道報常生佛前當知受持者福德果報
不可思議

　　奉爲
　　大王長壽國土康寧法輪永轉法
　　界含靈同離苦海速成佛道彫梓
　　流通云至元三十年癸巳正月日
　　仁興社開板

사진　규장각 원문보기(奎9934 『三十八分功德疏經』, 11~16면)

참고　여러 『千手經』 가운데, 大悲心陁羅尼啓請, 神妙章句陁羅尼, 觀世音菩薩의 誓願을 발췌
한 요약본이다. 啓請은 不空 譯의 『千手千眼觀世音菩薩大悲心陀羅尼』, 陁羅尼는 金剛
智 譯의 『千手千眼觀自在菩薩廣大圓滿無礙大悲心陀羅尼呪本』에서, 誓願은 伽梵達摩
譯의 『千手千眼觀世音菩薩廣大圓滿無礙大悲心陀羅尼經』에서 취했다. 그런데, 이 구성
은 오늘날 유행하는 독송본 『千手經』에서 序頭와 末尾의 여러 眞言과 懺悔文 부분
등이 없는 것이다. 이런 점에서 이 책은 독송본 『千手經』의 略本이라 할 수 있다. 하지만,
제목이 달리 드러나지 않아 앞의 사례로 미루어(11-16 『大悲心陀羅尼啓請』: 이 책, p.67),
卷頭의 글귀로 제목을 삼는다. 위에 실은 觀世音菩薩의 誓願은 경전의 일부이나, 그
취지를 받드는 발원자의 염원을 담은 것으로 수록한다.
　　　더욱 誓願을 제외한 나머지 내용은 朝鮮時代에 간행된 『五大眞言』이나 『眞言集』에

실린 것과 같다. 하지만, 陀羅尼를 不空 譯이라 하였는데, 漢字 表記로는 金剛智 譯이 맞다. 본래 海印寺 雜板의 하나였던 것으로 파악되는데, 조사 과정에서 반출되어 京城大學 도서관으로 넘어간 듯하다. 학담 해설,『천수관음과 대비다라니』, 큰수레, 2008 ; 범천 덕산,『천수경과 대비주』, 운주사, 2009 ; 김호성 지음,『천수경과 관음신앙』, 동국대출판부, 2006.

25-27 『禪門寶藏錄』序文·跋文

소재　국립중앙도서관, 동국대
연대　忠烈王 20년(元 至元 31년, 1294)

저 : 海東沙門天頙撰

서 : (卷頭)

禪門寶藏錄序
羌夫我迦文老人禪燈點迦葉之心敎海瀉阿難之
口則禪之與敎異日噵也決矣而職敎者聞敎外別
傳之說則面靑眼白云惡是何言歟噫人我之大一
至於斯也故走慨然賈勇不揆蠡測管窺而以三門
質之三門者何混濫者禪敎也故上之卷立禪敎對
辨門毁謗者諸講也故中之卷立諸講攸(歸)伏門流通
者君臣也故下之卷立君臣崇信門此三門所引皆
古重言也非臆說也非臆說則人信之者儻有焉目
之爲禪門寶藏云海東沙門內願堂眞靜大禪師天
頙蒙旦序至元卅年癸巳十一月日也

발 : (卷末)

禪門寶藏錄卷下

詳夫禪是佛心教是佛語心傳而捧喝
作語漲而頓漸興然一大藏教無非指
月之指故利根者師子咬人鈍根者韓
獹逐塊於噫咬人者寡逐塊者衆遂成
兩途彼此相排斯迺在人非開(關)於法一
宿覺云從他謗任他非把火燒天徒自
疲正謂此也今內願堂鷲谷住老呆庵
大禪翁悼禪風之將墜悲人我之相高
採撫古今對辨決疑之語與夫君臣崇
而理國諸講伏而見性許多則分爲三
門目之曰禪門寶藏錄梓流傳欲作將
來之益則豈小補哉其有有眼箇漢若
能見月忘指則此一卷文亦是眼中金
屑也無着處至元三十一年甲午三月
日蒙庵居士奉翊大夫副知密直司事
國學大司成文翰學士承旨李混跋

사진　국립도서관 원문보기(한貴古朝21-398), 신집성문헌

참고　1531년 重刊本에 의함(嘉靖十年辛卯日慶尙道晋州地智異山鐵窟開刊以傳臣興寺). 천책
찬술, 현각 역해,『아난의 입 가섭의 마음 : 선문보장록』, 동국대 출판부, 2010 ; 韓基斗,
「禪門寶藏錄의 基礎思想 研究」,『佛教學報』29, 東國大 佛教文化研究院, 1992 ; 박정선,
「高麗禪門에 대한 書誌學的 考察 - 禪門寶藏錄을 중심으로」,『韓國禪學』30, 한국선학
회, 2011. 한편, 이 책의 저자를 天頙으로 보기 어렵다는 견해가 있으므로(고익진, 「白蓮社
의 사상전통과 天台의 저술문제」,『불교학보』16, 동국대 불교문화연구소, 1979 참조),
앞으로의 檢證이 요구된다.

25-28 『禪門綱要集』 跋文

소재　국립중앙도서관
연대　13세기 후반(추정)

저 : 天頙 撰(추정)

발 : (卷末)

禪門綱要集終

　客訪余余出此二解示之客一覽而匿笑余曰笑
何事乎客曰著書所以取信當時垂曜後世必也
德高位大才顯名達爲流所宗仰然後爲可故古
之人雖賢且聖不許人記錄言句者況自爲之耶
其所以自讓也如此今長老作此二解非徒人不
信之抑亦返招其謗無奈自貶歟余曰惡是何言
也子只知其一不知其二以己所得博施於人此
聖賢之用心也且古之人人已信道已行則言句
乃緒餘耳故不許人記錄若予者適生澆漓之世
又無德位才名爲人所難服且學者以名位昷(盡)久
則人之信道之行寔(實)惟艱哉盍爲書陳道其所得
乎雖不見信於今時後人覽之而知其所指轉化
無數人博施之利不亦盡乎然則何必德位高大
才名顯達然後爲之也哉如後人亦無有信之者
信乎命也夫世人雖不信之臨濟雲門二大師厥
德孔明必領之矣然則又焉知吾言之不行歟此
余所作此二解之意也設使古之人生斯世也若
人不信道不行必著書然後爲快古人今人易地
則皆然如或以余爲逞人我要令譽是不知我者

也知我者罪我者其唯春秋孔子之言信乎不謬

客愀然避席曰命之矣於是乎書

사진 국립도서관 원문보기(한貴古朝21-185)

참고 1531년 重刊本에 의함(嘉靖十年辛卯日慶尙道智異山鐵窟開刊以傳臣興寺). 鏡虛禪師 編, 『선문촬요』, 민족사, 1999(影印本 수록). 간행 연대를 알 수 없으나, 위의 『선문보장록』 과 함께 간행되는 사례에 비추어 임의로 편차하였다. 鏡虛禪師 編, 李哲敎 譯, 『선문촬요』, 민족사, 1999 ; 하미경, 「禪門綱要集에 나타난 臨濟三句 考察」, 『普照思想』 30, 佛日出版 社, 2008. 한편, 이 책의 저자를 天頙으로 보는 것에 문제가 있다는 견해가 있으므로(고익 진, 「白蓮社의 사상전통과 天台의 저술문제」, 『불교학보』 16, 동국대 불교문화연구소, 1979 참조), 앞으로의 검증이 요구된다.

25-29 『密敎大藏』 卷9 墨書 및 刻手 기사

소재 서울 수국사

연대 13세기 후반(추정)

묵서 : 敎師福泉住持學林施納

각수 : 白如刀

사진 『書誌學研究』 58, p.32, p.35.

참고 蝴蝶裝. 수국사 아미타불 불복장으로 철원 심원사에서 옮겨옴. 남권희, 「高麗時代 密敎大 藏 卷9의 書誌的 硏究」, 『書誌學研究』 58, 2014 참조.

25-30 紺紙銀字 『妙法蓮華經』·『佛說阿弥陁經』·『華嚴經』 梵行品· 『大悲心』 合部 寫經 跋文

소재 日本 京都博物館(京都 寶積寺 위탁)
연대 忠烈王 20년(元 至元 31년, 1294)

별칭：彌陀經梵行品大悲心合部

발：(佛說阿弥陁經：卷末)

　　　　　　伏爲
皇帝万歲
　　國王千秋
　　佛日增明法輪常轉先亡父母離苦
　　　　淂(得)樂兼及已(己)身一門眷屬各脫
　　　　灾殃同增福壽世世生生常淂
　　　　吉祥見
　　佛聞法悟無生忍度諸有情方證菩提
　　　　之願倩人家中敬寫成銀字
　　　　法華經一部金光明經四卷阿弥陁
　　　　經梵行品各手大悲心陁羅尼等
　　　　經用資福利耳謹誌
　　　　　至元三十一年甲午十二月　日

　　　　功德主中正太夫宗簿令致仕安　節
　　　　　安州郡夫人李　氏
　　　同願
　　　　　昌寧郡夫人張　氏

참고 『妙法蓮華經』卷1~卷6은 양면을 번갈아 筆寫하여 세 책을 이루고, 卷7의 뒷면에『彌陀經』
·『華嚴經』梵行品·『大悲心』을 필사하여 한 책을 이루었다. 발문에『金光明經』도 寫經한
것으로 밝혀놓았으나, 확인되지 않았다. 安節이 이룬 다른 寫經으로 이어지는 25-31
내용 참조. 『集成』, pp.108~109.

25-31 紺紙金字 『妙法蓮華經』 寫經 跋文

소재 단양 방곡사(충청북도 유형문화재 제328호)
연대 忠烈王 20년(元 至元 31년, 1294)

저 : 姚秦三藏法師鳩摩羅什奉 詔譯

발 : (卷末)
妙法蓮華經卷第七終
妙法蓮華經□□七□□□
        伏爲
皇帝萬歲
  國王千秋
  佛日增明法輪常轉先亡父母離苦淂(得)樂
  兼及己身一門眷屬各脫灾殃同增福壽
  世世生生常淂吉祥見

  佛聞法悟無生忍度諸有情方證菩
  提之願倩人家中敬寫成金字妙法
  蓮華經共七卷
  用資福利耳謹誌

至元三十一年甲午十二月日
功德主中正太夫宗簿令致仕安節
興王寺施主合掌
高　麗　國

사진　『충청북도문화재대관』 II, p.678.
참고　『충청북도문화재대관』 II, 충청북도문화재연구원, 2017. 그런데, 이 사경은 變相圖와 跋文 등 관련된 문제가 제기되고 있으므로, 연구자들은 주의해서 살피기 바란다.

25-32 『梵字圓形二十六種陀羅尼』 刊記

소재　고양 원각사(경기도 유형문화재 제302호), 온양민속박물관
연대　忠烈王 21년(元貞 元年, 1295)

간기 : 大佛頂四十宝手楞嚴絹索准提消万病消災穢跡宝樓閉三身解寃斷瘟文殊心破地獄安土地摩哩支天六字諸佛來迎勝妙尊勝心淨法界護身大輪弥陀三呪四王種等眞言元貞元年月日書

사진　문화유산검색
참고　태장계만다라임. 문자는 원형도상에 둘러 새겨져 있음. 학예연구실 편,『1302年 阿彌陀佛服藏物의 調査研究』, 溫陽民俗博物館, 1991, p.62 및 p.82. 더욱 함께 전해진 앞의 25-25 참조(이 책, p.269).

25-33 『金光明經文句解』 刊記

소재　순천 松廣寺

연대   忠烈王 22년(元 元貞 2년, 1296)

저 : (隋)天台智者大師說 ; 門人 灌頂 錄

간기 : (卷末)
金光明經文句疏卷下
　　元貞二年丙申歲高麗國濟州妙蓮寺奉
　宣重彫
　　　　　　幹善瀑布寺住持禪師 安立

사진　『耽羅文化』 29, p.230. 『續藏』 p.42.
참고　耘崗 역,『金光明經文句』, 대한불교천태종총본산구인사, 1996 ; 윤봉택,「13세기 濟州
　　　妙蓮社板 金光明經文句의 事實 照明」,『耽羅文化』 29, 제주대 탐라문화연구소, 2006.

25-34 『帝王韻紀』初刊 기사 및 表文·跋文

소재　계명대 도서관
연대　忠烈王 21~23년(元貞 연간, 1295~1297)

저 : 頭陀山居士臣李　承休製進

기사 : 先居士臣動安所製進歷代帝王韻紀在元貞間勅令鋟梓于晉州牧官

서 : (卷頭)
帝王韻紀進呈引表
臣承休言臣謹編修　帝王韻紀分爲兩卷繕
寫以

進者牛襟下士粗得曉於典墳螢燭末光期助

明於

日月臣承休誠惶誠恐頓首頓首恭惟我

主上殿下於周爲盛于湯有光

天妹爲妃夫豈三韓曾見龍樓成集實惟百代

難聞萬世奇逢一時鍾在伏念臣陪

先代遺弓之詔報中天

昇日之祥因緣扈

駕以西東除拜超階於華要自頂至踵洽然湛

露淪身擢髮數恩行以清絲補袞乃緣命薄返

得身閑嗟無計於覬

天喜祝

齡之有地心歸佛隴目屬虬函萬軸明窗趁日

志疲之消息九重

丹禁恒春不老之光陰抑念唯兹不腆之文是

我平生之業冝以虫吟之無譜聊申鶴戀之有

加逐乃古往今來皇傳帝受中朝則從盤古而

至於金國東國則自檀君而泊我本朝肇起根

源窮搜簡牘較異同而撮要仍諷詠以成章彼

相承授受之興立如指諸掌凡肯搆云爲之取

捨可灼於心伏望優推聖知無以人廢暫

借禽明之炤許

垂乙夜之觀付外施行爲後勸誡臣誠惶誠恐

頓首頓首謹言

　　至元二十四年三月　日頭陁山居士臣

　　李承休

발：(卷末)

臣珆初受書記將赴此州右司議大夫寶文署
直學士知　制誥尹公珤承
勅以居士臣李承休製進歷代韻紀開板事傳
囑是以募工彫板以壽其傳司錄參軍事兼掌
書記升仕郞良醞令鄭　珆跋

　　　　　後題
先生業文精愽洞明古今官以右司諫知制誥
便歸老關東雖迹同去國而志在匡君遂於看
藏餘修此帝王韻紀以供乙
覽其辭約其旨暢如珠之在貫網之在綱萬代
相承理亂終始不出乎此可謂通鑑之粹歟但
所惜者於本朝　仁宗紀只言見逼不言其終
復天位永貽孫謨是一缺耳胡不添撥亂賴忠
臣　龍孫緜不已之一句而足之乎先生非不
知撮略故爾臣幸以不才獲承憂寄比到州彫
板僅終矣故無所補徒以姓名冠于板尾耳副
使臣李源謹題

사진　국립도서관 원문보기(한古朝90-7)

참고　1360년 重刊本은(보물 제895호) 국가문화유산포털 참조. 1417년 3重刊本에 의함(永樂丁
酉五月旣望朝散大夫慶州儒學敎授官李輊跋). 더욱 뒤의 31-16『帝王韻紀』重刊 刊記 참조
(이 책 p.434). 이승휴 저, 김경수 역주, 『帝王韻紀』, 亦樂, 1999(3重刊 影印本 수록) ; 邊東
明, 「李承休의 帝王韻紀 撰述과 그 史書로서의 성격」, 『진단학보』70, 1990 ; 李鍾文,
「帝王韻紀의 原典에 대한 몇 가지 의문점」, 『고려시대 역사시 연구』, 韓國精神文化硏究
院, 1999 ; 정구복, 「이승휴의 역사관」, 『한국사학사학보』21, 2010 ;『개정증보 韓國中世
史學史(Ⅰ)』, 景仁文化社, 2014.

25-35 『曹溪圓鑑國師語錄』序文 및 刊行 기사

소재　동국대
연대　忠烈王　23년(元　大德　원년, 1297)

별칭 : 『圓鑑錄』

저 : 釋　沖止　圓鑑國師　宓庵和尙

편 : 海東曹溪第六世圓鑑國師歌頌 … 侍者錄

서 : (卷頭)
曹溪圓鑑國師語錄序
圓鑑國師得無碍辯(辨)才於晦堂和尙
自甘露至曹溪三坐道場隨機說法
接物利生或上堂或示衆或歌或頌
禪也敎也儒焉釋焉橫拈倒用暗
去明來千差萬別莫窮其涯涘矣
其義則一也譬如春行萬彙一
花一草皆春也海遍千江一涓
一滴皆海也然不向一花一草上
知春不向一涓一滴上知海者觀
之有暇矣大德元年丁酉臘月
日
蒙菴老人明友不渴序

기사 : (卷末)
海東曹溪第六世圓鑑國師歌頌終

大德元年丁酉十月　日門人　眞冏書
於大德丁酉開刊海東曹溪第六世圓鑑
國師歌頌門人眞冏書本歲久字剜觀者
病焉幸承閑務乃募遊手俾重鋟梓廣傳
不朽云爾

사진　신집성문헌 ; 해동조계육세원감국사가송

참고　고려시대의 初刊에 이어, 조선 왕조에서 1447년에(正統十二年丁卯七月 日羅州牧開刊本) 重刊하였으나, 전하지 않음. 이 重刊本을 바탕으로, 1680년에(延宝八年歲次庚申林鍾之吉刊行) 日本에서 重刊하였으며, 동국대 소장본은 이것의 筆寫本임.

　　이외에 원감국사의 저술로『海東曹溪宓庵和尙雜著』가 있다(연세대 소장). 刊記를 잃었으나, 고려시대 간행본이 거의 확실하다. 진성규에 의하면, 두 책의 일부는 내용이 중복되어 있다(沖止 著, 秦星圭 譯,『圓鑑國師集』, 亞細亞文化社, 1988 ;『원감국사집』, 지식을만드는지식, 2012) ; 충지 지음, 이상현 옮김,『원감국사집』, 동국대 출판부, 2010.

25-36 『法門景致』 跋文

소재　개인
연대　忠烈王 23년(元 元貞 3년, 1297)

별칭 : 諸經撮要

구성 : 圓覺綱要·楞嚴綱要·華嚴品目·法華經品目·妙法蓮華經要解序注·
　　大方廣佛華嚴經 龍樹菩薩略撰偈·註般若心經序 등

저 : (元)蒙山 德異

서 : (卷頭)

法門景致

予於丁丑夏季謝事水澱山養閑于中吳卓

小庵藏拙名曰休休乙未冬有了庵元明長□

覺圓上人覺性上人妙孚上人等八友自三

韓來同樂寂寥丙申夏仲孚上人四友歸冬季

萬壽上人來云　　　高麗國內願堂大禪師混丘

　　靖寧院公主王氏妙智　明順院公主王氏妙惠

前都元帥上洛公金方慶　侍仲韓公康宰相廉公

承益宰相金公昕宰相李公混　尙武朴公卿　尙武柳公裾

諸位再三致意休休長老遠聞上庵寂寥無際妙有眞

樂肯分施三韓信向者否答曰請上人問了庵長老看是

夜門前有松十株從地湧出體相威儀所蘊奇特

各各不同起人敬重予問其故而衆松答曰近離高麗

來探了庵及見休休主人予問曰有名否答曰有一曰新

松二曰戒松三曰定松四曰慧松五曰行松六曰願松七曰靈松

八曰妙松九曰智松十曰古松予曰汝等要見休休主者下得三

轉語方許入門僉曰乞擧話予垂語云昨夜蚨蜅吸乾

東海蝦蟹魚龍在甚處安身立命二曰水母飛上色

究竟天入摩醯首羅眼裏作舞摩醯首羅因

甚不見三曰蓮湖橋爲切人直指明眼人因甚落

井皆不能答曰予居且門外四聖往來觀騰莫不讚嘆

六凡往來悉不能見拜而問曰聞有十株奇松自高

麗來從地湧出四聖皆見我等六凡業障重故有眼

莫覩敢請和尚慈悲開示予曰汝等實有信根

當爲頌出仍以序又各各伸之願汝衆信止眼豁開

洞鑑玄妙元貞丁酉仲春月旦蒙山德異序

발 : 伏覩

老和尙見松十株從地湧出立于庵前聞其故則

曰自高麗來和尙以序以頌示之此事異於尋常

亦入道程節始終之龜鑑也庸是抽衣資板

以廣其傳門人高麗國長老了庵元明題

사진　『圖書館學論集』21, p.399.

참고　筆寫本. 이 책은 여러 경전의 내용을 撮要하여 모아놓은 것으로서 제목 역시 그에 걸맞은
　　　『諸經撮要』다. 여기에는 몽산 덕이가 그를 찾은 고려인들을 가르친 내용이 담겨 있다.
　　　더욱 伏覩에 언급되어 있듯이 판에 새겨 널리 전한다는 了庵元明의 跋文 내용에 근거하여
　　　板刻 印施된 사실을 알 수 있다. 이로써 여기에서는 『法門景致』로 제목을 삼는다. 南權熙,
　　　「蒙山德異와 高麗 人物들과의 교류 - 筆寫本 諸經撮要의 수록 내용을 중심으로」, 『圖書館
　　　學論集』 21, 1994.

제26대 忠宣王 王璋(初名 王謜 : 재위 1298년 1월~8월)

제25대 忠烈王 王昛
(初名 王諶·王賰 : 복위 1298년 8월~1308년 7월)

25-37 『現行西方經』 撰述 緣起 및 刊行 기사

소재　담양 용화사
연대　忠烈王 24년(1298)

저 : 海東永州公山居祖社道人 元旵錄

연기 : (卷頭)
佛說阿彌陁本心微妙眞言
怛他他唵伊里多羅沙嚩賀
妙塔勝進經云若有人誦此呪一遍得八十億
劫念阿弥陁佛功德誦七遍得十六石芥子數
念阿弥陁佛功德誦一百八遍得一千六十石
十斗芥子數念阿弥陁佛功德誦一千八十遍
得一萬一千石芥子數念阿弥陁佛功德一日
向西專念此呪一萬遍彼佛現身摩頂授記應
時即得靑蓮花生分身散體十方國土供養諸
佛恒聞正法佛語不虛凡得見聞莫生疑謗
大德二年戊戌歲正月初八日貧道獨坐法堂
中誦此呪一萬遍回向之時夜半有一僧不知

何許人忽入法堂云我名樂西若有人勸善心
四衆同誦此呪一萬遍然後擲柸知後世受生
善惡之處元昰問其故西頌云南無阿彌陁佛
本心微妙眞言才聞於耳即往生與諸聖衆同
遊戲如來大智福德海一時分付誦持者

기사 : (卷末 : 禪判都大禪師少言跋)
恭聞佛經所載象季之來無戒行而超昇安
養者其惟勤念弥陀也欤夫大德二年中道
人元昰居永州居祖社勤修白業忽一夜偶
見神僧名樂西感得現行之術記而傳之

사진 국립도서관 원문보기(UCI G701 : B-00048004516) ; 신집성문헌

참고 眞言의 발음은 '다냐타 옴 아리다라 사바하'임. 1448년 重刊本에 의함(工鋟梓安于金山黃嶽山直指寺 … 正統十三年戊辰正月日禪判都大禪師少言跋 : 국립중앙도서관 전자자료). 이후 여러 차례 重刊된 책들이 다수 전함. 채연수 옮김, 『現行西方經』, 장채향, 1993(1710년 重刊 影印本 수록) ; 徐閏吉, 「高麗의 密敎와 淨土信仰 - 元昰의 現行西方經을 중심으로」, 『東國思想』 14, 1981 ; 『한국밀교사상사』, 운주사, 2006 ; 南東信, 「麗末鮮初의 僞經 硏究 : 現行西方經의 분석을 중심으로」, 『韓國思想史學』 24, 2005.

25-38 『六祖大師法寶壇經』 跋文

소재 사천 백천사(보물 제2063호)

연대 忠烈王 26년(1300)

저 : 惠能 說 ; 門人 法海 集

서: 六祖法寶壇經序 (元)古筠比丘 德異 撰 … 至元二十七年庚寅(1290)

　　略序(法海 撰 : 卷頭)

발: 師入塔後 至開元十年壬戌 … 至永泰元年五月五日 … 沙門令韜錄(唐 : 卷末)

발: (卷末)

妙矣哉實宗門之開(關)鍵儉歲之稷梁

也辞簡而朴旨省而深非識智之所

能擬議也大圭不琢貴乎天眞至言

不文尙於理實師言之謂坎後之傳

之者率意增損或冨易曉添糅鄙談

或務節略削除聖意攷先是行於東

國看省数本焉率皆舉略而遺金循

訛而失正苟非智眼精明洞炤不惑

其詳略真贋何從而信之哉中吳休

丶蒙山異老具向上宗眼嗣烈祖正

脉籠羅古今衝鑑邪正不濫絲毫人

所敬信者也尋淂(得)大金之古本旣板而

壽其傳使城外之乳普霑衆口又欲

廣其法施也越大德二年春附商寄

来嘱以流通法施之願予厶(亦)不淺淂

之慶幸遂乃重鏤庶流布於無

窮也所期叅玄之士但向未開卷前

着得活眼續佛慧命愼莫泥句沈言

滅胡種族刊行之志其在玆乎四年

庚子七夕住花山禪源 万恒 謹題

사진　문화유산원문 ; 『書誌學研究』67, pp.58~59.

참고　김성수, 「백천사 소장 육조대사 법보단경에 관한 서지적 연구」, 『書誌學研究』 67, 2016.

25-39 『佛說父母恩重經』 刊記

소재　경주 기림사(보물 제959-2-15호)
연대　忠烈王 26년(元 大德 4년, 1300)

간기 : (卷末)
佛說父母恩重經卷下

　　　特爲
　　　皇帝統御万年當今
　　　主上寶位天長又爲父母現世離諸
　　　災難壽祺祢(弥)遠此報盡時生生世世
　　　同生一處不难三宝助揚
　　　佛事供養衆具皆實滿足亦願先亡
　　　兄及三世師親法界生沒含靈同敀(歸)
　　　樂岸耳
　　　　　　時大德四年庚子七月七日
　　　　　　連山監務升[36]仕郎良醞令李　永成
　　　　　　　同願滿雲寺三重大師　又玄
　　　　　　　同　願　道　人　　智安

사진　문화유산원문 ; 『記錄』, p.44.
참고　경주 기림사 소조비로자나불 불복장인. 편지 미싱, 최은영 옮심, 『부모은중경·대방편불보

---

36)　升 : 일부 논문에서 '所'로 보고 있는데, 監務는 관직이며, 감무소라는 관청은 없다.

은경』, 홍익출판사, 1999 ; 송일기, 「韓國本 父母恩重經 : 漢文의 板本에 관한 연구」,
『書誌學研究』19, 2000 ; 김자현, 「父母恩重經의 변천과 圖像의 형성과정 연구」, 『불교미
술사학』 18, 불교미술사학회, 2014 ; 석혜영, 「14世紀 刊行의 韓·日 佛說大報父母恩中經
版畵本 연구」, 『동아시아불교문화』 38, 동아시아불교문화학회, 2018. 이를 바탕으로 한
寫經이 1310년에 이루어졌다(뒤의 26-4 참조 : 이 책, p.310).

25-40 『玉川先生詩集』 刊記

소재 日本 大阪 杏雨書屋
연대 忠烈王 27년(元 大德 5년, 1301)

저 : (唐)盧仝

간기 : (卷末)
玉川先生詩集

　　　　　大德五年辛丑三月　　日東京官　　開板

　　　　　　　別色前權知戶長鄭　　天呂

　　　　　　　校正麗澤齋生朴　　　英工

　　　　監

副留守兼勸農使管句學事朝顯大夫版圖摠郎金　　祐

사진 『日藏珍稀中文古籍書影叢刊』 5, p.253.
참고 杏雨書屋 編, 『新修恭仁山莊善本書影』, 臨川書店, 1985, p.55 ; 南江濤 選編, 『日藏珍稀
中文古籍書影叢刊』 5, 北京 : 國家圖書館出版社, 2014 ; 金程宇, 「盧仝與域外漢文學」,
『한국어문학국제학술포럼-제10차국제학술대회』, 2010.

25-41 圓頓經典 寫經 기사

전거   安鼎福 編, 『雜同散異』
연대   忠烈王 27년(1301)

기사 : (金㫻)公先薨于辛丑歲 夫人哀悼過 人辭國儀 自庀葬具 窆于大德山之离崗
… 創一蘭若爲追薦場 名之曰感應 仍傾家貲貨至寶器 請僧寫圓頓經典 錯金銀字(金
開物, 「追封卞韓國大夫人眞慧大師行陽川郡夫人許氏墓誌銘幷序」)

참고   『墓誌銘』, p.446(金㫻妻許氏墓誌銘)

25-42 『佛頂心觀世音菩薩姥陁羅尼』 刊記

소재   고양 원각사(경기도 유형문화재 제302호)
연대   忠烈王 27년(元 大德 5년, 1301)

간기 : (卷末)
       大德五年五月五日 權悕書

사진   문화유산검색. 신집성문헌
참고   『佛頂心觀世音菩薩大陁羅尼經』에서 陁羅尼 呪文만 수록함. 悉曇字와 漢字를 번갈아
       기록하였는데, 漢字 표기의 일부가 同音異字인 것으로 보아, 이전 판본과는 다른 계통임을
       알 수 있다. 許興植, 「1322年 천수관음복장의 造成과 思想性」, 『한국중세불교사연구』,
       일조각, 1994, p.253.

25-43 『梵字圓相金剛界曼茶羅』 刊記

소재　고양 원각사(경기도 유형문화재 제302호), 아산 온양민속박물관
연대　忠烈王 27년(元 大德 5년, 1301)

별칭 : 印本梵字만다라, 금강계인본만다라

간기 : 山人小丘刀　　　(右側 下段)
　　　　 大德五年五月日 (左側 下段)

사진　문화유산검색. 신집성문헌
참고　單面다라니. 남권희,「1302年 阿彌陀佛腹藏 인쇄자료에 대한 서지학적 분석」,『1302年
　　　　阿彌陀佛服藏物의 調査研究』, 溫陽民俗博物館, 1991, p.59 및 p.295 ; 許興植,「1302年
　　　　阿彌陀佛腹藏의 造成經緯와 思想傾向」,『한국중세불교사연구』, 일조각, 1994, p.235.

25-44 『佛說阿彌陀經』 刊記 기사

전거　천혜봉,「高麗 典籍의 集散에 관한 연구」
연대　忠烈王 30년(元 大德 8년, 1304)

간기 : 大德八年九月日 三重大均刻
勸善 界安 同願 白全 孫守 宋子盡 林滑 都住

참고　천혜봉,「高麗 典籍의 集散에 관한 연구」,『고려시대연구』Ⅱ, 한국정신문화연구원, 2000,
　　　　p.385.

25-45 『金剛般若波羅蜜經』(六祖解) 刊記

소재 청주 고인쇄박물관(보물 제1408호)
연대 忠烈王 31년(元 大德 9년, 1305)

저 : 曹溪六祖大師慧能解義 亦曰口訣幷序

발 : 六祖口訣後序 … (宋)元豊七年(1084) 天台羅適 謹序

간기 : (卷末)
　　　　　道人六具居士朴知遙等同願伏爲
皇帝萬年國王王殿各保千秋之願大德九年乙巳高
　　麗國淸州牧元興社開板印施無窮者

각수 : 全一(* 50丈 下段)

사진 문화유산원문 ;『記錄』p.92.
참고 羅適은 天台宗의 승려가 아니며, 北宋 때 관리를 지낸 居士임(육조 술 ; 백운 광론 ; 이동형
　　　역,『금강경육조대사구결』, 운주사, 2015, p.8). 天台는 아마도 그가 거처하던 天台縣이라
　　　여겨진다. 정제규,「청주 원흥사(元興社)의 금강반야바라밀경」,『청주의 불교문화사 학
　　　술대회』, 청주문화원, 2018.

25-46 『牧牛子修心訣』附 戒初心學人文 刊記

소재 대구 동화사(용·연시 위탁)
연대 忠烈王 31년(元 大德 9년, 1305)

합부 : 皖山正凝禪師示蒙山法語·東山崇藏主送子行脚法語·蒙山和尙示衆

저 : 知訥

간기 : (卷末)
牧牛子修心訣
　　　　　　　　大德九年乙巳七月　日誌
　　　　　　　　　　同願道人　眞呞書
　　　　　　　　　　棟梁道人　祖雲
　　　　　　　　　　同願道人　神鈍
　　　　　　　　　　社內道人　行明　雲(弘)刀

　　　第十代開板

사진　신집성문헌

참고　1400년 飜刻本에 의함(建文二年八月　日誌 … 智異山德奇庵重刊). 대구 龍淵寺 木造阿彌
　　　陀三尊佛 佛腹藏임. 송일기, 「四法語의 편찬과 유통」, 『서지학연구』 63, 2015, pp.75~76
　　　참조.

25-47 『楓岳山長安寺事蹟記』跋文

전거　『榆岾寺本末寺誌』
연대　忠烈王 31년(元 大德 9년, 1305)

저 : 瑜伽僧統工公　集 ; 閔漬　筆削

발 :

楓岳山長安寺事蹟記跋

金剛山者不唯奇絶之狀甲於天
下如經所傳曠劫已來爲菩薩住
處古今靈蹟相續不絶則可謂寰
中淨土也由是聖天子聞而遙禮
屢致茗香而四海之內誰不引頸
而東望稽首而致敬乎山中古蹟
自經喪亂以後十無一二牙齒相
傳之說不能無所疑矣因勸善文
往往聞此山之事其所說大同小
異者或多故心自怪之耳今瑜伽
僧統工公捨名求道入住此山者
有年矣歎此山古來靈異之跡湮
沒因集諸家所載者及古老相傳
者並目睹耳聞寫成一軸先使人
囑予以筆削予初覽之或有與僧
所聞不同者故不能無疑矣及師
親訪而見其面聞其言然後乃知
予向之所是者爲非所非者爲是
也於其文歛袵無敢言

　　大德九年季秋吉日
　　默軒居士閔　漬謹跋

참고　金坦月 編,『楡岾寺本末寺誌』, 1942(活字本)에 의함. 이 책은 1884년(光緒十年元月二十
　　　日 錦河 撰) 간행『金剛山長安寺事蹟(假稱)』을 바탕으로 간행한 것임. 韓國學文獻硏究所
　　　編,『乾鳳寺本末事蹟 : 楡岾寺本末寺誌』, 亞世亞文化社, 1977(影印本), p.326 참조. 발문
　　　의 구성은 편자가 임의로 배열한 것임.

25-48 大慶壽寺 大藏經 印施 奉安 기사

전거 「大慶壽寺大藏經碑」
연대 忠烈王 32년(元 大德 9년, 1305)

기사 : 東南海濱之國 高句麗古稱詩書禮儀之邦 奉佛尤謹 皇元之有 天下聞風來附
世祖皇帝結之恩 待之禮 亦最優異 父子繼王 竝列貳館 今王又以聰明忠孝 爲皇帝
皇太后所親幸 大德乙巳 乃施經一藏入大慶壽寺 歸美以報于上 寺爲裕皇祝釐之所
於京城諸刹爲最古

참고 程文海, 『雪樓集』 卷18 ;『欽定四庫全書』, 第1202冊, pp.257~258 ;『元代麗史資料』,
pp.131~133.

25-49 高麗 再造 大藏經 印施 및 移安 기사

전거 閔漬 撰,「高麗國大藏移安記」
연대 忠烈王 32년(元 大德 10년, 1306) 이전

기사 : (鐵山紹瓊)師因游化 到江華普門社 見藏經三本 問其來由 曰二本乃往古君
臣所安 一是今奉翊大夫知密直司事軍簿判書上護軍許評 同瑞原郡夫人廉氏 了因
所營也 師喟然嘆曰 往者志不可奪 今者意惑可遷也 … 大德十年丙午 九月 日記

참고 周南瑞 編,『天下同文』前甲集 7 ;『欽定四庫全書』第1366冊, pp.615~616 ;『元代麗史資
料』, pp.92~95. 이 글은 1304년 고려에 온 元의 鐵山紹瓊이 강화도 보문사에 봉안된
대장경 1부를 보시 받아, 중국 江西行省 袁州路 宜春縣의 大仰山으로 옮겨 봉안한 사실을
기록한 것으로 민지가 지었다. 이때 가져간 대장경이 재상을 지낸 허평 부부가 발원한
사실이 확인되어 이를 수록한다. 허평이 보시한 해는 이보다 앞설 것이나, 그대로 둔다.

許興植,「1306년 高麗國大藏移安記」,『高麗佛教史硏究』, 一潮閣, 1986 ; 吳龍燮,「高麗國大藏移安記에 대한 考察」,『書誌學硏究』 24, 2002.

25-50 『梵綱經盧舍那佛說菩薩心地戒品』 第十 跋文

소재   한국학중앙연구원(보물 제1131호)
연대   忠烈王 32년(元 大德 丙午年, 1306)

저 : 後秦龜玆國三藏鳩摩羅什 譯
서 : 梵網經菩薩戒序
　　 梵網經菩薩戒後序 … (隋)沙門釋　僧肇 述

발 : (卷末)
梵綱經盧舍那佛說菩薩心地戒品 第十之下

瞿曇老人架鐵船撒塵
絲網於三界海上南嶽尊
者爲之從臾操篙把柂
佛日永明從而舜棹是撓
揚清激濁撈漉羣靈
待衆生界空而後已三
韓宗乳諸公相呼相喚
又新其網於東大洋海
志期鰕鱂魚龍一網打
就何其用心而至於是哉
若有个物脱不受羅籠
底翻身一躍拔萃超羣

可不是謂透網金鱗耶

雖然畢竟以何爲食待

汝出網來弟(第)向汝道大

德丙午秋瀟湘古豦散人

紹瓊敬題

사진 문화유산원문

참고 口訣本. 元나라 高僧 紹瓊(蒙山 德異의 제자)은 忠烈王 30년(1304) 7월 고려를 방문하여 說禪을 행하는(『高麗史』卷32, 忠烈王 30년 7월. 8월조) 등 다양한 활동을 하였다. 跋文에 보이는 "三韓宗乳諸公 相呼相喚"이 그 사실을 잘 입증한다. 따라서 이는 고려에서 간행된 것으로 보아야 한다(『記錄』, pp.72~73 참조). 李圓淨 編, 목정배 譯, 『범망경보살계본휘해』, 운주사, 2015.

25-51 『梵綱經盧舍那佛說菩薩心地戒品』第十·『受菩薩戒法』跋文

소재 청주고인쇄박물관(보물 제1407호)

연대 忠烈王 32년(1306)

별칭 : 『梵網經』

서 : 受菩薩戒法幷序 … 大吳越國慧日 永明寺主 智覺禪師 延首 集序
　　受菩薩戒儀　　　　　南嶽沙門釋 惠思 撰

발 : (卷末)

受菩薩戒法終

梵網菩薩戒經現有數本皆訛

舛而不同與修文殿大學士安

公珣前知密直司事許公評瑞

原郡夫人廉氏安州郡夫人康

氏同一善心謹依

本國藏本募工傳刻幷問難儀

文合爲一部永遠流通所集殊

利上報

四恩下資三有溥願法界一切

□□受菩薩戒行菩薩行發

□□願圓菩提果盡未來際

不犯毗尼戒體妙日月之明

사진　문화유산원문

참고　양면인쇄본으로, 『梵網經』의 시작면과 『受菩薩戒法』의 발문 마지막 면이 逸失된 까닭에
　　　발문이 온전하지 못하다. 『梵網經』의 서지사항과 紹瓊의 跋文은 위의 25-50 『梵網經盧舍
　　　那佛說菩薩心地戒品』과 내용이 같으므로 생략한다. 하지만, 둘은 서로 다른 판본이다.
　　　영명연수 지음, 여천무비 역, 『보살계를 받는 길 - 수보살계법서』, 염화실, 2008.

25-52 『佛頂心呪經』 刊記

소재　국립중앙박물관

연대　忠烈王 32년(1306)

별칭 : 『佛頂心觀世音菩薩大陀羅尼經』

간기 : (卷末)

特爲兩親福壽無

疆兼及己身災厄

頓消常作

佛事普及法界

生沒含靈仗次勝

因俱成正覺者

大德十年 二月日刻

施主高敞郡夫人吳氏誌

사진 『밀교학보』7, p.110.

참고 袖珍本. 卷頭에 變相圖를 두었고,『佛頂心觀世音菩薩大陀羅尼經』의 陀羅尼 呪文을
매 면당 4行 6字로 漢字와 悉曇字를 번갈아 기록하였다. 권말에는 '消三災符'를 비롯한
20종의 부적 등이 들어 있다. 護身用 袖珍本으로 유사한 형태는 최충헌 부자의 조성사례가
참조되는데(앞의 21-1 小字本『佛頂心觀世音菩薩大陀羅尼經』: 이 책 p.135), 여기에는
悉曇字나 부적이 없다. 1375년. 남권희, 「한국기록문화에 나타난 진언의 유통」, 『밀교학보』
7, 2005, pp.109~110 ; 우진웅, 「불정심다라니경의 판본과 삽화에 관한 연구」, 『書誌學研
究』60, 2014.

25-53 『萬德山白蓮社第四代眞靜國師湖山錄』 跋文 기사

소재 송광사, 동국대

연대 忠烈王 33년(1307)

저 : 眞淨 天頙 撰

발 : 跋眞靜湖山錄

眞靜國

老以儒林巨魁深入祖道故發爲詩文天然有

雅頌之風其所歸乃勸善誠惡欲驅入於無生
之域而已非若世之畵無鹽飾嫫母規取一時
之譽者比夫醍醐飮而不厭珠玉玩而不足矣
門人釋敎都摠攝靜慧圓照大[37]禪師而安旣錄
之成集又出私錢售工鋟梓傳之不朽實可謂
能幹蠱而纘承也欤大德十一年十月日王師
佛日普照淨慧妙圓眞鑒大禪師丁午跋

참고   문집의 일부만 전함. 한국불교전서(H0086). 본 跋文은『萬德寺誌』에 실린 내용임(韓國學
        文獻硏究所 편,『萬德寺誌』, 亞細亞文化社, 1977(影印本), pp.55~56). 許興植,『眞靜國師
        와 湖山錄』, 1995(影印本 수록) ; 리영자,『천책스님의 호산록』, 도서출판 해조음, 2009(影
        印本 수록).

25-54 『五臺山事跡』跋文

소재   평창 오대산 월정사
연대   忠烈王 33년(元 大德 11년, 1307)

저 : 閔漬 記

발 :
五臺山者佛聖眞身常住之所也月精寺者五類大聖現迹之
地況是寺亦爲是山之喉吻故我太祖肇開王業依古聖訓每
歲春秋各納白米二百石塩五十石別修供養而用資福利邃
以爲歷代之恒規自經兵火以來國步多艱供養屢絶寺亦頹

---

37) 大 : 원문에는 '力'으로 되어 있으나, 착오이므로 교정한다.

圮已甚沙門而一見之慨然發嘆既已殫力修葺來謂余曰是
山之名聞於天下而所有稽古皆羅代鄕言非四方君子所可
通見雖欲使人人能究是山寺之靈異豈可得乎若他日或天
使到山而求觀古記則其將何以示之哉願以文易其鄕言使
諸觀者明知大聖靈奇之迹如日月皎然耳予聞其言以爲然
雖自知爲文不能副其意亦重違其情而筆削云爾

　　　　　　　　大德十一年二月日　宣授朝列大夫翰林
　　　　　　　　直學士匡靖大夫僉議都僉議司事延英殿
　　　　　　　　大司學提修史判文翰署事閔漬記

참고　1902년 筆寫本『五臺山事跡』에 의함(『佛教振興會月報』, 1915년 9월호, pp.48~49). 하지
　　　만 민지가 편찬한 책의 제목은 정확히 알 수 없어, 여기서는 임의로 부여한다. 行字數의
　　　배열 또한 편자가 임의로 정하였다. 염중섭,「五臺山事蹟記의 판본과 민지의 자장전기
　　　자료 검토」,『불교학연구』46, 2016.

25-55 『三國遺事』序文

소재　서울대
연대　忠烈王代(1275~1307)

저 : 國尊曹溪宗迦知山麟角寺住持圓鏡冲照大禪師一然撰

서 :
紀異卷第一

　　　　叙曰大抵古之聖人方其禮樂興邦仁義設教
　　　　則怪力亂神在所不語然而帝王之將興也膺
　　　　符命受圖籙必有以異於人者然後能乘大變

握大器成大業也故河出圖洛出書而聖人作
以至虹繞神母而誕羲龍感女登而生[38]炎皇娥
遊窮桑之野有神童自稱白帝子交通而生小
昊簡狄吞卵而生契姜嫄履跡而生弃胎孕十
四月而生堯龍交大澤而生沛公自此而降豈
可殫記然則三國之始祖皆發乎神異何足怪
哉此紀異之所以漸諸篇也意在斯焉

사진 『三國遺事』, pp.31~32.

참고 1512년(正德壬申 … 慶州鎭兵馬節制使全平君李繼福謹跋) 重刊本에 의함. 민족문화추
진회 편, 『校勘 三國遺事』, 민족문화문고간행회, 1973(影印本) ; 일연 지음, 이재호 옮김,
『삼국유사』1·2, 솔출판사, 1997 ; 李基白, 『韓國古典硏究 : 三國遺事와 高麗史 兵志』,
일조각, 2004.

25-56 『法華經』·『涅槃經』·『金光明經』·『無量壽經』 印出 跋文 기사

전거 『東文選』 卷111[39]
연대 忠烈王代(1275~1307)

기사 : 佛興於世 法被于人 由利根鈍根之異焉 有頓敎漸敎之殊也 源從一脉 派出千
支 蓮華之與大涅槃 俱談實相 金光之與無量壽 別開要門 … 以流通有眞功也 故印出
續慧命焉 今畢莊嚴 實深欣幸 … 伏願云云 被覺王經王之陰騭 蒙天帝皇帝之優容
跋涉無虞 鑾輿穩還於松麓 寢興有吉 玉曆遐耀於桑丘 普與群迷同登正覺(釋 無畏,
「法華經涅槃經金光明經無量壽經轉讀疏」)

---

38) 生 : 注로 되어 있으나, 착오이므로 교정함.
39) 이하 25-56~58에 실린 釋 無畏의 글은 고전DB 원문이미지 ; 『東文選』 卷111 참조.

25-57 『法華經』印成 跋文 기사

전거 『東文選』卷111
연대 忠烈王代(1275~1307)

기사：甘蔗氏之眞身 常住無去無來 妙蓮經之實相 甚深難思難議 稱一口而妙因斯滿 書半偈而極果頓圓 伏念弟子 業識茫茫 神根闇闇 幸因緣之厚 聞佛法之名 歸吾佛而不餘虔歸 誦此經而不餘文誦 然未能生於三慧 自慙虛受於四恩 庶仗流通 大法之功夫 以爲度濟群生之方便 是用今者 印成十部 寫出兩重 兼陳至薄之羞 粗備落成之式 水流趣海 一毫善咸至菩提 月現處空 三身應可期俄頃 先願 大梵帝釋 護世四王 龍神八部 諸善靈祇等 長威光而護邦國 轉業報而證眞常 次願主上陛下云云(釋 無畏,「法華經慶讚疏」).

25-58 金字『法華經』寫經 跋文 기사 ① ② ③

전거 『東文選』卷111
연대 忠烈王代(1275~1307)

기사：

① 弟子幸憑種福之深 獲聽開權之唱 欲手寫眞詮而供養 早誓于心 奈身隨妄境以趨蹌 未成其願 然在流通之益 本無自他之殊 故請林棲之道人 代以金書於佛乘 字字無非法界 三千並常 塵塵盡是眞如 四一咸妙 … 願三殿益擁天休 見四方咸執壤奠 次願先亡考妣 若墮三途之熱惱 速躡雲梯 如遊上界之淸涼 更登蓮品 洎予小子與其細君 現增五福之祺 後生西刹 普及群盲之類 同乘大車(釋 無畏,「寫成法華經慶讚疏」代洪侍中)

② 弟子本無定慧之修 濫受師賓之禮 欲報上恩之偏厚 每殫下愚以虔祈 玆者以所賜

之銀窠 貿爲金簿 寫此最尊之蓮典 仍設檀筵 轉眞詮而字字流金 迴覺照而波波孕月
如斯施作 不是尋常 伏願遍蒙一乘之冥資 亦賴三身之密佑 雨露恒承於九闥 寵命惟
新 乘輿速返於三韓 昌期有永 眞風所被 枯物還蘇(釋 無畏,「寫成金字法華經疏」)

③ 庶憑通法之勝功 小報非常之重惠 先備黃金而寫 次硏黑墨而書 玆設落成之梵筵
敬轉開權之雄典 … 伏願云云 天錫遐齡 日新盛業 速迴鑾輅 永膺木德之興昌 嘉與椒
圍 更卜桑墟之帖泰(釋 無畏,「書寫法華經疏」)

〈표 11〉忠烈王代(1275~1300) 刊記 未詳의 저술 목록

제목(연대)	저자	내용(典據)
『古今錄』 (10년 1284)	元傅 許珙 韓康	十年 六月 丙子監修國史元傅修國史許珙·韓康等撰古今錄至 十月而成(『高麗史』卷29, 忠烈王) 遷叅文學事·修國史 與韓康·元傅等撰古今錄拜僉議中贊(『高 麗史』卷105, 許珙)
『國史』 (12년 1286)	吳良遇 등	十一月 丁丑 命直史館吳良遇等 撰國史 將以進于元也 (『高麗 史』卷30, 忠烈王 12년)
『元世祖事跡』 (21년 1295)	任翊 金賆	丁巳 命同修國史致仕任翊史館脩撰官金賆撰先帝事跡(『高麗 史』卷31, 忠烈王 21년 3월) 撰元世祖事跡(『高麗史』卷95, 任翊)
『語錄』·『偈頌雜著』· 『祖派圖』·『大藏須知錄』· 『諸乘法數』·『祖庭事苑』· 『禪門拈頌事苑』	一然 (1206~1289)	師沈厚寡言 學無不窺 爲詩文富贍 有語錄二卷 偈頌雜著二卷 其所編修 有 … 祖派圖二卷 大藏須知錄三卷 諸乘法數七卷 祖庭事苑三十卷 禪門拈頌事苑三十卷等 百餘卷 行于世(「軍 威 麟角寺普覺國尊靜照塔碑文」,『高僧碑文』高麗篇4, p.195.)
『新儀』	柳陞 (1248~1298)	久在閤門 時禮文散失 陞撰新儀甚詳 後人遵用之(『高麗史』卷 105, 柳陞)
『內典錄』	李承休 (1224~1300)	又上疏極論利害 忤旨罷歸龜洞舊隱 別構容安堂 看佛書 著帝 王韻記內典錄(『高麗史』卷106, 李承休)
『璿源錄』	任翊(?~1301)	嘗奉敎撰璿源錄(『高麗史』卷95, 任翊)
『(千秋)金鏡錄』	鄭可臣 (1224~1298)	嘗撰 金鏡錄(『高麗史』卷105, 鄭可臣)
『世代編年節要』	閔漬 (1248~1326)	忠烈嘗命漬增修 鄭可臣所撰 千秋金鏡錄 國家多故 未暇及焉 後與權溥同校撰成 名曰世代編年節要 上自虎景大王 迄于元 王 分爲七卷 幷世係圖以進(『高麗史』卷107, 閔漬)

〈표 12〉忠烈王代(1275~1307 : 추정) 간행본으로 注目할 책

제목	저자	중국 서문·간기
『重刊肯上人篆隷金剛經』*		서 : 重刊肯上人 篆隷金剛經序 … 至元二十五年戊子中元節宋代遺黎 陳叔昭自明書于吉水縣上南示現經堂(1288 : 中國) (소재 : 국립중앙 도서관, 규장각)
『淸凉答順宗心要法門』**	(唐) 澄觀 著 ; 宗密 注 ; 惠達 科	竊以迷悟由心 法本無迷悟 言詮顯理達理趣 何假言詮 經像 本融法喩 權立 順宗問而淸凉答 圭峯註而惠達科 邃成一卷之書 總括此心之要 中奉大夫 崇福使 別不花 夙彰善本 日覽微言 抽施餘資 刊行妙典 上祝 (中國 刊記) (소재 : 국립중앙도서관, 고려대)

* 『重刊肯上人篆隷金剛經』은 書法의 학습은 물론, 『금강경』 판본 연구의 참고자료로 주목됨. 佛敎出版社 編, 『篆隷金剛經』 上下, 佛敎出版社, 1975(影印本).

** 『淸凉答順宗心要法門』은 목판본이나, 위 발문부분이 고려에서 조성된 금속활자본이라는 견해와 논쟁은 물론, 조선시대에서도 重刊되어 영향을 준 것으로 주목됨. 尹炳泰, 「高麗金屬活字本 淸凉答順宗心要法門과 中奉大 夫崇福使別不花」, 『국회도서관보』 10권 4호, 국회도서관, 1973 ; 유부현, 「淸凉答順宗心要法門과 南明泉和 尙頌證道歌의 비교 고찰」, 『서지학보』 39, 한국서지학회, 2012.

제26대 忠宣王 王璋(初名 王謜 : 복위 1308년 7월~1313년 4월)

26-1 『金剛山楡岾寺事蹟記』跋文

전거 『乾鳳寺本末事蹟 ; 楡岾寺本末寺誌』
연대 忠宣王 복위 즉위년(元 至大 원년, 1308)

저 : 高麗國平章事驪興府院君諡文仁公 閔漬 撰

발 :

楡岾寺事記跋
金剛山者大聖曇無竭常住說法
之所也楡岾寺者泛海西來五十
三釋迦金像自古來住之處也是
佛靈奇之跡是寺刱立之緣不可
不傳於後然山中古籍曩因兵火
而遺失故是寺幹善沙門等旣已
重修愴古籍之不傳收集脫簡遺
文並採古老所傳請默軒居士以
爲記丁未冬又圖不朽欲以刊石
因賫其記北到遼陽告其志于行
省平章頤軒洪公公覽其記益向
此山而敬重謂此文非庸人俗士

可書湏得名筆書之然後上石可
也以翰林學士吳興趙君孟頫是
當今聲獻非此人不可特遣使請
書付來騎以遣之則頤軒相公敬
仰是山之意於此可見矣予見其
書不勝嘉嘆惟悲後之觀者不知
書者是誰爲者是誰故聊書其本
末爾

　　　　至大元年十月日
　　　　夢庵老野雲　跋

사진　『乾鳳寺本末事蹟：楡岾寺本末寺誌』, p.54.

참고　『金剛山楡岾寺績事蹟記』(同治十年辛未(1871년) 懶隱保郁 刊行)를 바탕으로 김탄월이
　　　편집한 活字本에 의함(金坦月 編,『楡岾寺本末寺誌』, 1942 ; 韓國學文獻硏究所 編,『乾
　　　鳳寺本末事蹟 ; 楡岾寺本末寺誌』, 亞世亞文化社, 1977(影印本)). 오늘날 전하는 사적기
　　　는 1911년 간행본으로(世尊誕二千九百三十八年辛亥 柳夏信佛姜在喜謹書), 위의 跋文
　　　이 없다. 본문의 배열은 국립중앙박물관 소장 유리건판사진의 글자 수에 의함(001640 : 江
　　　原 高城 楡岾寺 金剛山楡岾寺史蹟記). 이에 의하면, 민지의 관직은 "高麗國平章事驪興府
　　　院君諡文仁公閔漬撰字龍涎號默軒又法喜居士"로 나와 있다.

26-2 『忠憲王實錄』編撰 기사

전거　『高麗史』卷33, 忠宣王 원년 2월
연대　忠憲王 원년(1309)

기사 : 戊寅 命撰忠憲王實錄

참고 『高宗實錄』의 재편찬일 것이다.

26-3 『大佛頂如來密因修證了義諸菩薩萬行首楞嚴經』(戒環解) 刊記

소재   ① 경주 기림사(보물 제959-2-2호 : 卷9) ② 日本 東京國立博物館(卷10)
연대   忠善王 원년(元 至大 2년, 1309)

저 : 唐 般刺蜜帝譯 ; 宋 戒環 註解

간기 : ① (墨印 ; 卷9 : 卷末)
此經此疏實入道之筌蹄欲求修證者不可斯須
離於手也舊本字大行脚人難於賫持謹與國大
夫人鄭氏同願細書繡梓印成二百件廣施結緣云
僧統 冲昷道人 覚源 天明同願盧氏智月
　　　　　　　　至大二年十月 日 誌

② (朱印 ; 卷10 : 卷末)
大佛頂如來密因修證了義諸菩薩萬行首楞嚴經卷第十

此經此疏實入道之筌蹄欲求修證者不可斯須離
於手也舊本字大行脚人難於賫持謹與國大夫鄭
氏同願細書繡梓印成一百五十件廣施結緣云至大
二年十月日道人覺元 天明 同願盧氏 智月 誌

사진   ① 문화유산원문. ②『오구라 컬렉션 한국문화재』, p.234.
참고   蝴蝶裝. 口訣本. ① 기림사 소조비로자나불 복장전적으로, 1370년 重刊本에 의함(뒤의
　　　　31-34 참조). 또한 卷9의 끝에 "正統元年丙辰七月初十日(1436) 興德寺來"의 筆寫가 있다.

② 국립문화재연구소, 『日本 도쿄국립박물관 소장 오구라 컬렉션 한국문화재』, 국립문화재 연구소, 2005, p.514. 刊記의 경우, 墨印과 朱印으로 다르고, 부수 또한 다른 것으로 보아 두 차례에 걸쳐 인쇄 보시된 듯하다. 저자 및 서지 사항은 앞의 23-27 참조(이 책, p.173).

26-4 紺紙金字 『佛說父母恩重經』·『華嚴經』 梵行品 寫經 跋文

소재 日本 京都國立博物館(京都 寶積寺 위탁)
연대 ① 忠宣王 2년(1310 : 추정) ② 忠肅王 4년(1317 : 추정)

발 : ① 『佛說父母恩重經』

　　　　伏爲
聖壽天長國泰安民又爲先亡
　　父母親緣七世師親法界
　　含靈悉脫苦趣同生安樂
　　聞法悟道次及己身離諸
　　災難此報盡時世世生生
　　同生一處不離三寶助揚
　　佛事供養衆具皆悉滿足
　　廣度有情同歸覺岸者耳

　　　庚戌四月日　　敬書
　　　施主　比丘　慈淑
　　　同願　比丘　信全
　　　　　　　　　日精
　　以此誦經功德普皆回向
　　四恩三有法界衆生無上
　　菩提眞如實際願共法界

諸衆生等臨命終時七日
以前預知時至心不顚倒
心不失念心不散亂無諸
痛苦身心安樂如入禪定
愚善知識敎稱十念聖衆
現前承佛願力上品往生
阿彌陀佛極樂國土到彼
國已獲六神通遊歷十方
奉持諸佛常聞無上微妙
正法修行普賢無量行願
福慧資糧皆得圓滿速證
菩提法界衆親同斯願海
摩訶般若波羅密

② 『華嚴經』 梵行品 (*背面에 書寫됨)

丁巳歲十一月日敬書
願主比丘慈淑

참고　兩面 書寫임. 跋文의 사진 자료는 확인되지 않으나, 경문의 일부가 소개되었다(禿氏祐祥, 「異本父母恩重經解說」, 『宗敎硏究』 5-2, 東京 : 宗敎硏究發行所, 1928, 卷首 참조). 이 경전은 충렬왕 26년(1300)에 간행된 『佛說父母恩重經』(경주 기림사 불복장)과 같은 계통으로 판단된다. 折帖裝으로 5행 14자, 상권 140행 중권 103행 하권 27행으로 구성된 것은 물론 경문 일부가 소개된 사진 역시 일치한다(보물 959-2-15호 국가문화유산포털 원문이미지 참조). 더욱 발문의 경우 "離諸災難" "此報盡時 … 同歸覺岸者耳"이 그대로 재인용되고 있다. 또한 "以此誦經功德" 이하의 발문은 「天台智者大師發願文」을 그대로 수용한 것이다(Pelliot chnois Touen-houang 3183). 이런 점에서 이 寫經은 1300년 간행본을 바탕으로 이루어진 것으로 여겨진다. 따라서 사경 연대는 庚戌年은 1310년으로 丁巳年은 1317년으로 판단된다. 위 발문은 본문의 1행 14자에 근거하여, 編者가 임의로 배열하였다. 『集成』, pp.118~119. 禿氏祐祥, 「父母恩重經の異本に就て」, 『宗敎硏究』 5-4, 東京 : 宗敎

硏究發行所, 1928 ; 권희경, 「日本에 전하는 고려 寫經」, 『고고미술』 132, 1976. 이외 참고사항 등에 대해서는 앞의 25-39 참조(이 책, p.289). 또한 연대와 관련한 異見은 앞의 考異⑥ 참조(이 책, p.208).

26-5 『萬德山白蓮社第二代靜明國師後集』 刊記

소재 동국대 도서관
연대 忠宣王 2년(1310)

저 : 靜明 天因 撰

별칭 : 法華經讚

간기 : (卷末)
萬德山白蓮社第二代靜明國師後集

    國師文章之富贍解脫之從容林君序之詳
    矣然此皆外迹也其內本則邈乎不可知也
    國師滅後及六十二年庚戌冬予得佛歸社
    長天公所送彌陀讚法華讚若干篇奉讀之
    求生淨土之要術二十八品之宏綱摠□□
    (*이하 缺落)

사진 신집성문헌

참고 跋文의 뒷 부분은 亡失됨. 李英子, 「天因의 法華懺法의 전개」, 『韓國天台思想의 전개』, 民族社, 1988(影印本 수록) ; 라정숙, 「靜明國師 天因의 사상과 수행」, 『天台學研究』 14, 天台佛敎文化研究院, 2011.

26-6 『忠敬王實錄』 改修 기사

전거 『高麗史』 卷34, 忠宣王 3년 11월
연대 忠宣王 3년(1311) 이후

기사 : 庚子 命修忠敬王實錄

참고 『元宗實錄』의 改修임. 忠惠王 원년(1331) 9월에도 같은 기사가 있다(丙申 命修忠敬王實
錄 ; 『高麗史』 卷36).

26-7 袖珍本 『金剛般若波羅蜜經』 初刊 刊記

소재 개인(보물 제775호), 華城 鳳林寺(보물 제1095-1호)
연대 忠善王 3년(元 至大 4년, 1311)

저 : 姚秦三藏沙門鳩摩羅什奉詔譯

간기 : (卷頭)
　　　御史臺術東程刊
　　　　(卷末)
金剛般若波羅蜜經

　　覚圓洎同願比丘　達
　　玄　永哭(興) 懷英千備
　　希印　行全　宗信信
　　士　李琦　田大同在
　　古燕偶見本國僧洪准

所書金剛經一本字小
　　体具使人可觀因發難
　　遭慶幸之心重法輕財
　　旀(命)工刊板以廣其傳先
　　將此功德廻向
　　佛菩提
一人恒有慶兆姓摠无憂
　　佛日鎭長明法輪常永
　　轉願我先父母及一切
　　衆生藉此金剛因早明
　　般若智盡此一報身俱
　　生極樂國親覩
　　无量光同受
　　菩提記
　　時至大四年五月日誌

사진　문화유산원문 ; 『典籍』, p.191.
참고　1339년 重刊本에 의함(뒤의 27-50 참조 : 이 책, p.379).

26-8 紺紙金字 『妙法蓮華經』 卷第五 寫經 跋文

소재　日本 京都國立博物館
연대　忠宣王 3년(1311)

발 : (卷末)
妙法蓮華經卷第五
　　人臣之祝

上固其理也況臣崔湍偏受
上恩者甚矣祈祝之誠蓋倍於他人者哉故當
主上之厄年辛亥秋特倩書手寫成金字蓮經七軸伏願
殿下無疾病歟長守貴也享國千秋波及己身嘉耦現增
　福壽當生安養先亡父母法界四生同霑樂利耳

사진　『集成』, p.359 ;『고려사경』, p.67 ;『한국사경』, p.125.

참고　『集成』, p.121.

26-9 紺紙金字『大方廣佛華嚴經入不思議解脫普賢行願品』外 寫經 跋文

소재　호암미술관(국보 제235호)

연대　忠宣王代(1308~1311)[40]

역 : 罽賓國三藏般若奉　詔譯

발 : (卷末)

大方廣佛華嚴經普賢行願品

至□(이하 字數 未詳)
三重大匡寧仁君 李也亥[41]不花
懇發丹心寫成行願品金剛經長壽經弥

40) 국가문화유산포털에서는 연대를 至正 연간으로(忠惠王 2년(1341)~恭愍王 16년(1367)) 보고 있으나, 연대 고증은『고려사경』, p.69 註) 250 참조.

41) 亥 : 국가문화유산포털,『고려사경』,『集成』 등은 '之'로 보고 있는데, 恭愍王代(1352~1373) 왕자 '也亥不花'로 미루어 '亥'로 보는 것이 옳겠다(『한국사경』, p.123). 사진 또한 '亥'로 확인된다.

陁經父母恩重經普門品各一部所集功德
皇圖永固
□□□昌　兼及己身無病長生一門眷属(屬)各消災殃
　　普及法界含靈同成仏道者

화사 : 行願品 變相 文卿[42]書(* 變相圖의 後面에 筆寫됨)

사진　문화유산원문 ; 『고려사경』, p.68 ; 『한국사경』, p.123.

참고　『集成』, p.123. 跋文에서 『金剛經』·『長壽經』·『阿彌陀經』·『父母恩重經』·『法華經』普門
品까지 함께 조성된 사실을 확인할 수 있으나, 찾아지지 않았다.

26-10 金字 『華嚴經』 寫經 奉安 기사

전거　『湘山志』 卷3, 古蹟
연대　忠宣王代(元 至大 年間, 1308~1311)

기사 : 金字華嚴經 元至大間 貢自高麗國王

참고　1307년 元의 武宗 즉위에 공을 세운 인연으로 忠宣王이 喜捨하였을 것이다. 이 사경은
사찰에 계속 봉안되고 있었는데, 1900년대 日本軍이 掠奪해갔다고 전한다. 淸 謝允復
纂修, 『湘山志』 卷3, 揚州 : 江蘇廣綾古籍刻印社, 1996, p.268.

---

42) 卿 : 『한국사경』(p.121)에서는 '鄕'으로 보았다.

26-11 紺紙銀字 『妙法蓮華經』 寫經 跋文

소재　日本 岐阜縣 正法寺

연대　忠宣王 4년(元 皇慶 元年, 1312)

발 :

妙法蓮華經卷第一(~卷第六 同一)

　　皇慶元年壬子五月　日　淸幹　書

　　施主比丘尼　正安　誌

妙法蓮華經卷第七

　　　　　伏爲

皇帝陛下統御萬年

　　　　本朝主上寶算遐長十代先亡離苦得樂弟

　　　　子生生世世作大丈夫童眞出家助揚

　　　　佛化盡度衆生然後趣證懇發至誠謹備白

　　　　金靑紙請手寫成妙法蓮華經七卷一部流

　　　　通无極永永佛事者時皇慶元年壬子五

　　　　月日

　　　　　　遺敎弟子妙華院比丘尼　　正安

　　　　　　寓毗長寺道人　　淸幹　　書

사진　『眞言密敎の文化財』, p.62.

참고　『眞言密敎の文化財』, 岐阜縣立博物館, 1997 ; 김종민, 「日本에 유존하는 한국 불교미술에
　　관한 고찰」, 『서지학보』 36, 2010, pp.356~358.

26-12 『佛說阿彌陀經』 刊記

소재 규장각
연대 忠宣王 4년(元 皇慶 元年, 1312)

저 : 龍舒居士 王虛中 日休 校正四譯經文析爲五十六分(法起謹跋 中)

서 : 大阿彌陀經序　　　　紹興壬午秋(1162)國學進士龍舒王日休謹序

간기 : (卷末)

　　大彌陁經發願文
　　詳聞大悲菩薩讚阿彌陁佛偈云十方三
　　世佛阿彌陀第一九品授衆生威德無窮
　　極我今大故(歸)依懺悔三業罪凡有諸福善
　　至心用廻向願同念佛人盡生極樂國見
　　佛了生死如佛度一切故知彌陁世尊悲
　　智行願依正莊嚴於諸佛中最爲深重最
　　爲殊勝也十方諸佛出廣長舌放無量光
　　稱讚阿弥陁功德不可思議者何耶欲令
　　微塵世界一切衆生聞我聖号乃至一念
　　廻向願生其國則必得往生永無退轉矣
　　是故十方國土念佛之人往生極樂國者
　　多如雨點自古賢士大夫高僧碩德專修
　　淨業超生九品者不可勝紀虛中宿承
　　佛蔭獲預人倫年將耳順官等二品實逾
　　涯分早年篤信
　　佛法粗持齋戒晚景專志西方祈生安養
　　者有日矣今因　扈從適在大都忽得龍

舒居士分科大彌陀經一卷頂戴披閱歡
喜盈懷倩人書寫繡梓了畢焚香稽顙對
佛聖發弘誓願將此真功平等饒益三敎
勝士四生七趣諸佛子衆泊及多生父母
累劫冤親等承妙利俱斷苦輪同生極樂
淨邦咸證無上菩提次願弟子此報盡時
離諸障難身心適悅於一念頃親蒙
大聖放光接引即得往生上品蓮胎面奉
慈顔恒聞正法悟無生忍乘本願力還入
娑婆廣度群生皆成正覺欲重明誓願而
說偈曰
極樂世界清淨土　無諸惡道及衆苦
願同念佛一切人　盡生無量壽佛所
廻玆勝善先願
皇帝陛下聖壽無疆
　皇太后懿筭天長
　皇后齊年
　　國王藩王殿下睿筭千春
　　　世子福壽增崇文虎官僚常居祿位
　　　時和歲稔國泰民安
　　　佛日恒明法輪永轉白蓮勝會徧界無
　　　窮淨土良緣長年不絕者

　　　皇慶元年壬子五月日西庵居士朴 虛中 誌

발 : 大阿彌陀經跋　　　　淳祐己酉(1249) 建日除夕海山舊住空常氏法起謹跋

발 : 佛說阿弥陀平等淸淨覚經後序

(前略) 於後流通三韓有年矣 一日彼國 僉議平理朴公虛中 遠聞松江僧錄大師管主

八 具廣　　大願 樂善好施 附徑航海 勤懇流通 (中略) 皇慶元年夏五杭州大明慶寺傳律

沙門嗣良序

사진　규장각 원문보기(古貴 1730-60)

참고　卷頭에 五淨眞言, 淨身器神呪, 向西頂禮祝云 등의 眞言 수록.

26-13 金字 (大)藏經 寫經 기사

전거　『高麗史』 34, 忠宣王 4년

연대　忠宣王 4년(1312)

기사 : 八月 甲戌 命書金字藏經于旻天寺 追福母后

26-14 『佛本行集經』 卷第三十一·『付法藏因緣經』外 大藏經 印成 跋文

소재　日本 京都 南善寺, 中國 北京 智化寺

연대　忠宣王 4년(元 皇慶 元年, 1312)

인기 : (卷頭)

推忠揆義協謀佐運功臣開府儀同三司太尉上柱國駙馬都尉瀋王征東行中書省右丞相高麗國王王　璋

恭聞一大藏教四十九年金口親宣無盡法門五千餘卷琅函具載由群

生根器之不等故我

佛以方便垂慈雖分漸頓之科皆致淵源之地然則十方齊唱千聖同

修實苦海之慈航昏衢之慧炬者也顧我善根宿植大法忻逢沃甘

露於心田播玄風於性境是以常懷精進夙夜匪忘遂捨淨財印造

三藏聖敎一切法寶計圓五十藏布施四方梵刹以廣流通所集殊勳祝延

今上皇帝聖躬萬萬歲

皇太后懿筭無疆

　皇后共享遐齡金枝玉葉萬世流芳恭願

皇風永扇

佛日增輝箕畢相調萬姓樂農桑之業風塵載寢四方無金革之聲仍伸奉爲

　　先考太師忠烈王

　　先妣

　皇姑齊國大長公主資嚴報地同證菩提然後伏念弟子王璋

　　性雖本妙全體在迷縱遇佛乘修行尙昧故於此世多諸罪愆或

　　陵傲於人或損傷物命或情隨事變言行乖違或宿業所牽

　　致成寃害自作敎他見聞隨喜乃至無始以來諸惡業障如是

　　等罪無量邊仰願

　　諸佛慈悲受我懺悔以大法力悉使消除令我現生獲大壽命獲大

　　安樂修行有序進道無魔三業圓明六根淸淨福德智慧莊嚴

　　其身根根塵塵周徧法界行願早圓菩提不退臨命終時心不

　　顚倒正念現前聖衆冥加卽登上品生彼國已隨我願心普應十

　　方淨佛國土如上所願願與法界一切有情若自若他彼彼無異泊

　　三塗受苦衆生十類河沙鬼衆寃親平等咸悟眞常虛空有盡

　　我願無窮法性有邊願心無極者

　　　　皇慶元年歲在壬子九月　　　日　　　謹題

佛本行集經卷第三十一

사진　『고인쇄문화』 17, p.336.

참고　최경훈·김향숙, 「南禪寺 소장의 元版板大藏經」, 『고인쇄문화』 17, 청주고인쇄박물관,
　　　2010, p.335. 『부법장인연경』은 中國 北京 智化寺 소장임(許惠利, 「北京智化寺發現元代
　　　藏經」, 『文物』 375, 1987年 第8期, pp.1~2 참조). 그리고 이 跋文이 수록된 것으로 『佛說解
　　　節經』·『一切經音義』 卷第十五·『弘明集』 卷第一 등이 있다. 더욱 이 跋文과 관련된

내용으로「大功德主瀋王請疏」참조(李衎(明),『玉岑山慧因高麗華嚴敎寺志』7 ;『元代麗史資料』, pp.141~142).

26-15『□□隨求根本□□尊勝六字准除消災等眞言合部』刊記

소재　국립중앙박물관
연대　忠宣王 5년(皇慶 2년, 1313)

간기 : (下段)

皇帝万年　　皇后　　皇太子　　主上　聖德日　新本朝　永享　千秋諸　王宗室 同增福　壽雨陽　順百穀　稔万民　樂佛日　明法登　煇法界　生亡共　證菩提之 願通憲　大夫檢　校評理　宋英　皇慶二　年三月日　刻手　定□

사진　『발원』, p.87.
참고　單板 다라니이며, 1333년 아미타삼존불 불복장임(『발원』, p.289).

제27대 忠肅王 王卍
(初名 王燾 : 재위 1313~1330, 복위 1332~1339)

27-1 杭州 慧因院 大藏經 施納 기사

전거　閔漬 撰,「高麗國僉議贊成事元公捨大藏經記」

연대　忠肅王 원년(延祐 원년, 1314) 이전

기사 : 惟我退翁元相公有焉 … 深信勝緣 慕靈運之在家 曾與故僉議中贊安公 同誠
立願 印造大藏經一部 俾安於四明之天童禪刹 猶以爲歉 今復度其功費 而竭盡財力
印成全藏一部 奉安大覺國師所起道場 以爲地勝人高而法寶 雖具若不披轉於歲 時
而興其福利 則與夫多買良田 遠求好種 而不解耕穫者 何異哉 於是 又備趁年轉藏之
資 幷以捨施 善哉 未曾有也 其所願則皇帝聖壽萬萬歲 皇太后億載萬年 瀋王國王各
增椿算 先公先妣超躋寶蓮 四生六道 一切有情 咸蒙饒潤 同至菩提耳 (下略)
　　延[43]祐元年二月日
　　功德主大匡僉議贊成事 判總部事致仕元瓘
　　性海慈照明宗大師 華嚴宗主 杭州路高麗惠因敎寺持僧慧福立石

참고　閔漬의 글은『玉岑山慧因高麗華嚴敎寺志』卷6에 전함(明 李翥撰 ; 淸 丁丙補 ;『玉岑山
　　慧因高麗華嚴敎寺志』;『中國佛寺史志彙刊』第20冊, 台北 : 宗靑圖書出版公司, 1985 ;
　　『元代麗史資料』, pp.173~175). 이때 元瓘은 토지도 시주하였다(「高麗國相元公置田碑」,
　　『玉岑山慧因高麗華嚴敎寺志』 7 참조).

---

43) 延 : 원문에 '元'으로 나와 있으나, 착오이므로 바로 잡는다.

27-2 『大寶積經』卷第三十一 印記

소재 日本 埼玉縣 川越市 喜多院
연대 忠肅王 원년(元 皇慶 3년, 1314)

인기 : (卷末)

大寶積經卷第三十一

　　嘉義大夫耽羅軍民萬戶府達魯花赤高麗國匡靖大夫都僉議評理上護軍朴景亮

　　自揆非才幸塵有位藉庇

　　佛天之巨海涵恩

聖澤之陽春愧居天地之間莫効涓埃之報謹損淨財印造

　　聖典全藏奉安于神孝寺永充供養流通教法所集鴻因端爲祝延

皇帝聖壽萬萬歲

皇太后齊年

　藩王　國王壽齡延永福祿增崇仍願考妣即登淨域見

　　佛聞法延及自身康寧壽考恒居祿位在生則安世緣於順境終身則超

　　善會之樂邦願與擧世吉人同證菩提彼岸無人無我悉潛心

　　獅座之眞詮有相有情共拭目

　　龍華之妙會者

　　　　皇慶三年三月[44]　　　　　　　日謹誌

사진 『重要文化財 21』, p.34.

참고 朴景亮의 施主로 元나라에서 印出하여 고려에 들여 옴. 山本信吉,「對馬の經典と文書」,
　　　『仏教芸術』95, 1974, pp.100~101 ; 重要文化財委員會事務局 編,『重要文化財 21 書跡典
　　　籍古文書 4 : 仏典 2』, 每日新聞社, 1983 ; 張東翼,『日本古中世高麗資料研究』, 서울대학
　　　교출판부, 2004, p.718. 서지 및 참고사항은 앞의 7-2 참조(이 책, p.46).

---

44) 皇慶三年三月 :‘皇慶’ 연호는 1313년 2년으로 끝나고, 이듬해 1월부터는 ‘延祐’ 연호가 시작된다.
　　따라서 3월은 이미 연호가 바뀌고도 시일이 좀 지난 때이다.

27-3 『寒山詩』 刊行 기사

전거 島田翰, 「刻宋本寒山詩集序」
연대 忠肅王 원년(1314 : 추정)

기사 : 元時有高麗覆宋本蓋據宋東皐寺本改行上梓其卷末尾云
"嘉義大夫耽羅軍民萬戶府達魯花赤高麗匡靖大夫都僉議評理上護軍朴景亮刊行"

참고 1301년 元나라 간행본을(大德辛丑松坡曺林命工鋟梓用廣流通) 고려에서 간행한 판본으로 아직 찾아지지 않음. 연대는 박경량의 관직이 위의 27-2 『大寶積經』 印記와 같은 것으로 미루어 추정함. 葉昌熾 撰, 『寒山寺志』, 南京 : 江蘇古籍出版社, 1999, p.211 ; 李鐘美, 「国清寺本系統 寒山诗 版本原流考」, 『中国俗文化研究』 第三輯, 巴蜀書社, 2005, p.151 ; 寒山子 著, 金達鎭 譯註, 『寒山詩』, 世界社, 1989. 더욱 앞의 23-70 『天台隱士寒山拾得詩集』 참조(이 책, p.218).

27-4 『正法念處經』 卷第五十一 印記

소재 日本 滋賀懸 大津市 園城寺
연대 忠肅王 원년(元 延祐 원년, 1314)

인기 : (卷末)
正法念處經卷第五十一

　　奉　三寶弟子高麗國星山郡夫人車氏
　　特爲
皇帝萬萬歲
　　藩王爲首三殿各保千秋　亡親趙文簡靈儀超生淨界兼

及己身與祖母國大夫人李氏見增福壽後世永捨女
身同生安養風調雨順國泰民安先亡父母法界含
靈俱霑利樂之願捨納家財印成
大藏經一部流布無窮者
　　　延祐元年甲寅十月　　日　誌
　　　　　　幹善大德　靖恭
　　　　　　殿前　仁成
　　　　　　殿前　天友
　　　　　　通事康　仁伯

참고　元나라에서 印出하여 고려에 들여온 寶寧寺 大藏經 板本임. 山本信吉,「對馬の經典と文書」,
　　　『仏教芸術』95, 1974. p.101. 서지 및 참고사항은 앞의 25-22 참조(이 책, p.266).

27-5 『天台四教儀』·『天台四教儀集解』刊記

소재　① 경기도 박물관(보물 제1052호) ② 국립중앙도서관
연대　忠肅王 2년(元 延祐 2년, 1315)

저 : ① 高麗沙門 諦觀 錄 ② 高麗沙門 諦觀 錄 ; (宋)永嘉沙門 釋從義 集解

발 : (卷末)
　　錄主觀師傳云嘗撰天台四教儀十年乃
　　畢藏千篋中薪盡之期趺坐而逝厥後神
　　光從篋中出開視之唯有一卷四教儀罄
　　無他物斯乃言言句句皆符佛意無非感
　　應道交然耳故十方諸佛應機所說漸頓
　　權實之教法三乘之人隨根所修淺深遲

速之行門及一佛乘最上禪觀囊括始終
鍾在此書如執明鏡万像斯現學佛之徒
爭相溫習者職由是也但舊本字大卷重
未便於齎持人皆病之今有門人大禪師
宏之儔人改書鋟梓流行欲資來學故玆
跋云延祐元年甲寅孟秋初吉牧庵老人 題

山人 水如書
二年乙卯五月 日 祈福都監開板

각수 : ① 金守, 正一, 小呂·呂, 行元.

사진 ① 문화유산원문 ② 국립도서관 원문보기

참고 ① 小字本. 서지 및 참고사항은 앞의 13-3 참조(이 책, p.71). ② 1464년(世祖 10) 刊行本에
의함(天順八年甲申朝鮮國刊經都監奉敎雕造). 『天台四敎儀』의 발문과 동일한 사실로 미루
어 두 책이 함께 간행된 것으로 여겨진다. 국립중앙도서관 소장본은 1464년 刊記 부분이
누락됨. 지창규, 「天台四敎儀 集解·備釋·集註의 法華解釋」, 『韓國佛敎學』 37, 韓國佛敎學會,
2004 ; 남권희, 「天台·法華 章疏의 刊行과 流通」, 『書誌學硏究』 62, 韓國書誌學會, 2015.

27-6 紺紙銀字 彌勒三部經 寫經 跋文

소재 호림박물관(보물 제1098호)

연대 忠肅王 2년(元 延祐 2년, 1315)

구성 : 『佛說觀彌勒菩薩上生兜率天經』 宋居士沮渠京聲 譯

『佛說彌勒下生經』 宋居士沮渠京聲 譯(* 西晉 竺法護의 잘못)

『佛說彌勒(下生)成佛經』 宋居士沮渠京聲 譯(* 後秦 鳩摩羅什의 잘못)

발 : (卷末)

佛說弥勒成佛經

　　　　　　伏爲

皇帝萬年　　當今主上寶位遐長國泰民安

佛日恒明法輪常轉無邊法界一切有情俱断苦

倫發菩提心咸悟無生證

佛智次願先亡親緣眷属(屬)承此善根往生西方極

樂世界親見

弥陁己身善芽增長世世生生殊因不昧值遇

弥勒下生聞法悟道利益衆生之願借人敬寫流通者

　　　　　　　延祐二年五月 日施主 信因

　　　　　　　同願　　　山人　即休書

사진　문화유산원문 ;『한국사경』, pp.126~128 ;『발원』, p.61.

참고　3권 1첩.『발원』, p.283 ; 雄山 編譯,『미륵삼부경』, 인북스, 2014 ; 김호성,「불교경전이
　　　말하는 미륵사상 : 미륵삼부경을 중심으로」,『東國思想』29, 東國大 佛敎大學, 1998.

27-7 紺紙金字『妙法蓮華經』寫經 跋文

소재　日本 金澤市 大乘寺(卷1), 松江市 天倫寺(卷3~7)

연대　忠肅王 2년(元 延祐 2년, 1315)

발 : (卷末)

妙法蓮華經卷第七

大功德主資善大夫典瑞院使兼宮正司宮正

　　　　　　神光君申　　當住　　(* 卷第一~卷第六 : 同一)

夫蓮經之旨甚深微妙於諸經中最尊最勝
藥王菩薩本事品云若人得聞此法華經若自書
若使人書所得功德以　佛智慧籌量多少不得
其邊是故弟子於此法門深植信根普勸檀緣敬
以金字俉人寫成一部用玆功德奉祝
皇帝万年　藩王殿下福壽無疆
當今主上寶位天長諸王宗室共保康寧文虎百
僚忠貞奉國干戈不起國泰民安次願同隨喜施
主等現增福壽於當來世法華會上同聞妙法共
成妙果普及法界含靈速離苦海俱成正覺耳
　　　　　延祐二年乙卯八月 日道環 誌
同願

사진　『고려사경』, pp.69~70 ;『한국사경』, pp.129~135.
참고　卷2는 소재 未詳.『集成』, pp.124~126.

27-8 『詳校正本慈悲道場懺法』 刊記

소재　예산 수덕사 근역성보관(보물 제1543-1호 : 향천사 위탁)
연대　忠肅王 3년(元 延祐 3년, 1316)

저 : 梁朝 諸大法師 集撰

간기 : (卷末)
詳校正本慈悲道場懺法卷第十

皇帝陛下御宇萬年

潘王殿下福壽無疆本朝

主上寶位遐長文貞虎恊雨暘

時禾稼稔干戈戢朝野安三世

師親法界生亡同證菩提請手鏤

板印施無窮者

　　　延祐三年 丙辰 八月誌

　　　幹善普賢寺比丘　釋連

　　　同願施主　文世 嚴夫

　　　刻板山人眞悟

　　　邊山開板

　　　隨喜　惠山

참고　『記錄』 p.91. 참고사항은 앞의 25-11 『慈悲道場懺法』 참조(이 책, p.256).

27-9 『華嚴經』寫經 기사

전거　閔漬 撰,「元瓘墓誌銘」
연대　忠肅王 3년(元 延祐 3년, 1316)

기사 : 三(年丙辰)首夏 又殫所蓄 (寫成銀字)華嚴經三(本)一部 日夜催迫 如有及(到就筆於季)夏中 (公始)得微疾 至二十六日 (卒)于私第 享年七十

참고　『墓誌銘集成(第四版)』, p.641 ; 金成煥,「高麗時代 墓誌銘 新例－元瓘墓誌銘」,『韓國文化』 25, 서울대, 2000.

27-10 『科註妙法蓮華經』 刊記

소재   순천 송광사(보물 제1468호)
연대   忠肅王 4년(元 延祐 4년, 1317)

간기 : (卷末)

□□妙法蓮華經卷第七

吾祖天台大師本地高深不可思議迹示初依□
悟法華經旨如日臨萬像容光必照爰開□□□
□□□□題則□□權實之教罔不該□□□□

(이하 缺落)

延祐四年丁巳□

雙弘定慧光顯圓宗無畏國統　丁午

사진   문화유산원문 ;『불교학보』76, p.195.

참고   松廣寺 四天王像 佛服藏으로, 卷7의 零本임. 저자를 밝혀 놓지 않았으나, 日本 龍谷大學
소장본에 "四明信人習善徐行善將註文入科經書本施財刊行 四明海慧教院住持平礒沙
門 必昇 校證"으로 나와 있다. 이로써 元의 徐行善이 科註하고 必昇이 校證한 사실
등이 확인되었다(남권희·박용진, 「고려후기 科註妙法蓮華經의 刊行과 천태종 章疏」,
『불교학보』76, 동국대 불교문화연구원, 2016 참조). 必昇의 序文에 의하면, 科註는 天台의
疏文에 의거하였다고 나와 있다. 한편, 註는 없지만, 科文만 실린 사례가 있다(앞의
25-21『妙法蓮華經』(科文本) 참조 : 이 책, p.265). 이를 日本 龍谷大學 소장본과 대조해보
면, 그 과문이 같다. 따라서 앞으로의 검토가 필요하다.

27-11 紺紙銀字『妙法蓮華經』卷第三 寫經 跋文

소재　연세대 도서관
연대　忠肅王 5년(元 延祐 5년, 1318)

발：(卷末)
妙法蓮華經卷第三

延祐五年七月　日立庚

施主女　　万年　誌

사진　『集成』, p.363.
참고　『集成』, p.130 ; 연세대 도서관 마이크로필름(MF(고서귀) 65 0)

27-12 瀋王 王璋 發願 紺紙金字 大藏經 寫經 跋文

소재　개인
연대　忠肅王 6년(元 延祐 6년, 1319)

역：『佛說佛名經』：勝德赤衣菩薩 造 ; 法護等奉詔譯
　　『攝大乘論釋論』：世親菩薩 造 ; 隋天竺三藏笈多共行炬等譯
　　『佛說聖佛母般若波羅蜜多九頌精義論』：勝德赤衣菩薩造 ; 法護等 奉詔譯

발：(卷頭)
　推忠揆義恊謨佐運功臣開府儀同三司大尉上柱國瀋王王 璋
　金書大藏聖敎庶集無涯之善仰酬內極之恩奉爲

先妣

皇姑齊國大長公主懺除無始五逆十惡諸業重障纖

　瑕障盡般若現前頓超入聖之階獲預成佛之記

　先考大師忠烈大王泊先宗祖祢(禰)內外親姻惟願三

　乘並馭同超火宅之鄉万善交歸咸會薩云之海次願

　王璋幷男王燾王暠王煦等信根愈茂德本弥深永

　無灾患之虞共享期頤之壽盡玆報体生彼淨方仰覲

　慈尊與聞法忍圓滿普賢之行剋證金剛之身

　溥及懷生同成正覺虛空界盡此願無窮

　　　　　　　延祐六年五月　日謹誌*

佛說佛名經　卷第十　　　虛

李松 (背面：卷頭)

道人六明書 (背面：卷末)

사진　『한국사경』, p.69 및 p.74 ;『한국서지학연구』, p.270 附 圖1.

참고　세 경전의 跋文 내용이 모두 同一한 大藏經 寫經의 일부임.『한국사경』, pp.66~75 ; 천혜
　　　봉,「藩王 王璋發願의 金字大藏 三種」,『書誌學報』창간호, 1990/『한국서지학연구』,
　　　삼성출판사, 1991, p.264.

27-13 白紙金字『金剛般若波羅蜜經』寫經 跋文

소재　日本 大阪 廣勉氏 舊藏

연대　忠肅王 9년(元 至治 2년, 1322)

발 :

至治二年三月

重大匡 定安君 許琮

壽春翁主 王妙明

行安 寫成

참고 사진 자료는 알려지지 않음. 山本信吉, 「日本에 傳來된 韓國古版經·古寫經에 대하여」,
『日韓兩國에 所在하는 韓國佛敎美術의 共同調査硏究成果報告書』, 奈良國立博物館, 1993,
p.93 ; 천혜봉, 「高麗 典籍의 集散에 관한 연구」, 『고려시대연구』 Ⅱ, 2000, p.337.

27-14 紺紙銀字 『大方廣佛華嚴經(80권본)』 卷第四十 寫經 跋文

소재 동국대 박물관
연대 忠肅王 11년(元 泰定 원년, 1324)

역 : 于闐國三藏實叉難陀 奉詔譯

발 : (卷末)
大方廣佛華嚴經卷第四十
　　　　　弟子比丘 仁詞 以此敬寫
　大經功德三處廻向普皆圓滿次以壽
　　君次以福國三世師親同得解脫施銀檀那大師演洪永暉爲
　　　首或施金泥或施布物同辨善者執勞運力見聞隨喜共增福
　　　慧當成佛果惟願仁詞始從今日終至菩提不儌
　金言求名求利但爲敎化一切衆生生生世世在在處處或以香
　　　墨或以金銀乃至刺血書寫全部讀已能誦誦已能持持
　　　經心上卽見極樂
　阿弥陀佛受授記已還於六趣遊戲自在如說修行普令衆生未聞者
　　　聞未信者信未解者解行同普賢智同文殊同證

毘盧圓滿果海衆生界盡我願乃盡摩訶般若波羅密

　　　　　　　時泰定元年甲子八月 日寅金生 謹誌

(背面)

周經卷第四十　十二卜 甲子六月初九日書

사진　『고려사경』, pp.73~74 ;『한국사경』, pp.139~141.

참고　경기도 안성 淸源寺 佛服藏임.『集成』, pp.136~139 ; 黃壽永,「安城 淸源寺의 高麗寫經 -
　　　　高麗國王發願 銀字大藏」,『東洋學』5, 단국대 동양학연구소, 1975.

27-15 紺紙銀字『大方廣佛華嚴經(40권본)』卷第十六 寫經 跋文

연대　忠肅王 11년(元 泰定 元年, 1324)

소재　동국대 박물관

역 : 唐罽賓國三藏般若 奉詔譯

발 : (卷末)

大方廣佛華嚴經卷第十六

　　　　　　弟子比丘　　仁詗 以此敬寫
　大經功德三處廻向普皆圓滿次以壽
　　　君次以福國三世師親同得解脫或施金銀或施
　　　餘財執勞運力見聞隨喜凡有緣者共增福慧
　　　當成佛果惟願弟子始從今日終至菩提生生世世
　　　在在處處或以香墨或以金銀乃至刺血書寫
　　　此經受持讀誦廣能利益一切衆生如說修行同人
　　　圓通三昧性海即見

毘盧圓滿果海衆生界盡我願乃盡摩訶般若波羅密

時泰定元年甲子十二月 日寅金生 謹誌

弟子道人 而幻 因請敬寫

(背面)

貞經卷第十六

사진　『고려사경』, pp.71~73 ;『한국사경』, pp.139~141.

참고　경기도 안성 淸源寺 佛服藏임.『集成』, p.366. 앞 부분은 逸失됨. 卷41도 함께 조성된
　　　것으로 여겨짐. 참고사항은 위의 27-14 참조.

27-16 紺紙金字『佛說大吉祥陁羅尼經』·『佛說寶賢陁羅尼經』寫經 跋文

연대　忠肅王 11년(1324 : 추정)[45]

소재　日本 神戶市立博物館(太山寺 위탁)

역 : 西天譯經三藏朝散大夫試光祿卿明教大師臣法賢奉　詔譯

발 : (背面)

佛說大吉祥陁羅尼經 陪

山人 日正

(背面 : 卷末)

佛說寶賢陁羅尼經

甲子歲高麗國王發願寫成

金字大藏

---

45) 日本학자들은 원종 5년(1264)의 작품으로 보기도 함. 더욱『고려사경』, p.53 참조.

사진 『고려사경』, pp.53~57.

참고 兩面 書寫임. 김진철 옮김,『한글대장경 263 : 最上根本大樂金剛不空三昧大敎王經 外』,
東國譯經院, 1999.

27-17 紺紙銀字 『妙法蓮華經』 卷第七 寫經 跋文

소재 日本 福井縣 小浜市 羽賀寺

연대 忠肅王 12년(元 泰定 2년, 1325)

역 : 姚秦三藏法師鳩摩羅什奉　詔譯

서 : 妙法蓮華經弘傳序　　終南山釋 道宣 述

발 : (卷末)

妙法蓮華經卷第七

　　　　特爲己身現增福壽當生淨界之願

　　　　倩人敬寫蓮經七卷尒

　　　　　　泰定二年六月 日 誌

　　　　　　上護軍致仕崔 有倫 立願

사진 『고려사경』, pp.74~75 ;『한국사경』, pp.142~151.

참고 7卷 1帙.『集成』, p.141.

27-18 紺紙銀字『阿育王太子法益壞目因緣經』寫經 跋文

소재　日本 京都國立博物館
연대　忠肅王 12년(元 泰定 2년, 1325)

별칭 : 阿育王息壞目因緣經. 阿育王太子壞目因緣經

역 : 符秦天竺三藏曇摩難提譯

서 : 秦尙書令公輔國將軍宗正卿 領城門校尉使者司隷校尉姚旻 … 秦建初六年(391)

발 : (卷末)
阿育王太子法益壞目因緣經一卷
　　　　　　泰定二年乙丑四月　日高麗
　　　　　　國王發願寫成銀字大藏

正奄(背面)

사진　『集成』, p.367 ;『고려사경』, pp.52~53.
참고　『集成』, p.140 ; 박용길 옮김,『한글대장경 276 : 大唐西域記 外』, 동국대 역경원, 1999.

27-19『大般若波羅蜜多經』印記

소재　日本 長崎縣 上對馬町 西福寺
연대　忠肅王 13년(元 泰定 3년, 1326)

인기 : (卷末)

大般若波羅蜜多經卷第五百一十一

宣授中儀大夫王府斷事匡靖大夫僉議替成事上護軍趙　璉
　　　　　　化主　　　　　　　　　　　　　　　　　行淳
　　　泰定三年正月孟春印成

사진　『仏敎芸術』95, p.99.

참고　趙璉이 元나라에서 인쇄하여 들여온 것임. 위 印記는 卷1·卷11 등 매 10帖의 1卷에
　　　실려 있다(山本信吉,「對馬の經典と文書」,『仏敎芸術』95, 1974, p.99). 서지 및 참고사항은
　　　앞의 10-6 참조(이 책, p.56).

27-20 『金剛般若波羅蜜經』印記

소재　국립중앙박물관
연대　忠肅王 13년(元 泰定 3년, 1326)

인기 :

　　　金剛經者以空爲宗空性無旱(碍)一切圓應
　　　求長壽者能得長壽故謂之續命經是以伏爲
皇帝万万歲
　皇后
　皇太子齊年享福兼及寡躬延壽保安上昇
　　　公主超生淨利社稷長呉(興)法界生亡俱霑妙益
　　　印成一万卷廣施無窮者
　　　　　　　　　泰定三年二月 日誌

사진　『集成』, p.367.

참고   長谷寺 金銅藥師如來坐像 佛腹藏임. 李殷昌,「長谷寺의 金銅藥師座像腹藏佛經」,『考古美術』28(3권 11호), 考古美術同人會, 1962 ;『集成』, p.142.

27-21 紺紙銀字『文殊最上乘無生戒法』妙德戒牒

소재   개인(대구광역시 유형문화재 제78호)
연대   忠肅王 13년(元 泰定 3년, 1326)

발 : (卷末)

　　　如斯勝利廣大無窮祝延
皇帝聖壽萬歲
　　太子諸王壽筭千秋
皇后皇妃金枝永茂
　　國王殿下福壽無疆文正(武)官僚
　　　　高遷祿位天下太平風調雨順
　　　　國泰民安
佛日增輝法輪常轉者
　　　　　泰定三年丙寅五月十五日牒
如來遺敎弟子傳授一乘戒法西天禪師指空
　　　　　　付受優婆夷妙德

사진   문화유산원문 ;『서지학연구』56, p.278.
참고   『記錄』, p.368. 단 變相圖는 金泥임 ; 조수진,「紺紙銀字 文殊最上乘無生戒牒에 관한 연구」,『서지학연구』56, 2013.

27-22 『妙法蓮華經三昧懺法』 刊記 및 印記

소재　경주 기원정사(전 왕룡사원)
연대　忠肅王 13년(元 泰定 3년, 1326)

저 : 傳天台敎觀天幕沙門釋　山亘　集

간기 :

妙法蓮華經三昧懺法 卷中　　　　　　　敬蓮(＊刻手)

妙法蓮華經三昧懺法 卷下　　　　　　　玄解(＊刻手)

　　從序品至化城喩品　凡七品分爲四科合爲一卷

　　從五百弟子受記品至分別功德品　凡十品分爲四科合爲一卷

　　從隨喜功德品至勸發品　凡十一品分爲四科合爲一卷

　　故成上中下三卷

　　傳天台敎觀天幕沙門釋　　　山亘　　　集

　　勸集

　　　　前深岬寺住持慈惠大禪師　　　止西(＊＊卷上과 同一)

　　校勘

　　　　前德周寺住持廣智大禪師　　　之山

　　　　前國淸寺住持興法大禪師　　　眞安

　　　　禪溪寺住持淸虛大禪師　　　智安

　　　　前金藏寺住持妙圓大禪師　　　宏之

　　　　　　沙門　　　　六修　　　一眉

泰定三年丙寅五月　日　　奉敎　　　月山社開板

勸發　　　白月山淨蓮社典香比丘　元旿

緣化　　中德　信行　　入選　　弘一

書寫　　玄解　打鐵　　林世　　德仁

練板　　知識　中悟　　法全

雕刻	入選　信淵　　敬蓮　　　玄解
隨喜	管軍千戸中軍指諭備巡衛精勇郎將鄭　仁鉉
同願	前左右衛保勝郎將宋　　　珪
同願	雲梯郡夫人白　　氏
施主	中德　法住　居士　朴椿　老婆　中台

各納白金壹斤

施主　自明(*** 印記　墨書：卷上中下　同一)

사진　『한국문헌정보학회지』42, pp.412~413. 신집성문헌.

참고　송일기, 「王龍寺院 三尊佛像의 腹藏典籍에 관한 研究」,『한국문헌정보학회지』42(2), 2008 ; 이기운, 「새로 발견된 妙法蓮華經三昧懺法을 통해 본 고려후기 법화신앙」,『韓國禪學』30, 한국선학회, 2011.

27-23 紺紙金字『文殊最上乘無生戒法』覺慶戒牒

소재　합천 해인사
연대　忠肅王 13년(元 泰定 3년, 1326)

발 : (卷末)

如斯勝利廣大無窮祝延

皇帝聖壽万歳

　太子諸王壽筭千秋

皇后皇妃金枝永茂

　國王殿下福壽無疆文正(武)

　官僚高迁(遷)祿位天下大平

　風調雨順國泰民安

佛日增輝

法輪常轉者

　　泰定三年八月　日

　　　受持弟子竟(覺)慶

如來遺敎弟子傳授一乘

戒法西天禪師　指空

사진　『고려사경』, p.75 ;『願堂』, p.113.

참고　陜川 海印寺 大寂光殿 木造毘盧遮那佛坐像 腹藏典籍임(보물 제1780호).『해인사 금동비
　　　로자나불 복장유물의 연구』, 양산 : 성보문화재연구원, 1997 ;『願堂 : 해인사 원당암 아미
　　　타불 복장유물 특별전』, 해인사 성보박물관, 2017.

27-24 『佛祖傳心西天宗派旨要』序文 및 初刊 기사

소재　규장각, 동국대, 연세대

연대　忠肅王 13년(元 泰定 3년, 1326)

저 : 指空和尙

별칭 : 西天百八代祖師指空和尙禪要錄. 指空和尙禪要錄. 禪要錄

서 : (卷頭)

昔我　佛之所以出現於世者只爲一

切衆生不知自有如來智慧德相枉受

諸苦故欲令捨妄歸眞明見本來面目

而已　佛雖示滅已久其法尙存於世

曰禪曰教也禪是　佛心教是　佛語
然依禪而有說則禪亦教也依教而思
修則教亦禪也欲紹　佛而度生者但
應來機之所適其於語默何擇焉雖然
佛有四十九年之說法法無不具而別
開傳心一路期至於後　佛者謂教以
語言文字而行故言或差訛字或脫誤
則　佛之正意有時而失傳心者如燃
燈續燄前後無別古今一如故去聖雖
遠　佛心常在依　佛心而有說則言
示　佛言也此所以禪法之爲無上乘
宗者欤今於　指空和尙堂下淂(得)見
和尙禪要錄俱載　毗婆尸佛已來七
世七佛迦葉已來一百七祖傳心偈如
明珠在貫又継之以　和尙所說無生
之理幷禪門要訣若有眼者見之則不
復將佛覓　佛矣然如意寶珠非輪王
不能兩寶雖古　佛諸祖之心歷〻如
觀鏡中之像若無希有法王安知勝功
德之出其中耶今我　師之所以不捨
禪不捨教度生利物知　佛在世者於
此可見也　師本西竺摩竭陁國王第
三子也其種姓世系與我　佛同焉
佛本行集經云劫初有王曰大衆平章
子孫相承至師子頰王凡十六萬九千
五百四十王也是王三十八世祖已上
皆是轉輪聖王也師子頰王有四子一
曰淨飯二曰白飯三曰斛飯四曰甘露

飯淨飯王是我　佛之父王斛飯王是
和尙之遠祖也　師於八歲出家年至
二十學窮三藏乃至傍涉九十六種之
道而辨其邪正然後不憚險艱至南天
竺吉祥山普明尊者住處密傳心印爲
西天第一百八祖矣觀其源派自迦葉
至二十二祖摩拏羅尊者傳其心者有
二一曰鶴勒那尊者傳至菩提達摩二
曰左陁瞿那尊者傳至第一百七祖三
曼多毘提尊者是則吉祥山寶明尊者
也　師旣傳衣即以道眼普觀四方知
東方有可化之機決意向東人始號曰
指空和尙師本梵名提納薄陁尊者此
云禪賢也　師以大悲爲杖不以苦行
爲難以道力爲食不以辟穀爲艱行非
人可經之地跋涉十萬八千餘里初入
雲南界遊化許多年遂達于
帝京親對　日角默傳妙旨因受
御香名以往觀金剛山而出來越泰定
三年三月　日到于我王京城西甘露
寺城中士女咸曰　釋尊復出遠來至
此蓋往觀乎莫不鷄鳴而起奔走往來
道路如織寺門如市者幾於二旬及
師移錫到處皆然至往金剛山然後乃
已　師以是年四月下旬還自波(彼)山因
受檀越順妃之請住錫于城東崇壽寺
與其門弟及諸山精衲之願赴者約爲
一夏安禪於寺之西南高爽處別作戒

場依最上無生戒法大開甘露之門於
是自王親戚里公卿大夫士庶人乃至
愚夫愚婦爭先雲集於戒場者日以千
万計凡淂聞一言一話者如淂無價寶
珠而歸雖或但望揚眉動目者亦如渴
飲甘露者焉嗜酒肉者断酒肉好巫覡
者絕巫覡至有弃富貴如弊屣視身奇(命)
如浮漚貪競之風漸息驕淫之俗稍變
又當大旱　師乃一念興悲即致雨暘
順適荒年化爲豊年若非大悲菩薩乘
宿願力而來化者孰能知是哉宗室昌
原君見此禪要切欲鋟梓流傳請予爲
序予雖老病亦參門弟之數故不敢固
辭粗記海山之一滴一塵云耳時泰定
三年丙寅秋八月　日　宣授翰林直
學士朝列大夫兼本國三重大匡僉議
政丞右文館大提學上護軍判選部事
致仕驪興君默軒居士閔漬序七十九目暗于筆

기사 : 西天佛祖宗派傳法旨要一集　大元國法源寺
住板

사진　규장각 원문보기(古1840-33).

참고　1474년 重刊本에 의함(朝鮮國全羅道光陽地白雲山白雲菴重刻 … 成化十年乙未中夏
　　　日). 단 위 서문은 규장각 소장 筆寫本에 의함. 허흥식, 『高麗로 옮긴 印度의 등불 - 指空禪
　　　賢』, 一潮閣, 1997.

27-25 紺紙金字『文殊最上乘無生戒法』懶翁戒牒 跋文 附「義相和尙一乘發願文」

소재　국립중앙박물관
연대　忠肅王 14년(元 泰定 4년, 1327)

발 : (卷末)
皇太子諸王壽筭千秋
皇后皇妃金枝永茂
　　國王殿下福壽無疆文正(武)
　　　官僚高迁(遷)祿位天下太平
　　　風調雨順國泰民安
佛日增輝法輪常轉者
　　　　　泰定四年二月 日牒
　　　　　付弟子懶翁慧勤
如來遺敎弟子傳授一乘戒法
西天禪師指空

사진　『고려사경』, pp.75~77 ;『集成』, p.368.
참고　『集成』, pp.143~144. 「의상화상일승발원문」은 首題가 缺失되었지만, 48語句 모두가 수록
　　　되었다(장충식, 「義相의 저술 一乘發願文」, 『한국불교미술연구』, 시공사, 2008, pp.312~
　　　322).

27-26 『大般若波羅蜜多經』印記

소재　日本 對馬島 妙光寺(桂輪寺 保管)
연대　忠肅王 15년(元 泰定 5년, 1328)

인기 : (卷末 : 墨書)

大般若波羅蜜多經卷第第一

淸信戒弟子故全州戶長朴環妻李氏女仰告十方
諸佛諸菩薩向立願言女以多生惡業所鐘稟受女身於諸善根多有留
難今者幸遇桑門正西廣借檀施印成一代藏教与子桑門臨川正柔同
堅願幢捨納銀泥寫成題目願以善力常當來世我等母子及与朴氏於
佛法中作大檀那寫成銀字
佛佛藏教助揚法化救衆生界
佛教海盡我願乃盡耳　　　泰定五年二月日臨川寺住持大德正柔　志

사진 『仏教芸術』 95, p.102.
참고 朴環의 妻 李氏가 元나라에서 인쇄하여 들여온 것임. 山本信吉, 「對馬の經典と文書」, 『仏教芸術』 95, 1974. 서지 및 참고 사항은 앞의 10-6 참조(이 책, p.56).

27-27 金書 『密教大藏』 序文

전거 李齊賢, 『益齋亂稿』 卷第五
연대 忠肅王 15년(元 致和 원년, 1328)

서 : 金書密教大藏序
佛之書入中國譯而爲經數千萬卷所謂陁羅
尼者中國之所不能譯也非惟中國爲然自竺
域之人亦不得聞而解之以謂唯佛與佛乃能
知之蓋其義奧其辭祕祕故不可聞奧故不可
解不可解則人敬之篤不可聞則人尊之至尊
之至敬之篤其感於人也必深矣靈異之跡亦

宜乎多也昔之人知其若此哀而纂之成九十
卷名之曰密敎大藏刊行于世則兹九十卷者
數千萬卷之根柢也我主上殿下萬機之暇留
神于釋典其於密敎信之尤切發內帑之珎泥
金以書之奉翊大夫判內府寺事上護軍臣羅
英秀實幹其事於是以舊本校于諸經或乙或
竄而是正之又增求其所未收得四十餘卷舊
合一百三十卷令工書者分部而寫之粲然如
列宿之交光衆卉之敷榮眞法寶也旣成因命
臣齊賢爲序臣腐儒也其文不足以稱旨然而
竊念佛氏之道以慈悲喜捨爲本慈悲仁之事
也喜捨義之事也然則其爲書之大旨亦可槩
見矣所謂數千萬卷者以萬乘之勢爲之非難
其書旣多其費亦廣未免浚民以充其用恐非
佛氏之意也今者主上殿下不傷民財不費民
力簡而得其要速而致其精可謂得佛氏之意
而功德豈易量哉嗟歎不足拜手稽首謹書致
和元年五月日

참고   逸失本. 고전DB 원문이미지 :『益齋亂稿』卷第五, 金書密敎大藏序. 변동명, 「충숙왕의
     밀교대장 금자사경」,『역사학보』184, 2004 ;『고려 불교사의 탐색』, 전남대학교출판문화
     원, 2019.

27-28 『釋迦如來十地修行記』 撰述 기사

소재   개인
연대   忠肅王 15년(元 泰定 5년, 1328)

저 : 未詳(高麗)

기사 : (卷末)

按本釋迦佛生 於西天中印土 迦維羅國 於東周昭王 甲寅二十四年四月八日 降誕
至今戊辰年大定五年 三十九箇甲寅 令十五算二千四百五十五年 於周穆王 五十九
年 壬申二月十五日入滅 至今戊辰 泰定五年 得三十九箇壬申 令五十九年 算二千二
百七十六年 佛法於後漢明帝 永平十二年戊戌歲 摩膽竺法蘭二菩薩 以白馬獻經
付敎至東土 得十三箇戊辰 無令筭 得一千二百六十年 謹依大藏經 帝代集推算 依本
六百年矣

사진 『불경 전래설화의 소설적 변모 양상』, p.272 및 p.275.

참고 1660년 重刊本에 의함(順治十七年庚子忠洪道忠州月岳山德周寺開版). 박병동, 『불경 전
래설화의 소설적 변모 양상 : 변문집 석가여래십지수행기 연구』, 역락, 2003(影印本 수록).

27-29 紺紙銀字 『大方廣佛華嚴經(60권본)』 寫經 補書 記事

소재 성보문화재단(보물 제1103호 : 卷13)

　　　공인박물관(경남 유형문화재 제390호 : 卷49)

연대 忠肅王 16년(元 天曆 2년, 1329)

역 : 東晉天竺國三藏 佛□跋陀羅奉 詔譯

발 : (卷末)

大方廣佛華嚴經卷第十三

　　　　　　　住持大師 向如補書

大方廣佛華嚴經卷第四十九

　　　　　　　天曆二年己巳五月日寺住大師向如補帙書

사진 　문화유산원문 ; 『集成』, p.444.
참고 　『集成』, p.290. 12세기에 조성한 寫經의 훼손된 부분을 向如가 補書한 기사임.

27-30 紺紙銀字 『妙法蓮華經』 寫經 跋文

소재 　日本 京都 常德寺
연대 　忠肅王 16년(元 天歷 2년, 1329)

발 : (卷末)
妙法蓮華經卷第七

　　　　　以此殊勝功德
皇帝陛下統臨億載
　　國王元子壽箕無窮三世師親善惡知識具足靈駕
　　　共證菩提己身夫婦一門眷屬同增福壽當生佛刹
　　　伏願
佛日恒明法輪常轉干戈息農桑稔六道生死解寃助願俱登
　　　樂岸謹扣
　　　　　　　天歷二年己巳七月　　　日　　　誌
　宣 授忠翊校尉管耽羅軍民千戶所達魯花赤奉善大夫典客副令鄭　楫
　　　　　　　妻通義郡婦人羅　　　　氏

사진 　『京都の美術工芸』京都市內編 上, p.248

참고 　京都府文化財保護基金 編, 『京都の美術工芸』京都市內編 上, 日本寫眞印刷株式會社,
　　　1986.

27-31 『正本一切如來大佛頂白傘蓋揚持』등 6種 佛書 初刊 刊記

소재 경주 기림사(보물 제959-2-22호)
연대 忠肅王 17년(1330)

구성 :『科正本觀自在菩薩廣大圓滿無导大悲心大陁囉尼』·『觀自在菩薩廣大圓滿無导大悲心大陀囉尼』·『科正本佛頂尊勝陁羅尼啓請』·『科中印度梵本心經』·『觀世音菩薩施食』附 : 皖山正凝禪師·示蒙山法語(侍者 錄)

별칭 : 梵字佛頂心陀羅尼

역 : 西天嗣祖禪師 指空 譯

간기 : (卷末)

　　新雕挾科添補大佛頂如意呪大悲呪尊勝呪
　　梵語心經施食眞言後誌
　　藏經中祕密神呪眞言章句雖有錯謬若非西
　　竺聖賢冥契佛意者誰敢攺之而又添減改正
　　一言乎竊惟
　　聖師指空和尙以悲願力降神釋種爲中天國
　　王第三子八歲出家學窮三藏年至二十便往
　　南竺普明尊者處得法傳衣東化支那邃達于
帝都親對　日角敷揚正法仍請往觀金剛山因受
御香東行越泰定三年三月日到于　王京受檀
　　越之請結夏於天和寺一日門人達正禪淑達
　　牧等持大宋時三藏智吉祥等詳校補闕大白
　　傘蓋眞言一部呈師願聞中印土梵語正訓師
　　因覽畢曰此本亦有闕失於是添補漏略精加

詳定以中印土梵字手書大白傘盖眞言并繕
寫如意呪大悲呪尊勝呪梵語心經施食眞言
以梵訓傳之達牧等稽首諷傳僉曰嗚呼我輩
生此東陲時當末法雖欲聞西竺祖師正宗泊
梵音眞言正訓烏可得也今遇　聖師可謂浮
木盲龜之大幸也遂以諷傳正本用墨畵挾科
便於誦習鋟梓流通廣施無窮庶結勝緣用祝
皇帝億載
主上千岭天下昇平法輪常轉助緣檀越各增
荋祿法界有情同成正覺尔　時天曆三年孟
春月日東韓廣明禪寺比丘圓菴　空之謹題
　　　　天曆三年庚午正月上旬天磨山寶城寺開板
　　　　　　幹辦露菴乱山達牧書
　　　　　　同願比丘　　行眞刁

사진　문화유산원문
참고　경주 기림사 불복장임. 禑王 원년(1375) 重刊本에 의함(뒤의 32-1 참조 ; 이 책, p.486).
　　　許興植, 『高麗로 옮긴 印度의 등불 - 指空禪賢』, 一潮閣. 1997.

27-32 『釋迦如來行蹟頌』 序文·跋文

소재　국립중앙도서관, 동국대
연대　忠肅王 17년(元 天曆 3년, 1330)

저 : 天台末學浮庵 無寄(雲默) 撰集

서 : (卷上 : 卷頭)

釋迦如來行蹟頌序

正順大夫密直司左副代言判繕工寺事進賢提
學知製　敎李叔琪　述

夫業於儒者雖未窮五常之源而行之要知先聖文宣王
之垂世立敎權與壺奧有來問者粗說之可稱爲儒爲釋
氏者亦然既捨尒姓而投釋種本師如來出興行化一大
事因必先覼縷然後方名爲釋子噫無二人儻有焉何未
嘗耳目其一二今始興山人默公字無寄爲人拙而無華
兒如其心少遊天台山專精空假中手述如來行蹟編之
以五字隨句而註書成兩軸規將繡梓以遐傳其博覽該
通則於此毛知鳳矣且如釋迦宗派與金口言之詳未老
夫不之學安敢措手於其間末如也已但美其强記而精
述云時
大元至順庚午四月日　晦巖老人書于柯亭

釋迦如來行蹟頌幷序

天台末學浮庵　無寄　撰集

詳夫法性圓融無二相寧存乎依正根塵眞如淸淨祇一
源何隔於自他生佛而衆生昧斯妙理於多劫韜已靈光
恒安住三德藏中而恒自昧亦臥在一如牀上然亦不知
故我能仁哀玆倒惑欲委家中之寶又示衣裏之珠是以
不來而來布身雲於堪忍無說而說滋法雨於沃焦歷四
十九年設三百餘會不度而度度窮有識非滅而滅滅入
無餘其方便也不可思量其饒益也寧容喩說自雙林到
於今日將二千三百年從五印至于此方過六萬八千里
而猶遺風遐振兮蕩了煩雲餘澤遠霑兮榮乎槁物蕩蕩
乎慈悲之海巍巍乎恩德之山嗚呼我等衆生以底業緣
遊何方所早不親聞梵音之說又未得遭正法之時俄受

生於季末之艱亦賦性也頑嚚之甚然而幸承慈化濫預
釋門兒可類於道流行全乖於戒品雖讀誦於經論不解
根宗或尋討於記章但希利養是以未有思修之慧安期
證得之功若是念之可無耻也竊聞如欲揀邪而入聖正
道應先學敎而知佛化儀是則已分得於賢聖之心肝亦
可爲於人天之眼目如是方名佛子不然豈免魔徒且如
世流若不知厥父之姓名生沒日時甲乙多少所作衆業
高夷巧拙則斯曰人頭之獸也不孝莫大乎是其爲釋子
若未了本師之氏字誕滅年月壽命遠近所說諸敎權實
顯密則此稱僧兒之俗歟不順孰過于玆當知不孝不順
之憝(愆)未免無閒無斷之苦
夫吾佛出興行化之蹟遺法普被益物之緣世界成住壞
空之事劫波大小長短之由布在經論可以鏡焉然我等
新學沙彌之輩不能廣尋昧者多矣故今不肖依天台四
敎儀文又撮諸經論中所著之言及詳衆傳記上所彰之
說編以成頌凡七百七十六句而又句中義未顯者仍以
本文註于句下使見者易曉焉是則視近見遠據略知廣
矣然而援引稍繁言辭未婉縱知衆嘖之歸已庶資新進
之初行冀諸達士母以爲誚時天曆元年戊辰臘月旣望
序述云

발: (卷下 : 卷末)
釋迦如來行蹟頌卷下終

天台始祖龍樹大士云有聞無智慧亦不知實相譬如
大暗中有目無所見有慧無多聞亦不知實相譬如大
明中有燈無所照有聞有智慧是所說應受無聞無智
慧是名人身牛今有浮庵長老無寄早投於白蓮社第

四世眞淨國師之嫡嗣釋教都僧統覺海圓明佛印靜
照大禪師而安堂下落髮披緇法名雲默學通一家文
義赴於選席中上上科得窟嵓住持之名高步名途一
旦唾弃猶弊屣也乃遊歷金剛五臺等名山勝地竟到
始興山卓一庵而捿遲以誦蓮經念彌陁畫佛書經爲
日用者垂二十年矣餘力搜尋佛典祖文撰述本師行
迹頌并註乃成兩軸以啓童蒙利莫廣焉噫娑婆世界
成住壞空劫數長短三界五趣壽福優劣苦樂差別如
來方便隨類示現四土三身五時說法年月次第諸經
部內半蒲(滿)偏圓本迹權實乃至滅後遺法流行隆夷處
近及後進學者修行入道方便之規如明鏡當臺無一
毫差眞可謂吾祖所云是所說應受者明矣善哉未曾
有也其文辭之格吾欽衹無間然矣時天歷三年庚午
二月八日萬德山白蓮社沙門　豈　跋

사진　국립도서관 원문보기(古貴172-7-13)

참고　口訣本. 1571년 重刊本에 의함(隆慶五年辛未三月日 頭流山金華道人 義天書). 雲默 無寄
　　　의 또다른 저술로『天台末學雲默和尙警策』이(동국대 도서관 소장) 있는데, 刊記는 없다.
　　　연구자들은 참고하길 바란다. 無寄,『釋迦如來行蹟頌』, 寶蓮閣, 1981(影印本) ; 無寄
　　　原著, 金月雲 譯,『우리말 釋迦如來行蹟頌』, 東文選, 2004 ; 운묵 무기, 김성옥·박인석
　　　옮김,『석가여래행적송·천태말학운묵화상경책』, 동국대학교출판부, 2017 ; 박소영,「天
　　　台思想史에 있어서 釋迦如來行蹟頌의 文獻學的 意義」,『天台學研究』10, 天台佛敎文化
　　　研究院, 2007.

27-33 紺紙銀字『妙法蓮華經』寫經 跋文

소재 용인 호암미술관(국보 제234호)
연대 忠肅王 17년(1330)

발 : (卷末)

妙法蓮華經卷第七
　　鴻山郡戶長李　　　臣起　　特爲
　　嚴侍義方壽倒三松先亡聖善足蹋九蓮普及
　　自他現在未來獲福無邊之願寫成銀字蓮經
　　七軸廣施無窮者
　　　　　　天曆三年庚午四月 日　臣起　誌
　　　　　　　　同願比丘　　正因

사진 문화유산원문 ;『고려사경』, pp.77~78 ;『한국사경』, pp.152~154.
참고 『集成』, p.147.

27-34『三十八分功德疏經』木板 跋文

소재 해인사(국보 제206-11호)
연대 忠肅王 18년(1331)

저 : 未詳(高麗 僧侶)

발 : (卷末)

右弟子所申轉念現前功德意者奉
用莊嚴廻向一切靈官歡喜領納先願

皇風永固福壽無彊三寶長興法輪

常轉冥官護國雨順風調禾稼登稔

民無灾難次及幽途滯魄離苦生天

法界含靈俱霑利樂閻羅天子於未

來世當得作佛号曰普賢王如來十

号具足

三十八分功德疏經

　　　　若人念佛菩薩功德無窮況爲

　　　　他礼念其利萬倍古人云菩薩

　　　　利他還是自利斯言可信此經上

　　　　爲靈官下愍三途念礼尊号利

　　　　洽聖凡靈驗頗多其欲行於世

　　　　間望諸冥扶當於淨土見佛聞

　　　　法何莫由斯舊本二十六分後有

　　　　碩德補入添分皆有所據我兄

　　　　月光普應大師源公別信

　　　　觀音大聖而爲靈官及諸苦類

　　　　代念諸聖歲月久換美哉善哉

　　　　至誠所格何災患之不消何願

　　　　欲之不遂壽

　　　　君福國成道濟生不外乎是今

　　　　募工繡(繡)梓廣勸道俗予佑兄

　　　　勝心稽首謹書耳　至順二年辛

　　　　未冬十二月日海印典炷覺海

　　　　大師木庵　体元題

　　　　　　施主月光大師　忍元[46]誌

---

46) 忍元：忍源으로도 나온다(바로 다음의 28-1 『大方廣佛華嚴經』卷第十六 觀音知識品 참조).

同願海印大師 向如書

사진 국립도서관 원문보기(한古朝21-413)

참고 中國의 『佛說二十六分功德疏經』이 참고되어, 未詳의 고려 승려가 새로 편찬한 것으로
여겨진다(박인석, 「中國 所藏 佛說二十六分功德疏經 분석 - 고려의 2종 공덕소경과의
비교를 중심으로」, 『한국불교학』 71, 2014 참조). 발문 가운데, 윗부분은 경전의 내용에
해당하기도 하지만, 38佛菩薩을 念願하는 공덕의 회향을 담은 발원 내용이다. 경전을
지은 編者의 의도가 담긴 것으로서 수록한다. 한국불교전서(H0111)에서는 그 다음의
발문에 근거하여, 저자를 木庵 體元으로 추정하였다. 박영은, 「고려 후기 공덕소경 신앙의
의의 - 三十分功德疏經과 三十八分功德疏經을 중심으로」, 『한국사상사학』 49, 2015. 이
와 관련하여 뒤의 27-51 『三十分功德疏經』 참조(이 책, p.380).

제28대 忠惠王 王禎(재위 1330년 1월~1332년 2월)

28-1 『大方廣佛華嚴經(40권본)』 卷第十六 觀音知識品 跋文

소재 해인사(보물 제734-16호)

연대 忠惠王 원년(元 至順 2년, 1331)

저 : 木庵 體元 抄

발 : (卷末)

大方廣佛華嚴經卷第十六

予於齠齔時先人早逝就先師

慧覺國尊院內日侍瓶錫未幾

師又棄世逐抱疇依之念思欲

奉薦冥福小報師親罔極之恩

頌此

觀音別品迄今三十年受持不

絶其爲信向固不淺矣越己巳

冬寓靈通寺普勸同住諸宗長

闍院同頌募工繡梓廣施無窮

所冀

皇齡有永國祚弥長三世師長父母

與夫同頌之人親承

菩薩大悲願力恒聞

菩薩微妙法音普及法界有情

同入圓通三昧性海者

　　月光典香普應大師忍源[47]誌

佛菩薩中觀自在聖利物大悲廣

大無等凡爲佛者慕我大悲願力

亦猶行堯之言堯而已矣夫我兄月

光大師源公深信大聖別誦華嚴

經大聖所說廣勸道俗受持歲已

久矣頃命山人錄疏經下鋟梓已

畢又別寫一卷爲持經募工刻板乃

便於奉持者也山人嘉其用心於

大聖如是切倒謹按疏科安於經首

使讀誦行人有條不紊渙然無疑而

心觀契合也是法味相餉友于兄弟

之義耳至順二年十月日寅出現盤龍

社佛華閣海印寺沙門木庵向如体

元謹沐手焚香題

사진　국립도서관 원문보기(한古朝21-412)

참고　경전의 상단에 科文을 붙임. 정병삼, 「고려 후기 體元의 관음신앙의 특성」, 『불교연구』
　　30, 한국불교연구원, 2009.

---

47) 忍源 : 忍元으로도 나온다(바로 앞의 27-33 『三十八分功德疏經』 跋文 참조).

27-35 紺紙銀字 『妙法蓮華經』 跋文

소재 日本 佐賀縣 博物館(鍋島報效會 기탁)

연대 忠肅王 복위 원년(1332)

저: 姚秦三藏法師鳩摩羅什奉 詔譯

서: 妙法蓮華經弘傳序 (唐)終南山 釋 道宣 述

발: (卷末)

妙法蓮華經卷第八

　　　特爲

皇帝萬年

　　國王宮主福壽無疆國泰民安法界含靈同生淨土盡

　　未來際同作佛事無一可度然後乃己冀[48]見聞

　　十方施主同起佛種同斯願海

　　　　　　　時大歲壬申二月始六日　　誌

　　　　　　棟樑道人　　　　　玄哲

---

48) 己冀 : '己'는 '已'로도 볼 수 있지만, '己'로 보는 것이 옳다. '冀'는 '異'로도 판독하나 異體字인 '冀'가 명확하다. 『고려사경』과 『한국사경』에서 '異'로 보는 것은 '己冀'를 연결하여 문장을 해석하기 때문이다. 그렇지만, '冀'가 명확하므로, 이는 분리하여 해석해야 한다.

同願	法諧
同願中瑞司承吳	季儒

鄭氏

士龍

達修

사진　『集成』, p.371 ; 『고려사경』, pp.78~80 ; 『한국사경』, pp.155~168.

참고　『集成』, pp.150~151. 變相圖의 모습이 앞의 25-17 『妙法蓮華經』과 유사하여 주목된다(이
　　　책, p.262 참조 ; 『고려사경』, pp.379~385).

27-36 『禮念彌陁道場懺法』序文

소재　동국대

연대　忠肅王 복위 원년(元 至順 3년, 1332)

저 : (金)極樂居士王 子成(王 慶之) 集

서 : 幷序　　… 崇慶二年(1213)

　　彌陁懺序 … 儒林郎應奉翰林文字同知制誥 … 賜緋魚袋李純甫 撰

　　彌陁懺讚 … 奉政大夫翰林修撰同知 制誥趙秉文 撰

서 : (卷頭)

重刊禮念彌陁道場懺法序

余觀古今論念佛往生者多誇

自力所謂唯心淨土不往而往

自性彌陁不成而成之類也

竊意斯論似輕佛力也夫佛也

者其體明淨無幽不燭或有

人雖不知佛之所以爲佛但

隨人言稱南無佛其人已於

如來妙觀察智中成就

佛地正因之謂蓮生瑤

池矣譬如游魚吞鈎雖不

知鈎之所以爲鈎其魚已入

鈎者之手矣故知佛

之一字即覺海之

一鈎也

大都大天源延聖寺高麗

三藏法師旋公久默斯要

偶觀金時王子成所撰彌陀

懺法其開誘之術與

公兼濟之心若合符契

仍損已資委其同志比丘

祖栢旁募衆緣鳩工入

梓以傳諸遠俾余

爲之序引余曰未

曾有也佛有八萬

四千相好光明徧照十

方世界念佛衆生

攝取不捨何如吾三藏公

以文字般若攝取衆生

其光亘於萬古盛

大俾見者聞者同

登不退轉地永祝

聖人金剛無量

壽域可謂能下覺海

之一鈎者也嘗(時)至順

三年七月日

大都大覺住持

日本國沙門至道序

사진　신집성문헌

참고　1503년 重刊本에 의함(弘治十六年癸亥暮春上澣直旨寺老衲燈谷學祖七十二歲書于東
廂). 高麗의 旋公(義旋)이 元에서 간행하여 고려에 들여온 것이다. 서문이 草書로 쓰여져
行字數의 出入이 심한데, 脫草는『卍新纂大日本續藏經』을 따랐다(第74卷, 東京：國書
刊行會, 1980, p.76). 김월운 外 옮김, 『한글대장경 132：禮念彌陀道場懺法·慈悲道場懺
法』, 東國譯經院, 2002 ; 왕자성 편저, 무영 원경 편역, 『아미타참법 禮念彌陀道場懺法』,
부산：무량수, 2014.

27-37 紺紙銀字『妙法蓮華經』寫經 跋文

소재　日本 靜岡縣 淸水市 海長寺

연대　忠肅王 복위 3년(元 元統 2년, 1334)

발 : (卷第一의 背面)

法華一卷　十九丈 元統二年甲戌五月書

참고　『大日蓮展』, 東京：東京國立博物館, 2003, p.105 및 p.235 ; 김종민, 「日本에 유존하는
한국 불교미술에 관한 고찰」, 『書誌學報』 36, 2010, p.359 참조.

27-38 紺紙金字『大方廣佛華嚴經(80권본)』卷第十五 寫經 跋文

소재 서울 개인(보물 제1412호)
연대 忠肅王 복위 3년(元 元統 2년, 1334)

역 : 唐于闐國三藏沙門實叉難陁譯

발 : (卷頭)

　　榮祿大夫徽政使領掌謁卿延慶司事臣鄭禿滿達[49]兒
　　切念荷父母訓育之德
皇帝
皇太后　舍人太子　眷遇之恩獲事
兩宮位階一[50]品永懷罔極徒[51]感寸誠於是金字書寫
　　　　佛華嚴經一部凡八十一卷首楞嚴經一部十卷爰伏
　　　　佛乘祈
天永命伏願
乾坤比於覆[52]燾日月並於照臨家國咸寧人神均慶
　　　　　　元統二年甲戌五月　日謹誌

사진 『고려사경』, pp.80~81 ;『한국사경』, pp.169~173.
참고 발문 내용으로 보아『首楞嚴經』一部도 함께 조성되었을 것이나, 확인되지 않았다.

---

49) 達 :『고려사경』은『元史』에 의거하여 '進' 혹은 '達'로 보았다(pp.80~81).『한국사경』은 虞集의『道園學
古錄』卷24에 의거하여 '達'로 보았다(pp.171~173). 지면의 훼손으로 정확한 판단이 어려우나, 그는
이색이 지은「韓國公鄭公祠堂記」에 나오는 韓國公 鄭仁의 아들 前徽政使鄭公 禿滿達로 확인된다(『東
文選』卷70, 記). 따라서 '達'로 보는 것이 옳다. 더욱 뒤의 29-1 皇后奇完 發願 大藏經 印記에 나오는
'禿滿達兒'(이 책, p.394) 및 28-6『華嚴經』石經 補修 기사에는 '禿滿達'이 참조(이 책, p.388).
50) 一 : 뒤의 27-39에 의하면 '二'일 수도 있는데, 뚜렷하지 않아 단정할 수 없다.
51) 徒 : 從으로 보는 것은 착오이다.
52) 覆 : 지면의 훼손으로 판독이 어려우나, 이어지는 27-39『大方廣佛華嚴經入不思議解脫境界普賢行願
品』에 의해 추정한다.

더욱 다음의 27-39 참조.

27-39 紺紙金字『大方廣佛華嚴經入不思議解脫境界普賢行願品』寫經 跋文

소재 호림박물관(보물 제752호)

연대 忠肅王 복위 3년(元 元統 2년, 1334)

역：罽賓國三藏般若奉 詔譯

별칭：大方廣佛華嚴經普賢行願品

발：(卷頭)

　　　　資善大夫將作院使安　　　賽罕
　　　　切念荷父母訓育之恩
皇帝
皇太后 舍人太子眷遇之德獲事
兩宮位階二品永懷罔極徒感寸誠於是鈇(鑛)金寫成
　　　　大華嚴經一部凡八十一卷爰仗
　　　　佛乘祈
天永年伏願
乾坤比於覆燾日月並於照臨家國咸寧人神均慶
　　　　　　　元統二年甲戌九月　日誌

(卷末)

　　　　　元統二年甲戌九月　日 敬書

사진 문화유산원문 ;『고려사경』, pp.81~82, p.391 ;『한국사경』, pp.174~177.
참고 變相圖에 '普賢十大願王' 기사가 있음.『集成』, pp.160~161. 이 사경은 양식이나 시기
　　　발문 내용 등으로 미루어 앞의 27-38과 함께 조성된 것으로 여겨진다. 이는『화엄경』
　　　1부 81권의 사경이 여러 사람이 발원하여 이루어졌음을 짐작케 한다. 그리고 81권은
　　　實叉難陀 譯의 80권에 般若譯의 위 別行品을(40권본『화엄경』의 마지막 권40) 더한
　　　것이다. 학담 연의,『화엄법계와 보현행원 : 화엄경 보현행원품』, 큰수레, 2008.

27-40 『白花道場發願文略解』 木板 刊記

소재 해인사(국보 제206-25호)
연대 忠肅王 복위 3년(元 元統 2년, 1334)

저 : 新羅法師　義相　製 ; (高麗)體元集

간기 : (卷末)
白花道場發願文略釋一卷

我家兄普應大師源公一生偏信
觀音大聖勸誦花嚴觀音法門三十
餘人倩我注夾其經以淸涼疏箋於
經下兼集略解因成二卷又依經旨
略解白花道塲文以助家兄崇信之
誠兼答同學交于之意廣施法財上資
　玄福於
一人下施法流於九類云耳致和元年戊辰十月在海印
山寺集解

後學沙弥本庵　　躰元 誌

覺華寺住持比丘　性之 校勘

元統二年甲戌七月 日雞林府開板
同願刻手僧　甫英
色記官崔　　汴
別色前副戶長李　奇
同願秀才金　神器書
同願東泉社道人　善珣
雞林府權知尹承奉郎都官佐郎知蔚州事兼勸農使盧□□

사진　국립도서관 원문보기(한古朝21-428)

참고　대동불교연구원 편,『白花道場發願文略解』, 보련각, 1975(影印本) ; 김호성,「백화도량발
　　　원문약해 역주」,『천수경과 관음신앙』, 동국대출판부, 2006 ; 金煐泰,「白花道場發願文의
　　　몇가지 문제」,『한국불교학』13, 1988 ; 정병삼,「白花道場發願文略解의 저술과 유통」,
　　　『한국사연구』151, 2010.

27-41 『華嚴經觀自在菩薩所說法門別行疏』 刊記

소재　국립중앙도서관
연대　忠肅王 복위 3년(1334 : 추정)

별칭 · 華嚴經觀音別行疏　華嚴經觀行別行疏

저 : 罽賓國三藏般若奉 詔譯經 ; 大原府大崇福沙門 澄觀奉 詔述疏 ;
　　海東沙門 体(體)元錄疏注經并集略解

간기 : (卷末)

華嚴經觀自在菩薩所說法門別行疏卷下

覺華寺住持比丘 性之校勘

사진　국립도서관 원문보기(古1740-10). 신집성문헌

참고　한국불교전서(H0097).『大方廣佛華嚴經(40권본)』卷第十六의 澄觀 註釋을 體元이 다시
略解함. 연대는 위의 27-40『白花道場發願文略解』의 '覺華寺住持 性之'로 미루어 추정함.

27-42 全州 大華嚴普光寺 大藏經 奉安 기사

전거　李穀,「重興大華嚴普光寺記」

연대　忠肅王 복위 3년(元統 甲戌年, 1334) 이후

기사 : 後百濟甄萱所都 今爲全州 州之南萬德山有寺 曰普光 寔自百濟爲大伽藍 演
華嚴法 比丘中向少長是山 憫其寶利將廢 慨然有重興之志 聞州人今資政使高公龍
鳳知遇於上 性且樂善 以元統甲戌 航海西游 見於都下曰 公身生邊地而得志上國如
此 豈非因果歟 蓋前世之爲足徵于今 猶今之所植必有報於後世也 … 苟能於鄕黨
營立祠宇 上爲君祝壽 下與生靈同福 屹然爲一方歸仰之所 使人之見聞者咸曰某之
所爲 則其爲畫錦 不旣多乎 公欣然曰諾 出楮幣如干緡 俾新本寺而置三藏

참고　고전DB 원문이미지 :『稼亭集』卷3, 重興大華嚴普光寺記. 더욱 이곡의 記文에 따르면
보광사의 본격적인 중수공사는 1337년에 시작되어 1343년에 완성하고 법회를 베풀었다고
한다(始于丁丑春 成于癸未之冬 功畢之月 與山人昌淑等 普集檀緣 大開華嚴會以落之
用衆三千 爲日五十).

27-43 『達磨大師觀心論』 刊記

소재 사천 백천사(경상남도 유형문화재 제560호), 규장각
연대 忠肅王 복위 4년(元 元統 3년, 1335)

별칭 : 達磨觀心論. 觀心論

간기 : (卷末)
達磨大師觀心論一卷
　　　禪是佛心敎是佛語凡修眞出世者不
　　　可偏廢也心口相應稱理而修頓超佛
　　　地莫若斯論也是以予與信士兩三同
　　　堅願幢募工彫板印施無窮者
　　　　　　　元統三年乙亥正月 日雞林府開板
　　　　　　　　　刻手僧　法玄甫英
　　　　　　別色　記官　　崔卞
　　　　　　　　戶長　　金　珎
　　　　幹善 堀玄寺住持通玄普應大師　　性宏
　　　　同願 鷄林府權知尹知蔚州副使盧　愼
　　　慶尙道按廉使中顯大夫監察執義金　囧

사진 『서지학연구』 77, p.16. 규장각 원문보기
참고 우학 편저,『達磨大師語錄』, 좋은인연, 2003 ; 金聖洙, 「1335년 刊記 達磨大師觀心論에
　　　　관한 書誌的 硏究」, 『서지학연구』 77, 2019.

* 考異⑦ 『栖鳳寺事蹟』 序文 考證

소재 동국대 도서관

연대 忠肅王 복위 5년(至元 2년, 1336)

序 : 至元二年丙子八月辛卯日稼亭李穀撰

참고 1726년 刊行本에 의함(崇禎後九十九雍正四年一千二百九十餘年). 박용진의 연구에 의
하면, 서봉사는 신라시대에는 鳳岊寺로, 나말여초에는 龍岩寺로, 충렬왕대 無畏國統의
下山所가 되어 重創을 하면서 서봉사로 바뀌었다고 보았다(박용진, 「慶尙道 昆陽 栖鳳寺
의 事跡과 佛書刊行 - 李穀의 栖鳳寺事跡을 중심으로」, 『한국학논총』 39, 국민대 한국학
연구소. 2013, pp.40~42). 이는 이곡의 서문과 朴全之의 글을(「靈鳳山龍岩寺重創記」,
『東文選』 卷68) 통해 내린 견해다.

그런데, 이는 역사적 사실과 부합하지 않은 사실이 있어 수긍하기 어렵다. 먼저, 충렬왕
대 서봉사의 중창에 참여한 시주 곧 侍中 李琳이 공민왕대에서 우왕대에 걸쳐 활동한
인물이어서 의심 된다. 다음 박전지의 관직이 '都統巡官兵部侍郎'으로 나와 있는데, 이는
신라 말의 최치원이 역임한 관직이다. 고려시대의 관직과 너무 동떨어져 의심된다. 그런데,
이곡과 박전지는 비교적 비슷한 시기에 활동한 사람들이다. 박전지는 급제 출신으로
詞林院 學士 承旨를 거쳐 守僉議贊成事로 致仕했다. 이런 그에게 이곡이 신라시대의
관직명을 가져다 붙인다는 것은 좀처럼 이해가 되지 않는다. 찬술자의 의도가 의심되는
缺禮이기 때문이다. 이런 점에서 이 책의 서문은 이곡이 지은 것으로 보기 어렵다.

이 서문은 고려 말 조선 초에 어느 편찬자가 박전지의 글을 바탕으로 서봉사사적을
편찬하면서, 새로 창작하는 가운데 이곡의 이름을 빌린 것이라 여겨진다.

27-44 紺紙銀字 『大方廣佛華嚴經(80권본)』 卷第六十 寫經 跋文

소재　개인(보물 제1559호)
연대　忠肅王 복위 5년(元 至元 2년, 1336)

역 : 于闐國三藏實叉難陀奉　詔譯

발 : (卷末)

大方廣佛華嚴經卷第六十

　　　　比丘善之與密直副使任瑞知識雲山同發誓願普集

　　　　衆緣以黛紙銀泥倩人書寫

　　　　是經三本流通供養以此功德仰願

　　　王年有永國祚延洪於此善根或捨納財賄或設供養

　　　　乃至讚歎隨喜凡有緣者生生世世得大自在行普

　　　賢行證如來智盡衆生界一時成佛者

　　　　　　　　　　至元二年丙子八月　日　誌

　　　　　　功德主祇林寺住持大禪師　　　　善之

　　　　　　　前密直副使上護軍任　　　瑞

　　　　　　奉聖寺住持大師　　　　　孜西

　　　　　　　　禪師　　　　雲其

　　　　　　　　禪師　　　　万一

　　　　　　緣化比丘 雲山　　明一

(背面)

周經六十　七幅　至元二年五月二十七日　永厸(隣)[53]書

---

53) 厸 : 『한국사경』에서 '嚴'으로 보았는데, 착오다.

사진　『集成』, p.377 ;『고려사경』, pp.83~84 ;『한국사경』, pp.178~183.

참고　『集成』, pp.161~162. 80권본(周本)으로 卷第 24·53·56과 함께 조성되었다. 또 60권본(晉本)으로 卷第 28·29·38도 함께 조성됨. 더욱 '三本流通'으로 기록된 점에서 미루어 40권본(貞元本)도 있었을 것이다.

27-45 紺紙銀字『大方廣佛華嚴經(40권본)』卷三十一 寫經 跋文

소재　용인 호암미술관(국보 제215호)

연대　忠肅王 복위 6년(元 至元 3년, 1337)

역：罽賓國三藏般若奉　詔譯

발：(卷頭)

　宣　授大府少監同知密直司事崔安道

　　　與妻綾城郡夫人具氏同發願銀書

　　　華嚴大經所願

皇帝万年下洎三途衆生先亡父母離苦得樂

　　　次予夫婦現增福壽永滅災殃未來

　　　得生蓮華之界見佛聞法悟無生忍

　　　如佛度一切四生之類共證菩提者

　　　　至元三年丁丑四月 日化主 皎然

사진　문화유산원문 ;『集成』, p.378 ;『고려사경』, pp.84~85 및 p.393(變相).

참고　卷頭의 變相에 '天主光天女 徧友童子 善知衆藝童子'의 기사가 있음. 『集成』, pp.165~166 ;『한국사경』, pp.184~187. 이 寫經은 卷34와(보물 제751호, 호림박물관 소장) 함께 같은 佛腹藏에서 나와 동시에 조성된 것으로 추정할 수 있다. 더욱 국가문화유산포털 참조.

27-46 『十抄詩』序文 및 刊行 기사

소재 장서각, 국립중앙도서관
연대 忠肅王 복위 6년(元 後至元 3년, 1337)

별칭：名賢十抄詩

저：神印宗老僧 子山 夾注

서：(卷頭)

　夾注名賢十抄詩序
　貧道暫寓東都靈妙寺祝
聖餘閑偶見
本朝前輩鉅儒據唐室群賢全集各選名詩十首
　凡三百篇命題爲十抄詩傳於東海其來尙矣
　體格典雅有益於後進學者不揆短聞淺見逐
　句夾注分爲三卷其所未考者以俟稽博君子
　見其違闕補注雌黃時作噩玄月旣望月巖山
　人神印宗老僧　子山略序

기사：(跋文：卷末)
噫是本迺後至元三年丁丑歲今安東府所刊而福城君愼村權先生諱思複爲進士時
所寫也

사진 『夾注名賢十抄詩』, p.35.
참고 1452년 重刊本에 의함(時景泰三年壬申仲夏初吉 奉訓郞校書校理知制敎權擥敬跋). 서
　　문에 나타난 '本朝前輩鉅儒 … 題爲十抄詩'라고 한 글귀로 미루어, 고려 전기에 유학자에
　　의해서 편찬 간행된 것으로 여겨진다. 子山은 그것에 주석을 붙인 것이다. 국학진흥연구사

업추진위원회, 『夾注名賢十抄詩』, 한국학중앙연구원, 2009(影印本) ; 자산 저, 김수희 외 공동 역해, 『협주명현십초시』, 學古房, 2014 ; 호승희, 「十抄詩 一考」, 『書誌學報』 15호, 1995 ; 김은정, 「夾注名賢十抄詩夾注 연구」, 『한국한문학연구』 50, 太學社, 2012.

27-47 橡紙銀字 『大方廣佛華嚴經(80권본)』 卷第二十一 寫經 跋文

소재　국립중앙박물관
연대　忠肅王 복위 7년(元 至元 4년, 1338)

발 : (卷頭)
大方廣佛華嚴經卷第二十一
　　　恭惟
　　本師所演一大藏經出生死之津梁登涅槃之梯磴一四
　　　　句揭功猶叵涯八万法門德難可說況華嚴大經諸
　　　　敎根源輪王嫡子
　　　　佛佛出世先說華嚴良以此也是以先寫此經次成般若
　　　　以至諸部成[54]遂願王上資玄福於
　　一人下同善慶於万姓同願施主各隨所願一一稱遂父母
　　　　師長法界含生俱霑利樂者

　　　　　　　　功德主兩街僧統國一大師　　向如
　　　　　　　　　大 禪 師　智然
　　　　　　　　僉議評理致仕金　延
　　　　　　　　前慶山縣令金　臣优(佐)
　　　　　　　　　妻 李　　　氏
　　　　　　　　化主道人　　自元

---

54) 成 : 『集成』과 『한국사경』은 '庶'로 보았는데, 사진을 면밀히 살펴보면 '成'으로 판단된다. 또 문장상 의미로 미루어 '成'이 나을 듯하다.

道人　　戒呉(興)

至元四年戊寅正月日誌

사진　『集成』, p.379 ;『고려사경』, pp.85~87.

참고　『集成』, pp.166~167 ;『한국사경』, pp.192~193.

27-48 『禪門祖師禮懺儀文』 刊記

소재　범어사 성보박물관

연대　忠肅王 7년(元 至元 4년, 1338)

저 : 未詳(高麗)

간기 : (卷末)

伏爲　主上殿下千秋臣僚肅淸

　　國土太平法界含靈同入祖門見

　　成佛者

至元四年戊寅五月日山人釋行重

彫

사진　신집성문헌

참고　잘 알려지지 않은 이 책은 제1조의 迦葉尊者에서 시작하여 고려의 普照國師에 이르는
祖師들에 대한 禮懺 의식을 담고 있다. 하지만, 이 책은 보조국사께 올리는 禮懺文까지만
목판본으로 전하며, 그 이후의 懺悔文을 포함 刊記 5장은 筆寫로 보충되어 있다. 이로서
볼 때 刊記를 신뢰하기에 약간은 어렵다. 그런데, 이 책의 다른 판본으로 1660년에 간행된
고양시 원각사 소장본을 보면, 보조국사에서 끝을 맺고 간기가 나오고 있다. 이 점에서
미루어, 위 간기를 비롯한 참회문 모두 고려시대의 내용을 담은 것으로 여겨진다. 범어사

소장본은 조선시대에 새로 重刊한 뒤, 보조국사 이후 참회문을 비롯한 간기를 다시 筆寫로 남겨 둔 것 같다. 그리고 卷末에 "冊主宗因導傳于海南大興寺 山人體□"의 기사도 전하고 있다.

27-49 『金剛般若波羅蜜經』(圖解本) 刊記

소재 경주 기원정사(전 왕룡사원)
연대 忠肅王 7년(元 至元 4년, 1338)

저 : 鳩摩羅什 譯 ; 六祖惠能·川老·傅大士 等 註解

간기 : (卷末)

   大元國大都在城蓬萊坊居住奉
   三寶弟子朝列大夫利用監太卿嚴也先不花同室王氏
   謹發誠心命工刊造大乘金剛般若波羅蜜經板一副
   印施流通集斯善利奉祝
皇帝聖壽萬歲萬萬歲
大皇太后懿箅無疆
 中宮皇后壽等齊年
 太子千秋諸王宗室各保安寧文武官僚常居祿位風調雨順
   國泰民安佛法永傳魔怨消伏兼及己身現增福壽
   當證妙果三塗八難咸脫苦輪九有四生齊等覺岸者

      至元四年戊寅五月 日

사진 『한국문헌정보학회지』 42, p.411. 신집성문헌.
참고 六祖惠能 등의 註釋을 담아 판화로 새긴 圖解本임. 경주 왕룡사원 목조아미타여래좌상의

(보물 제1615호) 불복장임. 昭明太子 32分. 金剛經靈驗記 眞言 등 수록. 高麗人 嚴也先不花가 元나라에서 간행하여 고려에 들여 온 것임. 그가 고려인인 사실은 뒤의 28-6『華嚴經』石經 補修 기사가 참조된다(이 책, p.388). 이 기사는 당시 고려인으로 元나라에서 실력을 행사하고 있던 高龍卜·申黨住 등이 고려인들과 함께 1341년에 일으킨 佛事活動을 기록한 것이다. 여기에서 '也先不花太卿'이 나오는데, 이는 위의 '太卿嚴也先不花'에서 嚴氏姓만이 빠진 사실을 알려준다. 이런 점에서 嚴也先不花는 고려인으로 여겨진다. 다른 사항에 대해서는 송일기,「王龍寺院 三尊佛像의 腹藏典籍에 관한 硏究」,『한국문헌정보학회지』 42권 2호, 2008 참조.

27-50 袖珍本『金剛般若波羅蜜經』重刊 ·『佛頂心陀羅尼(梵字)』刊記

소재 華城 鳳林寺(보물 제1095-1호)
연대 忠肅王 복위 8년(元 至元 5년, 1339)

간기 : (卷末 : 佛頂心陀羅尼)

　　重大匡晉城君金剛
　　伏爲
皇帝万万歲
太皇太后万歲 (*)
　皇后齊年
　太子千秋
　　諸王宗室各保遐
　　昤(齡)文武官僚祿位
　　常居天下太平國
　　泰民安
　　佛日增輝法輪常
　　轉兼及己身無諸

病厄不逢災難生

生世世得大自在

行菩薩道助揚

佛事無有疲猒四

生九類同登竟(覺)岸

印成金剛般若經

一万卷散施流通

伏願持經善人一

覽便悟本性之

弥陀同登惟心之

淨土者

至元五年二月日　誌

施主晉城君姜金剛

同願比丘　　一昆 (*)

사진　문화유산원문 ;『典籍』, p.191.

참고　1311년 初刊의 袖珍本『金剛般若波羅蜜經』에『佛頂心陀羅尼(梵字)』를 합철한 것임(앞
　　　의 26-7 참조 ; 이 책, p.313). (*) 부분은 개인(보물 제775호)에는 누락되어 있다. 아마도
　　　누락된 것을 보완하여 다시 조성하여 두 차례에 걸쳐 인출한 것으로 판단된다. 두 판본을
　　　비교해 볼 때, 간기 외 본문 부분도 새로 刻板한 듯한데, 연구자들의 세밀한 검토가
　　　필요하다. 一万卷 유통 발원을 지키려 했다면, 새로운 刻板이 필요했을 것이다.

27-51 『三十分功德疏經』 刊記

소재　서울역사박물관(보물 제975호)

연대　忠肅王 복위 8년(元 至元 5년, 1339)

저：原著者 未詳(中國 僧侶)；增補者 未詳(高麗 僧侶)

서：(增補序：在經中)
三十分功德疏經

世傳此經爲二十六分今添二位者
　非偶然耳深有所擄台嶺三重朗
　然云吾宗門有一禪師痛信此經
　日課惟精夢有神人來告曰此經
　功德不可稱量唯我輩未蒙饒益
　願師補入流通師問姓号及佛名
　神人曰爲竈君竈母念善明善光
　菩薩爲門郎户伯念如意輪隨心
　菩薩師問補入次第神人曰當京
　下入師聞已普勸幷念予親聞是
　語頌念弥切忽夢見諸佛菩薩二
　十八分儼然而立後有無數神祇
　異類擁衛而立是知竈門二位已
　預於其次矣今又添二位者其例
　放此此經現應略録于後

간기：(卷末)
　　此經現應的的如是況三世諸
　　佛大悲本願皆爲利益一切衆
　　生如有人頌此經已專心發願
　　云上件各位三界靈祇及諸衆
　　生皆得往生極樂世界還度一
　　切無量衆生則大乘修行不外

乎是奚止除病免厄□請仁者

無忽焉

　　時后至元五年己卯九月　日　誌

　　　　　　　　板在昌寧

　　　　幹善前祭器都監判官曹　時雨

　　　　同願成均待聘齋生鄭　公衍

　　　　成均服膺齋生南　永臣筆

　　　　道　　人　慧一　　刁

사진　문화유산원문

참고　中國에서 전해진『二十六分功德疏經』에 4分을 더하여, 高麗의 승려가 새로 편찬하여
　　　간행한 것으로 여겨진다(박영은,「三十分功德疏經 해제 및 역주」,『이화사학연구』50,
　　　이화사학연구소, 2015 참조). 이와 관련하여 앞의 27-34『三十八分功德疏經』참조(이
　　　책, p.357).

27-52　紺紙金字『妙法蓮華經』外 寫經 跋文

소재　日本 京都市 妙顯寺
연대　忠肅王 復位 8년(元 至元 5년, 1339)

발 : (卷頭)

妙法蓮華經卷第一

　　亞中大夫金玉府達魯花赤郭木的立　竊聞

　　此經三世諸佛秘藏說與聽難如優曇華今

　　我宿植善因淂(得)聞敬信豈不慶哉是以金寫

　　妙法蓮經七卷圓覺了義經普賢行願品三

　　卷合而爲部上祝

皇帝聖壽等乾坤而長久

大皇太后懿算共山河而盈固

　皇太子令壽齊環景以無窮次祈在堂爺孃共

　　享一百歲之康樂次願微躬與同室李氏此

　　報盡後更不受有漏形骸常遊淨土普令六

　　道羣萌同入佛之知見者

　　　大元至元五年己卯十二月　日　謹識

사진　『書誌學報』36, p.361 ;『大日蓮展』, p.104.

참고　跋文으로 보아『圓覺經』과『華嚴經』普賢行願品도 함께 사경되었음을 알 수 있으나,
　　　알려지지 않았다. 東京國立博物館 編,『大日蓮展』, 東京 : 産經新聞社, 2003, p.235 ; 김
　　　종민, 「日本에 유존하는 한국 불교미술에 관한 고찰 - 사경을 중심으로」,『書誌學報』
　　　36, 2010.

〈표 13〉 忠肅王代(1314~1338) 刊記 未詳의 著述 目錄

제목(연대)	저자	내용(典據)
『法華禮懺儀』 (2년 1315)	無畏國統 丁午 (?~1318)	(延祐 乙卯) 功山易成 命擇吉辰 以冬十月十四日起　始立期 三日 招集六山名德三千餘指 大張慶席 初行自所新撰法華 禮懺儀以落之(閔漬, 「國清寺金堂主佛釋迦如來舍利靈異 記」,『東文選』卷68)
『(本朝)編年綱目』 (4년 1317)	閔漬 (1248~1326)	(元年) 正月 乙巳 命政丞致仕閔漬·贊成事權溥 略撰太祖以 來實錄 (四年) 夏四月庚子 檢校僉議政丞閔漬 撰進本朝編 年綱目(『高麗 史』卷34, 忠肅王)
『行錄』 (6년 1319)	權漢功(?~1349)· 李齊賢(1287~1367)	六年 三月 請于帝 降御香 南遊江浙 至寶陁山而還 權漢功· 李齊賢等從之 命從臣 記所歷山川勝景 爲行錄一卷(『高麗 史』卷34, 忠肅王)
①『慈悲道場懺法述解』 ②『法華經』 信解品註 解·『心地觀經疏記』 外 經論章疏 92卷	慈淨國尊 彌授 (1240~1327)	① 本國慈恩宗師國一彌授大師述解(祖丘, 「慈悲道場懺法 集解 序」; 뒤의 32-11 : 이 책, p.499) ② 四 住俗離山法住寺 詣殿下 申聞下山 大將軍金子廷 出傳 王旨 末法大宗匠 曠劫難遇 請撰經論章疏 流通於世間 蒙後 進自承命以來 手不釋卷 講論無閒暇 弘揚一代教 爲己任 撰述經論之解 凡九十二卷 … 六 住瑜伽寺 上之在燕都也 尤信嚮大般若經 令宿衛臣僚常夜頌之 由是殿下一行 皆頌

		大般若經 甞一日於上國講主 請釋難信解品 諸講師云 此無釋解者 上遣使於師 請撰解 又請述心地觀經記 皆即疏記 附使封獻 諸講觀止爭相讚 美服其稀有 上心益加崇信 (李叔琪,「高麗國俗離山法住寺慈淨國尊碑銘幷序」)
『語錄』·『歌頌雜著』· 『新編水陸儀文』· 『重編指頌事苑』	寶鑑國師 混丘 (1250~1322)	學無不窺 爲詩文富 贍有語錄兩卷 歌頌雜著二卷 新編水陸儀文二卷 重編指頌事苑三十卷 行叢林間(『益齋亂稿』卷7, 有元高麗國曹溪宗慈氏山瑩源寺寶鑑國師碑銘 幷序)
『東國文鑑』 (『海東文鑑』)	金台鉉 (1261~1330)	其所著述 詞敎得体詩 淸豔可愛 又手集東人之文 號東國文鑑 以擬配選粹(『墓誌銘』4版, p.473.) 甞集國初以來文章目曰海東文鑑行于世(『牧隱文藁』卷17, 松堂先生金公墓誌銘 幷序)
『慈悲道場懺法略解』	哲匠 東林師(未詳)	哲匠東林師略解(祖丘,「慈悲道場懺法集解 序」;뒤의 32-11∶이 책, p.499)

제28대 忠惠王 王禎(복위 1339년 4월~1344년 9월)

28-2 紺紙銀字 『妙法蓮華經』 寫經 跋文

소재 日本 佐賀縣立博物館(鍋島報效會 기탁)

연대 忠惠王 복위 원년(元 至元 6년, 1340)

발 : (卷末)
妙法蓮華經卷第七

發願偈
妙法蓮華勝經典
金泥寫成願不淺
願此一部七大卷
諸佛會中隨佛現
證明諸佛無礙辯
開示衆生佛知見
　　發願息影沙門　　　　淵鑑

施財
重大匡劉　　　成吉
掌合朱　　　暉
監門衛錄事朴　　中漸

幹事

　　道者 戒禪 師惲 克倫

　至元六年庚辰六月日　柏巖 聰古 書

사진　『集成』, p.380 ;『고려사경』, pp.87~88 ;『한국사경』, pp.194~203.

참고　7권 가운데 卷4는 逸失.『集成』, pp.168~169.

28-3 『地藏菩薩本願經』刊記

소재　청주고인쇄박물관(충청북도 유형문화재 제400호 : 김병구 기증)

연대　忠惠王 복위 원년(元 至元 6년, 1340)

간기 : (卷末)

地藏菩薩本願經卷下

　　至元六年庚辰十一月日雞龍山東學社開板

　　　　特爲　　　　　　　　玄海　書

　　先亡父母爲受法界含靈離苦得樂見

　　佛聞法悟無生忍之願雕板印施無窮者

　　　　　　棟梁道人　　行悉　守全刁

　　　　　　同願道人　　行林

　　　　　　　　　朴氏金夫女(11장 4行 下段)

사진　국가문화유산포털 ;『記錄』, p.94.

참고　남권희,「지장보살본원경의 판본 연구」,『고인쇄문화』13, 2006 ; 학담 편역,『지장보살본
　　　원경』, 큰수레, 2008.

28-4 『佛祖三經』 刊記 기사

소재　성암문고(3-375)
연대　忠惠王 복위 2년(1341)

간기 : 辛巳正月日小白山正覺社開板　勸善　達□　幸元刻

참고　『韓國典籍綜合目錄』第4輯(誠庵文庫), 國學資料保存會, 1975, pp.265~266. 기타 서지
　　　　및 참고 사항은 뒤의 31-18 참조(이 책, p.436).

28-5 紺紙金字 『佛說阿弥陁經』 寫經 跋文

소재　영국 빅토리아·알버트미술관
연대　忠惠王 복위 2년(元 至正 원년, 1341)

역 : 姚秦三藏法師鳩摩羅什奉　詔譯

발 : (卷末)

　　　　　比丘聰古
　　　　特爲
　　　　慈親寫此
阿弥陁經一部以延福壽於
三寶光中吉祥如意者
　　　　　至正元年五月日　　　謹誌

사진　『한국사경』, pp.206~207.
참고　『영국 빅토리아앨버트박물관 소장 한국문화재』, 대전 : 국립문화재연구소, 2013.

28-6 『華嚴經』石經 補修 기사

전거 (元)賈志道 撰,「重修華嚴堂經本記 正書」
연대 충혜왕 복위 2년(至正 改元, 1341)

기사：慧月憫其石戶催圯 經文殘缺 □然 惜其將來浸泯靜琬之功 而安能復其初 以斯感發化緣之念 志堅而心篤 幸□□(資)正院使資德大夫龍卜高公 匠作院使□□大夫黨住申公 慧月拜禮 詳陳其事 公等允其言 興大功德 布施淨財 千餘緡 命慧月施勞董工修 石戶經本 不月餘而俱□□得布施一毫 不私於己 …

大功德主　　高龍卜院使　　申黨住院使
同緣功德主　也先不花太卿　不花帖木兒摠管　李摠管　五闌　古提點禿滿達
同緣功德主　中政院使伯怙木兒　王丹夫人　同願僧　西域　智諦　達而寶
歲至正改元夏 五 月 初 八 日 高麗國比丘 慧月 立石
補寫經板高麗國天台宗沙門達牧　金玉局提領李得全　李得　程仲玉刊

참고 陳燕珠, 『(新編補正)房山石經題記彙編』, 臺北 : 覺苑出版社, 1995, pp.33~34. 1341년
　　　고려 승려 慧月이 중국(元)의 小西天華嚴堂(涿州 房山縣 西鄉里 所在)에 조성된 『華嚴
　　　經』石經이 무너진 것을 보고 보수한 공덕을 기린 비문임. 이때 고려 출신으로 원나라
　　　조정에서 강력한 실력을 행사하고 있던 高龍卜·申黨住 등의 보시를 받아 이루었으므로
　　　이를 수록한다.

28-7 『水陸無遮平等齋儀撮要』跋文

소재 보림사(전남 유형문화재 제203호 98번)
연대 忠惠王 복위 3년(元 至正 2년, 1342)

저：竹菴 猷公 編

발 : (卷末)

水陸齋法流行天下古今不絶□□□□
事門中莫斯爲最故也□□方行者有數
本焉皆要其略以失其意故余窃嘗思之
每欲深究契經徧精密部撰出一本利及
無恨奈以鈍滯大甚因循未果也奧有竹
菴長老猷公先吾著鞭博覽諸本采義類
以貫穿撮樞要而精簡言ヽ順理句ヽ朝
宗眞末運利生度世之橋梁也有睹斯文
鉻心力行則何止利他而已哉依行之士
尙其勉諸
時有元至正二載季春旣望住天和禪寺
比丘信聰敬跋

사진　문화유산원문

참고　1566년 重刊本에 의함(嘉靖丙寅 春三月 後澣日養眞堂無爲子謹跋). 진관사수륙재보존
　　　회 편,『조선시대 수륙재의 전통을 계승한 진관사 국행수륙대재』, 진관사, 2011(* 김두재의
　　　역주 수록).

28-8 『天地冥陽水陸齋儀纂要』 跋文

소재　보림사(전남 유형문화재 제203호 115번)
연대　忠惠王 복위 3년(元 至正 2년, 1342)

저 : 竹菴 猷公 編

발 : (卷末)

天地冥陽水陸儀纂要一卷
三界至廣十類至衆願以一心之想一口
之呪謂之拔苦與樂回向菩提不幾乎狂
誕與然而如來有方便解脫之門依而行
之苟得其法化一粒遍十方廻一念超十
地亦何難哉此水陸儀文所以作也旧有
數本行於世或失於煩或傷於簡今竹菴
猷公感於夢寐質之經論考匪異同定爲
一卷凡五十有四篇旣成請予題其端窃
惟儀不折衷行之者易怠文不擧要傳之
者未遠今是書也就簡而折衷合異同而
擧要當見行之不怠其應捿傳之愈遠其
利博功德豈易量謹盥手焚香爲之序
時有元至正二年三月日推忠亮節功臣
三重大匡金海郡藝文館事臣李齊賢跋

사진　문화유산원문

참고　寶林寺 四天王像腹藏임. 1562년 重刊本에 의함(嘉□四十一年壬□ 大化主淡淡□成運經
七軸). 竹庵 著, 임종욱 역,『천지명양수륙재의찬요』, 동해시, 2007(影印本 수록 : 原文은
同一하나 판본이 달라 위의 跋文은 없음).

28-9 『佛說長壽滅罪護諸童子陁羅尼經』 刊記 및 印記

소재　경주 기림사(보물 제959-2-19호)

연대　忠惠王 복위 3년(元 至正 2년, 1342)

저 : 罽賓國沙門佛陀波利 奉　詔譯

간기 : (卷末)

佛說長壽滅罪護諸童子陁羅尼經

　　　伏爲

　皇帝万年

　　　國王千秋佛日常輝法燈恒耀万民

　　　樂百穀登法界含靈俱霑利樂兼

　　　及先亡父母離苦得樂一門眷屬災

　　　消福集延壽保安之願鋟梓廣傳者

　　　　　至正二年壬午正月　日

　　　　　順政郡夫人安　　　氏

(* 이하 묵서 印記)

　　　施主　　林生

　　　比立　　志海

　　　施主　　一靑⁵⁵⁾妻七德

사진　문화유산원문

참고　경주 기림사 소조비로자나불 복장전적임. 최주광 편저,『長壽滅罪護諸童子陀羅尼經』,
　　　대구 : 한영출판사, 1994.

28-10 大藏經 四部(一部 銀字) 외 金字 三本『華嚴經』·『法華經』寫經 등 奉安 기사

전거　李穀,『稼亭集』卷6, 金剛山長安寺重興碑

연대　忠惠王 복위 4년(元 至正 3년, 1343)

---

55) 靑 : 글자의 좌측면이 잘려진 흔적이 있다. 경우에 따라 情 혹은 淸일 가능성이 있다.

기사 : 藏經凡四部 其一銀書者 即皇后所賜也 華嚴三本 法華八卷皆金書 亦極其貴飾

참고 고전DB 원문이미지. 聖天子龍飛之七年 皇后奇氏以元妃生皇子 既而備盡儀居于興聖之宮 顧謂內侍曰 予以宿因 蒙恩至此 今欲爲皇帝太子祈天永命 非託佛乘 其何以哉 凡其所謂福利者靡所不擧 及聞金剛山長安寺最爲殊勝 祝釐報上 莫玆地若也 越至正三年 出內帑楮幣一千定俾資重興 永爲常住 用明年又如之 又明年如之 集其徒五百 施衣鉢作法會以落其成 廼命宮官資政院使臣龍鳳載本末于石 以詔方來 遂命臣穀爲之文.

28-11 『大般若經』 寫經 기사

전거　李仁復,「鷄林府院大君贈諡正獻王公墓誌銘 幷序」
연대　忠惠王代~忠穆王代(1331~1348)

기사 : 王嘗 泥金銀書 六百般若 經未半及 他經亦衆 公用私錢 畢其功

참고　『墓誌銘』, p.546 ; 고전DB 원문이미지 ;『東文選』卷125.

28-12 『大遼事蹟』 引用 기사

전거　『遼史』
연대　고려 후기(1343년 이전)

기사 : "又得高麗 大遼事蹟 載東境戍兵 以備高麗女直等國 見其守國規模 布置簡要 擧一可知三邊矣 東京至鴨綠西北峰爲界 黃龍府正兵五千 咸州正兵一千 … 右一府一州二城 七十堡 八營 計正兵二萬二千"(『遼史』卷36, 志 6, 兵衛志下 邊境戍兵).

宋元豐元年十二月 詔司天監考遼及高麗·日本國曆與奉元曆同異 遼己未歲氣朔與
宣明曆合 日本戊午歲與遼曆相近 高麗戊午年朔與奉元曆合 氣有不同 戊午 遼大康
四年 己未 五年也 當遼·宋之世 二國司天固相參考矣 "高麗所進 大遼事蹟 載帝王冊
文 頗見月朔 因附入"(『遼史』卷44, 志14, 曆象志下 朔考 總論)

참고 『標點校勘 遼史』. 景仁文化社, 1985, p.115 및 p.176. 연대는 忠惠王 4년(1343) 3월
      元나라에서 實德을 파견하여 宋, 遼, 金의 事蹟을 가져 간 사실로 추정한다(韓致奫,
      『海東繹史』43, 藝文志 2 經籍 1 我國書目 2).

제29대 忠穆王 王昕(재위 1344년 9월~1348년 12월)

29-1 皇后奇完 發願 『大般若波羅密多經』 卷第二十一 외 大藏經 印記

소재 日本 東京 成簣堂文庫

연대 忠穆王 즉위년(元 至正 4년, 1344)

발 : (卷頭)

　　皇后奇完者護都伏爲

皇帝

　　太子祈天永命印成兩

　　藏敬施于

今上所建大都壽慶寺高

　　麗神光寺用資洪福者

　　竊以經律論難思寶藏

　　溢出龍宮佛法僧常住

　　道場悅移鷲嶺於焉庋

　　置于以宣揚念乘歷劫

　　之因緣親沐

聖人之恩澤除非祝

　　壽無所用心玆捐內帑

　　之珍庸賁西方之敎恭

　　願

皇帝陛下乾坤並久日月齊明
　　　紫闈靑宮共嚮九疇之福
　　　金枝玉葉茂延萬歲之
　　　休德洽生靈功周幽顯
　　　　至正四年甲申三月日題
(卷末)

通玄妙濟大師大法藏寺住持	用柔
特賜定慧圓通知見無礙三藏法師	義旋
徵事郎資正院都事	韓帖木兒不花
承務郎資正院都事	阿魯渾沙
中議大夫資正經歷	金勵
奉直大夫資正經歷	速哥
中順大夫資正院判	鄧巨川
奉直大夫資正院判	阿魯灰
奉訓大夫資正同僉	禿滿達兒
朝請大夫資正同僉	哈剌八都兒
亞中大夫資正僉院	阿失帖木兒
太中大夫資正僉院	朶兒只斑
通議大夫資正同知	兀忽失
中憲大夫資正同知	蠻子
資德大夫資正院使	定定
資德大夫資正院使	龍卜
資德大夫資正院使	天驁
資善大夫資正院使	荅兒麻失監

각수 : 高遇

참고　刻手 기사는 川瀨一馬編著, 『新修成簣堂文庫善本書目』, 東京 : 石川文化事業財團, 1992,

pp.1127~1128 참조. 奇皇后가 대장경 2부를 인출하여 元나라의 壽慶寺와 고려의 신광사에 보시한 것임. 이로 미루어 위의 跋文이 실린 다수의 경전이 있을 것으로 여겨진다. 예전에 간행된 목록 가운데,『大宋新譯三藏聖敎』에 '至正中高麗人施財의 跋語'가 있다는 기록에서 그 실마리를 찾을 수 있다(蘇峰先生古稀祝賀記念刊行會 編,『成簣堂善本目錄』, 民友社, 1932, p.319). 梶浦晉,「日本的漢文大藏經收藏及其特色 - 以刊本大藏經爲中心」, 『版本目錄學硏究』第2輯, 国家图书馆出版社, 2010, pp.447~449 ; 박용진,「고려 후기 元版大藏經 印成과 流通」,『中央史論』35, 2012, pp.259~261.

29-2 白紙墨書『妙法蓮華經』寫經 跋文

소재   日本 佐賀縣 博物館(佐賀縣 唐津市 鏡神社 기탁)
연대   忠穆王 원년(元 至正 5년, 1345)

발 : (卷末)

　　　　無盡□□有緣於塵墨劫作
　　　　法供養
　　　　　　大元至正五年乙酉九月日
　　　　　　　　無住庵沙門 天雲 誌

사진   『고려사경』, p.88.
참고   燒失本으로 위 발문만 전함.『集成』, p.171.

29-3『孝行錄』序文

소재   국립중앙도서관
연대   忠穆王 2년(元 至正 6년, 1346)

저 : 權溥·權準 共編 ; 李齊賢 著贊

서 :

孝行錄序

府院君吉昌權公

　　　　　　　嘗命工人畫二十四孝圖僕卽圖爲

贊人頗傳之旣而院君以畫與贊獻之大人菊齋國

老　　　　　　　　菊齋文正公手

抄三十有八事而以贊見諉　　　　於是前後

所贊凡六十有四事而虞丘子附子路王延附黃香

則爲章六十有二矣其辭語未免於冗且俾蓋欲田

野之民皆得易讀而悉知也文士見之不指以爲謅

嗤符　　　　　　　　　　　　近

者幾希然念菊齋公八旬有五吉昌公六旬有六

而晨昏色養得其懼心此亦老萊子七十而戲綵

者何異僕將大書特書更爲權氏孝行贊一章然後

乃已至正六年五月初吉益齋居士李　齊賢序

사진　국립도서관 원문보기(한貴古朝57-가782)

참고　逸失本. 조선왕조 세종 15년(1433) 후손 權近이 註를 붙여 간행한 重刊本에 의함(宣德癸丑
　　　… 崔宗海). 위 서문 가운데 空欄은 權近의 註로 생략함(又與子準 裒集歷代孝子六十四人
　　　使壻李齊賢著贊 名曰孝行錄 行于世 ;『高麗史』卷107, 權溥). 權溥·權準 共編, 權近
　　　註, 尹浩鎭 譯,『효행록』, 景仁文化社, 2004 ;『孝行錄』, 지식을만드는지식, 2017 ; 金勳
　　　埴,「高麗後期의 孝行錄 보급」,『韓國史硏究』73, 한국사연구회, 1991 ; 김문경,「高麗本
　　　孝行錄과 中國의 二十四孝」,『한국문화』45, 규장각한국학연구원, 2009.

29-4 三朝實錄 編修 : 『忠烈王實錄』·『忠宣王實錄』·『忠肅王實錄』

전거　『高麗史』卷37, 忠穆王　2년
연대　忠穆王　2년(1346)

저 : 李齊賢·安軸·李穀·安震·李仁復

기사 : 冬十月　庚申 … 李齊賢　贊成事安軸　韓山君李穀　安山君安震　提學李仁復
… 又命修忠烈忠宣忠肅　三朝實錄

참고　又修忠烈·忠宣·忠肅三朝實錄　撰國史於其第　史官及三館皆會焉　王嘗命齊賢　議定昭穆
之次　語在禮志(『高麗史』卷110, 李齊賢), 忠穆立 … 僉議贊成事監春秋館事　與李齊賢等
… 又修忠烈·忠宣·忠肅三朝實錄(卷109, 安軸). 더욱　卷109 李穀, 卷112 李仁復　列傳
참조.

29-5 『授時曆捷法立成』卷上　序文

소재　규장각
연대　忠穆王　2년(元　至正　6년, 1346)

저 : (高麗)姜保　編

서 : (卷末)
大元至元授時曆經改鍊序
　　　　夫邦家之所重者授時之法而已矣苟不
　　　　精通其術則正朔之變日月之蝕與夫千
　　　　歲日至可得知乎此上古之時分命羲和

日官之職所由設也

國初設太史局今改爲書雲觀宣明曆法

雖存而編秩脫遺而義亦未備故昔我

忠宣王當戊午年入侍

天庭久留輦下見太史院館之精於此術欲以其

學流傳

我邦家越大德癸卯甲辰年間命光陽君

崔公誠之捐內帑金百斤求師而受業具

得其不傳之妙及還

本國欲傳其術者久之難得其人萬索而

得今之書雲正姜公保一學而盡通其法

捷而神明精通之聞傳播人口

忠肅王嘉其能越乙亥年擢爲書雲司曆累遷

而即今爲正於是欲廣其傳令進士李仁

實傳寫其本規欲藏之于本觀以勸後來

傳示無極是亦士君子誨人不倦之意也

噫樂道人之善是吾心也姜公以余爲觀

中人囑之爲序故不敢以蕪拙爲讓謹再

拜書本末耳至正六年十一月日通直郎

書雲丞孫光嗣序

사진 규장각 원문보기(奎貴 892) ; 『高麗史曆志·授時曆捷法立成』, p.497.

참고 1444년 重刊本에 의함. 許衡·王恂·郭守敬 共著, 姜保 編, 『授時曆捷法立成』(『高麗史曆志·授時曆捷法立成』, 驪江出版社, 1986(影印本)) ; 朴星來, 「수시력 수용과 칠정산 완성 : 중국 원형의 한국적 변형」, 『한국과학사학회지』24권 2호, 韓國科學史學會, 2002.

29-6 橡紙銀字 『大般若波羅蜜多經』 卷二百十 寫經 跋文

소재 경주 기림사(보물 제959-1-1호)
연대 忠穆王 4년(1348)

역 : 三藏法師玄奘奉 詔譯

발 :

大般若波羅蜜多經卷第二百一十

戊子四月十二日 書

사진 문화유산원문
참고 慶州 祇林寺 塑造毘盧舍那佛腹藏임. 함께 발견된 다른 사경들은 跋文이 없음(卷259,
卷561). 이외 橡紙銀字로 된, 『放光般若波羅蜜經』 卷一十二, 『佛說大方廣十輪經』 卷五,
『等集衆德三昧經』 卷下, 『大方廣佛華嚴經』 卷二十五 등이 발견됨. 보다 자세한 것은
국가문화유산포털 보물 제959호 참조.

29-7 白紙金字 『大方廣佛華嚴經(80권본)』 卷第二十六 跋文

소재 日本 개인
연대 忠穆王 4년(元 至正 8년, 1348)

발 :

伏玆

大乘功德恭願

皇帝億載

皇后齊年

皇太子千秋天下大平

法輪常轉者

大元至正八年戊子四月　日

　　功德主參知政事三重大匡

　　德城府院君奇　轍誌

참고　『朝鮮王朝の繪畫と日本』, 讀書新聞社, 2008, 大阪 : 読売新聞大阪本社 ; 김종민, 「日本에
　　　유존하는 한국 불교미술에 관한 고찰」, 『書誌學報』 36, 2010, pp.369~370.

29-8 開京 報法寺 大藏經 1차 印施 奉安 기사

전거　李穡, 「報法寺記」
연대　忠穆王 4년(1348)

기사 : 侍中漆原府院君尹公 與禪源法薀和尙同盟重營 始於至正癸未 工役將訖 又
謀曰 大藏經不可無 於是取諸江浙 戊子歲也 撤所居西堂以庇經 壬辰歲也 殿宇既備
梵唄之具 日用之需無一闕 說落成初會 癸巳歲也

참고　고전DB 원문이미지 ; 『牧隱集』 文藁 卷6, 報法寺記 : 王城之南 白馬山之北 有大伽藍焉
　　　大祖妃柳氏所捨家也 所施田民 至令存焉 中廢者久. 恭愍王 16년(1367)의 2차 봉안 기사
　　　는 뒤의 31-31 참조(이 책, p.452).

29-9 『般舟三昧經』·『大乘密嚴經』 外 大藏經(磧砂板) 印記

소재　개인, 日本 大谷大學
연대　忠惠王 2년(1341)~忠穆王 4년(1348)

인기 : (卷末)

　　　奉　　三寶弟子高麗國通直郎典校寺丞李 允升

　　　　　　　　　同妻咸安郡夫人　尹氏

　　　謹發誠心捨財印成

　　　大藏尊經一藏敬安于鄕邑高阜郡萬日寺看

　　　誦流通普利無窮所集洪因端爲祝延

皇帝萬萬歲

　皇后齊年

　太子千秋

　　國王千年　　　文虎恊朝野寧

　　佛日增輝　法輪常轉　四恩普報　三有齊資

　　次冀追薦　先考通直郎李 祚 外考奉常大夫

　　尹傾 先妣光山郡夫人金氏 洞州郡夫人金氏各離

　　苦趣俱成妙果皆得樂方兼及己身合門眷屬

　　助善檀那同增福智之願法界有情同霑利樂者

　　　至正　年　月　日幹善比丘　　　法琪

　　　　　　　同願比丘玄珠 祖行 承湛 覺胡

　　　　　　　同願善人奉翊大夫王 丞慶

　　　　　　　　奉常大夫許　　繕

　　　　　　　　檢校軍器監孫 烈

　　　　　同願本寺住持比丘　　　禪彦

　　　　　同　願　大　禪　師　　　乃云

사진 『典籍』, p.106.

참고 이윤승의 발원으로 南宋 磧砂延聖院藏 板本을 印出하여 고려에 들여온 것으로, 普寧寺板
　　으로 보는 것은 錯誤다(천혜봉, 「高麗 典籍의 集散에 관한 硏究」, 『高麗時代硏究』Ⅱ,
　　한국정신문화연구원, 2000, pp.316~318). 연대는 이윤승이 1348년 4품의 사예직에 있던
　　사실로 미루어 추정하였다(前右司議尹禧等爲史學都監判事 典理摠郎安輯 司藝李允升

爲副使：『高麗史』卷37, 忠穆王 4년 3월).

　　이 밖에도 『賴吒和羅問德光太子經』·『金剛薩埵說頻那夜伽天成就儀軌』·『發智大毗婆沙論』의 사례(大藏會 編, 『大藏會展觀目錄 - 自1回至第50會』, 京都：文華堂書店, 1981, 第1回 p.24), 『大方廣佛華嚴經』(山本信吉, 「對馬の經典と文書」, 『仏敎芸術』95, 1974, p.101), 『慧上菩薩問大善権經』卷上(馬場久幸, 「北野社一切經の底本とその伝来についての考察」, 『佛敎大学聯合研究所紀要別冊洛中周辺地域の歴史的変容に関する綜合的研究』, 2013, pp.116~117), 『金剛薩埵說頻那夜迦天成就儀軌經』卷第一(大谷大學 圖書館 編, 『大谷大學圖書館所藏 貴重書善本圖錄：佛典篇』, 東京：大谷大學, 1998, p.42) 등의 사례가 있다.

29-10 『四書集註』刊行 기사

전거　『高麗史』卷107, 權溥
연대　忠穆王代(1345~1348)

저：(宋)朱子

기사：嘗以朱子四書集註建白刊行東方性理之學自溥倡

〈표 14〉 忠穆王代(1344~1348) 刊記 未詳의 저술 목록

제목(연대)	저자	내용(典據)
『增修編年綱目』 (2년 1346)	李齊賢 安軸 李穀 安震 李仁復	冬十月 庚申 敎曰太祖開國四百二十有九年 于玆其間 典章文物 嘉言善行 秘而不傳 何以示後 故我忠宣王 命臣閔漬 修編年綱目 尙多闕漏 宜加纂述 頒布中外 乃命府院君李齊賢 贊成事安軸 韓山君李穀 安山君安震 提學李仁復 撰進(『高麗史』卷37, 忠穆王 2년)

제30대 忠定王 王胝(재위 1348년 12월~1351년 10월)

30-1 『大方廣佛華嚴經』 略神衆 木板 刊記

소재 해인사(국보 제206-13호)

연대 忠定王 원년(元 至正 9년, 1349)

별칭 : 大方廣佛華嚴經 龍樹菩薩略讚揭

간기 : (卷末)

大方廣佛華嚴經 龍樹菩薩略讚揭

　　　　　　　至[56]正九年閏七月 日

　　　　　　　□□菴散釋庵居悅幹緣

　　　　　　　　同願入選神儉刊

사진 국립도서관 원문보기(한古朝21-416)

참고 한정섭 해설, 『화엄경약찬게』, 불교통신교육원, 2008.

---

56) 至 : 글자의 아랫부분인 '一'만 보이지만, 뒤의 '正'으로 미루어 추정한다.

30-2 『妙法蓮華經』 金字血書 寫經 기사

전거 『陶谷集』 卷25, 記 伊川諸勝遊覽記
연대 忠定王 원년(元 至正 9년, 1349)

기사 : (入菩薩寺 此寺 無學於至正年間始創 洪武二年重修)
又 蓮華經 一帖 以金字圖畵 而下書經文 其書 似亦金字 而色頗異 心怪之
見下端 有刺血書 及至正九年己丑九月日出血等字 乃知和血故其色如許也

30-3 紺紙金字 『大方廣佛華嚴經行願品神衆合部』
　　　 附 「義相和尙一乘發願文」 寫經 跋文

소재 국립중앙박물관
연대 忠定王 2년(元 至正 10년, 1350)

저 : 于闐國三藏實又難陀 譯 ; 罽賓國三藏般若奉　詔譯 ; 義相(義湘 : 新羅)

발 : (裏面 : 卷末)
法界一切諸衆生　造作一切諸惡業
我以功德皆廻向　速得解脫向菩提
具足廣大普賢行　往生華藏蓮花家
親見毘盧遮那佛　自他一時成佛道[57]
　　　　(背面 : 卷末)
　　　　　至正十年庚寅二月　　　　日誌
　　　　　施主延安郡夫人李氏　慈行敬受

---

57) 이 7言 偈頌은 신중합부를 편찬한 편찬자의 의도가 담긴 것으로서 수록한다. 발원자 역시 그 뜻을
따르고자 하는 것이기 때문이다.

```
亡耦58)司卿      金      碩
亡母            秦      氏
亡父  宰臣      李      思溫
```

사진　『고려사경』, pp.88~90 ;『한국불교미술연구』, pp.314~315.

참고　兩面 寫經임. 裏面에 들어 있는 신중합부에는『大方廣佛華嚴經(80권본)』世主妙嚴品에
　　　실린 菩薩·神衆들의 名號와 입법계품에 나오는 55선지식 9보살의 명호와 圖像이 기록되
　　　어 있다(『고려사경』, pp.394~411). 背面에는 보현행원품(『大方廣佛華嚴經入不思議解脫
　　　境界普賢行願品』)·「義相(湘)和尙一乘發願文」이 筆寫되어 있다.59)「의상화상일승발원
　　　문」은 48句 가운데 후반부의 10행 20구만 수록되었다(장충식,「義相의 저술 一乘發願文」,
　　　『한국불교미술연구』, 시공사, 2008, pp.312~322). 그리고 여기에 실린 신중합부는 圖像을
　　　제외하면 앞의 23-52와 그 체제가 같다(『大方廣佛華嚴經(80권본)』世主妙嚴品(華嚴神
　　　衆) 및 善知識 참조) ; 월호,『월호스님의 화엄경 약찬게 강설』, 조계종출판사, 2016.

30-4 紺紙金字『大方廣佛華嚴經入不思議解脫境界普賢行願品』寫經 跋文

소재　국립중앙박물관
연대　忠定王 2년(元 至正 10년, 1350)

역 : 闐賓國三藏般若奉　　詔譯

발 : 위의 30-3의 발문(背面 : 卷末)과 同一.

---

58) 耦 :『고려사경』과『발원』은 '禑'로 보았으나, 뜻이 통하지 않는다.
59) 신중과 55선지식의 명호를 적은 것은 염송을 통하여 그들의 호지와 가피를 받고자 하는 보현행원신앙사례
　　의 하나다. 보현행원품은『화엄경』40권본의 권제40이지만, 80권본에 추가된 별행본 즉 권81로 보아야
　　한다. 여기에는 보현보살의 10대 행원이 들어있는데, 이를 실천에 옮기고자 발원하여 보현보살의
　　가피를 기원하는 것으로 보현행원신앙의 또 다른 例다.

사진　『集成』, p.404.

참고　變相圖에 普賢菩薩의 기사가 있음. 『集成』, p.200 ; 『한국사경』, pp.212~213.

30-5 紺紙金字『金剛般若波羅蜜經』寫經 跋文

소재　日本 愛知縣 豊橋市 太平寺
연대　忠定王 3년(元 至正 11년, 1351)

발 : (卷末)

　　　　以此功德普皆廻向

　　　　上報四恩下濟三有早明般若續佛慧命利樂

　　　　有情和南謹扣

　　　　　　　至正十一年辛卯十月　日　誌

　　　　　　　　施主通議大夫肅政廉訪使月城府院君崔　瀣

　　　　　　　宣　　授東陵郡夫人金　　氏

사진　『集成』, p.405 ; 『고려사경』, p.90 ; 『한국사경』, pp.214~217.

참고　『集成』, p.203.

30-6 『妙法蓮華經』刊記 기사

전거　『陶谷集』卷25, 記 伊川諸勝遊覽記
연대　忠定王代(1349~1351)

기사 : (入菩薩寺 此寺 無學於至正年間始創 洪武二年重修)

　　　　又有蓮華經一帖 白質印本 筆法亦妙 末書

施主奉翊大夫 前德寧府右司尹李英遠

同願善女趙氏 妙清

前郎將門碩琦

참고 연대는 시주 이영원이 忠定王 원년에(1349) 3품의 판도판서에 임명된 사실과 이후 기록에
나오지 않는 것으로 미루어 추정한다(『고려사』卷37, 忠定王 원년 8월, 李英遠並爲版圖判
書). 위 기사에서 '末書'가 인쇄된 刊記가 아니라 붓글씨일 가능성이 있다. 그 경우 인기가
되겠지만, 우선 간기로 정리한다. '門碩琦'는 '閔碩琦'의 잘못일 가능성이 있다.

時期 未詳 Ⅲ : 고려 후기 上(1274~1351)

Ⅲ-1 『正法念處經』·『相續解脫地波羅蜜了義經』 印記

소재　日本 大谷大學 圖書館, 京都大學 人文科學硏究所

연대　고려 후기 상(1340년대)

역：元魏 瞿曇般若流支譯·劉宋 求那跋陀羅 譯

인기：(卷末)

正法念處經卷第一

高麗國施主

奉訓大夫前判典醫寺事金祿

南陽郡夫人朴氏施財印造大藏尊經一藏捨

入子菩寺流通供養 陽

　棟樑　戒丘　宗昗　升禥　松栢

　同願道人清印

　　　　　　　　平江黃土塔橋陸家印造(＊元나라 刊記임)

사진　『고인쇄문화』17, p.339 ;『貴重書善本圖錄』, p.43.

참고　金祿의 시주로 元나라에서 인쇄하여 고려에 들여온 대장경 가운데 하나임. 연대는 김록이
　　　　퇴임한 전직관료로서 元나라에 가서 경전을 간행한 것과 그 아들 金得培가 恭愍王을

수행하여 원나라에 갔던 1341년에 비추어 잠정하였다. 아무래도 아들을 통해 원나라에서 간행해 들여온 듯하다. 최경훈·김향숙, 「南禪寺 소장의 元版大藏經」, 『고인쇄문화』 17, 청주고인쇄박물관, 2010 ; 大谷大學 圖書館 編, 『大谷大學圖書館所藏 貴重書善本圖錄 : 佛典篇』, 東京 : 大谷大學, 1998, p.43 ; 동국역경원 편, 『한글대장경 59~61 : 正法念處經』 1~3·『한글대장경 161 : 심밀해탈경』, 東國譯經院, 1993.

III-2 紺紙金字 『妙法蓮華經』 寫經 畫師 기사

소재   국립중앙박물관(金龍斗 기증)
연대   고려 후기 상

역 : 姚秦三藏法師鳩摩羅什奉 詔譯

화사 : 陳賢道人謹畫

사진   『金龍斗翁 蒐集文化財』, p.168.
참고   『妙法蓮華經』 卷第六의 變相圖에 수록됨. 더욱 여기에는 "白毫相光十方諸佛國土 上至有情處 大海江河水 其中諸衆生一切皆悉見 乃至於一揭隨喜爲他說 常不輕菩薩 法師說法 塵數菩薩白佛語後世當廣說處經 世尊摩無量菩薩灌頂囑累流通 是大施主如是布施 藥王然身供養日月淨名德佛 藥王於淨名德國家忽然化生爲父說法 藥王然臂供養八萬四千宝塔" 등의 기사가 있음. 國立中央博物館, 『金龍斗翁 蒐集文化財 歸鄕特別展圖錄』, 通川文化社, 1994, p.256.

III-3 『竹磵集』序文 기사

전거 『海東文獻總錄』
연대 고려 후기 상(14세기 중반)

저：宏演

서：(元)歐陽玄·(元·明)危素

서：歐陽玄序曰 "演公古體詩 辭氣深穩 而精采不衒 七言律詩 淸潤馴雅 似許渾五言 沖澹眞腴 似玄妙 集充其所至 何可量也"
危素序曰 "演師爲人不貪鄙而近名 獨於禪悅之暇 好爲文詞 於是 當世賢豪 往往與 演師遊 宋初日本僧有兪然者 寔至中土 其翰墨傳以爲寶 演師與之 齊驅而並駕 始知 演師之難得矣"

참고 金烋, 『海東文獻總錄草本』, 諸家詩文集 釋家 ; 『海東文獻總錄』, 學文閣, 1969(影印本), pp.304~305. 연대는 歐陽玄의 생존 기간에 의함(1273~1357) ; 김건곤 역주·평설, 『해동문 헌총록과 고려시대의 책』, 한국학중앙연구원 출판부, 2013.

III-4 金書 『華嚴經』 三本·『法華經』 寫經 기사

전거 『光山金氏族譜』, 「開城郡大夫人王氏墓誌銘幷序」
연대 忠惠王代~恭愍王 초(1330~1355)

기사：性愛佛 金書華嚴經三本 □□文正之願 又成法華經 諸凡二百餘卷 函盛褥籍 極其精緻 讀誦供養 必以文正之忌 常念佛 至於屬纊之時 □□□□ 其篤信如此

참고 『光山金氏族譜』, 전남 보성, 1935 ;『墓誌銘』 4版, p.559.

〈표 15〉 고려 후기(1309~1346) 權溥의 저술 목록

제목	저자	내용(典據)
①『註銀臺集』 ②『桂苑錄』	權溥 (1262~1346)	① 溥 … 註銀臺集二十卷(『高麗史』 卷107, 權溥) ② 菊齋權政丞 集光廟設科以來 座主壯元姓名爲一卷 又集父子孫相繼學試者 及座主無恙 門生掌學試者 爲圖於後 題其目曰桂苑錄 四百餘年文會之盛 粲然在目 門生座主恩義之全 足以培養國家之元氣 而詩書之澤 詞翰之華 雖百世可無替也(『牧隱集』 牧隱詩稿 26, 詩 門生掌試圖歌 幷序)

〈표 16〉 고려 후기 上(1336~1350 : 추정) 간행본으로 주목할 책

제목	저자	중국 서문·간기
『注梵網經』	鳩摩羅什 譯 惠因 注	梵網經菩薩戒序 ① 大德二年六月 住中吳崑山東禪 無外惟大 ② 開泰退居襲祖沙門五峰野衲普秀 ③ 大德二年七月望日 前監察御史郭天錫(1298) 注梵網經幷序 洛苑講經傳戒住持寶應寺沙門惠因注 … 時紹聖三年歲次丙子(1096) 季夏望日 선장(소재 : 아단문고(보물 제894호))
『佛頂放無垢光明陀羅尼經』	施護 譯	서산 문수사 불복장임(보물 제1572호)(소재 : 예산 수덕사)
『大佛頂陀羅尼』	大廣智三藏沙門 不空奉 詔譯	보물 제1129호 (소재 : 한국학중앙연구원)
紺紙金字 『蘇悉地羯羅供養法』	善無畏 譯	소재 : 日本 滋賀縣 西明寺 滋賀縣立文化館 展示
『五百家註音辨昌黎先生集』	(唐)韓愈 輯 南宋 魏仲擧 編	개인 소장
『周易會通』	(元)董眞卿 編集	至元二年丙子 翠巖精舍新刊(1336 : 중국 간기) (소재 : 국립중앙도서관, 숙명여대)

Ⅳ. 고려 후기 하
(恭愍王~恭讓王 : 1351~1392)

제31대 恭愍王 王顓(初名 王祺 : 재위 1351~1374)

31-1 『金剛般若經疏論纂要助顯錄』 初刊 跋文 및 刊行 기사

전거   今西龍,『百濟史硏究』

연대   恭愍王 원년(元 至正 壬辰年, 1352)

발 : 本經 蓋禪那妙旨 註釋者旣多 未若是疏 究其淵源 俾覽之者 開卷豁然也 沙門慧寧 初得是疏 論未曾有 以圖傳遠 授之東院 宿老希諗公 公言於資政院史高公龍卜 高公捨其私財 募工鋟梓 廣施無窮 (*이하 65字 省略으로 未詳) 勅授將士郞 重大匡 安山君 安震跋

기사 : 隱峯寧禪師得 疏論·纂要·助顯 合錄一卷 以授之東院老諗公 募緣鋟梓 於至正壬辰 八月日也

참고   今西龍이 金堤 金山寺에서 이 책을 살피고 소개하였으나(『百濟史硏究』, 近澤書店, 1934, pp.442~443), 지금은 소재를 알 수 없다. 1373년 重刊 刊記는 뒤의 31-49 참조(이 책, p.473).

31-2 『詳校正本慈悲道場懺法』 刊記

소재   성보문화재단(卷1~3 : 보물 제1170호), 계명대(卷4~6), 와이엔텍(卷7~10 : 보물 제875호)

연대　恭愍王 원년(元 至正 12년, 1352)

저 : 梁朝諸大法師 集撰 ; (宋)錢塘沙門 廣鈞 著私鈔(康戩 序)

서 : 詳校正本 … 序 … 朝散大夫行尙書兵部員外郎康 戩 述(宋 景德紀元 : 1004)

간기 : (卷末)
詳挍正本慈悲道場懺法卷第十

　　　　　至正十二年壬辰十月　日
　　　　　　　鍊板 知識 靈哲 禪一
　　　　　　　刊　 知識 了心 達云
　　　　　　　省朱 法空 智印
　　　　　　　法玄 玉如 宏乙
　　　　　　　書員 知識　　　衍虛
　　　　　化主 知識 守閑　　釋琛
　　　　　　　　　　　　　　信珪
　　　　　施主 社主 正西　　正招
　　　　　　　大選　　若琳
　　　　　　　郞將南宮　　伯
　　　　　　　別將柳　　　猛
　　　　　　　別將崔　　　龍鳳
　　　　　　　千户金　　　豆彦
　　　　　　　　入玉　　熊三

각수 : 法玄(卷4). 法空(卷5). 玉如(卷6).

사진　문화유산원문

참고　『記錄』, p.265. 위 판독은 보물 제875호의 缺落된 부분을 동종의 다른 판본으로 보완한 것이다. 참고사항은 앞의 25-11 참조(이 책, p.256).

31-3 『佛說長壽滅罪護諸童子陀羅尼經』 刊行 기사

전거　千惠鳳, 『韓國典籍印刷史』
연대　恭愍王 원년(元 至正 12년, 1352)

간기 : (卷末)

　　　至正十二年壬辰
　　　法玄手刻
　　　施主 中郎將 南宮伯
　　　淸行 化主 守閑

참고　千惠鳳, 『韓國典籍印刷史』, 汎友社, 1990, p.191. 刻手 法玄과 施主 南宮伯이 나오는 기록으로 미루어 위의 『詳校正本慈悲道場懺法』과 함께 간행된 것으로 여겨진다.

31-4 紺紙銀字 『妙法蓮華經』 寫經 跋文

소재　日本 東京 根津美術館
연대　恭愍王 2년(元 至正 13년, 1353)

발 : (卷末)
妙法蓮華經卷第七

　　　竊聞讀誦受持解說書寫流通五種饒益一

般弟子洒湊懇於眞詮因倩人而敬寫玆有

爲微善即無上乘功普徧莊(莊)嚴悉皆霑潤

伏願茫茫三有蠢蠢四生頓悟一乘园(圓)宗永

盡多生妄惑如窮子傳家業而信知本有

若醉客得衣珠而勿向他求不借化城直

躋寶所次願弟子飽喰王(玉)饍圓領佛懷信

依正皆是妙經體色香無非中道淨六根

而隨意通經誓等法師功德離五障而轉

身成佛願同龍女機緣自從現在之時窮

昷(盡)未來之際生生供養在在弘揚者

　　至正十三年癸巳八月　日　誌

　　　　　　施主正順大夫肅雍府右司尹朴　元[60]珪

　　　　施主　　　　　　　　　金　成

사진　『集成』, p.406 ;『고려사경』, pp.91~92.

참고　變相圖.『集成』, pp.206~207 ;『한국사경』, pp.218~220.

31-5『文殊師利菩薩最上乘無生戒經』初刊 序文

소재　통도사(보물 제738호)

연대　恭愍王 2년(元 至正 13년, 1353)

저 : 西天三門　指空　譯

서 : (卷頭)

---

60) 元 :『고려사경』은 '允'으로 보았는데, 착오다.

文殊師利菩薩無生戒經序

梁武帝時菩提達磨至于金陵問畣不契
折蘆度江留楞伽經曰此可傳佛心宗震
旦之人有爲佛氏學者敬信而誦習之因
是而開悟者未易悉數盖天竺距中國十
萬餘里言語不通文字亦異則其書之未
及翻譯者尚多有之不獨楞伽而已我
朝泰定初中印度王舍城刹底利孫曰指
空師見

晉王於開乎論佛瀷(法)稱旨命有司崴給衣
糧師曰吾不爲是也因東遊高句驪禮金
剛山瀷起菩薩道場其國王衆諸臣僚合
辭勸請少留師乃出文殊師利菩薩無生
戒經三卷欲使衆生有情無情有形無形
咸受此戒聞者歡喜諦聽血食是邦者曰
三岳神亦聞此戒卻殺牲之祭愈增敬畏
師之言曰直指人心見性成佛我道則然
說瀷放戒老婆心切故是經因事證理反
覆詳明讀者若楞伽之初至歎息希有嗚
呼五濁惡世其人之迷繆已甚不有以警
動開諭之終無以爲入道之基矣師之學
得於南印度吉祥山普明尊者天曆皇帝
詔與諸僧講瀷禁中而有媢嫉之者窘辱
不遺餘力師能安常處順湛默自晦居無
何諸僧陷于罪罟師之名震暴中外四方
信嚮彌篤

今皇帝眷遇有加資正院使姜公金剛既
施財刻是經以傳門人達蘊請余爲序庸

論次師之出處俾後有考焉至正十三秊
臘八日奉訓大夫臨川危素序

사진　문화유산원문
참고　口訣本. 禑王 12년(1386) 重刊本에 의함(뒤의 32-38 참조 : 이 책, p.533). 1353년 元에서
　　　高麗人 姜金剛의 보시로 간행된 뒤, 고려에 들어옴. 許興植,『高麗로 옮긴 印度의 등불 -
　　　指空禪賢』, 一潮閣. 1997.

31-6 『拙藁千百』 刊記

소재　국립중앙도서관, 日本 天理大學
연대　恭愍王 3년(元 至正 14년, 1354)

저 : 雞林後學崔氏彦明父

간기 : (卷末)
拙藁千百卷之一
　　　　　　　　至正十四年甲午八月　　日
　　　　　　　　　　晉州牧開板
拙藁千百卷之二
　　　　　　　　至正十四年甲午八月日晉州開板
　　　　　　　　色戶長正朝鄭　　　　　吉
　　　　　　　　刻手 正連 行明 思遠 高淸烈
　　　　　　司錄參軍事兼掌書記通仕郎典校寺校勘金 乙珍
　　　　　判官通直郎版圖正郎兼勸農使李　　　　臣傑
　　　　　牧使中正大夫典校令兼管內勸農使崔　　　龍生
　　　　按廉使奉善大夫內書舍人藝文應敎知製 敎兼春秋館編修官郭 忠守

각수 : 正連. 行明. 思遠. 高淸烈. 得仁(卷1/卷2)

사진 국립도서관 원문보기(古朝44-가86)

참고 최해 지음, 최채기 옮김, 『국역 졸고천백』, 민족문화추진회, 2006(影印本 수록) ; 채상식
　　　편, 『최해와 역주 졸고천백』, 혜안, 2013 ; 이구의, 「拙翁 崔瀣의 삶과 民族意識 − 그의
　　　拙藁千百을 中心으로」, 『民族文化論叢』 18·19合輯, 嶺南大 民族文化硏究所, 1998.

31-7 『圓覺類解』 卷第三 印記

소재 동국대 도서관(보물 제719호)
연대 恭愍王 4년(乙未年, 1355)

별칭 : 圓覺經類解

저 : (唐)罽賓國三藏法師佛陀多羅奉詔譯 ; (南宋)行霆 述

인기 : (卷末 : 墨書)
圓覺類解卷第三　　　　　　霜鋒
　　　乙未六月初四日成冊　　圓齋鄭公權印施

사진 문화유산원문. 신집성문헌. 『典籍』, p.192.

참고 『卍續藏經』 第15冊. 『新纂卍續藏』 第10冊. 宋의 行霆이 풀이한 『圓覺經』의 註釋書로
　　　唐 圭峰定慧禪師宗密의 疏鈔科節을 바탕으로 번거로운 것은 삭제하고 빠진 것을 보충함.
　　　또 다른 印記로 우왕 2년(1376) 간행본이 있다(뒤의 32-4 『圓覺類解』 卷第一 참조 : 이
　　　책, p.489).

31-8 『藏乘法數』初刊 序文

소재　삼성리움관(보물 제703호), 성암문고(보물 제704호)
연대　恭愍王 4년(元 至正 15년, 1355)

저 : (元)西菴 可遂

서 : (卷頭)

藏乘法數叙
資正使姜公得西菴遂公所作藏
乘法數善本以進
上喜其浔(得)釋氏簡要命鋟梓以
傳無說大師宏演旣序之矣復徵
余言余聞古之君子左圖右書圖之所
傳卽書之所載特圖便於觀覽可
以爲省察之助爾漢司馬遷作年表
竪網而橫目後之史氏宗之寓書於圖
者也唐歐陽詢作藝文類聚門分而
類別後之類書因之寓圖於書者也
遂公是編兼來二例觀其支昈派擘
如譜學家繪宗諜脈理貫穿如醫家
鈂人之爲經絡又以數隰括之有若
如來所說一音二諦三觀四智五眼六
相七大性八解脫九次第定十波羅蜜
之類引而伸之三十二相六十二見八十種好
八十八使極而至於八萬四千塵勞善
則敎之觸類滋長有以感發良心惡
則戒其因仍染着有以懲創逸志一

方藏之幼眇豈越是哉姜公以爲可致

人主繕心節性之助獻之　尙方可謂忠

也矣如来又言以法布施滕於持用七寶

姜公好善樂施妙契眞乘亦可槩見

於是夫至正十五年三月旣望翰林

學士承旨光祿大夫知　制誥兼脩

國史歐陽玄幷書(*元)

藏乘法數序

河出圖洛出書數之始尙矣人莫不知

易之更伏羲文王周公孔子四聖人之乎

幾千萬言ヽヽ而求之其亦難矣善

觀者有法焉不于其言而于其數五十

有五得天地之全所以成變化而行鬼

神而易在是矣禹陳洪範武王訪之

箕子又從而推衍之其綱有九其目三

十有九目ヽ而詳之不亦難矣苟求之九

一三七四二八六之數則九疇之全無難

見也今資正使姜公素好善尤篤信釋

敎以西菴遂公所輯法數進之於　上

天子嘉其簡且要也　命下版而行之

其間取其語數之同者第而類之數始

于一而終於十而百千萬億生焉以法

觀數瞭然在目則三藏十二部五千四

十八卷之經旨不出乎一編之內題曰法

數豈欺我乎不得是編而觀其全藏未

有不臨卷而有望洋之歎苟窮歲月

竭目力而周覽之亦必疲精竭神　尙

能擧 其辭會其要哉書之傳自 江

南距今卄二年進之

朝廷行之天下以至于千萬世皆知

姜公之賢與人同其善之美且可不必

窮歲月竭目力而全藏之旨已會於吾

之心吁何其神耶數之大原出於河

洛天地且不違況於易與疇乎又況於

一藏之經乎苟進是則法數云乎哉大

覺眞空之理殆將無以喩其妙矣

至正乙未春二月旣望報恩禪寺

沙門 宏演 叙

발：藏乘法數跋 … 至正十有五年二月二十又五日 旴江胥式謹題 (湛露坊壽慶寺留
    板)

    佛書莫備于三藏法數之述 … 資正使姜公命書鋟梓 … 天台業恭書竟謹題

사진　문화유산원문

참고　資正院使 姜金剛이 元나라에서 간행한 뒤, 고려에 들여 옴. 1389년 고려 刊行本에 의함(뒤
    의 33-3『藏乘法數』重刊 刊記 참조 : 이 책, p.551).

31-9『東人之文四六』刊記

소재　고려대(① 보물 제710-1호, ② 보물 제710-5호), 국립중앙도서관

연대　恭愍王 4년(元 至正 15년, 1355)

저：拙齊(崔瀣) 編

서 : (卷頭 : 卷1)

① 東人之文四六序

後至元戊寅夏予集定東文四六訖成竊審

國祖已受冊

中朝堯世相承莫不畏天事大盡忠遜之禮是

其章表得體也然陪臣私謂

王曰聖上曰皇上上引堯舜下譬漢唐而

王或自稱朕予一人命令曰詔制肆宥境內曰

大赦天下署置官属(屬)皆倣

天朝若此等類大涉譖踰實駭觀聽其在

中國固待以度外何嫌之有也逮附

皇元視同一家如省院臺部等號早去而俗安

舊習玆病尚在大德間

朝廷遣平章闊里吉思公釐正然後渙然一革

無敢有蹈襲之者今所集定多取未臣服以前

文字恐始寓目者不得不有驚疑故題其端以

引之拙翁書

간기 : (卷末)

② 東人之文四六卷之七

　　　　　　　　晉州牧開板

① 東人之文四六卷之十二

　　　　至正十五年乙未正月日　福州官開板

　　　　司錄參軍事兼掌書紀通仕郎典校ﾞ勘金　君濟

　　　　判官

　　　　使中正大大典校令管句學事兼管內勸農使崔　宰

　　　按廉副使　通　直　郎　版　圖　正　郎　安　宗源

① 東人之文四六卷之十五

　　　　　　至正十五年乙未八月日　福州開板

　　　　　　書成均進左　金　成富

　　　　司錄

　　　判官通直郎版圖正郎兼勸農使宋　有忠

　　　牧使中正大夫典校令管句學事兼管內勸農使崔　宰

按廉副使兼監倉安集勸農防禦使轉輸提點刑獄公事通直郎版圖正郎鄭　光道

사진　문화유산원문

참고　15권. 최해 지음, 최채기 옮김,『국역 졸고천백』, 민족문화추진회, 2006(影印本 수록) ; 趙
　　　　東一 외,『고려명현 崔瀣 연구』, 국학자료원, 2002.

31-10 『東人之文五七』序文

소재　삼성출판박물관(卷7~卷9 : 보물 제1089호)

연대　恭愍王 4년(元 至正 15년, 1355 : 추정)

저 : 拙齊(崔瀣) 編

서 : 　　東人之文序

東方遠自箕子始受封于周人知有中國之尊在昔新

羅全盛時恒遣子弟于唐置宿衛院以隷業焉故唐

進士有賓貢科牓無闕名以逮　神聖開國三韓攺(歸)

一衣冠典禮寔襲新羅之舊傳之十六七　王世修

仁義益慕華風西朝于宋北事遼金熏陶漸漬人才

日盛粲然文章咸有可觀者焉然而俗尙惇厖凡有

家集多自手寫少以板行愈久愈失難於傳廣而又

中葉失御𧾻(武)人變起所忽昆岡玉石遽及俱焚之旣(禍)

尔後三四世雖號中興禮文不足因而継有權臣擅

國脅君惘民曠弃(棄)城居竄匿島嶼不暇相保國家書

籍委諸泥塗無能收之由玆已降學者失其師友

淵源又與中國絶不相通皆泥寡聞流于浮妄當

時豈曰無秉筆者其視承平作者規模盖不相侔

矣幸遇天啓皇元列聖繼作天下文明設科取士

已七擧矣德化丕冒文軌不異顧以予之踈淺亦

嘗濫竊掛名金牓而與中原俊士得相接也間有

求見東人文字者予直以未有成書對退且耻焉

於是始有撰類書集之志東歸十年未嘗忘也今

則搜出家藏文集其所無者偏從人借衷會採掇

校厥異同起於新羅崔孤雲以至忠烈王時凡名

家者得詩若干首題曰五七文若干首題曰千百

騈儷之文若干首題曰四六摠而題其目曰東人

之文於戲是編本自得之兵塵煨燼之末蠹簡抄錄

之餘未敢自謂集成之書然欲觀東方作文體製不

可捨此而他求也又嘗語之曰言出乎口而成其文

華人之學因其固有而進之不至多費精神而其高

世之才可坐數也若吾東人言語旣有華夷之別天

資苟非明銳而致力千百其於學也胡得有成乎尙賴

一心之妙通乎天地四方無毫末之差至其得意尙

何自屈而多讓乎彼哉觀此書者先知其如是而已

참고　卷7~卷9만 전함(문화유산원문). 서문은 고전DB 원문이미지：『拙藁千百』卷2 및 『東文選』
卷84 참조. 최해 지음, 최채기 옮김, 『국역 졸고천백』, 민족문화추진회, 2006(影印本
수록), pp.99~102 ; 許興植, 「東人之文五七의 殘卷과 高麗史의 補完」, 『書誌學報』13,
1994 ; 『고려의 문화전통과 사회사상』, 집문당, 2004 ; 박한남, 「崔瀣의 東人之文五七

편찬과 사료적 가치」,『史學硏究』67, 韓國史學會, 2002.

31-11 橡紙銀字 『大佛頂如來密因脩證了義諸菩薩萬行首楞嚴經』 卷第十 寫經 跋文

소재 경북대 박물관(보물 제271호)
연대 恭愍王 5년(元 至正 16년, 1356)

역 : 天竺沙門般剌密帝譯 ; 烏萇國沙門彌伽釋迦譯語 ;
菩薩戒第子前正議大夫同中書門下平章事淸河房融筆受

발 : (卷末)
大佛頂如來密因脩證了義諸菩薩萬行首楞嚴經卷第十

功德主花嚴海印寺住持大師　信聰
至正十六年正月日星山前直講李邦翰爲亡母李氏書

사진 문화유산원문 ;『고려사경』, pp.92~93 ;『한국사경』, pp.221~222.
참고 『集成』, p.212. 참고사항은 앞의 23-27 참조(이 책, p.173).

31-12 橡紙金字 『大方廣圓覺修多羅了義經』·『文殊最上乘無生戒法』· 『六祖和尙法寶壇經』 寫經 合部 跋文

소재 호림박물관(보물 제753호)
연대 恭愍王 6년(元 至正 丁酉年, 1357)

역：大唐罽賓沙門佛陀多羅 譯

발：(卷末)
大方廣圓覺修多羅了義經卷下

　將此成功德圓滿上報
佛祖之恩下濟三塗之苦
　　端爲
祝延
當今主上壽萬歲
公主
王后壽齊年十方檀信增福壽風調雨順
國泰民安
佛日增輝法輪常轉者
　　　　　至正丁酉潤九　　月　　日　　誌
　　　　　　　持經主　　戒桁
　　　　　　　施主崔　迪　一莊
　　　　　　　同願金　淸　戒心
　　　　　　　同願書寫　□□□□

사진　문화유산원문, 106~107면 ;『고려사경』, pp.93~96 ;『한국사경』, pp.223~227.

참고　『六祖和尙法寶壇經』은 背面에 筆寫됨(서지사항은 앞의 21-3 참조 : 이 책, p.139).『文殊
　　最上乘無生戒法』의 발문은 覺慶戒牒과 同一하여 생략한다(右條具前如法 … 西天禪師
　　指空 : 27-23 : 이 책, p.342).『集成』, pp.214~216 및 pp.411~412 ; 金月雲 註解,『圓覺經
　　註解』, 東國譯經院, 1974 ; 남회근 시음, 송찬문 번역,『圓覺經 강의』, 공주 : 마하연,
　　2012.

31-13 『人天眼目』刊記

소재　국립중앙도서관, 동국대 도서관
연대　恭愍王 6년(元 至正 17년, 1357)

저 : (宋)奧山晦巖 智昭 述

서 : 重修人天眼目後序 … 宝祐歲次戊午慈雲住山 物初 大觀(元 : 1258)

간기 : (卷末)
人天眼目卷上終
　　　　　　　　　比丘　若川　　對讀
　　　　　荊岑玉泉住山鍾山芯蒭 廣鑄 百拜

　　　　　資德大夫資正使姜公金剛卒衆重板留
　　　　　京師高麗大聖壽慶禪寺
　　　　　至正十七年丁酉三日松月閑人玉田誌

사진　국립도서관 원문보기(일산貴1784-6). 신집성문헌
참고　姜金剛이 京師(北京) 壽慶寺에서 간행한 뒤, 고려에 들여 옴. 1395년 無學大師가 새로 간행하였다(洪武乙亥 … 王師大曹溪宗師禪敎都摠攝傳佛心印辯智無礙扶宗樹敎弘利普濟都大禪師妙嚴尊者無學檜嵓寺留板). 1529년 重刊本에 의함(嘉靖八年己丑夏日全羅道順天地曹溪山松廣寺留板). 회암 지소 편찬, 임청원 국역, 『인천안목 국역』, 향내나는 오솔길, 2018 ; 송정숙·정영식, 「인천안목의 편찬·수용과 비교」, 『서지학연구』 50, 2011.

31-14 『金剛般若波羅密經』附 『摩訶般若波羅蜜多心經』 外 刊記

소재 개인(보물 제877호)

연대 恭愍王 6년(元 至正 17년, 1357)

저 : 釋迦佛說法須菩提請問 多聞尊者阿難編集 ; 姚秦三藏鳩摩羅付譯正 ;
梁昭明太子分章立名 ; 曹溪六祖大鑑禪師解義 ; 全澤泉居士百拜敬集

구성 : 消災妙吉祥神呪/ 妙法蓮華經心/ 四諦法/ 十二因緣法/ 六波羅蜜經/
大乘經典一心頂禮/ 三歸衣戒/ 三昧耶戒/ 四大願/ 大慈菩薩回向偈

간기 : (卷末)

> 此經我海東人雖讀誦
> 者多解意理者寡海東
> 全州優婆塞金貯偶得
> 此本欲廣示無窮以德
> 雲寺沙門志禪幹玆事
> 請刻手省珠法宏等彫
> 板傳示無窮福利邦家
> 利益生亡其功德豈小
> 補哉
> 　至正十七年丁酉六月日刊
> 全州開板

사진 문화유신원문

참고 六祖慧能의 『金剛般若波羅密經』 註解를 바탕으로 全澤泉 居士가 여러 경전과 眞言
등을 종합하여 편찬함. 卷頭의 變相圖에 "千百億化身百億化身本師釋迦牟尼佛 天下湘山
福州寂照普惠祖師無量壽佛 靈烏使者"의 기사가 있다. 湘山은 中國 廣西省 桂林市 全州

縣에 있는 湘山寺를 가리킨다. 이로써 볼 때, 全澤泉 居士를 高麗人으로 보는 것은
착오다.

31-15 『動安居士集』序文

소재　국립중앙도서관
연대　恭愍王 8년(元 至正 19년, 1359)

저 : 動安居士 李承休

서 :

動安居士李公文集序
孟子論尙友曰頌其詩讀其書不知其人可乎
是以論其世也吾嘗謂論文章亦當如是文章
人言之精者也言未必皆其心也皆其行事之
實也漢司馬相如楊子雲唐柳宗元宋王安石
之徒其言之布于文者無淂(得)而議徐考其行事
之實有不能不容吾喙者譬之屠家禮佛倡家
學禮自其外視之似也本之則屠與倡焉其可
以相揜(掩)乎哉此所以頌其詩讀其書而尤欲論
其世也稽也不學敢論古之人敢論天下士
然不徒以文章許人則不敢隱也前密直司使
兼監察大夫李公將鋟其先動安居士文集于
梓因其姪壻兵部侍郞安君徵予言爲序予嘗
慕居士之高風恨不生其時執鞭爲役載名篇端
爲幸大矣夫何辝爲謹按居士幼知讀書痛自
樹立庚午復都之時居士處尙賤能以言事獲

知於

忠敬王從順安公入

元朝每遇恩賜上表陳謝語輒驚人名遂大振

事

忠烈王爲正言司諫益喜言事而不售遂乃去

屛跡頭陀山中若將終身及

忠宣王即位首徵居士待遇極豐而居士竟不

樂求去益懇乃以密直副使詞林學士致仕家

訓有法諸子皆有名其季亦以直節雄材爲時

重臣大夫公也嗚呼不才而穎脫若是乎不賢

而蟬蛻軒冕乎道不積于躬而名能動

三朝之聽乎敎不行于家而能世濟其美乎見

諸行事之實者旣如此雖不睹其全集其根於

心著於文辭者從可知已嗚呼有德者必有言

予於是益信至正十九年冬至後三日通議大

夫樞密院右副承宣翰林直學士充史館修撰

官知制誥知工部事韓山李穡序

사진　고전DB 원문이미지

참고　黃義敦 소장 初刊本을 朝鮮古典刊行會에서 1939년 발행한 影印本에 의함(民族文化推進
　　　會 編輯,『影印標點 韓國文集叢刊』2, 1991). 이승휴 지음, 진성규 옮김,『動安居士集』,
　　　지식을만드는지식, 2009 ; 진성규,「李承休의 賓王錄 연구」,『白山學報』85, 백산학회,
　　　2009 ; 김인호,「이승휴의 현실 인식과 비판론의 방향」,『인문과학연구논총』36, 명지대
　　　인문과학연구소, 2013.

31-16 『帝王韻紀』 重刊 刊記

소재　동국대 도서관(보물 제895호), 국립중앙도서관
연대　恭愍王 9년(元 至正 20년, 1360)

간기 : (卷末)
先居士臣動安所製進歷代
帝王韻紀在元貞間
勅令鋟梓于晉州牧官年既久而板朽字滅其
季男前密直使李公嘗以重彫爲意而力不給
姪婿克仁幸按是道取暇隙而售其意於東京
官非止爲繼述自私門戶蓋欲以卷中眉目傳
不泯而利後生稽覽耳按廉使中散大夫兵部
侍郞臣安克仁題
　　　　至正二十年庚子五月　日東京開板
　　　　　　書進士臣　金禧

　　　按廉使中散大夫兵部侍郞臣安克仁

사진　문화유산원문 ; 국립도서관 원문보기(한古朝90-7 ; 三重刊本)
참고　서지 및 참고 사항은 25-34 初刊本 기사 참조(이 책, p.278).

31-17 『大顚和尙注心經』 刊記

소재　청주고인쇄박물관(충청북도 유형문화재 제383호), 미국 의회도서관
연대　恭愍王 9년(元 至正 20년, 1360)

별칭 : 圓頓文

저 : 大顚和尙了通述(宋 : 추정)

서 : 摩訶般若波羅密多心經解序　　(元)善男子危素書　比丘紹明刻施

간기 : (卷末)

　　　　　　伏爲
　　聖上陛下統臨四海億載萬年
　　　公主殿下壽齊年
　　　王后殿下壽無疆干戈息靜國民安天
　　　　下大平法輪轉刊此舊本廣
　　　　施無窮者

　　　　　至正二十年庚子五月日

　　　　　剝手禪師　戒元
　　　伏爲
　　皇天后土三光五嶽一切增福
　　大王長壽國土康寧印施無窮　無形子

사진　문화유산검색 ; 『서지학연구』 77, p.241.

참고　大顚了通 著, 玄鋒 옮김, 『禪에서 본 般若心經 : 大顚和尙注心經』, 불광출판사, 2008 ; 김
　　　방울, 「고려본 大顚和尙注心經과 저자 문제」, 『서지학연구』 77, 한국서지학회, 2019.

31-18 『佛祖三經』 刊記

소재 삼성리움관(보물 제694-1호), 국립중앙도서관
연대 恭愍王 10년(元 至正 辛丑年, 1361)

구성 : ① 佛說四十二章經　　　　後漢迦葉摩騰竺法蘭同譯 ; (宋)守遂註
　　　② 大宋眞宗皇帝注遺敎經　　姚秦三藏法師鳩摩羅什奉詔譯 ; (宋)守遂註
　　　　（별칭 : 佛遺敎經 : 一名佛入涅槃略說敎誡經）
　　　③ 注潙山警策　序 : 紹興九年(1139) … 新廣南東路轉運判官 張鉄 撰

서 : 至元丙戌(1286)燈節促牧叟德異 叙(卷頭)

간기 : (卷末)
　　　　右三經內
　　　　佛祖深切之語凡學者之所不易者也
　　　　六祖云若依吾敎雖去吾千里如常在
　　　　吾邊不然對面千里苟力行之則豈
　　　　可以佛前佛浚(後)爲難也如或稱佛子
　　　　而不依是則惜乎其將何以此之耶
　　　　至正辛丑六月有日重刊留全州圓
　　　　嵒寺流益永祀者　發願此(比)丘　行心　誌
　　　　　　　　　　　同願比丘　法空　刊行
　　　　　　　　　　　助緣居士尹　　善

사진 문화유산원문 ; 국립도서관 원문보기(한貴古朝21-141).
참고 道霈 著, 正閑 譯註, 『佛祖三經指南』, 운주사, 2000 ; 학담 역해, 『사십이장경강의』, 큰수레, 2002 ; 曉觀, 『遺敎經 硏究』, 불광출판사, 2011 ; 이상백, 「佛祖三經의 성립과 저본에 관한 고찰」, 『서지학연구』 53, 한국서지학회, 2012.

31-19 『及菴先生詩集』初刊 序文

소재　성암문고(보물 제708호)
연대　恭愍王 11년(元 至正 壬寅年, 1362)

저：閔思平

서문：(卷頭)
吾先君昔掌試取知名
士二十有三人其至大官若
朴密直仁幹□□□□
□□□□□□□□□
□□□□□□□□□
君所愛重性坦□□□
邊幅每酒酣輒爲詩無
塵俗語無子有金氏二甥
齊閔齊顔及庵歿齊閔
拾遺詩若干首編以示
予讀其詩想見其平生
不覺霑□□□□□
盆少況先君所愛□□
乎嗚呼誰怪乎吾涕之
無從也東庵後人李齊
賢題

余居尙一日
及菴之外孫金君伯誾
編及菴詩藁攜以

示余丶讀之不覺吟詠
之不足曰所著何止是歟
金君曰自翰苑至綸閣
相府歌詩之多累千百
首迨喪亂旣皆失之
惟晩年有詩必命小子
書則藏諸笥篋以及
播越不敢忘也今退而
編之得五七言若干首
惜其手澤之不全也敢
求弇篇端他日備續
東人文集俾不沒其善
焉可也余曰其然余與
及菴善往往集杯杓
未嘗不附而詩句之贈
亦不爲不多皆茫然不可
記矣其可求之經兵煨
燼之餘乎然尙嘉其
孫能繼述而存此編
亦足以感發吾心蓋詩
言志可以興可以觀邇
之事父遠之事君則皆
本乎性情方可謂之詩
彼以言辭而已者以誇
多鬪靡英華其詞
不至於觀感不近於性
情則乃無用之贅言
也故世之人有專務章

句悅人耳目雖苦心覓
好不能胸次悠然而得
萬一索句姸滑其志
局于此者纔讀過數
十篇心已倦於再覽矣
余於及菴之詩讀之不
覺吟詠之不足所謂可
以興可以觀者皆得其義
矣惜乎專章之不得
傳於世也姑以所見
告夫類書者而爲之
序至正壬寅八月
有日密直提學
右文館提學淡菴
稷山白文寶序

六義旣廢聲律對偶又作詩變極
矣古詩之變纖弱於齊梁律詩之
變破碎於晚唐獨杜工部兼衆體
而時出之高風絶塵橫蓋古今其
間超然妙悟不陷流俗如陶淵明
孟浩然輩代豈乏人哉然編集罕
傳可惜也今陶孟二集僅存若干
篇令人有不滿之嘆然因是以知
其人於千載之下不使老杜專美
天壤間是則編集之傳其功可小
哉又況唐之韓子宋之曾蘇天下
之名能文辞者也而於詩道有慊

識者恨之則詩之爲詩又豈可以
巧拙多寡論哉予之頌此言久矣
及讀及菴先生之詩益信先生詩
似淡而非淺似麗而非靡措意良
遠愈讀愈有味其亦超然妙悟之
流歟其傳也必矣先生之外孫齊
閔齊顔皆以文行名于時去歲倉
卒之行能不失墜又來求序其志
可尙已予故題其卷首如此至正
壬寅日北至前應奉翰林文字承
事郞同知制誥兼國史院編修官
韓山李穡敍

사진　문화유산원문 ; 고전DB 원문이미지

참고　민사평 지음, 유호진 옮김, 『校勘標點 급암시집』, 한국고전번역원, 2013 ; 정성식, 「及庵
　　　閔思平의 현실인식」, 『東洋古典硏究』69, 東洋古典學會, 2017 ; 김난옥, 「고려후기 사대부
　　　민사평의 일상과 교유」, 『사학연구』128, 한국사학회, 2017.

31-20 『益齋亂藁』 序文

소재　국립중앙도서관, 고려대
연대　恭愍王 12년(元 至正 23년, 1363)

저 : 李齊賢

서문 : (卷頭)
益齋先生亂稿序

元有天下四海旣一三光五嶽之氣渾淪
磅礴動盪發越無中華邊遠之異故有命
世之才雜出乎其間沈浸醲郁攬結粹精
敷爲文章以賁飾一代之理可謂盛矣高
麗益齋先生生是時年未冠文已有名當
世大爲忠宣王器重從居輦轂下朝之大
儒搢紳先生若牧菴姚公閣公子靜趙公
子昂元公復初張公養浩咸游王門先生
皆得與之交際視易聽新摩厲變化固已
極其正大高明之學而又奉使川蜀從王
吳會往返萬餘里山河之壯風俗之異古
聖賢之遺迹凡所謂閎博絕特之觀旣已
包括而無餘則其疏蕩奇氣殆不在子長
下矣使先生登名王官掌帝制優游臺閣
則功業成就決不讓向之數君子者斂而
東歸相五朝四爲冢宰東民則幸矣其如
斯文何雖然東人仰之如泰山學文之士
去其靡陋而稍爾雅皆先生化之也古之
人雖不登名王官而化各行於其國餘風
振於後世如叔向子産何可小哉佐天子
號令天下人孰不慕之而名之傳否有不
在彼而在此尚何恨哉先生著述甚多嘗
曰先東菴尚未有文集行於世況少子乎
故於詩文旋作旋棄而人輒藏之季子大
府少卿彰路長孫內書舍人寶林相與裒
集爲若干卷謀所以壽之梓命余序余曰
先生所撰國史尚不免散逸于兵矧片言
隻字爲人笥篋者煨燼何疑則若干卷不

可不亟刊行也二君其勉之嗚呼余豈知
言者哉仍父子爲門生不敢讓姑志所見
云至正二十三年正月初吉前應奉翰林
文字承事郎同知制誥兼國史院編修官
正順大夫密直司右代言進賢館提學知
製敎充春秋館修撰官知軍簿司事韓山
李穡序

사진 국립도서관 원문보기(한古朝46-가45-2) ; 고전DB 원문이미지

참고 1926년에 후손 李圭錫의 지시로 李鐘烈이 간행한 魯林齋本에 의함. 1363년(恭愍王 12)에
아들 李彰路와 장손 李寶林이 수집·편차하여 初刊하였으나, 전하지 않는다. 이후 조선시
대에 여러 번 간행이 이루어졌다. 李齊賢, 『益齋集』; 김철희 외 공역, 『국역 익재집』
Ⅰ·Ⅱ, 민족문화추진회, 1979(影印本 수록) ; 이정호, 「益齋集의 사료적 가치와 詩文 제작
시기」, 『韓國史學報』 52, 고려사학회, 2013.

31-21 白紙墨字 『大方廣佛華嚴經(80권본)』 卷第六·八 寫經 跋文

소재 日本 京都市 知恩院
연대 恭愍王 12~13년(1363~1364 : 추정)

발 : (卷末)
三重大匡都僉議政丞鐵城府院君李嵒敬書

참고 『集成』, p.219 ; 禿氏祐祥, 「高麗時代の寫經について」, 『寶雲』 25, 1939. p.14. 사진자료는
제공되지 않음. 연대는 이암이 1363년 鐵城府院君에 봉해지고 이듬해에 죽은 사실에
의해 추정함. 더욱 그의 필체로 알려진 寫經과 碑文이 남아 전한다(『고려사경』, p.142
참조).

31-22 『金剛般若波羅蜜經』(圖解本) 刊記

소재 성암문고(보물 제696호)
연대 恭愍王 12년(元 至正 23년, 1363)

저 : 鳩摩羅什 譯 ; 六祖惠能·傅大士·川老·如如居士 等 註解

간기 : (卷末)

　　　奉祝
主上殿下壽千秋
　公主殿下壽齊年
　王后殿下壽無疆
　　干戈息靜
　　國泰民安者
至正二十三年癸卯八月日南原開板
　書員 信之 畫員 法戒 刻字 信明法空
　功德主　曹 松桂 勸善 覚敏
　同願　李中順　定如
　奉常大夫知南原府事薛 師德
　　判官兼勸農使金　　英起

사진 문화유산원문 ;『典籍』, p.134.
참고 六祖 惠能 등의 註釋을 담아 판화로 새긴 圖解本임.

31-23 『懶翁和尙語錄』序文

소재 삼성리움관(보물 제697호), 국립중앙도서관

연대　恭愍王　12년(元　至正　23년, 1363)

별칭 : 『懶翁錄』

저 : 惠勤　著 ; 侍者　覺璉錄 ; 廣通普濟住釋　幻菴　校正

서 : (卷頭)
杏村公示余以懶翁之錄曰懶翁往
遊燕都又入江南得衆指空平山授
以法衣塵尾於佛法旣積力久
帝優加褒獎令住錫廣濟禪寺賜以
金襴拂子大欤其法而又平居示人
句偈多矣及東還晦迹山水中
王聞其名遣使求致接見旣敬俾住
神光寺吾欲造謁而未邃一日其門
人携其錄求序篇端以属(屬)之不穀予
曰道不同不相爲謀予業儒不識佛
理何能冠其辭乎昔曾子固以文助
佛必至詆訿而知者莫有拒之今觀
師語云佛是一莖草ゝ是丈六身此
足以報佛予於師亦曰旣覬得未發
已前面目一向上去豈復有今日示
人句邪要得箇一團和氣便是此句
無言可道余以此爲報師以爲如何
師旣師指空平山指空平山各有章
句邵菴虞公序之曰天地一醇融閑
身盡日同往来何所止三十六春宮
盖理有象ゝ有數六ゝ是天地之數

天地絪縕萬物化醇皆不出於春風

和氣所謂一本萬殊亦莫非此心可

動可止而不外乎懶翁一句形容宜

得傳於指空平山不傳之傳以爲自

家之軌範也至正廿三年秋七月有

日忠謙贊化功臣重大匡門下贊成事

進賢館大提學知春秋館事致仕稷

山淡菴白文寶和父敬序

사진　문화유산원문 ; 국립도서관 원문보기(古1798-24)

참고　禑王 5년(1379) 重刊本에 의함. 참고사항 등 뒤의 32-26『懶翁和尙語錄』·『懶翁和尙歌頌』
　　　참조(이 책, p.518).

31-24　白紙金字『梵網經盧舍那佛說菩薩心地戒品』·『受菩薩戒法』寫 經　跋文

소재　단양 구인사(보물 제1714호)

연대　恭愍王 13년(元 至正 24년, 1364)

발 : (卷末)

受菩薩戒法終

至正二十四年甲辰夏善月　日

芝岩　　敬書

無外　　敬畵

化主　　戒元

施主康陽郡夫人李氏　勝果

奉爲逝夫奉翊大夫李子瓛[61]靈

駕兼爲亡女息災之靈溥爲法界

一切衆生速脫苦輪莊嚴寶

覺自它均利買金倩手書成

菩薩戒經幷問難儀文謹施

受持者耳

사진　『한국사경』, pp.228~232.

참고　서지 및 참고사항은 25-50·51 참조(이 책, p.297·298).

31-25 白紙墨字『佛說長壽滅罪護諸童子陀羅尼經』寫經 跋文 기사

전거　南權熙,『高麗時代 記錄文化 硏究』

연대　恭愍王 13년(元 至正 24년, 1364)

발：卷末

至正二十四年甲辰五月二十八日了書

智人見此老人書休笑

참고　남권희,『고려시대 기록문화연구』, 청주고인쇄박물관, 2002, p.378.

31-26 『稼亭集』初刊 跋文

소재　연세대

연대 恭愍王 13년(元 至正 甲辰年, 1364)

발: (卷末)

稼亭李中父與予俱出益齊(齋)門下又同游翰苑
凡所質疑山斗是仰奄然先逝嗚呼惜哉今其
子密直提學李穡於辛丑播遷蒼黃之際能不
失遺藁編爲二十卷令妹夫錦州宰朴尙衷書
以壽諸梓予得而閱之慨然圭復益歎其所樹
立如此又嘉其有子如此於是乎書至正甲辰
五月初吉栗亭老人尹澤謹識

기사: 我祖文集刊板在錦山不幸于兵燹

사진 고전DB 원문이미지

참고 1662년 4重刊本에 의함(甲申後十九年壬寅 … 全州府尹泰淵拜手稽首謹識). 이곡 지음,
이상현 옮김, 『국역 가정집』 1·2, 민족문화추진회, 2006·2007(影印本 수록) ; 黃在國,
『稼亭 李穀의 漢詩 硏究』, 보고사, 2006.

31-27 『謹齋集』 刊記

소재 연세대
연대 恭愍王 13년(元 至正 24년, 1364)

저: 安軸

서: (卷頭)
謹齋先生集卷之一

關東瓦注

古者置官採詩非取其緒章繪句而已
欲以觀其美刺而爲之勸誡也當之學
士存撫江陵道集其所爲詩若文名之
曰關東瓦注吟哦風月摹寫物像固亦
無讓於前人矣其感憤之作關乎風俗
之得失生民之休戚者十篇而九讀之
使人慘然嗚呼孰能誦之吾君之前乎
　　　　　　前政堂文學李齊賢序

발：(卷末)

近閱金無迹集集多關東紀行余謂登
臨之賦備極無餘矣今觀當之此錄詞
意精妙自成一家皆無迹所不道也余
於是抑卷歎賞者久之至順辛未孟冬
崔瀣謹題

간기：(卷末)

辛丑冬紅賊寇京家藏舊本皆失艱於
復得常以爲恨甲辰春余出判淸州按
廉使柳公得其本屬余曰吾欲爲之刊
行於世子之於謹齋爲甥也勉之哉余
於是欣然而喜鳩工鋟梓其脫誤則嘗
在側聞其口授姑以所聞正之至正二
十四年甲辰仲秋旬鄭良生書

사진　고전DB 원문이미지

참고　1910년 四重刊本에 의함. 안축이 江陵道 存撫使 재임 시에 지은 『關東瓦注』가 1331년에

처음 편집되었는데, 간행은 1364년에 이루어졌다. 이후 후손들이 증보하여 四重刊되었다 (先生之著述不爲不多失於紅賊之燹惟瓦注一篇董傳於其壻蓬原君鄭良生上黨之刊其 補遺增補二篇 … 庚戌仲夏 咸州重刊). 안축 지음, 서정화·안득용·안세현 옮김, 『校勘標 點 근재집』, 한국고전번역원, 2013 ; 김동욱, 『양심적 사대부, 시대적 고민을 시로 읊다 : 근재 안축의 사대부문학』, 보고사, 2014.

31-28 『正本一切如來大佛頂白傘蓋揚持』등 6種 佛書 重刊 刊記 및 印記

소재 개인

연대 恭愍王 14년(元 至正 25년, 1365) 및 20년(辛亥, 1371)

간기 : (卷末)

同願比丘　　　達全刁

同願比丘　　　惠一

功德主　　前中顯大夫書雲正　全忠秀

至正二十五年乙巳三月日牛頭山見岩寺 開板

인기 : (墨書)

辛亥三月日印成大佛頂二百七十卷

施主　　　　志義

化士　　　　志案

사진 『記錄』, p.97.

참고 忠肅王 17년(1330) 간행본의 重刊本으로 여겨지며, 서지 및 참고사항 등은 앞의 27-31 참조(이 책, p.352). 이 책의 또 다른 重刊本이 1375년 智異山 無爲菴에서 간행된다(뒤의 32-1 참조 : 이 책, p.486). 만약 동일한 목판을 가지고 간행하였다면, 무위암본은 印記가

되는데, 면밀한 검토가 필요하다.

31-29 紺紙金字『妙法蓮華經』寫經 跋文

소재 경주 광흥사(卷3·卷4 : 보물 제314호), 국립중앙박물관(卷7 : 보물 제1138호)
연대 恭愍王 15년(元 至正 26년, 1366)

발 : (卷末)
妙法蓮華經卷第三 / 卷第四 (*同一)
              施主 權啚南
妙法蓮華經卷第七
      夫此妙典文字非外色香皆中非㟏
      器求金也是故信則利那成佛謗則墮
      於泥犂昔慧恭之敬誦一部遂感天
      花乱墜山龍之唱首題名而使地獄
      皆空懶心披經唯見黃紙了無一字
      今愚雖未若思齊(齊)之心但發難遭
      之相故敬寫一部特爲先
      父累劫親緣超生淨土云耳
      至正二十六年丙午九月日鳳停留鎭[62]
        施主

---

62) 留鎭 : 장충식은 이를 '晉鎭'이라 판독하고, 봉정사에 봉안한 것으로 보았다(『한국사경』, p.233). 국립중앙박물관에서는 같이 판독하고 이를 인명으로 해석하였다(『발원』, p.62 및 p.283). 그런데, '留'의 경우 사진을 자세히 살피면, 아래 부분의 '田'변이 명확히 드러난다. 따라서 '日'변을 쓰는 '晉'으로 보기 어렵다. 그리고 '留鎭'으로서 '머물러 지키게 한다'는 의미를 가진 이 글귀는 군사가 머무르는 뜻으로 흔히 사용된다. 여기서는 절에 모셔 佛法을 守護한다는 의미를 담아 사용한 것이다. 이런 사례는 조선시대 간행본에서도 보이는데, 편자가 자주 목격하였다. 하지만, 비슷한 뜻을 담은 '晉鎭'은 사용된 것을 찾을 수 없다. 더욱 뒤의 사례(32-28『禪宗永嘉集』刊記) 참조(이 책, p.523).

都評議錄事典農直長權 呂南(* 이하 卷第一과 同一)

備巡衛精勇別將權　仁達

司醞直長同正權 有成

司醞直長同正權 釈[63]奴

道人　　戒珠

道人　　世㫆

사진　문화유산원문 ;『한국사경』, pp.233~235 ;『발원』, p.62.

참고　『발원』, p.283. 卷1은 逸失本임(국립중앙박물관 소장 유리건판에 사진에 의함 : 016605번 경북 안동 광흥사『妙法蓮華經』卷第一).

31-30 紅紙金字『金剛般若波羅密經』寫經 跋文

소재　日本 佐賀縣立博物館(本庄鹿子 慶闇寺 기탁)

연대　恭愍王 16년(元 至正 27년, 1367)

발 : (卷末)

至正二十七年丁未三月　日誌

施主　奉善大夫前呉(興)威衛精勇護軍朴　光美

吹火郡夫人朴　氏

사진　『集成』, p.413 ;『고려사경』, pp.95~96.

참고　『集成』, p.222 ;『한국사경』, p.236.

---

63) 釈 : 국립중앙박물관에서는 '미(籹)'로 판독하였으나(『발원』, p.283), 우측의 '攵'이 '又'로서 다르다. 이는 釋의 異體字인 '釈' 혹은 '釋'에서 파생된 또 다른 이체자로 여겨진다. 이 같은 판단은 명확히 승려를 뜻하는 '釋'으로 사용된 '釈'의 사례를 편자가 본 간기 자료를 정리하면서 내린 결론이다. 독자들은 잘 살펴주길 바란다.

31-31 開京 報法寺 大藏經 2차 印施 奉安 기사

전거　李穡,『牧隱集』文藁 卷6, 報法寺記
연대　恭愍王 16년(丁未年, 1367)

기사: 歲辛丑 說落成中會 冬爲沙賊所蹂躪 殿宇器皿 經卷像說 存者蓋鮮 國家克復
京城之後 稍修葺之 邀曹溪禪師行齊主席 甲辰歲也 歲乙巳 夫人柳氏亡 公且悲且感
督功益急 明年工告畢 歲丁未 又取藏經江浙 明年 所須器皿又完則曰 此吾寺之再初
也 乃說落成初會 歲庚戌 落中會 歲丁巳 邀曹溪禪師行備主席

참고　고전DB 원문이미지 :『牧隱集』文藁 卷6, 報法寺記. □□□始作萬日彌陀會 凡爲屋□□
　　　□間 不侈不陋 觀者起敬 夫人以三月初五亡 而公以八月初四生 故轉藏歲再者 用其日也
　　　(같음).

31-32 紅紙金字『妙法蓮華經』寫經 跋文

소재　日本 京都市 常德寺
연대　恭愍王 18년(元 至正 29년, 1369)

발: (卷末)
妙法蓮華經卷第一

　　　伏玆
　　　　　大乘功德恭願
主上殿下壽萬歲
　王后殿下壽無疆
　　　　文正(武)官僚忠貞輔國時淸戈戢穀

登民安法界生沒有情俱獲妙利

佛日增輝法輪常轉者

　　　至正二十九年己酉三月　日　　　誌

　　　　　勸善比丘　　　　六虛

　　　　　同願比丘　　　　頂嚴

　　　施主前左右衛保勝中郎將孫　有証

　　　施主漆園郡夫人　伊　　　氏

　　　施主檢校護軍　　蔡　仁甫

　　　同願奉善大夫前千牛衛護軍林　祐

사진　『京都の美術工藝』京都市內編 上, p.249.

참고　京都府文化財保護基金 編,『京都の美術工藝』京都市內編 上, 日本寫眞印刷株式會社,
　　　1986.

31-33 白紙金字『佛說長壽滅罪護諸童子陁羅尼經』寫經 跋文

소재　경주 祇林寺(보물 제959-1-7호)

연대　恭愍王 19년(1370) 이전

발 : (卷末)

佛說長壽名經

　大功德主(* 이하 훼손)

　　忠勤翊曺(贊)功臣□□城君鄭□□

　　　　　　(* 이하 훼손)

　　推忠翊祚功臣匡靖大夫前知門下事上護軍金 庚

　　　　月　城　郡　夫　人　金　氏

輸忠輔理功臣重大匡瑞城君崔　公哲

　　　　原　州　郡　夫　人　李　氏通州

　　　　　　子　安國

奉翊大夫前典工判書吳　仲華

　　　　□　□　□　夫　人　權　氏

사진　문화유산원문 ;『고려사경』, pp.102~103.

참고　祇林寺 昆盧舍那佛 佛腹藏임.『集成』, pp.337~338 ; 朴相國,「祇林寺 昆盧遮那佛腹藏
　　　高麗寫經」,『초우 황수영박사고희기념 미술사학논총』, 通文館, 1988. 연대는 吳仲華가
　　　1371년에 사망한 사실로 미루어 추정함. 서지 및 참고사항은 앞의 23-37 참조(이 책,
　　　p.183).

31-34 『圓頓宗眼』刊行 기사

전거　천혜봉,「高麗 典籍의 集散에 관한 연구」
연대　恭愍王 19년(庚戌年, 1370 : 추정)

저 : 法燈 述

간기 : 庚戌仲夏上旬 慈頓 跋

참고　천혜봉,「高麗 典籍의 集散에 관한 연구」,『고려시대연구』Ⅱ, 한국정신문화연구원, 2000,
　　　pp.387~388.

31-35 『大佛頂如來密因修證了義諸菩薩萬行首楞嚴經』卷第七(戒環解) 印記

소재　경주 기림사(보물 제959-2-2호)
연대　恭愍王 19년(庚戌年, 1370 : 추정)

인기 : (卷末 : 筆寫)

　　　竊爲
　　　先亡父母徃生淨界暨我亡耦李氏超生之
　　　願印成楞嚴經一本十卷用薦
　　　充逝者
　　　　　　　　庚戌年六月　日　誌
　　　　　　　　居士林　　桂

사진　문화유산원문
참고　蝴蝶裝. 口訣本. 忠宣王 원년(1309) 간행본의 印出本임. 서지 및 참고사항은 앞의 26-3
　　　참조(이 책, p.309).

31-36 『六祖大師法寶壇經』 刊記

소재　연세대, 성암문고
연대　恭愍王 19년(庚戌年, 1370)

간기 : (卷末)

　　　　　　庚戌八月　日　開板
　　　　　　　留板南原故(歸)正禪寺
　　　　　　大化主禪師　　　　空默

　　　　緣化知識　知川　　正行

　　　　刻字三重　省珠　　覺明

　　　　錬板知識　　　　　法堅

　　功德主

　　　　鷄林郡夫人金　　　氏

　　　　全羅道按廉使辛　　元祂

都巡問使光祿大夫知門下省事李　金剛

사진　『書誌學硏究』 4, p.144.

참고　朴相國,「現存 古本을 통해 본 六祖大師法寶壇經의 流通」,『書誌學硏究』 4, 1989. 서지
　　　및 참고 사항은 앞의 21-3 참조(이 책, p.139).　　　　．

31-37 『金剛般若波羅蜜經』 外 六經合部 刊記

소재　해인사 용탑선원
연대　恭愍王 19년(明 洪武 3년, 1370)

합철 : ①『金剛般若波羅蜜經』: 姚秦三藏沙門鳩摩羅什詔譯 ②『大方廣佛華嚴經
入不議解脫境界普賢行願品』: 罽賓國三藏般若奉詔譯 ③『四十二章經』④『佛遺
教經』⑤『潙山警策』⑥『首楞嚴神呪』⑦『摩利支天陁羅尼』

발 : ①『金剛般若波羅蜜經』(末尾)
　　右經无相爲宗无住爲体妙有爲用自從達摩西來爲傳
　　此經之意令人悟理見性成佛所以三時身命珎宝布施
　　尙不及持經功德万分之一
　　②『大方廣佛華嚴經入不議解脫境界普賢行願品』(末尾)
　　道殿師云佛一代說雖非一而華嚴經㝡存㝡妙是諸佛之髓

菩薩之心具包三藏摠含五教梵本有十万偈此方所譯三本
摠一百八十卷雖文義廣博其宷津要者唯別行普賢行願一
品爲華嚴之開(關)鍵修行之樞機也

③『四十二章經』(末尾)

右經漢明代騰蘭二師自西竺駄白馬而至因刱白馬寺以安
佛法由玆而始時道士衆上疏以佛道二經欲火試帝從集白
馬寺分置兩壇乃焚之道經燒盡獨本經如舊於是道衆及諸
士女俱出家

④『佛遺敎經』(末尾)

佛以周昭甲寅四月八日生西竺迦維城壬申二月八日出家
居雪山癸未二月八日成都在寂滅場初轉花嚴壬申二月十
五日趣拘尸城終說本經以喩末世比丘由持戒成佛也

⑦『摩利支天陁羅尼』(末尾)

又三呪不空奉詔所譯摩利支天經中呪也佛云此呪除一切障難
王難賊難猛獸毒虫水火等難又面向百踰闍那一切鬼神惡人
无能得便者若難中行時晨起誦前身呪呪一掬水洒四方及洒
自身若衣襟若衣袂若袈裟角一呪一結惣作三結即往難中
行連誦前二大呪而行所有一切事難軍防主者悉皆迷醉都
無知者又云若人能書寫讀誦受持者若着髻中若着衣中
隨身而行一切諸惡悉皆退散无敢當者

간기 : (卷末)

安愼叅(齊)篤信仏余因友善安之族姪釋淸盆有志行自遠過菴
曰吾欲刊施金剛經倩墨本於菴諾乎曰余亦志此而難之久矣
子克有終輒作拙字訖乃謂般若行願不可偏廢故以普賢繪
解空此猶贅也矧加以六七章遺敎經縱備首尾豈贅上贅
哉然用般若鋒及割贅或有覺痛者矣且摩利呪尤可笑也
但今日護身符子在是乎敬爲益師書脫心益心者詳察幸甚

洪㸑(武)三年九月有日木菴新生惠欑東雨書幷跋

發願命刊印施釋　清益

同願主緣愼쓰安　輯

隨喜助緣山夫安　克仁

同願龜城郡夫人　勝賢

同願江陵郡夫人　妙藏

宏贊　刊

同願正林典香　笠雲

사진　『記錄』, p.83.

참고　③~⑤『佛祖三經』의 서지와 참고사항은 앞의 31-18 참조(이 책, p.436). 발문에서 '六七章'
은 『四十二章經』을 나타낸 것이다. 간혹 6·7장 곧 수량으로 해석하는데, 잘못이다. 오용섭,
「청익 간행의 고려본 금강반야바라밀경」, 『서학연구』 68, 2016.

31-38 『妙法蓮華經』 卷第七 刊記 및 印記

소재　경주 기림사(보물 제959-2-26호)
연대　恭愍王 19년(庚戌年, 1370)

간기 : (卷末)

妙法蓮華經卷第七

海東全州鈴轄試衛尉少卿郭　有楨
弟子早信是經殊勝功德相續奉
持者有年矣是經也於諸經中最
尊最勝是以敬捨私賄募工鏤板
藏于私第印施無窮流布妙法曁
諸含靈同入法華三昧者歲在庚

戌臘月上旬日　誌

　　　同願殿前李　公庇

　　都色

　　　前權知戶長李　興

　　　前副戶長李　東成

인기 : (卷末 : 朱書)

　　　施主宜人趙　氏

사진　문화유산원문

참고　卷4의　變相圖에　護法善神, 阿修羅王　등의　기사가　있음.

31-39 『及菴先生詩集』重刊 跋文

소재　성암문고(보물 제708호)

연대　恭愍王　19년(庚戌年, 1370)

저 : 閔思平

발 : (卷頭)

曩予既爲金氏兄弟序其外大父及

菴先生之詩矣及今與敬之同在成

均每見敬之授徒餘暇輒屛靜處日

書一紙豐暑弗輟予益重之蓋敬之

生長外家故知慕尤深性喜文墨故

不怠如此繕寫甫訖先生門人李端

公頤適按慶尙鋟梓之功由玆克成

豈天相敬之篤孝之誠耶弟公入游

中原上書河南王軍門大蒙賞異拜
中議大夫中書兵部郎中兼簽書河
南江北等處行樞密院事既歸不幸
而殂敬之更名九容今遷民部議郎
講官如故云庚戌春分前五日端誠
輔理功臣崇祿大夫三司右使集賢
殿大學士知春秋館事兼成均大司成
提點司天監事韓山李穡跋

及菴閔公於予爲先達其外
孫敬之過予言先祖有美而
不知不明也知而不傳不仁
也吾外祖功德之美載於國
史者甚悉吾不謀可傳也若
其詩累百篇尤爲有美而不
傳於世責將誰任吾故集而
刊之以廣其傳益齋先生首
爲之序淡菴牧隱兩公又從
而引之蓋哀小子之勤而欲
使吾祖之美不泯於將來也
予嘗與吾祖遊可獨無一言
於此乎於虖詩者言之文也
言出於心而成文豈淺之爲
詩者哉及菴以醇厚之資遭
遇盛時其所以存養其心者
有素故其詩沖淡高古讀之
使人知有作者之風而見稱
於三君子者若是何待予言

而後爲可傳耶雖然敬之不
以予爲不文俾書所以纂錄
之意敢用其言以示來者云
商橫閹茂姑洗旣望端誠佐
理功臣三重大匡檢校守門
下侍中藝文館大學士知春
秋館事李仁復跋

참고 서지 및 참고사항은 앞의 31-19 참조(이 책, p.437).

31-40 『近思錄』刊記

소재　개인(보물 제262호), 국립중앙도서관
연대　恭愍王 19년(明 洪武 3년, 1370)

저 : (宋)朱熹·呂祖謙 共編

서 : 淳熙乙未(1175) 東萊呂伯恭來自東陽 … 朱熹謹識
　　近思錄旣成 … 淳熙三年(1176)　東萊呂祖謙謹書
　　進近思錄表 … 淳祐十二年(1252)朝奉郎監登聞鼓院兼景獻府敎授臣棄采上表

간기 : (卷末)
近思錄卷之十四

星山李氏
刊于晋陽

洪武三年　李魯叔

是書諸儒極論學問思辨之功具衆理而
聖學終始備矣予嘗求之而未獲焉逮庚
戌春分符晉陽司藝朴先生尙衷祖行而
因出一部以囑刊行是大常金公廣遠之
所藏也幸其斯得嘉其所囑與半刺金公
張君躋書記仚(命)工鋟梓又資按部郭朝列
儀以訖其功其於聖門造道之徑升堂之
階不外乎是志學之士庶幾勉旃以副壽
傳之意

　　　　庚戌己丑朔星山魯叔　謹識
　　　中正大夫晋州牧使兼管內勸農防禦使李　仁敏
　　　　朝奉郎晋州牧判官兼勸農防禦使 賜紫金魚袋金　子贇
　　　　司錄
　　　　　　校正成生鄭　　翼吾
　　　　　　鄕貢進士鄭　　思吾
　　　　　　色戶長正朝河　乙澤
　　　　　　　刻板道人　　戒松
　　　　　　　道人　　戒桓

사진　문화유산원문

참고　朱熹·呂祖謙 共編, 金學主 譯, 『신완역 近思錄』, 明文堂, 2004 ; 朱子·呂祖謙 共編, 李範
　　鶴 譯註, 『近思錄』, 서울대출판부, 2004 ; 한형조·이창일·이숙인·동희·최진덕 지음, 『근
　　사록 : 덕성에 기반한 공동체, 그 유교적 구상』, 한국학중앙연구원 출판부, 2012.

31-41 『中庸朱子或問』刊記

소재　성암문고(보물 제707호), 고려대 도서관(華山文庫 : 보물 제706호)
연대　恭愍王 20년(明 洪武 4년, 1371)

저 : (元)後學新安 倪士毅　輯釋

간기 : (卷末)
中庸朱子或問

　　　洪需(虎)[64]四年辛亥七月　　日晉州牧開板

사진　문화유산원문
참고　이『中庸朱子或問』과 같은 형태로 刊記 미상의『大學朱子或問』(서울대 도서관 소장)이
　　　찾아진다(천혜봉,『韓國典籍印刷史』, 汎友社, 1990, p.126).

31-42 白紙金字 『金剛般若波羅密經』·『妙法蓮華經』觀世音菩薩普門品 附 「永嘉大師 發願文」 寫經 跋文

소재　김천 직지사(보물 제1303호)
연대　恭愍王 20년(明 洪武 4년, 1371)

별칭 : 白紙金泥金剛普門發願

발 : (卷末)

---

64) 虎 : 高麗 光宗 武의 避諱임.

說此偈已 我復稽首歸依十方三世一切諸佛法僧前 "南贍部州高麗國比丘尼厶承三寶力" 志心發願 修無上菩提 契從今生 至成正覺 中間決定 勤求不退(「永嘉大師 發願文」중 誓願)

洪正(武)四年辛亥七月　日　誌
施主比丘尼　妙智
同願比丘尼　妙殊

사진　문화유산원문

참고　발문 가운데 " " 표시 기사는 「永嘉大師 發願文」 내에 수록된 것이다. 이는 발원자의 뜻이 永嘉大師의 發願과 같다는 취지를 담은 것이어서, 그것을 수록할 필요가 없지 않다. 하지만, 워낙 장문이고, 비교적 알려진 것이어서 생략한다. 더욱 발원문은 『禪宗永嘉集』 卷10과 『緇門警訓』 卷4에 수록된 내용 참조.

31-43 『景德傳燈錄』 重刊 序文

소재　국립중앙도서관, 해인사
연대　恭愍王 21년(壬子年, 1372)

저 : (宋)東吳沙門 道原 纂

서 : 翰林學士朝散大夫行左司諫知制誥同修國史 … 楊億 撰(景德初 : 1004)

간기 : (卷頭)
傳燈錄序
上之卄有一年春正月判曹溪宗事臣覺雲上言傳
燈錄禪學之指南也板本燬于兵手鈔甚艱况今專

務默坐冀萬一成功竊恐談理者又廢斯道益以晦
乞重刊廣布以惠學者
上曰可於是廣明寺住持景猊開天寺住持克文崛
山寺住持惠湜伏巖寺住持坦宜幹其事皆
上命也鳩材募工既有端緒雲又上言臣之宗門光
耀至矣不紀而冠之篇無以爲後日徵請下文臣叙
其事迺以命臣穡會穡丁母憂去國明年起復既至
雲來趣文曰功畢矣就求其所謂傳燈錄者讀之其
題目冠以景德而翰林學士楊億兵部員外郎李維
大常丞王曙承詔同加裁定序所以去取之意甚悉
考之宋史大中祥符二年書曰蘇州僧道元續佛祖
以來名僧禪話爲傳燈錄三十卷以獻命刻板宣布
不載億等刊定之事豈史氏之略歟其目以景德豈
此錄成於景德而獻於祥符歟不然史之誤也鄱陽
馬氏著通考指億爲之億雖文章士立后之制尙拒
之不草何故托浮屠爲僞書以欺君惑世哉是時宰
相王旦當國一代偉人也及其將沒遺命削髮披緇
以斂億在翰林號深於禪學此傳燈錄所以進而
刊修之命及於億也歟冊府元龜歷代君臣之事跡
而姚鉉文粹唐之文章關於世教者也二書皆成於
祥符間刻板宣布之命未之聞焉則此錄也重於一
時者可知已恭惟
主上殿下至仁洽民心至道超物表正法眼藏別傳
之妙有默契焉者非謏儒淺見所能測也雲嘗在禁
中談此錄者滿一歲
上深器其能賜八字法號禪教都總攝爲曹溪都大
禪師入居內院故能上體
聖心刻梓宣布其所以惠來者廣心學其功可勝道

哉夫心譬則燈也心心相印至於無盡燈燈相續亦
至於無盡我國家仰賴慈光曆數之傳亦如燈之無
盡也則臣之此序爲不妄作矣後之學者當以祝釐
爲務毋徒以文身而已可也至於禪話臣所未學故
不及云靑龍壬子三月初吉起復文忠保節同德贊
化功臣崇祿大夫政堂文學集賢殿大學士知春秋
館事兼判太常寺事成均大司成提點司天監事臣
李穡奉　敎謹序

사진　국립도서관 원문보기(한古朝21-246)

참고　1614년 刊行本에 의함(萬曆四十二年甲寅四月日公洪道恩津地佛明山雙溪寺開板). 서문
　　　에서 '兵火'로 판본을 잃어 '重刊'한다고 밝혀 놓았으나, '初刊' 간기는 전하지 않는다.
　　　김월운 옮김, 『전등록』1~3, 동국역경원, 2008 ; 釋 宗梵, 「異本 傳燈綠 檢討」, 『韓國佛敎學』
　　　창간호, 韓國佛敎學會, 1975.

31-44 『大方廣佛華嚴經疏』 卷四十一 刊記

소재　단양 불교천태중앙박물관(보물 제964호)
연대　恭愍王 21년(明 洪武 5년, 1372)

저 : 淸涼山沙門 澄觀述 ; 晉水沙門 淨源錄疏注經

간기 : (卷頭)
　　　刻注華嚴經都變相緣起
華嚴海會稱周法界依正主伴重重無盡珠網鏡燈未足
爲喻豈可以凡心凡筆形容者哉然凡夫識昧非相無以生信
由是古今寫佛經者皆畫變相冠於卷首盖爲令物生

信因此而入道也其益豈小乎此注經板乃大覺國師求
法入宋泛海賣来也所恨但無此變相某等且依古範
募工彫板留于五冠山靈通寺印施無窮者
洪武(武)五年壬子九月　日
　　　　　　中正大夫親御軍大護軍兼內府令李　美冲
　　　　　　正　順　大　夫　判典儀寺事朴　　　成亮
　　　　　　忠勤佐命功臣大匡　判內侍府事金　師幸

사진　문화유산원문 ;『典籍』, p.94.
참고　卷頭의 變相圖에 主稼神, 夜叉王, 鳩槃茶, 阿修羅, 諸大菩薩, 陀羅天王, 大龍王, 乾闥婆
　　　등의 華嚴神衆의 名號 기사가 있음.

31-45 『近思齋逸稿』跋文

전거　『東文選』卷102 및 卷103,「近思齋逸藁跋」
연대　恭愍王 21년(壬子年, 1372)

저 : 偰遜

발 :
近思齋逸藁跋　　　　　　(李穡)
元朝北庭進士以古文顯于世如馬祖常伯庸余
闕廷心尤其傑然者也乙酉乙科偰伯遼遜公遠
學於南方年未踰冠盡通學業間改古文名大振
既第應奉翰林選爲端本堂正字久之丞崇文監
方嚮於用而當國者與其父淮南左丞公有怨出
知單州有能聲俄丁內憂寓居大寧時賊已破上

都指遼西公遠挈子弟單騎渡遼水入高麗旣行
數日而賊下大寧矣上以端本從游之故迓勞相
續及見禮待優渥賜田富原封君開府居數年病
卒弟公文公素惜其文藁散軼筆其詩可記者爲
二帙辛丑避兵又失之今晉州判官金君子贇得
其一帙於煨燼中而歸之偰氏偰氏回鶻大族入
中國爲名家登第者九人詩書禮義浸漬數世而
公遠積其英華發而振耀之其文炳然直與伯庸
廷心相上下可傳於後者無疑身未沒(歿)而已失之
失而又失以至於無幾其亦可悲也夫今觀此藁
皆少作蒼然有老氣壯時所著蓋可想也其子都
官揔郎天佑謂余曰此藁之存金侯之力也吾兄
天民幸爲其長將版而藏之晉之鄉學請序其故
余爲略述公之出處大槩與夫此帙之幸存者于
篇末以爲他日續文類者所徵云靑龍壬子中秋

　　　近思齋逸藁跋　　　　　　　（偰長壽）
先人草藁在燕都時元計七冊手自類爲十三卷
至正戊戌適丁先祖憂出寓大寧是歲臘月罹紅
寇之亂資裝書籍蕩然成空遂單騎東馳己亥春
達松京因錄未忘者爲二帙命之曰近思齋逸藁
凡詩文共七百餘首自渡鴨江週歲之間亦三百
餘首別爲一帙曰之東錄及遺世先叔簽樞公公
明今尙寶公公文曁長壽等議求序于韓山李相
國仍鋟梓以圖不朽之計議未決而諸叔西歸孤
子力微事遂中止先是光山金子贇仲彬嘗一泛
游且知其略辛丑秋過弊寓曰吾聞近思逸藁而
未一閱其假以觀之余不能辭偶出在江左時所

作一帙以塞其請及紅寇犯京惝悴奔走而余之
所藏復不能存旣平金君獨完是帙以歸余驚喜
再拜然亦弗能酬前日之願也洪武壬子余出守
晉陽値金君通判是邑因慨然顧余曰逸藁之已
失者固不可復而幸存者尙可傳久子若以不敢
私役爲辭吾將捐巳(己)力以爲之矣於是募工役購
板材不旬日而畢其事嗚呼爲人子而不能保守
遺迹固覆載不容之罪矣金君以一知之故始終
倦倦旣保而使不失又贊而使傳後雖古人之忠
厚無以過此第不知僂氏子孫能報德于萬一否
也

참고　逸失本. 고전DB 원문이미지 :『東文選』卷102, 및 卷103,「近思齋逸藁跋」. 李穡의 글은
『牧隱文藁』卷7,「近思齋逸藁後序」에도 들어 있는데, 연대 기사인 '靑龍壬子·中秋'가
없다.『東文選』卷86에는「近思齋逸藁後序」의 제목으로 나오는데, 편자들의 착오로
중복된 듯하다. 근래에 그 逸文을 모은 筆寫本이 찾아졌다(朴現圭,「위그로족 귀화인
僂遜 문집인 近思齋逸藁의 발굴과 분석」,『大東漢文學』7, 大東漢文學會, 1995 참조).

31-46　小字本『大佛頂如來密因修證了義諸菩薩萬行首楞嚴經』(戒環解) 刊記

소재　호암미술관(보물 제698호)
연대　恭愍王 21년(明 洪武 5년, 1372)

간기 :〈卷末〉
大佛頂如來密因修證了義諸菩薩萬行首楞嚴經卷第十

原夫楞嚴經者使伶傳夢域之人頓超寛(覺)路
之司南也故依而造疏啓迪後進不可以一二數就
中言約而義豊令亥(學)者耽玩而無斁者惟禪
師戒環所撰挾經疏也然諸家之疏賣持厚重
病之者多矣是以道侶自悅等与宝鏡廣求而
不得此疏者甚多𦙶寺檀那之子京兆金公瑚
切欲刊板流通而未畢委蛻靈岩郡夫人崔
氏不墜夫婦恩愛追遠之志假數月而功畢
板之旣成印施無盡若芯蕘居士至於信男
信女凡欲依首楞三昧直到宝所者豈闕斯疏
於掌中乎此所謂於塵墨劫作法供粮也
洪㦱(武)五年壬子十月　日　芯蕘即了跋
　　　　　功德主大將軍金　瑚
　　　　　　靈岩郡夫人崔　氏
　　　　　同願貞順翁主李氏

　　　　安城靑龍寺刊板

사진　문화유산원문
참고　卷6~卷10만 전함. 서지 및 참고 사항은 앞의 23-27 참조(이 책, p.173).

31-47 『黃檗山斷際禪師傳心法要』·『黃檗山斷際禪師宛陵錄』 刊記

소재　청주고인쇄박물관(충청북도 유형문화재 제384호 : 김병구 기증)
연대　恭愍王 21년(壬子年, 1372)

별칭 : 黃檗語錄 ; 傳心法要 ; 宛陵錄

저 : (唐)黃檗希運 說 ; 裴休 集

서 : 河東 裴休 集幷序

간기 : (卷末)

黃檗傳心法要宛陵錄共三十又八紙唐裴休譔
日本釋允中菴思欲廣布手刻之旣徵予言爲跋
予於是學蓋不暇不敢贊一辞獨書知允者云允
年卄五以歲己亥携是錄航海西學中原爲風所
飄逯來王京道梗志不果中遭兵厄失其所携本
今所刻者普法齊禪師之舊藏也禪話如痲斤屎
墩電掣霆擊令人愕眙惟是錄明白易曉觀允所
好其心可知也其師見龍山與道長老同參中峯
住江南兜率寺旣而歸國道留燕京諸山尊敬之
皆自以爲不及予游燕時熟聞之故知龍山亦非
庸衆人允學淵源又可見已觀遠臣以其所主允
之館於人則元政堂和叔廉密直仲昌父山則必
於人迹所罕至其於墨戱蕭散有奇趣尤喜爲白
衣仙人傳神使允游學中原所成就益可觀一滯
于玆十四年惜哉然年幸方强志又不少衰更勉
之相其費者尹氏廉氏金氏云蒼龍壬子陽月之
晦韓山牧隱李穡跋

募緣沙門中菴　　　壽允

助善比丘　　　海堂

奉翊大夫知密直司上護軍致仕金　　光乙

忠勤贊化功臣奉翊大夫密直副使兼典儀寺事進賢館提學同知春秋館事上護軍廉　興邦

推忠秉義同德燮理翊贊功臣壁上三韓三重大匡門下侍中判典理司事兼監春秋館事上護軍領孝思觀事尹桓

사진　문화유산검색

참고　1483년 重刊本에 의함(成化十九年癸卯歲慶尙道固城蓮華山碧雲菴). 발문은『牧隱文藁』
　　　卷13 및『東文選』卷102, 跋 跋黃蘗語錄 참조.『海外典籍文化財調査目錄：日本 天理大
　　　學 天理圖書館 所藏 韓國本』, 국립문화재연구소, 2005. 여기에「晥山正凝禪師示蒙山法
　　　語」「蒙山法語略錄」「休休庵主坐禪文」 등이 合附되어 있는데, 고려 당시와 동일한 것인
　　　가에 대해서는 단정할 수 없다. 황벽 스님 설하고, 수불 다시 보다,『흔적 없이 나는
　　　새：傳心法要 修弗禪師 禪解』, 파주：김영사, 2014 ; 황벽희운 著, 정운 講說,『전심법요·
　　　완릉록』, 운주사, 2019.

31-48 橡紙銀字『妙法蓮華經』寫經 跋文

소재　국립중앙박물관(국보 제185호：김대현 기증)

연대　恭愍王 22년(明 洪武 癸丑年, 1373)

발：(卷末)
妙法蓮華經卷第七
　　幸曾修善方得人身枉被惑雲
　　溺煩惱海到頭空手後悔難□
　　不有眞功寧难[65]死苦
　　雜華爲教万德本源首屑精金
　　寫周譯訖金剛勝種已根於斯
　　次膽
　　本經以銀爲字果在
　　蓮座白業更明擧手伍(低)[66]頭已成
　　佛道矧及傾橐[67]作此殊因廣泊

---

　65) 难：異體字로 '離'와 '難' 모두에 적용된다. 여기서는 '離'로 해석해야 뜻이 통한다.
　66) 低：『고려사경』은 '傳'으로 보았는데, 착오다. 또 '伀'으로도 볼 수 있는데, 이 또한 뜻이 통한다.

見聞幷暫隨喜各從窮子至得

家珎當受

髻珠感蒙

勝記凡餘火宅

一雨均霑乘大牛車同臻宝所上報

恩四下資有三兵燦穀登

法輪常轉

洪武癸丑四月念有四日　　　　　敬誌

　　奉常大夫知波(沃)[68]州事許　士淸

　　同室安東郡夫人　　　權　氏

　　隨喜施主優婆夷　　　權　氏

사진　문화유산원문 ;『集成』, p.420 ;『발원』, p.54.

참고　背面에 '堂司留傳' '靈巖 月出山 道岬寺' 기록 있음.『集成』, pp.229~231 ;『한국사경』,
　　　pp.237~240 ;『발원』, p.282.

31-49 『金剛般若經疏論纂要助顯錄』 重刊 刊記

전거　今西龍,『百濟史硏究』

연대　恭愍王 22년(明 洪武 6년, 1373)

간기 : 隱峯 寧禪師得 疏論纂要助顯合錄一卷 以授之東院老誑公 募緣鋟梓 於至正
壬辰 八月日也 而是板因 於辛丑寇盜之際而失之 故隱峯又重修 洪武癸丑 使人人因

---

67)　橐 :『고려사경』은 '索'으로 보았는데, 착오다.

68)　汲州 : 沃州로 오늘날의 충청북도 옥천. 1371년에 허사청이 부임한 사실이 있다(知州事 許士淸 洪武辛
　　　亥來 :『忠淸道邑誌』第10冊 沃川郡, 官案조). 尹京鎭,「고려후기 先生案 자료를 통해 본 外官制의
　　　변화」,『國史館論叢』101, 국사편찬위원회, 2003, 참조.

疏生解 以助明性 嘉其用心 若此以記 其年月而識之 是季四月佛生前二日 無說宏演
書後

洪武六年五月日

功德主 裵吉萬

幹事 比丘 覺圭

同願 比丘 定西

鍊板 比丘 淳覺

刻手 心正 圓暹 禪默

참고　逸失本. 今西龍, 『百濟史硏究』, 近澤書店, 1934, pp.442~443. 初刊 기사는 앞의 31-1
　　　참조(이 책, p.415). 이 책의 서지와 내용은 다른 판본으로 뒤의 32-15 참조(이 책, p.504).

31-50 白紙金字『妙法蓮華經』寫經 跋文

전거　『朝鮮古跡圖譜』第七卷
연대　恭愍王 22년(明 洪武 6년, 1373)

발 : (卷末)
妙法蓮華經卷第七

　　　　洪正(武)六年十一月 日 敬書
　　一念興慈群生獲利
佛不妄語世所共知我
　　亡耦仁德恭明慈睿宣安敬順昌禧嚴正統
　　和神慧嘉寧貞淑寬柔章憲元誠淵靜
　　含弘信敏齊莊承義顯文厚載簡能克
　　配善孝內襄密費(贊)[69]濟難重

王太后徽懿魯國大長公主以功以德如生如存故

　　　厥追修靡有遺憾得此妙經以金書之每於

　　　忌旦披[70]讀此部於塵墨却作法供養耳

사진　『朝鮮古跡圖譜』第七卷, p.917 ;『集成』, p.420.

참고　현재 유물의 소재는 파악되지 않음.『朝鮮古跡圖譜』第七卷의 사진 자료에 의함(朝鮮總督
　　府, 1920). 혹은 국립중앙박물관 소장 유리건판 사진 참조(묘법연화경 권미 : 건판027238).
　　『集成』, pp.231~232 ;『고려사경』, pp.96~97 ;『한국사경』, pp.241~243. 한편 이 사경은
　　경기도 이천에 있던 보살사에 봉안된 사실이 찾아진다(入菩薩寺 此寺 無學於至正年間始
　　創 洪武二年重修 … 金光明經 一帖金字書 蓮華經 七帖 上端有畵 妙絶可玩 其中兩帖末端
　　書洪武六年十一月十一日敬書 且曰我亡耦徽懿魯國大長公主 以功以德 如生如存 故厥
　　追修 靡有遺憾 得此妙經 以金書之 必是恭愍王筆也 筆法奇妙 末書 證明師普濟尊者
　　下着懶翁二字圖書(『陶谷集』卷25, 記 伊川諸勝遊覽記).

31-51 『聖元名賢播芳續集』刊記

소재　日本 宮內廳書陵部

연대　恭愍王 22년(明 洪武 6년, 1373)

저 : 柳珣 等編

간기 : (卷末)

聖元名賢播芳續集卷之六

洪正(武)六年癸丑十二月日

　　　　　　　　別色副戶長權　可□

─────────────

69) 贊 :『集成』은 '賁'으로『고려사경』은 '寬'으로 읽었으나, 착오다.

70) 披 :『고려사경』은 '柀'로 보았는데, 착오다.

校正成均生權　　仲明

校正成均進士權　直均

判官通直郎兼勸農防禦使　賜紫金魚袋愼　仁道

使奉翊大夫兼管內勸農防禦使　　　　　李　寶林

按廉使兼監倉安集勸農使轉輸提點刑獄兵馬公事中正

大夫左司議大夫進賢館直提學知製 敎充春秋館修撰官柳　珣

참고　국립중앙도서관 소장 마이크로필름에 의함(M古3-2005-28).

31-52　白紙金字『妙法達華經』卷第三 寫經 跋文

소재　日本 東京 萬德院
연대　恭愍王代(1352~1373)

발 : (卷末)

妙法達華經卷第三

　　　功德主奉順大夫前判尉衛寺事金　光雨

　　鐵　城　郡　夫　人李　氏

사진　『불교미술사학』10, p.170.
참고　김종민,「萬德院의 高麗寫經」,『불교미술사학』10, 불교미술사학회, 2010, p.169.

31-53 『元朝正本農桑輯要』殘本 및 跋文

잔본　卷五~七(서울역사박물관 : 서울유형문화재 제183호)
연대　恭愍王代(1352~1373)

저 : 孟祺 ; 暢師文 ; 苗好謙(元)

발 : 農桑輯要後序　李穡

高麗俗拙且仁薄於理生産農之家一仰於天故
水旱輒爲菑自奉甚約無問貴賤老幼不過蔬菜
鱐脯而已重税稻而輕黍稷麻枲多而絲絮少故
其人中枵然而外不充望之若病而新起者十之
八九也至於喪祭素而不肉燕會則槌牛殺馬取
足野物夫人旣有耳目口鼻之體則聲色臭味之
欲生焉輕煗之便於身肥甘之適於口欲嬴餘而
惡匱乏五方之人其性則均也高麗豈獨若是之
異哉豐不至侈儉不至陋本之仁義爲之度數者
聖人之中制而人事之所以爲美也五鷄一彘之
畜於人而無所用則不忍牛馬之代人力有功甚
大則忍之田驅之勞或殘支體殞性命則敢爲芻
豢之取諸牢則不敢其不識輕重害義壞制失其
本心如此又豈民之罪哉予竊悲之盖制民産興
王道予之志也而竟莫能行奈之何哉奉善大夫
知陝州事姜著走書於予曰農桑輯要杏村李侍
中授之外甥判事禹確著又從禹得之凡衣食之
所由足貨財之所由豐種蒔孶息之所由周備者
莫不門分類聚縷析燭照實理生之良法也吾將
刻諸州理以廣其傳患其字大帙重艱於致遠已

用小楷謄書而按廉金公湊又以布若干相其費
矣請志卷末予於是書也蓋嘗玩而味之矣憫吾
俗慮之非不深立于朝非一日不一建白刊行是
吾之過也雖然姜君之志同於予者於此可知也
制民產與王道其事又不止此姜君亦嘗講之乎
如欲必行當自闢異端始不然吾俗無由變此書
所載亦爲徒文矣姜君尙勉旃

참고　발문은 고전DB 원문이미지 : 『東文選』卷87 및 『牧隱文藁』卷9 農桑輯要後序 참조.
　　　원 대사농사 편찬, 무계유 교석, 구자옥·홍기용 역주, 『농상집요』, 수원 : 농촌진흥청,
　　　2008 ; 大司農司 저, 石聲漢 교주, 최덕경 역주, 『농상집요 역주』, 세창출판사, 2012 ; 김용
　　　섭, 「高麗刻本 元朝正本農桑輯要를 통해서 본 農桑輯要의 撰者와 資料」, 『동방학지』
　　　65, 연세대 국학연구원, 1990 ; 李宗峯, 「고려각본 元朝正本農桑輯要의 한국농학사상에
　　　서의 위치」, 『부산사학』 21, 釜山史學會, 1991.

31-54 『百丈淸規』 勅刊 跋文

전거　『太古和尙語錄』 玄陵勅刊百丈淸規跋
연대　恭愍王代(1352~1373)

발 : 玄陵勅刊百丈淸規跋　　　(太古普愚 撰)
佛佛祖祖授受相傳之妙不在乎繩墨然人無禮儀則不得整
其心行是以從上諸聖莫不兼行而垂訓於無窮者矣今　聖
君矜信於斯命使流通豈非夙植般若光明而行普賢大願行
也哉大家遇斯　聖化可不自慶而修之歟

참고　逸失本. 발문은 普愚 著, 釋雪泗 編, 『太古和尙語錄 : (幷)附錄』, 普濟社, 1940, p.107

참조(국립도서관 원문보기 : 한古朝21-283). 淸規와 관련된 것으로 다음 참조. 東陽德輝
중편, 笑隱大訴 교정,『勅修百丈淸規 譯註』, 가산불교문화연구원, 2008 및 앞의 23-69
『重添足本禪苑淸規』참조(이 책, p.217). 金邦龍,「普照 知訥과 太古 普愚와 禪思想
比較研究」,『韓國宗敎史研究』8, 韓國宗敎史學會, 2000.

31-55 『證道歌』跋文

전거　『牧隱文藁』卷13, 書證道歌後
연대　恭愍王代(1352~1373)

발 : 書證道歌後　　(李穡 撰)

右證道歌一篇吳興趙承旨子昂書臨川危參政大
朴跋承旨子仲穆待制又觀于松月軒而題其後自
延祐丙辰至至正乙未蓋四十年而趙氏父子自爲
知巳(己)觀者益信托名求售之徒無所施其述矣前林
觀寺住持玉田達蘊携之東歸今二十年矣前賛(贊)成
事禹公碑謀廣其傳將刻之梓玉田請予志之予聞
吳興趙公子風流精彩如其字閑雅高妙如其詩觀
此墨跡槩可想見其爲人矣禹公能廣其傳非獨玉
田之幸使趙氏父子有知也其必曰法東流吾道亦
東矣其爲自幸何如也予是以樂書其尾

참고　逸失本. 고전DB 원문이미지 :『牧隱文藁』卷13, 書證道歌後. 연대는 前林觀寺住持 玉田
達蘊이 1357년『人天眼目』을 간행한 일에서 미루어 추정함(앞의 31-13 참조 : 이 책,
p.430). 현각 찬술, 인환 번역·주석·해설,『증도가 : 나를 찾는 깨달음의 노래』, 문현출판,
2017 ; 남명 법천 외 著, 철우 譯註,『증도가 합주』, 운주사, 2018.

31-56 『默軒先生文集』序文

전거 『牧隱文藁』卷8, 默軒先生文集序
연대 恭愍王代(1352~1373)

저 : 閔漬

서 : 默軒先生文集序   (李穡 撰)

嗚呼文章興替其關天地之氣乎當　元世祖混一
宇內文學之士輻輳闕下默軒先生從　忠宣王入
見　世祖世祖燕坐不冠遽曰汝雖王子吾甥也彼
雖陪臣儒者也何得令我不冠見儒者於是具衣冠
整坐因問征交趾策將安出先生跪奏勞師遠討不
如遣使招來先生之學如此故其發爲文章極盡人
情物態而霈然無所抵牾學者至今宗之曾孫藝文
檢閱子復與其弟子宜來請予序予受而讀之雖未
卒業純粹也如金玉之脫于鑛璞俊逸也如魚鳥之
在于雲川至其陳言　帝庭述之表章潤色國史分
之綱目信乎獨步一世矣予生也晚尙從先生子孫
得聞文章道德之緒餘猶以自幸矧檢閱輩有志吾
道能知先祖之美乎知而不以傳又不仁也宜其求
序之焉將以刻之梓也吾東方文學之盛見稱中國
蓋自崔文昌始今由鹿鳴對策　帝庭者多矣然有
讀卷者居其間未由面奏獨先生入對臥內判天下
大計固非貢士所及雖古名臣無以過之予嘗欲歌
其事以告後之人而未果也檢閱輩幸徵言故不揆
鄙拙樂爲之序其冠之以文章興替者所以美先生
也亦所以自嘆也

참고　逸失本. 고전DB 원문이미지 :『牧隱文藁』卷8, 默軒先生文集序. 연대는 閔漬의 曾孫
閔子復이 春秋館 檢閱로 있었던 시기가 恭愍王代였던 사실로 미루어 추정함. 閔賢九,
「閔漬」,『한국사시민강좌』19집, 일조각, 1996.

31-57 『中順堂集』序文

전거　『牧隱文藁』卷9, 中順堂集序
연대　恭愍王代(1352~1373)

저：羅興儒

서：李穡
詩道所係重矣王化人心於是着(著)焉世敎衰詩變而
爲騷漢以來五七言作而詩之變也極矣雖其古律
並陳工拙異貫亦各陶其性情而適其適就其詞氣
而觀之則世道之升降也如指諸掌錦南迁叟羅判
書遇知　玄陵聯句賦詩進秩三品國中士大夫歆
艶讚(讚)詠凡得九十篇如群玉府璀璨耀目自請奉使
日本遇物興懷輒形於詩凡二百五十篇日本曹溪
禪者所贈又二十篇史氏索其本膽藏之臺臣又請
觀之府中縉紳咸願目觀爭求之今三年矣而猶未
已迁叟曰吾之迁迁於世也而官至六曹尚書是果
迁欤嗜詩甚矣酸寒之味取譏膏粱然亦迁而已矣
何害於事載名諸儒集中其傳也必矣其幸也多矣
然散而莫之一也今將聯爲叢錄又慮其難以傳玩
也將刻之梓使人人皆得以覽觀而知錦南之有迁
叟也於是來請予序予曰天子採詩侯國蓋古制也

異日是集也悉送上官迂叟之名益傳矣日本詩因
迂叟而播于中國非獨迂叟之幸也亦日本之幸也
況我　先王崇儒盛德洋溢內外則迂叟是集亦一
助也敢不備書以冠篇端中順堂迂叟燕處之所也
詩釐爲若干卷云

참고　逸失本. 고전DB 원문이미지 :『牧隱文藁』卷9, 中順堂集序. 연대는 나흥유가 판사로
　　　재직할 때 간행한 사실로 미루어 추정함(羅判書將刊其中順堂集於尙州 托書於僕 以求速
　　　成 甚矣 其嗜詩而欲其傳於世也 :『牧隱詩藁』卷23). 이영,「고려 우왕 원년(1375)의 羅興
　　　儒 日本 使行의 외교적 성과」,『한국중세사연구』47, 한국중세사학회, 2016.

31-58 『造像經』附『佛說佛母般若波羅蜜多大明觀想儀』證明位目 기사

전거　『造像經』
연대　恭愍王代(1352~1373)

저 : 西天譯經三藏朝奉大夫試光祿卿傳法大師賜紫目施護奉　詔譯

기사 :

證明位目
證明法師普濟尊者懶翁大和尙
證明法師提納縛他[71]尊者指空大和尙
證明法師妙嚴尊者無學大和尙

사진　신집성문헌 ;『造像經』, p.136.

---

71) 提納縛他 : 다른 곳에는 '提納薄陀'로 나옴.

참고 1824년 重刊本『造像經』에 의함(道光四年甲申六月日 金剛山楡岾寺藏板).『佛說佛母般
若波羅蜜多大明觀想儀』는 北宋代에 활약한 施護가 번역한 것이다. 여기에 증명법사로서
나옹 지공 무학 세 화상이 실려 있는 것은 이즈음에 불상을 조성 봉안한 사실을 전해준다.
또한 이것은 그에 앞서『造像經』이 간행되어 널리 유행되었을 것임을 짐작케 한다.
이에 소홀함이 없도록 하고자, 이를 수록한다. 시기는 세 화상이 동시에 활동할 수 있었던
공민왕대가 된다. 더욱 태경 스님 譯著,『造像經』, 운주사, 2006(影印本 수록) 참조.

31-59 『大方廣佛華嚴經疏』 卷第一 施主 기사

소재 개인
연대 恭愍王代(1352~1373)

저 : 淸涼山大華嚴寺沙門 澄觀 述

기사 : (卷末)
施主金生寺住持 廣通无碍弘慈普濟大師 重大匡利世君 玉厸(隣)

사진 『淸浪鄭駬謨博士華甲紀念論文集』, p.394.
참고 南權熙,「새로 발견된 續藏經 原刊本 大方廣佛華嚴經疏와 有刊記 覆刻本 圓覺禮懺略本
과 金剛般若經義記에 관한 考察」,『淸浪鄭駬謨博士華甲紀念論文集』, 1990.

31-60 『華嚴經』·『法華經』 有註本 刊行 기사

선서 李穡,『牧隱文藁』 卷8, 贈休上人序
연대 恭愍王代(1352~1373)

기사 : 上人圖所以報四重恩 修之身心者自有其道 又謂佛形像佛言語 皆所以資入
道之尤要者 使弟子道□達元者 化紙墨印華嚴法華有註者 各一部 又以說法所得布
施 畫西方彌陁入菩薩 置長明燈 本推其餘助印經之費 又曰法寶旣成矣 吾年近六十
奉持或怠 則不可保其無他 將置之臺山 俾後之人有所守 願先生筆其事

참고　고전DB 원문이미지 :『牧隱文藁』卷8 및『東文選』卷87, 贈休上人序.

31-61 『息影庵集』著述 기사

전거　成俔,『慵齋叢話』卷8
연대　恭愍王代(1352~1373)

저 : 息影庵

기사 : 息影庵一帙僧人所著不知名氏

참고　식영암은 고려 후기 李齊賢(1287~1367)을 비롯 여러 문인들과 교류하였으며, 麗末 鮮初
　　　國師를 지낸 幻庵 混修(1320~1392)에게 『楞嚴經』을 가르쳤다고 한다. 『東文選』에 그의
　　　글 10여 편이 전하는데,『息影庵集』에서 비롯하였을 것이다. 김건곤, 「性理學 도입기
　　　文人의 僧侶 교유 - 李齊賢과 (釋)息影庵을 중심으로」,『고려시대의 문인과 승려』, 파미
　　　르, 2007.

31-62 『玉龍記』引用 기사

전거　『高麗史』卷39, 恭愍王 6년 閏9月
연대　恭愍王代(1352~1373)

기사：戊申 玉龍記云 我國 始于白頭 終于智異 其勢 水根木幹之地 以黑爲父母 以靑爲身 若風俗順土則昌 逆土則灾

〈표 17〉 恭愍王代(1352~1373) 刊記 未詳의 저술 목록

제목(연대)	저자	내용(典據)
『國史』 (恭愍王 初)	李齊賢(1287~1367) 白文寶(1303~1374) 李達衷(1309~1384)	齊賢嘗病國史不備 與白文寶·李達忠(衷)作紀年傳志 齊賢起太祖至肅宗 文寶·達忠(衷)撰睿宗以下 文寶僅草睿·仁二朝 達忠未就藁 南遷時皆散逸 唯齊賢太祖紀年在(『高麗史』卷110, 李齊賢)
『編修古今錄』 (6년, 1357)	李仁復(1308~1374)	閏月乙巳命李仁復編修古今錄(『高麗史』卷39, 恭愍王 6년 윤9월)
『增修本朝金鏡錄』 (20년, 1371)	李仁復 李穡(1328~1396)	癸酉 命監春秋館事李仁復知春秋舘事李穡等增修本朝金鏡錄(『高麗史』卷43, 恭愍王 20년 5월)
『祀典』	朴尙衷 (1332~1375)	恭愍朝登第 累遷禮曹正郎 凡享祀 禮儀司悉掌之 舊無文簿 屢致錯誤 尙衷叅證古禮 序次條貫 手寫之 以爲祀典 後之繼是任者得有所據(『高麗史』卷112, 朴尙衷)

제32대 禑王 牟尼奴(재위 1374~1388)

32-1 『正本一切如來大佛頂白傘蓋揚持』 등 6種 佛書 重刊 刊記

소재 경주 기림사(보물 제959-2-22호)
연대 禑王 원년(明 洪武 8년, 1375)

간기 : (卷末)

洪武(武)八年乙卯五月 日智異山無爲菴重刊

        幹化 比丘　　　賢護

        同願 祖玄　守義 達心

        同願　　　行禪 達山

        同願 佛行　正照戒訥刀

    校正比丘　　　克超

사진 문화유산원문
참고 1330년 初刊本의 重刊本임(서지 및 참고사항은 앞의 27-31 참조 : 이 책, p.352).

32-2 『成佛隨求大陀羅尼』 外 眞言 合附 刊記

소재 해인사 원당암
연대 禑王 원년(明 洪武 乙卯年, 1375)

구성 : 觀自在菩薩大悲心大陁羅尼/ 佛頂尊勝陁羅尼(不空 譯)/ 觀世音菩薩各手眞言(40首)/ 摩利支天陁羅尼/ 般若波羅蜜多心經/ 文殊寂上乘無生戒/ 成正覺印 외 符籍 17종/ 大仏頂緣略 외 1종 등

서 : (卷頭)
隨求卽得諸呪
　隨求一字功猶桼神能拔俱縛至
　宝佛□慈無玆本得之甚珎目集
　靈呪幷刊施人奉持惟簡冥資悉
　□決無災難何患沈淪
　　金副正永富莘(學)中印字示玆本
　　曰得未曾有果奇学也謹膽刻
　　唯恐亡生同具甲寅秋朴免志

간기 : (卷末)
　　甲寅伊始于今乃成功德之處
　　所當卽行過神呪影佛種猶萌
　　況持而信玄應愈明
太后難老
主上遐齡祥疑四埜(野)慶洽
　　朝廷秉彜之暇咸悟無生廣資
　恩有令出火阬
　　洪武乙卯冬施主秬(前)郎將朴　免述
　　　刊者　金允貴　李　　　仁烈
　　　梵漢字書幷校平陽朴　　免
　　　始同願
　　　大匡秬判內府事金　　　師幸
　　　中隨喜雲霞蕩子釋　　　寛(覺)因

　　　　終助緣
　　　　奉翊大夫開城尹朴　　　成亮
　　　　匡靖大夫判崇敬府事朴　元鏡

각수 : 田成尺刀(*變相圖 下段 左側)

사진　『서지학연구』 71, p.350. 『願堂』, pp.42~43 및 112.
참고　袖珍本. 해인사 원당암 목조아미타불좌상 불복장임. 『願堂 : 해인사 원당암 아미타불
　　　복장유물 특별전』, 해인사 성보박물관, 2017 ; 남권희, 「고려시대 간행의 수진본 小字
　　　총지진언집 연구」, 『서지학연구』 71, 2017.

32-3 『佛說長壽滅罪護諸童子經』 印記

소재　공인박물관
연대　禑王 원년(旃蒙單閼 : 乙卯年, 1375)

저 : 罽賓國沙門 佛陀波利 奉詔譯

기사 : (卷末)
　　經乃圓齋因覺因之願而書之本也歲
　　久刓重刊者請予序予嘉而書
　　其姓氏于後云旃蒙單閼星紀月日

사진　『空印博物館』, p.55.
참고　空印博物館 편, 『空印博物館』, 양산 : 大雲山 神妙精舍, 2008. 더욱 뒤의 32-18 참조(이
　　　책, p.507).

32-4 『圓覺類解』卷第一 印記

소재 청주고인쇄박물관(충청북도 유형문화재 제377호)

연대 禑王 2년(丙辰年, 1376)

인기 : (卷末 : 墨書)

圓覺類解卷第一

　　　　丙辰秋七月日優婆塞鄭公權印施願

　　　　共諸衆生同入如來大圓竟(覺)海

사진 『서지학보』 19, p.42.

참고 3권 3책. 서지 및 참고사항은 31-7 『圓覺類解』 참조(이 책, p.421). 남권희, 「13세기
　　 天台宗 관련 高麗佛經 3종의 書誌的 考察 – 圓覺類解, 弘贊法華傳, 法華文句幷記節要」,
　　 『서지학보』 19, 1997.

32-5 『禮念彌陀道場懺法』 刊記

소재 계명대학교(丙辰年, 보물 제1320호)

연대 禑王 2년(丙辰年, 1376)

별칭 : 彌陀懺法. 禮念彌陀文

간기 : (卷末)

禮念彌陀道場懺法卷第十 捍音旱

　　前龜山朗公早蛻名䡊今善講且誠孝免益敬之乙
　　卯春仲來謂免曰吾以大懺願爲兼善蓋末流入佛

捷逕止此而已至順閞三藏順菴寓燕時板其懺本
徙安旻天寺庶廣印行自火於辛丑恨其湮沒幸因
師幹事重刊喜而相之予將以一語著于末免曰何
敢贅焉公微笑而去比再來方請跋辭未之已乃引
徵聊激信佛者昔羅僧發徵居西孔寺令州一開士
期萬日修淨土業及期果與二千檀家共西邁所謂
萬人同得去明矣夫古今不二而人法亦一也但信
之深淺念之勤怠有不同耳苟能於佛深信勤念者
根塵潔而法器成故臨終十念佛必來迎其言淨土
甚易往信哉公可斯語而後復継之曰今板既訖功
文壽其傳而使覽者有所感焉更相力勸而念之至
爲家淨土而人弥陁則公之願償矣師之事畢矣免
於是乎乃敬書以助大懺之弘闡此亦壽福
君國之一道也倉龍丙辰仲春朔日岩遜朴免妥夫書

化 板 隅 鈇 裝 閑 道 人　覚斤
化 板 心 字 漆 老 禪 伯　月瓖
平 鍊 板 心 前 伍 尉 李　端
老 刊 字 手 前 散 員 申　天瑞
　　優 婆 塞 李　仁烈
　　優 婆 塞 金　允貴
羽 翼 相 助 山 林 衲 徒　禪旭
　　慈 昆 頓 機 坦 西　性堅
首 尾 通 幹 雲 霞 蕩 子　覺因
綱 領 大 提 江 湖 老 禪　慧朗
歎 闕 相 補 諸 公 之 室
某 大 官 之 室 化 平 郡 夫 人 金　氏
某 大 官 之 室 上 黨 郡 夫 人 鄭　氏
卒 左 尹 全 氏 之 室 高 敞 郡 夫 人 吳　氏

卒大諫鄭雪谷之室完山郡夫人崔　　氏

*파손으로 확인 불가

（*행수 불명）

　　　奉（* 이하 결락）

　　　脂大願轄大（*이하 결락）

　　輸誠翊戴功臣匡靖大夫判崇敬府事進賢館大提學護軍知書（*이하 결락）

　　培 大 善 根 大 檀 之 家

　　三 重 大 匡 上 黨 君 韓 　仲 禮

사진　문화유산원문

참고　『記錄』, pp.83~84. 서지 및 참고사항은 앞의 27-36 참조（이 책, p.363）.

32-6 『雪谷集』 序文 및 跋文

소재　계명대 도서관

연대　禑王 2년（明 洪武 丙辰年, 1376）

별칭 : 『雪谷詩稿』

저 : 鄭誧

서 : （卷頭）

　　　雪谷詩集序

雪谷鄭仲孚崔春軒子壻而學於崔拙翁拙翁元

少許可人春軒端不阿所好每爲予稱仲孚之賢

予於是得其爲人仲孚旣筮仕歷史翰不十年拜

諫議大夫出守蔚州有惠政其去也民扶老携幼

扳援涕泣莫可遏及奉國表如京師爲丞相別哥
普化公所重將薦之天子而仲孚病不起有子曰
樞奉柩東歸聞者莫不驚嘆痛惜嗚呼古之才而
不壽者唐有李長吉宋有邢敦夫二子亦嘗見愛
於民見重於大人如吾仲孚乎東方之士於仲孚
之不幸驚嘆而痛惜之尤宜也所著詩若文若干
篇樞編爲前後集共二卷得而觀之慘然圭復因
書拙語其端歸諸鄭氏樞今爲都官郎中寔予門
生也至正辛丑月日前宣授　　大夫高麗王府
斷事官推誠亮節同德協義賛化功臣壁上三韓
三重大匡門下侍中領藝文春秋館事金海侯致
仕益齋老人李齊賢序

　　雪谷詩稿序
天之厚予嗜何其多乎哉往年在京師同閈吳縣
尹家有唐百家詩從借其半讀一過間又獲時之
名卿才大夫家集讀之雖不盡解淺深皆足以自
樂及東歸橐唐詩十餘秩將以資韓山考槃之樂
謬爲主知供職是務不能專意吟詠間既以自傷
又嘗恨前輩著述之不多見況今亂後能復有意
是事哉然及菴遺稿益齋文集蓋嘗得之一讀以
快南來不平之氣豈非天幸哉同年鄭公權父錄
先諫議公所作號曰雪谷詩稿凡二卷授予序其
端予觀雪谷之詩清而不苦麗而不淫辭氣雅遠
不肯道俗下一字就其得意往往與予所見中州
才大夫相上下置之唐姚薛諸公間不愧也嗚呼
天下倉卒之難孰有慘於辛丑之仲冬乎當是時
人無智愚賢不肖視其家所有雖其切用於造次

有亡至於關死生棄之而去無有難色矧此故紙
齎重棄易者乎顧彼子職固有所不忍然非公權
父吾不敢保又非天厚予嗜予亦何從而得是樂
事於喪亂播遷之餘優游吟詠以償平昔所願也
哉雖然是豈獨予之幸哉他日太史氏志藝文將
於是集乎徵或有踵猊山農隱類東文亦將於是
集乎取則雪谷之名愈久而愈顯將不在於是集
乎而是集之不亡也則在吾公權父嗚呼若公權
父可謂能後也已雪谷諱誧字仲孚與先稼亭公
相好予愛公權父又甚欲不泯先業其志又同故
樂爲序之至正二十二年壬寅十一月既望前宣
授應奉翰林文字承事郎同知制誥兼國史院編
修官正順大夫密直司右代言進賢館提學知製
教充春秋館修撰官知軍簿事韓山牧隱李穡謹
序

발 : (卷末)

　　　雪谷集跋
　先生平生與予友且善一自遠遊燕京不返之
　後常慕其風節年前夏四月得花山任將行詣
　于金通憲隨之第得此稿而讀之平日容儀宛
　然在目私自喜幸手不暫釋及到郡意欲刊行
　先生之令嗣密直提學公恐其湮沒請之懇懇
　悉孚吾意即命宏賛師鋟梓傳之無窮時洪武(武)
　丙辰正月　日奉翊大夫安東大都護府使兼
　管內勸農兵馬使李邦翰跋

사진 문화유산원문. 고전DB 원문이미지

참고 1607년 간행 『西原世稿』에 의함. 『雪谷集』은 아들 鄭樞가 1361년경 편집하여 李齊賢·李
穡의 序文을 받은 뒤, 1376년 安東都護府使인 李邦翰에게 부탁하여 간행하였다(初刊本：
성암문고 소장(보물 제709호)으로 서문은 逸失). 그 후 8대손 鄭述가 鄭樞의 『圓齋集』,
鄭摠의 『復齋集』 등 후손들의 시문을 合編하여 『西原世稿』로 간행하였다. 국립중앙도서
관 소장본은 筆寫本임. 辛承云,「高麗版 雪谷詩藁에 대하여」,『書誌學報』 23, 韓國書誌學
會, 1999(*『雪谷詩藁』影印本 수록). 하정승,「雪谷 鄭誧 시에 나타난 唐詩風 경향과
미적특질」,『圃隱學研究』 15, 圃隱學會, 2015.

* 考異⑧ 『春秋經左氏傳句解』 卷之七十 刊記

간기에 "宣光六年十一月日 淸道開板"이라 하여 北元 선광의 연호를 쓰고 있으나, 明나라
宣德 연호의 잘못이다. 당시 이를 주도한 청도의 知郡事 朱邵는 『朝鮮王朝實錄』에서도
사실이 확인된다. 아마도 宣光 연호가 기록된 간행본을 飜刻하다가 생겨난 착오로 짐작된다.

32-7 『白雲和尙抄錄佛祖直指心體要節』 刊記

소재 프랑스 國立圖書館
연대 禑王 3년(北元 宣光 7년, 1377)

저：景閑 編著

간기：(卷末)
白雲和尙抄錄佛祖直指心體要節卷下

宣光七年丁巳七月　日　淸州牧外興德
寺鑄字印施

緣化

門人

釋璨

達湛

施主 比丘尼 妙德

사진 『典籍』, p.216.

참고 금속활자본. 卷上은 발견되지 않음. 목판본이 1378년에 간행됨(뒤의 32-21 참조 : 이 책, p.510). 景閑 編著,『佛祖直指心體要節』, 문화재관리국, 1987(影印本) ; 千惠鳳,「麗朝鑄字印刷術」,『羅麗印刷術의 硏究』, 景仁文化社, 1980 ; 청주고인쇄박물관 편.『白雲和尙抄錄佛祖直指心體要節』, 태학사, 2008.

32-8 白紙墨字『妙法蓮華經』寫經 跋文

소재 호림박물관(국보 제211호)

연대 禑王 3년(北元 宣光 7년, 1377)

발 :

妙法蓮華經卷第一 (~卷第六 * 同一)

特爲

先妣鐵城郡夫人李氏寫成一部

功德主前斷俗大禪師 元珪

妙法蓮華經卷第七

特爲

先妣鐵城郡夫人李氏靈魂超生極

樂世界面奉

弥陁親受記夙證一切智又願父重大

匡晉城君河氏　寶体延壽保安

當生淨土請佛護主法德蘭敬寫妙

法蓮華經一部流通永祀作法供

養福資　恩有者

　宣光七年丁巳十一月　日

　　　　功德主前斷俗大禪師　元珪

사진　문화유산원문 ;『集成』, pp.422~423.

참고　卷3·5·6의 品題 書頭에 '九日'·'十八日'·'二十三日'의 기록이 있음(국가문화유산포털).
　　　『集成』, pp.237~238 ;『고려사경』, pp.98~100 ;『한국사경』, pp.244~248 ; 양삼분, 「호림
　　　박물관소장 1377년명 白紙墨書 妙法蓮華經 寫成記에 대한 고찰」,『한국불교학』 79,
　　　한국불교학회, 2016.

32-9 白紙墨字『妙法蓮華經』寫經 跋文

소재　日本 京都 本法寺
연대　禑王 3년(北元 宣光 7년, 1377)

발 :(卷末)
妙法蓮華經卷第七
妙法蓮華經破權現實會三歸
一授記作佛之妙說也於此濁
惡世中得遇斯經生慶幸之心
有弘通之志發誠傾財倩人敬
寫七卷 伏願先亡父母承此妙

福俱生淨土同受

佛記證一切智又願此經流通

永祀作法供養福資

恩有者 宣光七年丁巳中冬初吉

謹跋

發願優婆夷　妙惠

功德主　前奉善大夫軍器少尹羅賢

宣光七年丁巳十一月日 (卷第一 /卷第二 /卷第四 * 以下 同一)

功德主

前奉善大夫軍器少尹羅賢

發願　優婆夷　妙惠

참고　京都國立博物館 編,『京都寺社調査報告』21 本法寺, 2000, p.64. 사진 자료는 제시되지 않음.

32-10 『法華靈驗傳』·『法華三昧懺助宣講儀』 刊記

소재　① 국립중앙도서관, 동국대　② 경주 기림사(보물 제959-2-25호)

연대　禑王 3년(北元 宣光 7년, 1377)

저 : ① 觀識沙門釋 了圓 錄　② 未詳(고려 天台宗 승려)

서 : 法華靈驗傳卷上 (卷頭)

法華靈驗傳有大唐朝藍谷沙門慧詳所撰弘賛傳十

卷大宋朝四明沙門宗曉所撰現應錄四卷又有本

朝眞淨國師所撰海東傳弘錄四卷今歷覽此三傳

抄錄其中最爲奇特事合成二卷以勸發後來

　　兩卷合百七奇異　　　　觀識沙門釋　了圓　錄

간기：(卷末)

法華靈驗傳卷下

最乘之法非後學所能辯必考是法之驗然後而人

信之自法華東譯以後諸家章疏蓋多而智者解釋

獨行於世然流傳或失本眞講演未達其奧一源之

妙攺(歧)於萬派嘗謂讀是經者要看講儀與夫靈驗傳

以其直探玄旨深求妙應断在二書也妙慧謹捨貲

財刊此二書安實于萬義寺以壽不朽耳寺在至元

間貞古玄默相継主席卒傳於余王父忠肅公之伯父

珎丘大禪師混其其又傳於三藏法師義旋旋後三傳

而至于余要皆不出乎吾宗爾寺本混其嘗設法華道

場故宜於此宣揚此法用勾(匂)[72]

一人之壽萬姓之安棄及先父趙德裕往生淨域助施

檀越各證善果法界含靈同沾法化云

宣光七年丁巳十二月日施主靈嵒寺住持禪師妙慧謹識

　　　　　　同願

　　　　　　　　判天台宗事龍岩寺住持定慧慈忍演妙普□大禪師　　□□

　　　　　　　　推忠奮義輔理□□□□三重大匡檜山君□* 이하 缺落

　　　　　　　* 이하 缺落

　　　　　　安國*이하 缺落

　　　　　　　書寫大選　性徹

　　　　　　　校整大選　慶廉

　　　　　　　化主 道人　覚環

---

72) 勾 : 빌 개(구걸함). 혹 비슷한 異體字 匂(均)으로 볼 수 있으나, 해석이 매끄럽지 않다. 이체자에서
　　勹의 획이 곧게 뻗은 것은 勾, 안으로 휘어진 것은 匂이다(한국고전번역원 이체자정보 참조).

刻手　　□行　　幻岑　　達桓
鍊板　　□□　　鉄匠　　金元

사진　① 국립도서관 원문보기(古1725-2) ② 문화유산원문.
참고　위의 두 책은 함께 간행되어 발문이 같은데,『法華靈驗傳』은 조선시대에 중간하면서
　　'宣光七年' 이하의 기록이 삭제되었다. 이에『法華三昧懺助宣講儀』의 간기를 추가하여
　　놓는다. ① 口訣本. 1652년 重刊本에 의함(順治九年壬辰二月日全南道宝城郡五峰山開
　　興寺). 요원 저, 오지연 옮김,『법화영험전』, 동국대출판부, 2017. ② 경주 기림사 소조비로
　　자나불 복장전적임. 이기운,「고려의 법화삼매 수행법 재조명」,『동서비교문학저널』
　　24, 2011.

32-11 『慈悲道場懺法集解』序文

소재　청주고인쇄박물관(보물 제1653호)
연대　禑王 3년경(1377 : 추정)

저：梁朝 諸大法師集撰
　　　(高麗)禪敎統攝 … 國一都大禪師空菴和尙 祖丘撰集

서：詳校正本慈悲道場懺法序 … (元)朝散大夫行尙書兵部員外郞康戩逑

서문：(卷頭)
慈悲道場懺法集解卷上
　　禪敎統攝前瑩原寺兼佛恩寺住持敬奉遺敎修
　　　學玄義國一都大禪師空菴和尙祖丘撰集幷序
此懺法者盛行於世然解義釋法者少但循行數墨
者多矣於中猶有不辨文之斷續字之高低淸濁之

者況乎些些義理也是故成謗法之失既成謗法焉
有自他之利佛言唯誦不解六重謗法之一永嘉云欲
得不招無間業莫謗如來正法輪迷人不顧□□□
謀現身之利自招來世不如意也由是昔有溫陵□
教沙門辨眞師撰注疏通淸凉山廣鈞師詳校後著□⁷³⁾
鈔三卷烏婆塞迦汝南覺明公著注本國慈恩宗師
國一彌授大師述解禪家哲匠東林師略解然此等
之文罕行於世故多未得見雖得見者而其文義深廣
學者失其源派未究涯限仍於往往而有私記之者皆
未爲規又觀今世時當末運罕有利根多有鈍者□
者發言即解一聞千悟不勞說示如世良馬見鞭影而
行鈍者終日竟夜勞說勞聞一無所得如世盲者未
知導師之指不踏正路眞可憐憫惟我徃昔遍叅禪
教所聞所解釋之則此亦深廣鈍者聞之盆加迷悶故
今爲鈍者易學易解以諸家所解中截廣從略除難
取易兼已所釋目之曰集解願諸學者憑文取義愼
勿執指爲月理事二懺行在一時一拜除三世五逆
十惡之罪一念滅六道多生萬劫之愆一禮咸十方諸
佛之心一懺沐四生九類之垢如是則於一刹那自他
淸淨旣自他淸淨則塵勞萬法應念化成無上知覺
衆生所以輪廻六道者良由罪障作心之垢穢故也若
罪障悉除心垢淨盡則本明自發若本明自發則方
得名爲觀自在也比如磨鏡垢盡明現當伊麼時慈
悲道場當處昭然㝹(學)者詳焉

사진 『書誌學硏究』 7, pp.5~6.

---

73) □ : 殘劃으로 보아 '私'로 여겨진다.

참고 2권 2책. 고려의 금속활자본을 조선 왕조에서 木板으로 重刊한 飜刻本임. 연대는 목판의
글자가 興德寺字와 유사한 것으로 미루어 추정함(남권희, 「흥덕사자로 찍은 자비도량참법
집해의 찬자와 간행에 관한 고찰」, 『書誌學硏究』 7, 1991, pp.23~26). 祖丘 지음, 성재헌
옮김, 『慈悲道場懺法集解』, 동국대학교출판부, 2011 ; 김종근, 「자비도량참법의 수행체
계 연구」, 『불교학연구』 33, 불교학연구회, 2012.

32-12 『緇門警訓』 序文

소재 규장각
연대 禑王 4년(戊午年, 1378)

저 : (宋)釋 擇賢 ; (元)釋 智賢 ; (明)釋 如巹

서 : (卷頭)

緇門警訓序
盡大地人誰無佛性誰無信心然不遇聖敎則不發
無上菩提之心長沈苦海頭出頭沒虛生浪死實可
憫也是以佛祖聖賢作不請友行無緣慈爲說種種
方便敎化調伏令其生淨信心成就無上佛果菩提
豈異事乎正是當人本覺心也大經亦云欲知如來
大涅般者當湏(須)了知根本自性若人深信此語忽然
反顧則即知自心無量妙義百千三昧本自具足分
毫不繆此是淨信心也三世聖賢出現於世無言語
中而起言說正謂此耳太古南游求法時幸遇斯警
訓將攽(歸)本十意欲廣宣流布利國利人有年矣今有
勝士明會與道庵發大誓願廣化檀緣鏤板印施俾
國人一見一聞皆結勝因畢竟同成正覺此斯警訓

之大義歟戊午正月初吉三韓國尊小雪山利雄尊
者謹序

사진　규장각 원문보기(奎15638-v.1-2)
참고　1664년 重刊本에 의함(康熙三年甲辰四月日全羅道順天興國寺開板). 利雄尊者(太古 普
　　　愚)가 간행한 것은 元의 智賢이 편집한 9권본으로 찾아지지 않음. 오늘날 유행하는
　　　판본은 明의 如巹이 增補한 10권본임. 李一影 譯, 『新譯 緇門警訓』, 寶蓮閣, 1983 ; 一休·
　　　牛迦 共譯注, 『譯註 緇門警訓』, 정우서적, 2008 ; 반산, 「치문경훈을 통해 본 수행의식의
　　　변천」, 『僧伽』 12, 중앙승가대 학생회, 1995 ; 安在哲, 「佛典 常用詞의 詞義 분석 : 緇門警
　　　訓에 나타난 見과 象·像·相 등을 중심으로」, 『불교학연구』 37, 불교학연구회, 2013.

32-13 『禪林寶訓』 刊記

소재　용인 호암미술관(보물 제700호)
연대　禑王 4년(北元 宣光 8년, 1378)

저 : (宋)東吳沙門 浄善重集

간기 : (卷末)
　　右寶訓者宋之高僧妙喜竹
　　庵慇諸末學多求聲名不修
　　道德共集尊宿之高談叢林
　　之遺訓可以警衆者析爲二
　　卷目之曰禪林宝訓兩街了
　　庵行齊公得之一部歎未曾
　　有囑門人尙偉禪者募緣彫
　　板廣令流布幻菴爲題數語

于末
　宣光八年戊午二月書于
　宴晦菴

　　　　募緣
　　　　　尙偉　万恢
　　　　助緣
　　　　　優婆塞高　息機
　　　　　優婆夷崔　省緣
　　　　留板忠州靑龍禪寺

사진　문화유산원문.
참고　백련선서간행회 번역,『선림보훈』, 藏經閣, 1989 ; 박문열,「忠州 靑龍寺 刊行의 禪林寶訓
　　　에 관한 硏究」,『서지학연구』72, 한국서지학회, 2017.

32-14 『詳校正本慈悲道場懺法』施主 및 冊主 기사

전거　南權熙,『高麗時代 記錄文化 硏究』
연대　禑王 4년(戊午年, 1378)

기사 : 戊午四月日成 … 施主比丘寶能
冊主臨濟宗大禪師靈源寺主兼忠淸道…

참고　남권희,『고려시대기록문화연구』, 청주고인쇄박물관, 2002, p.670.

32-15 『金剛般若經疏論纂要助顯錄』 刊記

소재　청주대 박물관, 원광대 박물관(전북 유형문화재 제164호)
연대　禑王 4년(北元 宣光 8년, 1378)

저 : (宋)蕺山釋慧定所述

서 : 淳熙戊戌(1178)　　山陰芯芻慧定 述

발 : 淳熙己亥(1179)　　皇弟少傅恩平郡王 璩 謹跋
　　至元五年(1339)　　(元)安陽韓性書

간기 : (卷末)
夫金剛般若者越苦海之舟船入覺城
之蹊徑也五位大士賴此而因圓十方
諸佛由斯而果備自六代飜譯之後箋
註解釋者固不可勝數也然斷疑遣執
壞相泯心令諸末學披迷雲而覩慧日
者無如此錄山僧越丙辰安居矣末受
人請盍開演是法有信士高君息機聞
法歡喜願欲鏤板以廣其傳捐家資囑
門人万恢尙偉等令辦是事今彫刻已
畢携以示予隨喜賛揚書其大略云時
宣光八年戊午二月上旬幻菴比丘無
作書于宴晦菴

　　　募緣　　万恢　尙偉　志中　天密
　　　辦善

奉善大夫典醫副正高　　息機

海州郡夫人崔氏　　省緣

同願

比　丘　尼　　戒完

承奉郎漢陽判官趙　　云介

板鎭忠州靑龍寺

사진　문화유산원문

참고　(唐)宗密의『金剛般若經疏論纂要』를 (宋)慧定이 註解한 책임. 慧定 述, 朴文烈 譯註,
　　『譯註 金剛般若經疏論纂要助顯錄』, 淸州大學校 博物館, 2008(影印本 수록). 逸失本으로
　　앞의 31-49 간행 사례 참조(이 책, p.473).

32-16 『佛說長壽滅罪護諸童子陀羅尼經』 刊記

소재　불교중앙박물관(공주 동학사 위탁 : 보물 제1720호)
연대　禑王 4년(著雍敦牂 : 戊午年, 1378)

역 : 罽賓國沙門 佛陀波利 奉詔譯

간기 : (卷末)
佛說長壽滅罪護諸童子陀羅尼經
　　比丘覺因擎是經謁子同其願訊其故則舊
　　板糢糊將以重刊故求書也辭以拙因曰弘
　　法而已錄是板蓋將上報
四恩下資三有功在是不在乎彼也予於是頷
　　之嗚呼是經之旨滅生滅以寂滅爲樂則持

經者何憂有罪而何患不壽哉然所謂徑行
與墨云乎哉著雍敦牂立辰月有日圓齋書

前　別　將　　　許　玲

奉善大夫典農副正安　贇

原州郡夫人　　　李　氏

同願開城郡夫人　　王　氏

施主漆園郡夫人　　尹　氏

사진 『동학사 대웅전 삼세불상』, p.142.

참고 공주 東鶴寺 木造釋迦如來三佛坐像 腹藏典籍임. 불교문화재연구소, 『동학사 대웅전 삼세불상』, 불교문화재연구소, 2012 ; 최주광 편저, 『長壽滅罪護諸童子陀羅尼經』, 대구 : 한영출판사, 1994.

32-17 『佛說大報父母恩重經』·『佛說父母恩重胎骨經』 刊記

소재 용인 호암미술관(보물 제705호)

시대 禑王 4년(戊午年, 1378)

역 : 姚秦三藏沙門鳩麻羅什奉 詔譯

간기 : (卷末)

佛說父母恩重胎骨經

　　本經非特報

　　親之罔極其報

　四恩資三有且壽

君福國而消兵登穀濟物利生之道亦不外此故命刊廣施使

　　見聞者同種佛種云

　　　　　　　戊午五月日　誌

　　　施主

　　輸忠翊戴功臣匡靖大夫前政堂文學藝文館大提學上護軍韓　蔵

　　　　光　　州　　郡　　夫　　人　　金　氏

　　　　　同　願

　　　　上　　黨　　郡　　夫　　人　　韓　氏

　　　　　　　　　　同願　桓　浩

　　　　　　　　　　化刊　□□□

사진　문화유산원문

참고　『佛說大報父母恩重經』을 鳩摩羅什이 譯經한 것으로 나타내었으나, 사실이 아니다. 그리고, 이 판본을 바탕으로 한 조선왕조 1435년 重刊本에서는 譯者를 삭제하였으며,『佛說父母恩重胎骨經』도 제외하였다. 이 책의 발문에 '是經侍中韓蔵氏所欲也'라 한 점에서 미루어 重刊된 사실을 알 수 있다(경상남도 유형문화재 제613호 ; 진주 의곡사 소장 ; 경상남도 문화재DB ; 더욱 이어지는 32-18 참조). 월하 학송,『대보부모은중경 총설 : 문기대어 기다리는 마음』, 정우서적, 2011 ; 朴文烈·金東煥,「高麗本 佛說大報父母恩重經의 校勘에 관한 研究」,『書誌學硏究』37, 2007. 또한 앞의 26-4 참조(이 책, p.310).

32-18 『佛說長壽滅罪護諸童子陀羅尼經』 刊行 기사

소재　진주 의곡사(경상남도 유형문화재 제612호)

시대　禑王 4년(戊午年, 1378 : 추정)

기사 : 是經侍中韓蔵氏所欲也歲久板刓好事者重校之其名姓宜可書已 … 旃蒙單閼星紀月冠山任慶叔敬跋

사진　경상남도 문화재DB http://tour.gyeongnam.go.kr/

참고　1435년(旃蒙單閼 : 乙卯年) 重刊本의 跋文에 의함. 그런데, 이 발문이 함께 발행한『佛說大報父母恩重經』에도 같이 들어 있다(경상남도 유형문화재 제613호 ; 진주 의곡사 소장 ; 경상남도 문화재DB 참조). 이로 미루어 이 책은 侍中 韓蕆이 위의 32-17『佛說大報父母恩重經』·『佛說父母恩重胎骨經』과 동시에 간행한 것으로 여겨진다. 더욱 이 시기에 두 경전이 함께 간행되는 사례로 미루어(이어지는 32-19·20 참조), 이를 수록한다.

32-19 『佛說長壽滅罪護諸童子經』 刊記 및 印記

소재　용인 호암미술관(보물 제701호)
연대　禑王 4년(戊午年, 1378)

역 : 罽賓國沙門 佛陀波利 奉詔譯

간기 : (卷末)
佛說長壽滅罪護諸童子經

主上殿下壽万歲
　　諸官宗室各保千秋國泰民安雨
　　順風調禾稼登稔天下大平法界有
　　情俱登覺岸者
　　　　　戊午五月日重刻

　　　　　勸善比丘　自延
　　　　　同願比丘　覺寬
　　　　　同願比丘　解禪
　　　　施主　比丘　法弘

金 臣桂[74]

인기 : 　　　施主尹　原通 (* 後代 墨書)

　　　　　　　　幹善道人信岑

사진　문화유산원문

참고　최주광 편저,『長壽滅罪護諸童子陀羅尼經』, 대구 : 한영출판사, 1994. 이 경전에 대해,
　　　　千惠鳳은 恭愍王 원년(1352) 간행본의(31-3 참조 : 이 책, p.417) 重刊本이라고 하였는데
　　　　(『韓國典籍印刷史』, 汎友社, 1990, p.191), 착오로 여겨진다.

32-20 『佛說大報父母恩重經』 刊記 및 印記

소재　경주 기림사(보물 제959-2-16호)
연대　禑王 4년(戊午年, 1378)

간기 : (卷末)
佛說大報父母恩重經

戊午五月　日開板化主　自延

施主比丘 法弘　金臣桂

인기 : 　　　施主朝奉大夫司宰少監李 成壽(墨書 : 조선 초기)

　　　　　　　　恭人崔氏

사진　문화유산원문

---

74) 桂 : 여러 자료에서 '柱'로 보았는데, 확대해보면 뚜렷이 확인된다.

참고 경주 기림사 소조비로자나불 복장전적으로 조선 초기 인출본임. 이 책은 보물 제701호로
지정된 『佛說長壽滅罪護諸童子經』과 시주가 동일인으로서 戊午年(1378)에 함께 판각되
었음을 알 수 있다(위의 32-19 참조). 참고사항은 앞의 26-4 참조(이 책, p.310).

32-21 『白雲和尙抄錄佛祖直指心體要節』 刊記

소재 한국학중앙연구원(보물 제1132호)
연대 禑王 4년(北元 宣光 8년, 1378)

저 : 白雲 景閑 抄錄

서 : 卷上(卷頭)
　　　佛祖直指心躰要節序
拈花後代有人正法妙心遍沙界矣
叢録有五燈雖博學者且患其浩汗
矧專志向上一路者哉白雲閑禪師
高麗曹溪韻釋也得法於江南霞霧
山石屋珙禪師禪師以手書佛祖直
指心躰要節一卷授之且曰當於言
外見之可也時閑師年五十四矣歸
老東國寶藏以玩時中照用不負所
囑矣
玄陵知其人請住興聖神光等寺皆
不久弃(棄)去盖於淡泊無象所得深矣
閑甞自念石屋書簡甚洒鈔一百四
十五家法語分為二卷以利入道者
四弘誓願於是盡備年七十七示寽(寂)

于就岩其徒法丛(鄰)靜慧將鋟梓以廣
其傳判閣金繼生出錢以助丛求予
語冠其端予腐儒也未甞遇有道者
一聞其言自謂於佛無夙因也雖然
如丛輩之請時或至焉不忍固讓者
亦且不少矧白雲師壽七十七為達
尊也哉是以忘其辭之鄙而略書大
槩云蒼龍戊午夏四月五日推忠保
節同德賛化功臣三重大匡韓山君
領藝文春秋館事牧隱李　穡序

白雲和尙抄錄佛祖直指
心體要節序
有禪師諱景閑號白雲
全羅高阜人也早登選科
旣而遁于山參究單傳之
旨逮其信得之深而往兩
淛以求其印可曁有元
至正辛夘(卯)詣湖州霞霧山
石屋珙老師接活之閒師
知其閑公密契此道以佛
祖直指心躰要節一卷授
之欲廣其傳焉復囑之
曰當於言外見之斯言
益切于理閑公自淛而還
厥道愈着不喜是而斂之
亦繼珙老手抄佛祖喫緊
之語增成兩卷俾貽後世

所謂厥父基子肯堂搆
者也柔如學者向這裏孜
孜臨進則自然默〻相契
便覺省力矣予目其錄
而重違璨上人請姑以鄙
辭書諸卷首云宣光七
年丁巳三月日推忠恊理
功臣重大匡昌山君成士達
兼書序

간기 : (卷末)
白雲和尚抄錄佛祖直指心體要節卷下

入聖超凡不作威卧龍長怖碧潭清平生
若玆長如此大地何曾留一名
念上生住異滅身上生老病死國土成住
壞空此十二種事甚能奇特
　　法厶禪人投誠索語警助余事不獲已
　　熨老眼而抄錄佛祖直訂心躰要節
　　集為二卷塞其来誠囑曰未有天生釋迦
　　自然弥勒要須快著精彩見之言外
　　可也歲在壬子年九月成佛山居老比丘
　　景閑白雲手書時年七十有五矣
古人云立志發願必不在淺〻知見之閒直到
古人親訂處方能乃休去歇去又云古敎照
心不

　　　宣光八年戊午六月日

書員　弌菴禪和　天亘
刻字　宗軌 昆如 信明
募緣　法厸 自明 惠全
助緣門人
　　比丘尼　妙德　妙性
　　　　　靈照　性空
　　鈴平郡夫人尹　氏
　　北原郡夫人元　氏
　　駒城郡夫人李　氏
正順大夫判通礼門事金　繼生
　　留板川寧鷟崇寺

사진　문화유산원문. 국립도서관 원문보기(위창貴1797-7)

참고　한국불교전서(H0100). 국립중앙도서관 소장본은 序文이 없음. 白雲(景閑)和尙 著, 『佛祖
直指心體要節』, 淸州古印刷博物館, 1996(影印本) ; 白雲(景閑)和尙 著, 朴文烈 譯, 『(譯
註)佛祖直指心體要節』, 淸州古印刷博物館, 1996 ; 무비스님 지음, 『직지강설』上·下, 불광
출판사, 2011 ; 白雲景閑 和尙 編著, 辛興植 譯, 『직지 : 佛祖直指心體要節』, 가승, 2015.

32-22 『金剛般若波羅蜜經』刊記

전거　南權熙, 『高麗時代 記錄文化 硏究』
연대　禑王 4년(著雍敦牂 : 戊午年, 1378)

간기 : (卷末)
是經舊板歲久頗朽曾覓因方勸人重刊而尼妙精
妙正暨正之乳媪共出材使李仁隣鋟之判事金君
世珍主之功訖因頌壽之日玆所集功回向

天地四恩三有而後頒因等生生免諸難備五福持

    經不失云四相拯群迷隨世常離予聞其言而嘉

    之請與之同參願云著雍敦牂修月[75]有日前簽書

    密直同知春秋館事　鄭公權跋

참고　남권희,『고려시대기록문화연구』, 청주고인쇄박물관, 2002, p.86. 사진 자료는 공개되지
    않음.

32-23 『白雲和尙語錄』刊記

소재　국립중앙도서관

연대　禑王 4년(北元 宣光 戊午年, 1378)

저：景閑 白雲 述 ; 侍者 釋璨 錄

서：(卷上)

白雲和尙語錄序

高麗曺溪大禪師景閑號白雲得法

於江南霞霧山石屋珙和尙觀其自

道可見巳年七十七示寂于鷲嵒其

徒法乢(鄰)靜惠與判閣金継生將錄語

錄于梓求余序余之游燕也懶翁方

以道譽動

天子開堂說法鄕人尤皈(歸)仰焉而予

未之知也白雲師又其傑然者也非

---

75) 修月：月의 異稱에는 나오지 않는다. '流月(6월)'·'復月(11월)'·'途月(12월)'의 착오로 여겨진다.

厶無以歆其風嗚呼士之同一世而
不相遇者何限今於白雲益有憾焉
若其道之高語之深非予之識量所
可知也當有具眼者證之玆不及云
戊午夏四月五日推忠保節同德贊
化功臣三重大匡韓山君領藝文春
秋館事牧隱李　穡序

世尊拈花迦葉微唉(笑)略露頭角源遠
而派分若棒若喝皆其濫觴至如假
容盜名取媚於世者接跡雲起而斯
道日喪白雲和尙海東古阜郡籍髫
齔出家力學求道嗣法於霞霧石屋
質疑於西天指空越癸巳孟春既望
翌日明心見道石屋臨終而偈寄云
白雲買了賣淸風散盡家私澈骨窮留
得一間茅草屋臨行付與丙丁童則
屋以是傳之雲者可知矣然雲天然
無作眞常裸裸假容盜名雲所不取
眞境中人也予於乙巳秋奉使西海師
住神光一見而奇之知其爲人不見
十年而雲已歸穽(寂)是可悼也吾契友
禪敎都摠統芮院英公以師之語錄
見示宛然面目且驚且愕三復嘗味
雲之精髓盡在此矣後之學者觀此
法語則譬猶破暗之孤燈濯熱之淸
風實爲私淑之指南也門人達湛釋
璨等欲鋟於梓以壽其傳予愛雲之

死而不朽且喜掛名於其端於是乎
書時宣光丁巳三月初吉通菴居士
鐵城李玖溫甫序

간기 : (卷末)
白雲和尙語錄卷下
　　戊午七月日前護軍延昌朴戠(戠)爲金判閣書
　　　留板于川寧鷲嵒寺

　　　　　　宗軏 昆如 信明 等刊
　　　　　　門人　法厶　　募緣
　　　　　　助緣　門人等
　　　　　　比丘尼　　　妙德
　　　　　　北原郡夫人元　氏
　　　　　　駒城郡夫人李　氏
　　　　　　正順大夫判通礼門事金　繼生

사진　국립도서관 원문보기(한古朝21-212-10). 신집성문헌
참고　한국불교전서(H0101). 釋璨禪師 編, 朴文烈 譯, 『譯註 白雲和尙語錄』, 淸州古印刷博物
　　　館, 1998 ; 경한 지음, 조영미 옮김, 『백운화상어록』, 동국대학교출판부, 2019.

32-24 『詳校正本慈悲道場懺法』 刊記 기사

소재　성암문고
연대　禑王 5년(明 洪武 12년, 1379)

저 : 梁朝 諸大法師 集撰

기사 :

詳校正本慈悲道場懺法卷第十

洪武十二年己未夏六月日誌

참고　口訣本. 筆寫本임. 시주질 연화질 필사자 등 기록이 있음(崔銀圭, 「詳校正本慈悲道場懺
法의 口訣에 대하여」, 『國語史 資料와 國語學의 硏究 : 安秉禧先生回甲紀念論叢』, 文學
과知性社, 1993. p.660). 간기는 공개되지 않음.

32-25 『護法論』 刊記

소재　국립중앙도서관　一山文庫, 성암문고(보물 제702호)

연대　禑王 5년(己未年, 1379)

저 : 宋丞相無盡居士張　商英述

서 : 乾道辛卯(1171)　中奉大夫提擧台州崇道觀 建安縣 … 鄭璵序

발 : 紹定四年(1231)　知幻道人書 / 前知樞密院事南州徐俯跋 / 紫芝丘雨跋

간기 : (卷末)

宋丞相張天覺護法論一篇殆萬餘

言釋僧俊以幻菴普濟大禪師之命

重刊于忠之靑龍寺旣訖携墨本

求予跋其尾予觀其辭率不可解

然喜闢韓歐氏韓歐氏吾所師也吾

實駭焉雖然五濁惡世爲善未必

福爲惡未必禍非佛何所歸哉嗚

呼護法論宜其盛行於世也蒼龍己
未仲秋初吉韓山君李 穡 跋

募緣衲　僧俊
影助釋　万恢

사진　국립도서관 원문보기(일산貴1750-1). 문화유산원문
참고　天台趙良甫刊 雄川重刊行(*중국 간기). 장상영 지음, 성열 역주,『불교를 위한 변명 : 장상
　　　영의 호법론』, 문화문고, 2013 ; 곽승훈,「고려 말 幻菴 선사의 護法論 간행 배포와 그
　　　영향」,『한국민족문화』40, 부산대 한국문화연구소, 2011.

32-26 『懶翁和尙語錄』·『懶翁和尙歌頌』序文·跋文

소재　삼성리움관(보물 제697호), 국립중앙도서관
연대　禑王 5년(己未年, 1379)

저 : 懶翁 惠勤 著 ; 侍者 覺璉 錄 ; 廣通普濟住釋 幻菴 校正

서 : (50~51면)
普濟尊者語録序
玄陵之師普濟尊者嗣法於西天指
空浙西平山大闡宗風故其片言半
句爲世所重語録所以述也師之道
之行之與否也固在於後之人後之
人之知師之道也非語録無由宜其
弟子之區〻於此也予以非才奉
旨撰銘又引語録吾之幸也歟吾之

不幸也歟後之来者尚監之哉弟子
名覺玗覺然覺卞校讎舊本將繡之
梓求予序故略書如此蒼龍己未八
月既望韓山君李　穡序

발 : (46~49면)

右
王師普濟尊者游歷諸方時凡日用
施爲動作雖片言半句侍者皆撰集
題之曰懶翁和尙語錄其徒幽谷覺
宏與諸同志將刊行于世請序於余
余曰序者序其所以不知其所以而
强序之則爲人詆誚必矣以盲道
行以聵調律其可乎吾知其不可也
況有白淡菴之序已無餘蘊庸何
贅乎答曰若然則幸跋卷後請至
再既不獲已然其所以廓乎其器
澄然厥旨未能窺覰安有所著但
嘗聞之佛之爲言覺也將以覺悟
群生以慈悲爲化與吾儒先覺ゝ
後覺以仁恕爲敎其有同乎不乎
吾君子嘗曰西方有大聖人者不治
而不亂不言而自信不化而自行
蕩ゝ乎人無能名焉道則一也世
之言曰儒佛相非吾知其相非之
爲非也非儒非佛ゝゝ非儒但其徒
未至其至者相售而相非耳仲尼
牟尼只是一團和氣今觀此錄盆

信其爲然常以去妄修眞壽
君福國爲定規旣吾
王尊敬爲師宜此錄刊行警世强
圉大荒落夏孟旬季有日端誠輔
理翊贊功臣重大匡雞林君李達衷
稽首再拜謹題

『懶翁和尙歌頌』

저 : 懶翁 惠勤 著 ; 侍者 覺雷 錄 ; 廣通普濟住釋 幻菴 校正

서 : (卷頭 : 14~15면)

　　懶翁三歌後
　珠随方暎色人之所迷也而其淸淨則表佛
　性枯髏氣散內敗人之所遺也而其生存則
　行佛道百衲卻錦綺綴破爛掩肌膚禦寒暑
　耳然非此無以莊嚴威儀安處徒衆入佛道
　見佛性矣三歌首尾相應脉絡相通所以示
　後人也深且切矣懶翁文字信手未嘗立草
　吐出實魂粲然寫出韻語琅然〻於世俗文
　字不甚解亠(亦)可見焉至於三歌如出二人之
　手必其研精覃思而作者也不然仃以倣永
　嘉句法哉異日流傳而域當有賞音者矣弟
　子某等請予書其尾予旣訓題目又考其體
　以塞其請若其精微之粤非魚焉知魚乎前
　朝列大夫征東行中書省左右司郎中文忠
　保節同德贊化功臣重大匡韓山君藝文館
　大提學知春秋館事兼成均大司成知書筵

事李稿書

사진 문화유산원문 ; 국립도서관 원문보기(古1798-24) ; 신집성문헌
참고 한국불교전서(H0103·H0104). 恭愍王 12년(1363) 初刊 기사는 앞의 31-23 참조(이 책, p.443). 백련선서간행회 역,『懶翁錄』, 藏經閣, 1993 ; 역경위원회 역,『한글대장경 167 : 懶翁和尙集 ; 太古和尙語錄』, 동국역경원, 1995 ; 金曉呑,『高麗末 懶翁의 禪思想 硏究』, 民族社, 1999 ; 자현 지음,『한국 선불교의 원류 지공과 나옹 연구』, 불광출판사, 2017.

32-27 『大方廣圓覺脩多羅了義經』 刊記

소재 개인(보물 제1518호), 청주 고인쇄박물관, 日本 大谷大學 圖書館
연대 禑王 6년(庚申年, 1380)

저 : 宋孝宗皇帝註

서 : 大方廣圓覺修了義經略跡序 … 裴休 述 (唐)

간기 : (卷下 : 卷末)
大方廣圓覺修多羅了義經終
        經書比丘   宗晫

                云首 中昊
                     李空
                     平山
                     忤閑
                     向聰
                     勝空

庚申四月　　開板

釋道淵歇了志修檀越判事吳明利副正吳称吉与諸善
士同發心或爲法界有情或爲先亡父母刊圓覺經將俾
一世同入如來大光明藏其心可謂廣大矣夫圓無不包
覺無不知聖人事業盡於此矣其澤物也又何有彼此之
間哉賭是經者當求所以去無明訂法性以踐三世平等
之地斯不負施經之意矣母徒曰我目此我口此亦足矣
可也幸垂鑒焉青龍庚申三月日
推忠保節同德賛化功臣前重大匡政堂文学右文館大
提學領藝文春秋館事兼成均大司成上護軍韓山牧隱
李穡　跋

志道	禪哲	志祥	勝海刻
募緣		志峯	覺海
安德	白夫	筵芝	金阿乙加勿
李延	朴波豆	龍月	台月
檢　校　中　郎		將李	元奇
奉常大夫前開城少尹吳			称吉
奉翊大夫前版圖判書咸			石柱
通憲大夫判司宰寺事鄭			乙珎
功德主正順大夫前判典義寺事□			□□

사진　문화유산원문 ;『大谷大學圖書館所藏 貴重書善本圖錄』, p.44.

참고　大谷大學 圖書館 編,『大谷大學圖書館所藏 貴重書善本圖錄 : 佛典篇』, 東京 : 大谷大
學, 1998. 청주 고인쇄박물관 소장 전적은 志道 이하 서적 간행에 참여한 각수 및 시주
기사가 卷上의 끝에 있어(충청북도 유형문화재 제368호 : 충청북도 문화재연구원,『충청
북도문화재대관』Ⅰ, 2016, p.301 참조), 보물 제1518호와는 다소 다르다. 더욱 志道

앞 행에는 "桂月 海雲 英奇" 등의 필사로 된 추가 기록이 들어 있다. 金月雲 註解, 『圓覺經註解』, 東國譯經院, 1974 ; 정혜지오 편, 『원각경 : 대방광원각수다라요의경』, 大韓佛敎曹溪宗 大覺會大覺出版部, 2017 ; 김미경·강순애, 「圓覺經 版本의 系統과 書誌的 特徵에 관한 硏究」, 『서지학연구』 46, 한국서지학회, 2010.

32-28 『禪宗永嘉集』 刊記

소재 아단문고(보물 제641호)
연대 禑王 7년(辛酉年, 1381)

저 : 唐永嘉沙門 玄覺 撰 ; 宋石壁沙門 行靖 注

서 : 禪宗永嘉集序 … 唐慶州刺史魏 靜 述

간기 : (卷末)

夫大道玄虛言而非道故維摩杜
口於毗耶文殊嘆曰無有文字言
語是眞入不二法門然雖如是不
假文言則何以明其離言說之妙
理是以永嘉大師初看維摩經發
明心地及到曹溪一宿而得正覺
集此大章十門以詔後之學者已
覺者見此文則增益言語道斷心
行處滅無聞無說之密旨未覺者
見此文則可破迷途皆覺合塵業
識之昏昧門〻之旨其利博哉我
先師懶翁大和尚在世之時住檜

巖乙卯春出此文集授之於余曰
此是禪宗入道之要訣你可觀之
余敬受而夾一覽而後還呈
室下思欲再覽而未獲其本今
先師哲弟照峯皿禪人將此本来
請余重刊流布余乃懽〻喜〻再
閱斯文益感
先師之慧因与皿禪并諸同志請
工鋟梓以廣其傳所冀
楓禁亭多歷
椒闈永厚德四境静無虞百寮忠奉戢(職)
風雨無失時人民有餘食普及幽
現有情同脫生滅諸惑時蒼龍辛
酉春月　日重大匡琅城君信菴
閑閑居士西原李邦直覺演謹誌

淡如　覺訥　李仁厶(隣)　刁

忠州青龍寺　留76)板

사진　문화유산원문

참고　口訣本. 舊板留金陵草堂寺歲久磨滅玆募緣重鏤諸梓以壽其傳(中國 刊記). 永嘉玄覺 찬
　　　술, 최동호·전경욱·이창희 편역, 『禪宗永嘉集』, 세계사, 1996 ; 한자경 지음, 『선종영가집
　　　강해』, 불광출판사, 2016.

---

76) 留 : 판본에 '晉'처럼 보이지만, 아래 부분의 '日'이 '田'으로 되어 다르다. 여러 사례로 볼 때, '留'가
　　옳다고 보아 교정한다. '留'와 '晉'의 異體字에 비슷한 것이 있어 착오가 일어난 듯하다. 더욱 앞의
　　사례 참조(31-29 紺紙金字 『妙法蓮華經』 寫經 跋文 : 이 책, p.450).

32-29 『法苑珠林』外 高麗大藏經 再造本 印記

소재　日本　大谷大學
연대　禑王 7년(辛酉年, 1381)

인기 : (卷末)

　　門下評理廉仲昌父語予曰興邦事
玄陵由進士至密直典貢士極儒者榮所以
　　圖報之靡所不爲也
　　如來一大藏敎萬法具擧三根齊被無
　　幽明無先後草凡成聖之大方便也是
　　以歸崇日多流布日廣如吾者亦幸印
　　出全部焉所以追
玄陵冥福也同吾心助以財者雖甚衆吾父
　　領三司事曲城府院君吾母
　　辰韓國大夫人權氏吾室之義父
　　判門下漆原府院君尹公前判書朴公
　　出錢尤最多幹玆事化楮爲紙化紙爲
　　經損其財盡其力者華藏大禪師尙聰
　　陽山大禪師行齊寶林社主覺月
　　禪洞社主達劒又與吾同志者也將誌
　　諸卷末以告後之人幸子無辭稽曰吾
　　先人文孝公事
玄陵潛邸及　即位稽由及第至政堂圖報
　　之至亦化大藏一部矣吾二人者心同
　　事又同焉故不辭蒼龍辛酉九月　日
　　推忠保節同德贊化功臣三重大匡領
　　藝文春秋舘事韓山君李穡跋

同願慶尙道上元帥兼都巡問使推誠翊衛保理功臣重大匡宣春君南　秩
同願慶尙道按廉使兼監倉安集勸農使轉輸提點刑獄兵馬公事奉常大夫軍簿摠郎全　五倫
同願江州道兵馬使奉翊大夫晉州牧使兼管內勸農防禦使朴　葳

幹善道人　　　　　　智正

同願道人　　　　　　惠宗

同願禪洞社道人　　　　達劒

同願寶林社道人　　　　覺月

同願陽山寺住持廣智圓明妙悟無㝵大禪師　行齊

同願華藏寺住持行解相應圓悟大禪師　尙聰

同　願　文　化　郡　夫　人　柳　　　氏

同願奉翊大夫前禮儀判書進賢館提學朴　　儚

三重大匡判門下事上護軍漆原府院君尹　　桓

同願推忠秉義同德燮理翊贊功臣壁上三韓

同　願　辰　韓　國　大　夫　人　權　　氏

三重大匡領三司事上護軍曲城府院君廉　悌臣

同願忠誠守義同德論道保理功臣壁上三韓

平　壤　郡　夫　人　趙　　　氏

理兼成均大司成藝文舘大提學上護軍廉　興邦

大功德主忠勤翊戴贊化功臣匡靖大夫門下評

사진 『日本大谷大學 所藏 高麗大藏經』, p.6.

참고 위 印記는 고려 말 해인사에서 대장경을 인출하면서 『법원주림』에 附記된 跋文이다.
같은 내용이 여러 경전에 실려 있으므로, 여기서는 대장경 印記로 제목을 삼는다. 무형문화
재연구실, 『海外典籍文化財調査目錄 日本大谷大學 所藏 高麗大藏經』, 국립문화재연구
소, 2008 ; 박용진, 「고려 우왕대 大藏經 印成과 그 성격」, 『한국학논총』 37, 국민대
한국학연구소, 2012.

32-30 『歐蘇手簡』刊行 기사

전거　千惠鳳, 『韓國典籍印刷史』
연대　禑王 7년(明 洪武 14년, 1381)

저：歐陽修·蘇軾(宋)

기사：洪武十四年辛酉九月日 安東府開刊 … 府使管內勸農兵馬使鄭南晋

참고　千惠鳳, 『韓國典籍印刷史』, 汎友社, 1990, p.128의 註)346. 安東兵馬使鄭南晉擊倭 斬十
　　　六級(『高麗史』卷134, 禑王 7년 5월) ; 배미정, 「구양수와 소식의 척독 모음집 구소수간(歐
　　　蘇手簡)」, 『문헌과 해석』 24, 문헌과해석사, 2003.

32-31 『慈悲道場懺法』刻手 기사

소재　개인 및 계명대
연대　禑王 7년경(1381 : 추정)

저：烏婆索迦汝南 覺明 述

서：新開解註慈悲道場懺法序 … 帶禦器械新知淮安州兼淮東安撫副使 孟璟 述
　　釋新刊註慈悲道場懺法序 … 前川林慈恩普濟敎寺元參習無授沙門 紹傳 科序
　　慈悲道場懺法要略解幷序 … 烏婆索迦汝南 覺明 述

각수：(卷末) 刻覺訥(卷1), 刻淡如(卷2)

사진　『서지학보』 11, p.101. p.165.

32-32 『妙法蓮華經』(戒環解) 刊記

소재 단양 천태불교중앙박물관(보물 제960호)
연대 禑王 8년(壬戌年, 1382)

저: (宋)溫陵開元蓮寺比丘 戒環 解

서: 妙法蓮華經要解序   靖康丁未(1127) 前住福州上生禪院嗣祖沙門 及南 撰

간기: (卷末)
妙法蓮華經卷第七
右法華戒環解舊本字大帙重
難於致遠學者患之久矣釋歇了
志祥有志法供養細書是解易重
爲輕以廣流布盖與月盖比丘
不異矣壽延君實相其事而助
以財者甚衆具錄于后嗚呼一
乘妙法在於經乎在於心乎覽
者無忽靑龍壬戌春三月望前
一日推忠保節同德賛化功臣
三重大匡韓山君領藝文春秋
館事牧隱李穡跋

　　　　壽寧翁主王　　　氏
　　　　壽延君　王　　　珪

金　氏

純誠翊衛功臣重大匡砺(礪)城君宋　壺山

사진　문화유산원문

참고　정왕근·송일기,「동아시아 小字本 法華經의 流通考」,『서지학보』34, 2009.

32-33 『妙法蓮華經』(戒環解) 刊行 기사

소재　미상

연대　禑王 9년(明 洪武 癸亥年, 1383)

저 : 溫陵開元蓮寺比丘　戒環　解

간기 : (卷末)

洪武癸亥春 廉興邦先親薦度 尙聰 韓蕆 金士安 同願

참고　천혜봉,「고려 典籍의 集散에 관한 연구」,『고려시대연구』Ⅱ, 한국정신문화연구원, 2000, p.390.

32-34 『妙法蓮華經』(戒環解) 印記

소재　공인박물관

연대　禑王 9년(明 洪武 癸亥年, 1383)

간기 : (卷末)

妙法蓮華經卷第七

洪武(武)癸亥四月日平壤道法弘山白蓮菴刊

사진 『記錄』, p.101.
참고 앞의 32-31의 重刊本으로, 새로 板刻한 것인가에 대해서는 검토가 필요하다(서지 및
참고사항은 위 참조).

32-35 『佛祖三經』刊記

소재 삼성리움관(보물 제695호), 한솔제지(보물 제1224-1호)
연대 禑王 10년(甲子年, 1384)

간기 : ① (卷末 : 33면)
佛說四十二章經

　　　　　　　　　　　　　　　　　　　　開板
　　　　　　白雲子悟 返源　　　　　　　志喜
　　　　　　志建　　　志林德喜海經志喜省宗
　　　　　　祐勤栬(松)莊 甘磨從　每莊优德四年
　　　　　　金加勿元滿　金得冨 李元忠 道心
　　　　　　檢校中郎將金　文孟莊恩臺小介
　　　　　　　　　金洪漢鄉加伊佯加
　　　　　　　　　　頼

② (卷末)
注潙山警策終
釋志峯與志道覺温施主金氏曰太難者重
刊佛祖三經夾請予跋其尾予觀其書四十二
章也遺教經也潙山警策也立法創制纖毫未
遺成佛作祖正路斯在道上人法施何可量哉

學者目此書如嚴師在上撿身若不及則可矣
如或不然三經亦虛文矣豈不惜哉青龍甲子
十月日　推忠保節同德賛化功臣三重大匡
韓山府院君李　穡跋

사진　문화유산원문 ; 신집성문헌(원각사·통도사 극락암 소장)
참고　合綴本의 서지 및 참고 사항은 앞의 1361년 간행본 참조(31-18 : 이 책, p.436). 1384년
　　　간행본은 앞의 1361년 간행본과 같은 계통이나, 새로 刻板한 것이다. 또한 別本으로
　　　元나라 승려 益大의 跋文(1286년)이 수록된 것이 있다(보물 제1224-2호 범어사 소장,
　　　보물 제1720호 불교중앙박물관(동학사 위탁), 경기도 유형문화재 제301호 고양 원각사).

32-36 白紙墨字 『妙法蓮華經』 卷第七 寫經 跋文

소재　국립중앙박물관
연대　禑王 11년(明 洪武 乙丑年, 1385)

발 :
妙法蓮華經卷第七

　　　　　開城郡夫人金氏特爲
　　　　　先夫朴仲起尊靈斷惑證眞
　　　　　革凡成聖謹捐淨財敬成妙
　　　　　典流通永世作供養普令含
　　　　　靈齊承勝利不滯化城直
　　　　　至寶所者洪武乙丑三月日誌
　　　　　　　　同願散衲[77]　尙愚

사진 『集成』, p.427 ; 『고려사경』, p.100 ; 『한국사경』, pp.249~250.

참고 卷 2·3·5·7만 전함. 洪武 연호는 光宗의 避諱하고자 缺劃된 '洪正'로 나타내는데, 여기서는 실행하지 않은 것이 의문이다. 『集成』, pp.245~246.

32-37 紺紙銀字 『妙法蓮華經』 卷第七 寫經 跋文

소재 이화여대 박물관(보물 제352호)

연대 禑王 12년(明 洪武 19년, 1386)

역 : 三藏法師 鳩摩羅什 奉 詔譯

발 : (卷末)

妙法蓮華經卷第七

　　　　洪正(武)十九年丙寅五月　　日　　羣等

　　　　泥銀書此法華經一部端為奉祝

聖壽萬歲

后妃齊年

儲宮鞏固文正咸寧風調雨順國泰民安禾

　　　　穀豊稔干戈戢息次祈我等與同願

　　　　檀那今世同增福壽後生皆證菩提

　　　　祖考諸靈超生淨界一切有情俱永[78]

　　　　妙利云

　　　　　施主　前□□大夫□□□□館直提學薛群

---

77) 散衲 : 『고려사경』은 '敬衲' 『한국사경』은 '散納'으로 읽었다. 사진을 보면, '散衲'이 뚜렷하며 의미 또한 잘 통한다.

78) 永 : '丞'과 '承'의 異體字로 통용된다.

施主　　　竹山郡夫人全[79]氏

同願　貞淑宅主宋氏

同願　前奉翊大夫礼儀判書　申允恭

化主　覺普

石室雲衲　覺璉　書

사진　문화유산원문 ;『集成』, p.427.

참고　『集成』, pp.246~248 ;『고려사경』, pp.101~102 ;『한국사경』, pp.251~253.

32-38 『文殊師利菩薩最上乘無生戒經』重刊 跋文

소재　통도사(보물 제738호)

연대　禑王 12년(明 洪武 19년, 1386)

간기：(卷末)

文殊師利菩薩最上乘無生戒經卷下

丹丘道人業　恭謹書

右無生戒經三卷

西天指空師所誦以傳之者也資政院使

姜金剛刻板燕京禮安君禹公謀重刊十

餘紙而未竟聖菴賢公畢其功請予跋予

於是深有感焉吾東人性樂竺教而崇信

---

79) 全 :『고려사경』은 ‘金’으로 읽었다.

指空尤篤然獨姜公禹公前後一心而聖
菴師克愶而卒廣其傳是豈偶然哉多生
緣幸不可誣已予乃欣然為之書洪正(武)十
九年夏五月韓山府院君李穡跋

金奉仏(隣)　　志收

사진　문화유산원문
참고　1353년 초간본의 서지 및 참고사항은 31-5 참조(이 책, p.418).

32-39 『太古和尙語錄』序文·跋文

소재　국립중앙도서관
연대　禑王 13년(明 洪武 丁卯年, 1387)

저 : 太古右圓證國師 ; 侍者 雪栖編

서 : (卷頭)
太古和尙語錄序
太古門人將刻其師語錄從韓山李穡求序編端師之出處余
旣筆浮屠銘師之提唱散之群衲歛之一書余何庸贅讀是編
者知太古嗣法石屋爲臨濟十八代孫開堂燕京名動天子爲
師　先朝澤被國人三十餘年淳淳啓迪盖不止筆墨所形而
已也明矣且此道也盖天盖地離相離名況文字語言之有乎
今之營之甚多皆古人之糟粕也特爲弟子者不忍其師之言
行身沒而隨泯餘風不挫於後世而已嗚呼弟子之於其師不
如此奚可哉王師古樗公廣明宏哲峯太古門人之領袖也今

徵序文其致二公之意於稿者門人文軫也

洪正(武)十八年乙丑秋七月日推忠保節同德贊化功臣三重
大匡韓山府院君領藝文春秋舘事李穡序

太古語錄序
學有師友淵源之正乃爲可傳也雖釋氏亦然瞿曇氏歿迦葉
氏得其宗相傳至達磨氏入中國厥後大寂氏一再傳分而爲
五派大圓爲溈仰惠照爲臨濟匡眞爲雲門智藏爲法眼無際
爲洞下而惠照之學獨傳今天下之言禪學者一則曰吾臨濟
也二則曰吾臨濟也可謂盛矣吳僧道原所錄凡一千有七百
家間有吾東人其師友班班可考近世太古盖人豪也橫拈一
錫遊徧江湖至吳興之霞霧山衾見石屋珙禪師目擊妙契及
其告歸授以伽黎所以傳心也石屋即臨濟十八世之嫡孫而
太古之傳得爲大宗焉太古之還國也我玄陵執摳衣之禮甚
盛甚謹太古處之若固有不數月挺身走久之知還舊隱也卓
庵小雪山飯盂蔬盤淡然自守不妄接人一夕示寂設利之異
大有以駭人矣今王師古樗公名粲英其上首也裒集平日
函丈所聞成如千卷題曰太古語錄俾予序之予於太古之學
所不敢知也片言半句未暇研其旨焉第以淵源之正已可以
模楷其徒又其行己本末揆諸其道無可議故書其卷端歸之
噫是錄之傳於世也奚待予言哉奚待予言哉奉翊大夫密直
提學上護軍藝文館提學同知春秋館事京山李崇仁書于所
居之陶隱齋 予爲古樗公作太古語錄序明年朝京師遊天界
寺僧言石屋名動江湖間語錄盛傳于世予雖不得見石屋見
太古此錄則其師友淵源信不可誣也洪正(武)蒼龍丁卯秋七月
二十又七日崇仁識

발：(卷末)

右圓證國師語錄侍者所紀也其譚辯之迅利義理之宏闊有

非俗士所敢擬議因竊伏念

玄陵在位特邀師于小雪山張皇佛事以爲太平之觀今錄中

所載即當日陞座所說也憶與先友金仲賢挾册從僧游師一

見仲賢愛重之余亦因之數往謁焉實至正丙申夏也厥後玄

陵損群臣圓證下世而吾仲賢亦已不幸矣自丙申至今洪正(武)

丁卯盖三十又二年矣今觀此錄不覺悵然純忠保節佐命功

臣大匡門下評理右文館大提學知春秋館事兼成均大司成

鄭夢周跋

사진　국립도서관 원문보기(한古朝21-283) ; 신집성문헌

참고　한국불교전서(H0102). 목판본은 전하지 않으며, 오늘날 유통본은 월정사 소장 筆寫本을
　　　활자로 편집한 것임(普愚 著, 釋雪泗 編, 『太古和尙語錄』, 普濟社, 1940). 단 李崇仁의
　　　서문은 李能和, 『朝鮮佛敎通史』에서 취함(『원문개정 조선불교통사』, 동국대 출판부,
　　　2010, p.444) ; 雪栖 編, 金達鎭 譯註, 『太古錄』, 世界社, 1991 ; 동국역경원 편, 『懶翁和尙
　　　集 ; 太古和尙語錄』, 동국역경원, 1995 ; 최석환, 『석옥·태고 평전』, 차의세계, 2010.

32-40 『川老解 金剛般若波羅蜜經』 重刊 刊記

소재　국립중앙박물관(보물 제1127호), 서울역사박물관(보물 제974호)

연대　禑王 13년(明 洪武 20년, 1387)

간기 : (卷末)

　　　右川老金剛般若經禪宗之指南也晉原君柳珣晉川君姜仁

　　　富同啓于

謹妃傳刻流通

謹妃爲

主上萬萬歲

元子千千秋施財畢功命仁富傳　旨臣穡跋其尾臣穡觀其卷首

　　得長壽得不壞身皆於此經又觀其文虛空之廣恒沙之多亦

　　莫喩此經功德之大信子六百般若之總會也臣雖不知川老語

　　義禪者樂得而參究之因以悟道者輩出則澤及無窮矣不獨

聖上

元子長壽不壞身如響應聲虛空恒沙一切有情悉蒙大利無疑也

　　　敬拜手稽首而題其後洪武二十年秋七月二十五日推誠保節同

　　　德賛化功臣壁上三韓三重大匡領藝文春秋館事韓山府院君臣李穡敬跋

　　　　　　　　　　化主　　　志成　覺毫

　　同願誠勤亮節輔理功臣重大匡晉原君藝文館大提學臣柳　　珣

　　同願端誠翊衛功臣重大匡晉川君臣姜　　　仁富

　　同願同室豊壤郡夫人趙氏　　　妙淨

　　同願厚德府寶馬陪行首左右衛保勝中郎將臣鄭　　　子珇

　　　　　　　　　　　　山人　志淡　　　重刊

　　　　　　　　　　　　　角之　　　書跋

사진　문화유산원문 ;『典籍』, p.100.

참고　초간 간기 및 서지사항은 앞의 23-75 참조(이 책, p.224). 이『川老金剛經』은『梵網經盧舍
　　　那佛說菩薩心地戒品』과 합철된 사례가 있으나(보물 제919호, 아단문고 소장), 본래 별도
　　　로 간행된 것을 합쳐놓은 것이라 한다(국가문화유산포털). 이에 여기서는 검토하지 않는
　　　다. 동국대 도서관 소장본은(D2536, DR213.13 금11ㅊ3) 다른 판본에 위 발문을 붙여
　　　놓은 것이므로 주의해서 살펴야 한다.

32-41 『大方廣佛華嚴經普賢行願品別行疏』 重刊 刊記

소재　국립중앙박물관(보물 제1126호)

연대 禑王 13년(明 洪武 20년, 1387)

저 : 勑大原府大崇福寺沙門 澄觀 述

간기 : (卷末)

　　右行願品別行疏一卷國師幻菴公所藏

謹妃殿下爲

主上萬萬歲

元子千千秋刊板流通而掌行者晉川君姜仁富也仁富傳

旨臣穡跋其尾且曰政堂鄭公權嘗欲刊此疏板既具未就而

　　卒其室韓夫人聞我

謹妃是擧即出板與財以助

上意而凡同願者列名于後如來功德如經所說非筆舌所可

　　盡而能成就者十願而已十願在一心

謹妃之心諸佛證明

主上萬歲

元子千秋至於國土康生類遂則大悲心饒益眾生又可知已

穡於是拜手稽首書其後洪武廿年十月日推忠保節同德賛化

功臣壁上三韓三重大匡韓山府院君領藝文春秋館事臣李 穡敬跋

同願推忠亮節同德補祚佐命功臣壁上三韓三重大匡鉄城府院君臣 李 琳

同　願　同　室　卞　韓　國　大　夫　人優　婆　夷　洪　氏

同願誠勤翊戴佐命功臣匡靖大夫判厚德府事上護軍兼判內府寺事臣李 匡

同願誠勤亮節輔理功臣重大匡晉原君藝文館大提學臣柳 珣

始末掌行端誠翊衛補祚功臣重大匡晉川君臣姜 仁富

同　願　同　室　豊　壤[80]　郡夫　人優　婆夷趙　氏　妙淨

同願端誠佐理功臣奉翊大夫知密直司事商議會議都監事兼判尉衛寺事上護軍臣李茂生

---

80) 壤 : '壞'으로 볼 수 있으나, 엄밀히 살펴보면 '壤'이 맞다.

同願正順大夫密直司左代言進賢館提学知製敎充春秋館修撰官知軍簿司事臣禹洪壽
同　願　政　　堂　文　學　鄭　公　權室敬惠宅主韓　氏
　　化主　覺毫　　　　　　　板留京都金沙寺　角之書跋

사진　문화유산원문 ; 신집성문헌 ; 『典籍』, p.103.
참고　1256년 간행본 重刊本임(앞의 23-74 참조 : 이 책, p.222),『발원』, p.285 ; 임윤경, 「大方廣
　　　佛華嚴經普賢行願品別行疏에 대한 문헌학적 고찰」,『한국불교학』82, 한국불교학회, 2017.

32-42 『大慧普覺禪師書』 刊記

소재　개인(보물 제1662호), 국립중앙도서관
연대　禑王 13년(明 洪武 20년, 1387)

별칭 :『書狀』

저 : (宋)大慧 宗杲 著 ; 慧然 錄 ; 淨智居士 黃文昌 重編

발 : 大慧禪師說法 … 俟更採集 別爲後錄 文昌 謹白 … 乹道二年(1166)

간기 : (卷末)
大慧普覺禪師書

　　宋名儒多從大慧受其指示師隨器大小
　　滿其所求而况其徒乎中厄於師示穸(寂)之
　　時而再興於塔不焚之後然存者什之一
　　二我國普照國師甞以壇經為師書狀為
　　友侍者夢中每見三人會晤自是以来學

者崇信之至今今有志淡^{志淡}覺全者欲廣書狀之

傳以惠後學於是自費而自刻焉非深有

慕於大慧之風者其能若是乎後之有志

禪學者不問緇素因目而得其心則其心

大慧之心也六祖之心也普照故事當遍

在〻簑(叢)林実淡師之教化成熟何可勝數

哉洪正(武)二十年丁卯十月日推誠保節同

德贊化功臣壁上三韓三重大匡領藝文

春秋館事韓山府院君李　穡跋

　　同願

王謹妃

　　端誠翊衛補祚功臣重大匡晉川君姜　仁富

　　幹善山人　志淡　　覺全

　　同願 戒訥　　志祥 志勝 惠明 志宗

　　　　判事李 世珎 軍器少尹金　允寶

사진　문화유산원문 ; 국립도서관 원문보기(古貴1786-39-19)

참고　乾道二年歲次丙戌八月 勅賜徑山妙喜菴刊行(1166년. 중국 刊記로 고려 간기로 보는
　　　것은 착오임). 아라키 겐고 주해, 양기봉 옮김, 『대혜서』, 김영사, 2001 ; 대혜종고 원저,
　　　김태완 역주, 『대혜서장 : 참선은 이런 것이다』, 고양 : 침묵의향기, 2018.

32-43 紺紙金字『妙法蓮華經』寫經 跋文

소재　① 국립진주박물관(卷5) ② 국립중앙박물관(卷6 : 보물 제270호)

연대　禑王 14년(明 洪武 21년, 1388)

역：姚秦三藏法師鳩摩羅什奉 詔譯

발 : ①(卷末)

妙法蓮華經卷第五

　　　　施主奉翊大夫典工判書致仕盧　有麟

　　　②(卷末)

妙法蓮華經卷第六

　　　洪武二十一年戊辰四月　日　寫成

　　　　施主奉翊太夫典工判書致仕盧　有麟

사진　①『金龍斗翁 蒐集文化財』, p.169. ② 문화유산원문. 『集成』, p.428.

참고　① 卷5는 斷簡임. 國立中央博物館, 『金龍斗翁 蒐集文化財 歸鄉特別展圖錄』, 通川文化
社, 1994 ;『集成』, p.249 ;『고려사경』, pp.101~102 ;『한국사경』, pp.254~255.

32-44 白紙墨字『金剛般若波羅密經』·『妙法蓮華經』觀世音菩薩普門品 ·『一乘法界圖』附「表訓大德發願文」寫經 跋文

소재　공주 岬寺

연대　禑王 14년(明 洪武 21년, 1388)

발 : (卷末)

　　　比丘峻菴　心坦　特爲

　　　亡母李氏離苦海生極樂之願辦紙筆緣敬寫
　　　　　　　　　　　　　普門品
　　　金剛般若經阿弥陁經普賢行願品法界圖發願

　　　文兩面一百部欲廣其傳於千万年永垂化緣

　　　廻玆勝利上祝

　聖壽萬年　伏願

　　　亡母李氏速出三界隨念迢生極樂國土面覩

弥陁如來得悟無生親受記莂　次願

助緣施主及隨喜人兼我己身普泊法界有緣无
緣者各自灾消罪滅福集壽延生生世世修般
若智行普賢道速成滿果惟願
十方三寶　證明斯願令得滿之
洪正(武)十一年五月初吉日誌

사진　『禪學』 46, p.81.

참고　갑사 대웅전 소조보살입상 불복장임. 兩面 寫經. 前面에 『金剛經』이(折半 분량) 後面에
　　　나머지 經文이 筆寫됨. 昭明太子 32分. 발문에 보이는 『阿弥陁經』과 『普賢行願品』은
　　　찾아지지 않음. 문상련(정각), 「갑사 소조보살입상 腹藏 백지묵서 사경 고찰 試論 − 일승법
　　　계도와 표훈대덕발원문을 중심으로」, 『禪學』 46, 2017.

32-45 『選粹集』序文

전거　李穡, 『牧隱文藁』 卷9
연대　禑王代(1375~1388)

저 : 金祉

서 : 選粹集序
類書以代孔氏法也故上古之書目曰虞書夏書商
書周書類詩以髀亦孔氏法也故侯國之詩目曰風
天子之詩曰雅曰頌孔氏祖述堯舜憲章文武刪詩
書定禮樂出政治正性情以一風俗以立萬世大平
之本所謂生民以來未有盛於夫子者詎不信然中
灰於秦僅出孔壁詩書道缺泯々焚々至于唐韓愈
氏獨知尊孔氏文章遂變然於原道一篇足以見其

得失矣宋之世宗韓氏學古文者歐公數人而已至
於講明鄒魯之學黜二氏詔萬世周程之功也宋社
既屋其說北流魯齊許先生用其學相　世祖中統
至元之治胥此焉出嗚呼盛哉吾友金敬叔慨然嘆
曰文中子續經法論語幾於僭越論者亦嘗未減是
以不揆淺陋編輯舊聞以贄□□□□□□□□至
于今凡若干家詩文有開(關)於風化性情者若干篇釐
爲若干卷某官某又來曰金敬叔仕不得行其志老
且至矣雖吾亦爲之悲焉幸而博求典章叢爲一錄
先生名之曰周官六翼又集古今詩文若干卷先生
又名之曰選粹集選取昭明粹取姚鉉其義則選其
粹也選則粹粹則選所以歎美其作者也所以歆動
其學者也願先生仍賜一言冠諸篇端予不獲讓自
敍之曰穉少也游中原聞縉紳先生之論曰文法漢
詩法唐未知其所以也既入翰林天下大亂母且老
掛冠而歸誤爲　玄陵所知奉職救過不能專志所
得一二亦皆消磨殆盡今觀敬叔樹立卓卓如此寧
不泚顙雖然是集也傳則予序之傳也可知矣序之
傳也名之傳也予何讓焉異日冊中國文章著爲一
書者法孔氏魯誓費誓魯頌商頌之例或取一二篇
置之篇末則其幸大矣予何讓焉

참고　逸失本. 고전DB원문이미지 :『牧隱文藁』卷9, 選粹集序 ; 허흥식,「金祉의 選粹集·周官
六翼과 그 가치」,『奎章閣』4, 1981 ;『고려의 문화전통과 사회사상』, 집문당, 2004.

32-46 『周官六翼』序文

전거　李穡, 『牧隱文藁』卷9
연대　禑王代(1375~1388)

저 : 金祉

서 : 周官六翼序

國於天地間代天行事者曰天子代天子分理所封
者曰諸侯位有上下勢有大小截然不可紊易之所
以有履也然天地交而成泰否則否矣求其所以通
上下之情定大小之分答天命修人紀則不過稽諸
古而已孔子刪書斷自唐虞今讀二典猶夫　其時
也命官之際都俞諧讓其所以用人也詳其所以自
處也審其致鳳儀獸舞之理宜矣三代損益雖各異
軌時而已道罔不同周官周禮職方之書粲然可攷
秦官惟古是去惟己是尊周制於是蕩然矣漢興因
秦志古者雖有弗歉之嘆亦將如之何哉雖然孔子
嘗曰禮云禮云玉帛云乎哉樂云樂云鐘鼓云乎哉
然則制度之古不古非所急也奉天理物隨時創制
扶綱常廣風化如斯而已矣我東方國於唐堯戊辰
歲世理世亂分爲三國至于　太祖受天明命始克
一之四百有餘年矣官制因革亦且屢矣職林之書
未有秉其筆者是以居官者因仍歲月得代即去至
有問其官守則曰吾未之知也問其祿則曰吾受祿
若干今已若干年矣嗚呼不曰虛設吾不信也比年
多苦以來糧斛甲兵則別置局選能者以主之典理
之黜陟百司軍簿之約束諸衛版圖之出納財賦典

法之平決刑獄禮儀之朝會祭祀典工之工匠造作
考工之都曆都官之私人視爲故事而已至於百司
庶府能探設官之故而力行者蓋寡金君敬叔深慨
其然以六房爲綱各以其事疏之爲目俾居官者咸
有所遵守思盡其所當爲力不足則勉而及之不但
如前日之苟去而已焉敬叔之用心厪矣既成篇將
刻之梓鎭陽林希閔以君之言問名於僕且求序予
喜之深也題其目曰周官六翼略述其所以命官之
義以告在位君子庶幾上不負國家下不負敬叔云

참고　逸失本. 고전DB원문이미지 :『牧隱文藁』卷9, 周官六翼序 ; 허흥식,「金祉의 選粹集·周
　　　官六翼과 그 가치」,『奎章閣』4, 1981 ;『고려의 문화전통과 사회사상』, 집문당, 2004 ; 花
　　　村美樹,「周官六翼と其の著者」,『京城帝國大學法學會論文集』12-3·4 合輯, 1926.

32-47 『栗亭先生逸藁』序文

전거　李穡,『牧隱文藁』卷8
연대　禑王代(1375~1388)

저 : 尹澤

서 : 栗亭先生逸藁序
文章外也然根於心心之發關於時是以誦詩者不
能不有感於風雅之正變焉叔世章句日趍于下無
怪乎正音之不復作也幸而有孤鳳之鳴于鳥群又
其聲隨風而去去益遠而餘音不可得接矣嗚呼悲
哉栗亭先生以雄偉之器通春秋攻蕭選文章於是

焉出先生之座主益齋先生屢稱公之文有古氣然
今所錄止此何哉公之老于錦嘗失火屋廬煨燼文
書隨之盡唯孫紹宗耳聞目覩而已先生之婿曰起
居郞許渥善屬文其子曰操軍簿摠郞知製敎今爲
全羅按廉使將刊是集俾予序予少也師事先生起
居公又擊予蒙紹宗爲吾門生揆諸義在所不辭故
直書如此若夫先生出處大致有國史在玆不贅云

참고　逸失本. 고전DB원문이미지 :『牧隱文藁』卷8, 栗亭先生逸藁序 ; 邊東明,『高麗後期 性
　　　理學 受容 硏究』, 一潮閣, 1995 ; 김갑동, 「윤택의 생애와 금산」,『역사와 담론』90, 湖西史
　　　學會, 2019.

32-48 『印空吟』跋文

전거　李穡,『牧隱文藁』卷13
연대　禑王代(1375~1388)

저 : 無學(自招, 溪月軒)

발 : 題溪月軒印空吟
超無學普濟高弟也溪月軒其所居也印空吟其所
著也普濟自号江月軒而江之會碼溪也月之照夫
豈有所離合也哉所謂印空吟亦豈形迹之可尋穡
也嘗有慕焉無學游燕京見普濟普濟極口讚歎以
爲出言吐句如箭鋒相拄一口吞却賓主句將身透
過佛祖關遂以法語衣物表信普濟旣寂無學方以
其道爲師於雲水萬衲之間離名離相應物無跡則

溪也月也雖若有形迹存焉至於捉之不可得則印
空也明矣夫空非空也萬物之所從出也物之出也
空之用也非佩祖師之印者疇能印其印哉後之讀
是集者其無拘於聲律之工不工是道也非言可盡
非名可表其亦印空而已矣空可以形色辯耶

참고　逸失本. 고전DB원문이미지 : 『牧隱文藁』 卷13, 題溪月軒印空吟.

32-49 『妙法蓮華經』(戒環解) 刊行 緣起 기사

소재　김천 직지사(보물 제1306호)
연대　禑王代(1375~1388)

서 : 妙法蓮華經要解序　前住福州上生禪院嗣祖沙門　及南　撰(靖康丁未 : 1127)

저 : 姚秦三藏法師鳩摩羅什奉　詔譯. 溫陵開元蓮寺比丘　戒環　解.

연기 : (卷1, 變相圖 左側段)
特為亡耦王杲[81]仙駕超生淨土之願侑畫變相鋟梓流通者施主鄭氏

사진　문화유산원문
참고　이 책은 조선왕조 1405년에 成達生 형제가 선친의 명복을 빌고자 조성한 것으로, 그
　　　글씨를 성달생이 직접 써서 효도의 의미를 더하였다(卷7의 跋文). 그런데, 변상도에는
　　　위처럼 王杲의 부인 정씨가 그의 영가를 극락으로 천도하고자 변상도를 새겨 유통한다는
　　　발원을 담고 있다. 이런즉, 이 책은 두 사람 혹은 두 집안이 협력하여 간행한 것이 된다.

---

81) 杲 : 목판본에는 杲으로 나타나는데, 아마도 缺劃을 한 것 같다.

그렇지만, 발문에는 이들의 관계를 언급하는 내용이 없다. 또한, 성달생 집안의 가계를 살펴보더라도, 왕씨 혹은 정씨 집안과 혼인관계를 맺은 사실이 찾아지지 않는다. 따라서 이들의 관계는 별도로 보아야 하겠다.

이 책은 분명 고려에서 조성된 판본을 보고서, 성달생이 글씨를 새로 쓴 것이다. 하지만 그가 변상도까지 새로 그림을 새긴 것은 아니다. 이 경우 변상도는 이전의 판본을 그대로 사용하거나 다른 이가 새겼을 것인데, 그 과정에서 문구가 생략되지 않고 그대로 수용된 것 같다. 그 까닭은 脚註에 설명된 것처럼 亡者 王某의 이름에 缺劃이 보이기 때문이다. 조선 왕조에서 王氏들은 왕족이 아니므로 결획할 이유가 없다. 따라서 이 변상도의 기사는 고려시대에 조성한 목판본에 실린 모습 그대로를 전하는 것으로 보아 무리가 없다. 연대는 우왕대에 『妙法蓮華經』(戒環解)가 다수 조성되는 사례에(위의 32-32~34 : 이 책, pp.528~530) 비추어 가늠해 볼 수 있다. 그리고 '亡耦王'을 '亡禑王'으로 보는 것은 잘못이다.

〈표 18〉 禑王代(1375~1387) 刊記 未詳의 저술 목록

제목	저자	내용(典據)
『三寶一鏡觀』	千熙(1307~1382)	嘗著三寶一鏡觀若干卷行于世(「彰聖寺眞覺國師大覺圓照塔碑」)

제33대 昌王 王昌(재위 1388~1389)

33-1『診脈圖訣』編撰 기사 및 跋文

전거 ①『太祖實錄』卷14, 太祖 7년 8월 己巳 ②『陶隱集』4, 診脈圖誌
연대 昌王 원년(明 洪武 己巳年, 1389)

저 : 藝文提學 鄭道傳

기사 : ① 戊辰年 移藝文提學 作胗脈圖訣(1388 : 鄭道傳 卒記)

발 : ② 診脈圖誌
醫書未易讀醫術未易工予持此論久
矣世之醫家者流讀未能句其書則曰
吾於術工也者盖有之予病此輩亦久矣
國家設十學科作成人材醫其一也提
調官三峯鄭藝文以爲醫當切脉無差
然後處方有效考諸家之說爲圖以疏
其凡爲訣以盡其曲題曰診脉圖俾予
誌其下方予於醫頗嘗折肱焉今此書
詳而不至於繁簡而不至於略學者觀
之當有得於肯綮之間矣若由是而無
書不讀無術不工則在其人矣勉旃勉

旃洪武歲在己巳秋七月既望陶隱道
人李崇仁識

참고　逸失本. 고전DB원문이미지 :『陶隱集』4, 診脈圖誌. 이숭인 지음, 이상현 옮김,『도은집』,
　　　　한국고전번역원, 2008.

33-2 白紙墨字『妙法蓮華經』寫經 跋文

소재　국립경주박물관(보물 제315호, 안동 廣興寺 위탁)
연대　昌王 元年(明 洪武 22년, 1389)

저 : 姚秦三藏法師 鳩摩羅什 奉詔譯

서 : 妙蓮華経弘傳序　　終南山釋道宣述

발 : (卷末)
妙法蓮華經卷第三

　　　　　優婆夷張氏妙愚謹發誠心書寫經用薦先亡
　　　　　父母及一切有情同入一乘者洪武廿二年己巳九月　日誌

사진　문화유산원문 ;『고려사경』, p.104 ;『한국사경』, pp.256~257.
참고　卷1과 卷3만 전함.『集成』, p.251.

33-3 『藏乘法數』 重刊 刊記

소재 삼성리움관(보물 제703호)

연대 昌王 원년(己巳年, 1389)

간기 : (卷末)

數六藝之一也昌書之出而天地萬物不知

遁其情況人事乎大藏者佛書叢錄也

其名數也不勝其繁學者患之宜西菴

之有是編也

無學大師重刊功畢求余跋余觀卷首吾

座主圭齋先生之序筆法完然如侍其側

無說伯敬有儀皆我友也想其平生如與

之譚笑今皆不可復得是以不暇論其數

學姑志余之所感云蒼龍己巳九月日韓

山君李穡跋

사진 문화유산원문 ; 신집성문헌(동국대 도서관 소장)

참고 1355년 初刊本의 飜刻本임. 동국대 소장본을 보면, 당시 사용된 明나라 연호 '洪正(武)'를 사용하고 있다. 이는 두 책이 달리 인쇄된 것임을 알려준다. 주의하여 살필 필요가 있다. 서지와 참고사항은 앞의 31-8 참조(이 책, p.422).

제34대 恭讓王 王瑤(재위 1389~1392)

34-1 白紙金字『大方廣佛華嚴經普賢行願品』外 寫經 跋文

소재 동국대 박물관
연대 恭讓王 2년(明 洪武 23년, 1390)

발 : (卷末)

右華嚴法華諸佛本宗萬法根柢(柢)然其是
法以智立体以行成德過去如來皆修普
賢廣大行願成就萬德普度群生未來學
者當修是行頓超三界得無生忍釋^{積順
高山}
敬恭華嚴普賢行願結同萬人皆證深入
解脫境界特成大寶蓮經七軸及造彌勒
上下生經以廣流通判書姜^{遇春}及與四等
有緣檀那信而事共助以財者深衆具錄
于后嗚呼一乘大願在於經乎在於心乎
行人無忽你　伏祈
聖帝萬歲 ∖
君壽千秋都民咸樂洪正(武)二十二⁸²⁾庚午三月日高山^{拜
題}

---

82) 二 : 庚午年의 干支로 보아 三의 잘못이다.

사진   신집성문헌 ;『고려사경』, pp.103~104 ;『한국사경』, pp.258~259.

참고   앞부분이 逸失되어 제목을 약칭으로 표기함. 變相圖에 "罽賓國三藏般若譯經相, 普賢爲
　　　諸菩薩及善財" 등의 기사가 있음.『集成』, pp.250~251. 발문 내용으로 보아,『妙法蓮華經』
　　　과 彌勒上·下生經 곧 彌勒三部經도 함께 조성되었음을 알 수 있다.

34-2 『妙法蓮華經』(戒環解) 印記 ① ②

소재   ① 예산 수덕사 ② 서울 관문사(보물 제962호)

연대   恭讓王 元年(明 洪武 23년, 1390)

인기 : ① (卷末 : 筆寫)

　　　　　　　北宗名德信昻久仰斯典欲成

　　　　　　　未暇忽因假寐被攝在舟向吳越纏

　　　　　　　脫難更遇一小舟再看前所執者甚惶怖

　　　　　　　計無逃地不覚思前日未成法華之事釋

　　　　　　　然而覺何寤寐欣戚之不同乃吾心淸

　　　　　　　濁之所感故以罄捨衣資印成粧飾流傳

　　　　　　　後代續

　　　　　　　佛慧用祝

　　　　　　　聖壽無疆民生得所先亡考妣法界迷倫

　　　　　　　皆蒙此善無滯化城直列宝所者洪正(武)卄三年

　　　　　　　五月日跋

　　　　　　　　　　同願前中顯大夫書雲正張仁順

　　　　　　　　　　　谷 州 郡 夫 人 康 氏

　　　　　　　　　　　　　　比丘　惠朦

　　　　　　　　　　　　　　印粧　惠元

　　　　　　　　　　　　　　背畫　達生

施主前晋陽判官金 　 □

居昌郡夫人刘(劉) 　 氏

柳 　 霖

金 　 氏

前郎將金 　 宗裕 李氏

同願錦州郡夫人金 　 氏

사진 　 ① 『淨土學硏究』 30, p.191. ② 문화유산원문

참고 　 印記 ①은 수덕사 무이당 소조여래좌상 불복장임(문상련(정각), 「수덕사 塑造 여래좌상 腹藏 典籍類 고찰」, 『淨土學硏究』 30, 2018). 두 책은 高宗 27년(1240) 晉陽公 崔怡가 발원하여 조성한 목판을 가지고, 다시 인출한 것이다. 또한 두 책 모두 최이의 跋文 뒤에 종이를 연결하여 여러 장의 공백을 두고 있는데, 시주자들의 발원을 기록하려 한 듯하다. 따라서 서로 비슷한 시기에 조성된 것이 아닐까 생각한다. 이에 수덕사 소장본 의 跋文으로 미루어 두 인기를 함께 수록한다. 더욱 서지 및 참고사항은 앞의 23-30 참조(이 책, p.176).

34-3 『禮記集說殘』 刊行 기사 및 跋文

소재 　 고흥박물관(卷1~2), 규장각(卷4~6)

연대 　 恭讓王 3년(明 洪武 24년, 1391 : 추정)

별칭 : 『禮記箋』

기사 : 洪武二十肆年玖月 慶尙道觀察使安翊 進重刊陳澔集說 禮記殘

(『淸芬室書目』 卷第三, 禮記 殘本 七卷 三冊)

발 :

進重刊陳澔集說禮記箋

臣翊言臣聞五經皆垂世立敎之大典
而禮之用爲急古先帝王莫不由之以
興至理伏以云云以神聖之資復祖宗
之統夙興夜寐礪精求理原臣碩輔同
寅協恭凡所制作動法禮經游學之士
亦欲傳習顧惟善本世不多有項臣受
命南來臣金子粹閔安仁體國家美意
以陳澔集說一部囑臣刊行移文尙州
俾之鋟梓牧使臣李復始等董事惟謹
閱五月而功告成臣竊觀經文有曰道
德仁義非禮不成敎訓正俗非禮不備
分爭辨訟非禮不決君臣上下父子兄
弟非禮不定班朝理軍莅官行法非禮
嚴威不行禱祠祭祀供給鬼神非禮不
誠不莊大哉言乎聖人所以爲萬世敎
可謂盡矣然則是經豈可一日離於心
目哉雖然臣又觀毋不敬三字爲一經
之冠此乃堯之敬明舜之溫恭禹之祗
德湯之聖敬日躋文王之小心翼翼聖
人相傳之心法也自古以來社稷之安
危生靈之休戚君子小人之進退消長
天命人心之去就離合實係乎君心敬
與不敬暫焉之頃矣伏望云云潛心聖
經機務之決一於敬燕閒之居一於敬
盛德理功無愧古先臣不勝至願云云

참고 李仁榮, 『淸芬室書目』; 金成俊 編, 『鶴山李仁榮全集』 3, 國學資料院, 1998(影印本), pp.201~202. 발문은 고전DB원문이미지 : 『陶隱先生文集』 卷5, 表箋, 進重刊陳澔集說禮記箋. 연대는 尙州牧 官衙가 洪武 庚申年(1380)에 倭寇의 노략질로 소실되었다가, 庚午年(1390)에 牧使 李復始가 다시 세웠다는 權近의 記事로 미루어(『新增東國輿地勝覽』 卷28, 慶尙道 尙州牧 樓亭 風詠樓), 1391년으로 추정된다. 박문열, 「尙州牧 刊行의 高麗版 禮記集說에 관한 硏究」, 『서지학연구』 75, 2018.

〈표 19〉 恭讓王代(1389~1392) 刊記 未詳의 저술 목록

제목(연대)	저자	내용(典據)
『新定律』 (4년 1392)	鄭夢周 (1337~1392)	二月 甲寅 守侍中 鄭夢周進所撰 新定律王命知申事 李詹進講 凡六日 屢嘆其美 謂侍臣曰 此律 須要熟究刪定 然後可行於世也 苟不熟審 一切判付 恐有可刪之條也 法律一定 不可變更 講至以樂人倡妓爲室者 杖八十離異 政曹外敍用 乃曰 世實多有此等人 深嘉納之(『高麗史』 卷46, 恭讓王 4년)

時期 未詳 Ⅳ : 고려 후기 下(1351~1392)

IV-1 紺紙金字『佛說大報父母恩重經』寫經 跋文

소재　日本 京都市 寶積寺
연대　고려(14세기)

발 : (卷末)
四恩以濟三有與諸迷倫同入
毗盧圓滿海中耳
(背面 : 卷末)
四恩下濟三途廣益有情之耳

사진　『集成』, p.444.
참고　『集成』, p.291 ;『高麗佛畵』, 奈良 : 大和文華館, 1978.

IV-2『自警序』序文

소재　국립중앙도서관
연대　고려 말기

저 : 野雲述(覺牛, 夢岩道人)

서 : 野雲自警序

主人公聽我言幾人得道空門裡汝何長
輪苦趣中汝自無始已來至于今生背覺
合塵墮落愚痴(癡)亘造衆惡而入三途之苦
輪不修諸善而沉四生之業海身隨六賊
故或墮惡趣則極辛極苦心背一乘故或
生人道則佛前佛後今亦幸得人身正是
佛後末世嗚呼痛哉是誰過歟雖然汝能
反省割愛出家受持應器着大法服履出
塵之徑路學無漏之妙法如龍得水似雨(虎)
靠山其殊妙之理不可勝言人有古今法
無遐邇人有愚智道無盛衰雖在佛時不
順佛教則何益縱值末世奉行佛教則何
傷故世尊云我如良醫知病設藥服與不
服非醫咎也又如善導導人善道聞而不
行非導過也自利利人法皆具足若我久
住更無所益自今而後我諸弟子展轉行
之則如來法身常住而不滅也若知如是
理則但恨自不修道何患乎末世也伏望
汝須興決烈之志開特達之懷盡捨諸緣
除去顚倒眞實爲生死大事於祖師公案
上宜善叅究以大悟爲則切莫自輕而退
屈惟斯末運去聖時遙魔强法弱人多邪
侈成人者少敗人者多智慧者寡愚痴者
衆自不修道亦惱他人凡有障道之緣言
之不盡恐汝錯路故我以管見撰成十門
令汝警策汝須信持無一可違至禱至禱
　頌曰

愚心不學增憍慢　空腹高心如餓需
痴意無修長我人　無知放逸似顚猿
邪言魔語肯受聽　善道無因誰汝度
聖敎賢章故不聞　長淪惡趣苦纏身

사진　국립도서관 원문보기 :『發心修行章』(古1788-21-46), 13~16면.

참고　1563년 간행본에 의함(嘉靖四十二年癸亥夏孟月日全羅道綾城地雙峯寺開刊). 연대는 저
　　　자 野雲이 공민왕대에 활동한 懶翁惠勤의 제자인 점에서 미루어 추정. 誠初心學人文·發
　　　心修行章·皖山正凝禪師示蒙山法語·蒙山和尙法語略錄 등도 함께 간행되었는데, 처음
　　　부터 갖추어진 체계인지는 알 수 없음. 지눌·원효·야운·의상 지음, 조기영 옮김,『初發心
　　　自警文』, 지식을 만드는 지식, 2009.

IV-3 白紙金字『妙法蓮華經』寫經 跋文

소재　경주 기림사
연대　고려 말기

발 : (卷末)
妙法蓮華經卷第七
同願高天胥
施主金天富夫妻
覺源　馬沙
趙忠夫妻
寫經前東華寺主法大師

참고　『集成』, p.339(제2판). 경주 기림사 비로자나불 불복장이나(보물 제959호), 零本이어서
　　　지정되지 않음. 사진자료도 알려지지 않음. 朴相國,「祇林寺 昆盧遮那佛腹藏 高麗寫經」,

『초우 황수영박사 고희기념 미술사학 논총』, 1988 참조.

IV-4 『佛說長壽滅罪護諸童子陀羅尼經』 印記

소재　경주 기림사(보물 제959-2-20호)
연대　고려 말기

별칭 : 佛說長壽滅罪經

역 : 罽賓國沙門佛陁波利　奉詔譯

인기 : (卷末)
佛說長壽滅罪護諸童子陁雖尼經
　　　　　　　　　　施主前中郎將李　諧施
財印出披覽結般若緣者　同願全氏
　　　　　　　　　化主比丘　　　　宗信

사진　문화유산원문
참고　기림사 소조비로자나불복장임.

IV-5 『三韓詩龜鑑』 編撰

소재　규장각. 日本 國會圖書館
연대　고려 말기

저 : 拙翁崔瀣批點　石磵趙云仡精選

사진　규장각 원문보기(가람古 811.3-J569s) ;『三韓詩龜鑑』, p.405.

참고　1566년(明宗 21) 重刊本에 의함(嘉靖丙寅冬順天府重刊). 규장각 소장본은 筆寫本임. 刊記는
　　　없으나, 편찬 사실이 명백하므로 수록하였다. 金甲起 譯註,『三韓詩龜鑑』, 이화문화출판사,
　　　2002(影印本 수록) ; 김건곤,「三韓詩龜鑑 研究」,『정신문화연구』31, 한국학중앙연구원,
　　　1986 ; 김대중,「三韓詩龜鑑 소재 崔瀣의 평점비평 연구」,『한국문화』61, 규장각, 2013.

IV-6　白紙銀字 『地藏菩薩本願經』 寫經　跋文

소재　동국대 박물관
연대　고려 말기~조선 초기

발 : (卷末)

地藏菩薩本願經卷中

　　　大施主金旲(興)孝兩主
　　　大施主李浩兩主

景重山	金斤
吾存	洪仲連
張智	方孝成
薛春守	全奉
金繼夏	田內隱同
金得尙	金吾个(介)知
金得非	李甘未
高仁守	李悟
李未同	車宝
金仲夫	林仲夫
方春	万公
從山	楊生

宣自義　　姜臣春

黃元万　　趙仲守

覺招　　　刘(劉)乙明

義惠　　　於乙明

金性卜　　社長林山

洪臣明　　乃修

金吾乙未　尚悟

宋無京　　彐庀

車得林灵(靈)駕　崔戒南

林桂中　　金石孫

姜自德

趙五竜(龍)

者斤非

熟(熟)希

只每

池八同

万松

李從罙(實)

者斤阿只

李金斤

金性木(等)

張山守

毛老只

終今

印毛知里

印長守

貴德

吳邑加伊

者个知

刘巨金

石非

崔若生

黃懷只

哲非

獅子

金生灵駕

金漢

夫貴

欣加伊

韓永孫

朴陽守

刘有敬

金守剛

사진　신집성문헌 ;『集成』, p.443 ;『고려사경』, p.164.

참고　『集成』, pp.285~289 ; 황수영, 「안성 청룡사의 고려 寫經」,『동양학』5, 단국대 동양학연구
　　　소, 1975.

〈표 20〉고려시대 刊記 未詳의 저술 목록

제목(연대)	저자	내용(典據)
『三和子鄕藥方』(고려)	三和子	嘗有三和子鄕藥方頗爲簡 要論者猶病其略(『東文選』卷91, 序 鄕藥濟生集成方序)
『簡易方』(고려 말기)	徐贊	曩日今判門下權公仲和 命徐贊者 尤加蒐輯 著簡易方 其書尙未盛行于世(『東文選』卷91, 序 鄕藥濟生集成方序)
『鄕藥惠民經驗方』(고려 말기)	미상	令習鄕藥惠民經驗方*(『太祖實錄』卷3, (朝鮮) 太祖 2년)

＊　이 기사는 朝鮮 太祖 2년(明 洪武 26년, 1393) 正月 乙亥에『鄕藥惠民經驗方』을 익히게 한 사실이다(全羅道按
　　廉使金希善報都評議使司曰 外方無通曉醫藥者 乞於各道遣醫學敎授一員 每於界首官 置一醫院 選聚兩班
　　子弟 以爲生徒 擇其識字謹厚者 定爲敎導 … 敎授官周行講勸 定屬採藥丁夫 以時採取藥材 依方劑造 有得病
　　者 隨即救療). 이로 미루어 이 책은 이미 고려시대에 존재한 사실을 명확히 알 수 있다.

* 考異⑨ 『高麗國師道詵傳』 撰述

전거 『釋王寺誌』
소재 국립중앙도서관
연대 고려 말기(추정)

저: 高麗沙門 宏演(然) 撰

사진 국립도서관 원문보기(釋王寺誌 : 古1702-6-61-1)
참고 1806년 간행(嘉慶十一年 丙寅夏弘板 景昕書)『釋王寺誌』에(海源 編) 의함. 여기에 위 제목으로 도선국사의 전기가 실려 있으며, 그 끝에 저자를 宏演으로 밝혀 놓았다. 이 기사에 대해 수긍하는 경향이 없지 않다. 하지만, 굉연의 활동과 관련하여 여러 기사를 접한 편저자로서는 정밀하게 살펴본 뒤, 판단하길 권한다.

* 考異⑩ 『大乘起信論義記』 印記

소재 국립중앙박물관(보물 제1663호)
연대 고려 말기(추정)

저: 西大原寺沙門 法藏 述

인기: (卷頭·卷末)
　　　奉為
　主上三殿下壽萬歲

사진 문화유산원문
참고 상중하 가운데 中卷은 逸失. 인기는 각 권의 앞과 뒤 모두에 筆寫되어 있음. 그런데,

위와 같은 印記의 표현은 주로 조선시대에 나온다. 고려시대의 판본으로 볼 수 있다 하더라도, 조선왕조의 어느 시기에 어떤 보시를 받아 써 넣은 것이 아닌가 한다.

廻向

　책머리에 실어놓은 선생님의 원고는 600자 원고지에 정리해 놓으신 것 가운데 하나다. 25년 만에 살펴보니, 복사잉크가 산화되어 선생님의 글씨만 뚜렷하다. 세월의 흐름이 실감되는데, 너무도 늦어졌다. 참으로 안타깝다. 원고를 살펴보면, 한 차례 이상의 수정을 하였다. 새로운 연구 성과와 사진 자료를 통해 계속 정리하셨음에 틀림없다. 아마도, 1970년대 중반부터 하나씩 작성해 놓으신 것을 계속해서 정리하신 듯하다. 이런 속에서 선생님은 1985년도에 서강대학교를 떠나 한림대학교로 자리를 옮기셨다. 하지만, 그즈음에 몸이 잠시 힘들게 되셨고, 그래서 원고 정리를 더이상 못하게 되지 않으셨나 싶다.

　1995년도 대학원 수업을 계기로 나는 간기자료를 集成하고자 노력하였다. 선생님께서 맡긴 것도 아니지만, 사상사를 연구하려던 나에게는 매우 흥미로운 것이어서, 발표 준비와 더불어 틈틈이 자료를 수집하였다. 이 수업에서 선생님은 나에게 『보협인다라니경』을 검토케 하셨다. 그 내용을 살펴보니, 내가 전에 공부했던 그 유명한 『무구정광대다라니경』과 같은 성격의 造塔功德經이었다. 그래서 이를 대조하고 또 탑을 조성한 신라와 고려를 비교해가면서 발표하였고, 崔永禧 선생님 고희논총에 실었다. 그리고 『護法論』을 발표하였고, 10년 전 즈음에 논문으로 완성 게재하였다. 선생님으로부터 대학원 수업을 받으면서, 나의 연구에 중요한 영향을 미친 것은 석사논문의 주제인 『三國遺事』 속의 僧傳과 더불어 바로 이 刊記 자료였다. 전자가 역사를 잘 살필 수 있는 眼目을 일깨워 주었다면, 후자는 그러한 결과물을 일목요연하게 살피고 정리할 수 있게 도와주었다. 이러고 보면, 본 자료집은 그 완성의 결과물이 되겠다.

　刊記 정리를 본격적으로 시작한 것은 2010년 이전으로 기억되는데, 도무지 가늠되지 않는다. 이전에 모아 놓은 자료를 중심으로, 古書目錄을 두루 살피면서 자료들을 입력하여 놓고 때로는 그 내용을 살피게 되었다. 일이 많이 진행된 가운데, 우연히 인터넷에 여러 자료들이 입력되어

있음을 알게 되었다. 아! 컴퓨터를 쓰면서도 우물 안 개구리였다. 이로써 간기를 힘들게 입력하는 일을 조금은 덜 수 있었다. 그래도 사진자료를 확보하여 판독하고 誤·脫字를 校勘하는 것은 쉽지 않았다. 사진 자료들의 해상도가 낮아 정확한 판독이 어려웠기 때문이다. 이런 속에서 眼科 진료를 받게 되었는데, 앞으로도 계속 받아야 한단다. 다행히 근래에 들어와서는 공공기관에서 제시하는 사진자료의 해상도가 개선되어 확대가 가능해지면서, 틀린 것을 바로잡게 되었다. 민중들의 성실한 납세로 이루어진 결과다.

한편 千惠鳳 교수님의 『韓國典籍印刷史』(汎友社, 1990)와 南權熙 교수님의 『高麗時代 記錄文化 硏究』(淸州古印刷博物館, 2002)의 출판이 일찍이 이루어졌음에도, 그 사실을 認知하지 못한 것 또한 아쉬운 일이었다. 여기에는 사진자료들이 잘 소개되어 있다. 그래서 자료 수집에 소요되는 시간과 눈의 피로를 덜 수 있었는데, 안타까운 일이었다. 외국에 있는 자료들은 張東翼 교수님의 『日本古中世高麗資料硏究』(서울대출판부, 2004)를 비롯한 세 자료집을 통하여 檢證할 수 있었다. 세 분의 저술을 통하여 누락된 것을 찾아낼 수 있었다. 學恩에 감사드린다. 더불어 佛腹藏으로 佛像 속에 잠들어 있던 불경들이 발견되고, 개인의 소장품들이 세상에 나오면서 거듭 새 자료들이 추가되었다.

이런 과정을 거치며 간기 자료는 풍성해졌고, 자연 많은 역사적 사실을 담게 되었다. 대부분이 기존의 歷史書에 없을 뿐더러, 덕망 높은 高僧이나 儒學者들의 文集에 없는 글들이 찾아졌다. 제도사를 살필 수 있는 것, 사회사를 엿볼 수 있는 것 등등이 나왔다. 더욱, 고려사의 흐름도 살펴졌다. 이런 점에서 본 자료집은 앞으로의 고려시대사 연구에 많은 도움을 주리라 믿는데, 사상사 자료로만 여겨졌던 편저자의 생각 또한 어리석었음도 알게 되었다. 모쪼록 연구자들이 잘 살펴서 훌륭한 연구 성과를 내어 증명하여 주길 바란다.

선생님의 안목과 학문이 다시 느껴지는 가운데, 탁월한 연구와 뛰어난 논문 지도가 이루어진 까닭을 겨자씨만큼 알 것 같다. 끝으로, 정리와 교정을 거치면서, 얻은 지식 두 가지를 적어본다.

고려시대의 전적을 보면 간혹 연호가 기록되지 않는 시기가 나온다. 중국 왕조의 교체시기로, 宋金·金元·元明 등의 교체기에 뚜렷하다. 그런데, 이를 지나쳐 간혹 고려의 귀중한 문헌을 연대 미상으로 보고 방치하는 사례가 나타난다. 의도치 않게 평가 절하된 셈인데, 주의할 일이다.

우리에게 널리 알려진 『金剛般若波羅蜜經』을 보면, 중국에서 들어온 母本을 가지고 새로 새긴 것이 다수 있다. 이를 오늘날의 판본과 비교해보면, 몇 가지 다른 사실이 찾아진다.

宋代에 일어난 쟁점의 하나로 '則卽'을 들어 본다. 『金剛經』의 내용에 則卽이 2 : 1의 비율로 자주 나오는데, 唐代부터 새겨진 판본은 물론 高麗大藏經 판본에도 똑같이 나온다. 이를 '則卽本'이라

해본다. 이에 반하여 則을 即으로 모두 바꾼 '全即本'이 나온다. 明나라 永樂帝 朱棣가 1423년에 간행한 『金剛般若波羅蜜經』(集註本)에서 살필 수 있다. 그런데 고려에서는 그보다 앞서 恭愍王代에 2종이 간행된다. 그중 하나에 대해 海東의 全州人이 편찬 간행한 것이라 보기도 하는데, 착오이다. 中國의 母本을 바탕으로 重刊한 것이다. 중국에서의 간행사정을 알기 어려운 점이 있지만, 고려의 사례 보다 앞선 '全即本'이 중국에서 간행된 것은 알려지지 않은 실정이다. 어떻든, 이후 朝鮮은 물론 중국에서 간행되는 판본들은 점차로 '全即本'이 한 줄기를 이루면서 오늘에 이른다. 한편, 고려에서 간행하여 宋나라에 전해진 高麗本으로 '全則本'이 있었다. 고려의 太子 王謜을 避諱하고자 即을 則으로 바꾼 것으로, 중국에서 是非의 쟁점이 되기도 하였다. 하지만, 현재까지 찾아진 사례는 없다.

宋代에 벌어진 또 다른 쟁점으로 '應云何住'와 '云何應住'가 있다. 鳩摩羅什의 譯本을 보면, 善現起請分第二에 '應云何住'가, 究竟無我分第十七에 '云何應住'가 나온다. 이는 唐代로부터 이어져 오늘날에도 그대로 이어지고 있다(편의상 '應云何住本'이라 이름 한다). 그런데, 이 모두를 '云何應住'로 새긴 판본이 나오는데, 대체로 川老解를 담은 것에서 살펴진다(편의상 '云何應住本'이라 이름 한다). 문제는 산스크리트어판본을 보면 두 문장이 똑같다는 것이다. 그런데, 누가 옳고 누가 그른지 단언하기 어렵다. 前者를 주장하는 쪽에서는 경전의 취지를 크게 誤導하는 사례로서 後者를 비판하고 있기 때문이다. 더욱 흥미로운 것으로 후자를 주장하는 쪽에서 '全即本'이 나온다는 점이다. 이는 明나라의 중원 진출과 후자의 후원세력이 관련이 있음을 傍證하는 것인데, 중국불교사에서 밝혀줄 일이다.

이 같은 변화의 과정을 거친 오늘날의 『金剛經』은 어떠할까? 편저자가 살핀 것으로 한정되겠지만, 대부분이 '全即本'으로서 '則即本'은 스물에 하나 둘 정도였다. 이에 반하여, 善現起請分第二의 '云何應住'는 '則即本'에서 사용한 '應云何住本'으로 바뀌었다. 이는 中國 流通本에서도 마찬가지로 확인된다.

因緣을 놓으며

간기 자료의 정리는 2000년 초부터 시작하고자 마음먹었다. 그런데, 고대사 공부를 같이하자는 연구자들의 제안에 잠시 미루게 되었다. 하지만, 나와 다른 한 사람을 제외하고 책임감들이 없었다. 결국 쓸모없는 모임에 여러 해를 소모했다. 더욱 선생님께서 돌아가신 이후에는 사람들의 무리한 글쓰기 요청에 시달렸다. 사실 그즈음은 나의 몸도 편치 않은 때여서 글을 쓰기 어려운 형편이었다. 그래서 어떤 것은 준비를 하고도 해주지 못했다. 그렇지만, 글을 주었는데도 또 거절한다고 하여 서운하다고 말하는데 참으로 힘들었다. 先公後私라 해서 공동의 일을 우선하였는데, 사람들은 그러지 않았다. 결국 이들은 나의 학문과 진로에 많은 부담을 가져다주었다.

2010년을 전후로 나는 '나 곽승훈'의 독자적인 연구에 매진하고자 다짐하였다. 그래서 외부의 요청은 내가 연구하는 주제에 맞지 않으면 사양하였다. 나의 연구도 간기 정리도 이루기 어렵기 때문이다. 이렇게 하여 연구와 간기정리에 다시 매진하였지만, 도중에 생계 문제로 인해 중단된 것이 한 3년 남짓 된다. 또 파일 관리를 잘못하여 반복한 것으로도 1년 남짓 시일을 소모하였다. 책이 전하지 않는 간행 기사는 수록했다가 다시 도표로 만들고 또 삭제하기를 반복하였다. 마침내 자세한 간행 연기가 들어 있는 것은 드러내고, 제목만 전하는 것은 도표로 정리하여 마무리 지었다. 낱장으로 이루어진 다라니 자료도 넣고 빼고를 반복하다가 수록하였다. 책의 장정·경전에 실린 진언 등도 연구에 참고가 될 것 같아 수록하였으나, 자칫 혼동의 염려가 있어 삭제하였다. 막바지에 이르러서는 책의 제목을 본래 취지가 담긴 '간기자료집성'으로 다시 바꾸고자 하였다. 하지만, 이상하게도 주저되었고, 며칠을 고심하는데도 좀처럼 고쳐지지 않았다. 결국 마지막 정리를 하면서는 '전적자료집성'이 옳다고 보아 그대로 두었다. 참으로, 至難한 작업이었다.

자료집을 내고자 했을 때, 처음에는 2년 정도면 되리라 생각했다. 하지만, 사경 자료를 추가하고,

간행 연기와 기사 등을 추가하면서 점차 지체되었다. 자료집을 빨리 완성해야 한다는 마음이 앞장서면서, 논문은 물론 친구들과의 만남까지 자연 뒤로 미루었다. 지난해 7월 친구 이연이 갑작스레 갔다. 지난해 초부터 부쩍 만나서 한 잔 기울이며 얘기 나누자 했고, 나도 그러자 했었다. 원고를 정리하는 중간에 서울 올라가는 일이 있었지만, 자료집이 끝나면 마음 편히 만나고자 연락하지 않았다. 간기를 마무리하는 일만 남았기 때문이다. 그런데, 그 시간이 생각처럼 곧바로 끝나지 않다보니, 결국에는 만나지 못했다. 먼저 갈 것이라 그리 보자고 했던가? 저 세상에 먼저 가서 나에게 선배노릇 하려나. 똑똑한 친구였는데, 사람들은 그를 끌어주지 않았다. 그가 순수한 때문이다. 그런 그가 몇 개월이 지난 새벽꿈에 똑똑한 후배에 대해 얘기를 했는데, 의아하다. 참으로 안타깝고 서운하다.

　온갖 일을 뒤로 하고 매달린 마지막 정리에만도 한 해를 훌쩍 넘겼는데, 출판 과정도 험난하다. 인문학 관련 전공서적들의 유통량이 현저히 줄면서, 출판사들이 경영난을 겪고 있는 것이 요즈음의 현실이란다. 더욱 본 자료집은 글자의 획을 간략히 한 異體字 외에도 멋을 담은 行書와 草書의 일부는 사전에조차 나오지 않는 僻字들이 다수 찾아졌다. 이런 때문에, 좋은 출판사와 편집진을 찾는 것도 적지 않은 부담이 되었는데, 다행히도 도서출판 혜안에서 이를 흔쾌히 받아주었다. 오일주 사장님과 김태규 실장님을 비롯한 편집실 여러분 모두에게 감사드린다.

　자료집이 마무리 되면서, 그동안 얽혀 왔던 인연들을 놓아야겠다는 생각이 부쩍 들고 있다. 많은 사람을 만나며, 도움 받고 도움도 주었다. 그러나 나에게 피해를 주는 것도 적지 않았다. 『金剛般若波羅蜜經』에 '以今世人輕賤故 先世罪業則爲消滅 當得阿耨多羅三藐三菩提'라 하였는데, 요원하다. 전생에 악업을 많이 행하였나 보다. 좋았던 것도 서운한 것도 모두 번뇌가 되었다. 이제 그 모두를 놓고자 한다. 그리고 보니, 거실에 걸려 있는 족자에 그 답이 있잖은가?

　　청산이 말하지 않으니, 창공에 티가 나지 않고
　　사랑도 미움도 놓으니, 성냄도 탐욕도 사라지네
　　물처럼 바람처럼 무소의 뿔처럼, 혼자서 가라

　자료집 정리 후 전국을 유람하리라 생각했다. 가을 단풍이 물들은 때가 좋겠다고 했는데, 문밖의 은행잎이 낙엽으로 뒹굴던 것이 언제였던가? 어느덧 겨울을 넘어 목련이 꽃망울을 터트리더니 바야흐로 녹음의 냄새가 짙어간다. 그런데, 세상은 전염병으로 시끄러워 오고가지 마란다. 오랫만에 집 뒤의 계족산에 오른다. 길가의 비둘기 모이를 줍고 참새들 재잘거리는 모습이 여전한 속에서,

봉황정에 올라 탁 트인 광경 속의 시내를 바라본다.

    원고가 교정되는 와중에 거처를 보문산의(儒城縣 동남쪽) 끝자락에 있는 옛 집으로 옮겨 왔다. 이 산은 보물이 묻힌 보물산이라고도 하나, 관음보살의 성지인 普門示現의 普門山이 맞는 것 같다. 조선 후기 호서의 유림들이 보문산을 普門山·普文山으로 混用하다가 마침내는 寶文山으로 기록하는 것에서 생각해 볼 수 있다. 이를 鷄足山(懷德縣)과 함께 미루어 보면, 대전의 주변지역이 예전에는 불보살이 지켜주는 聖地였던 듯하다. 그러한 이곳에서 중생들의 간절한 발원이 담긴 자료집이 나오게 된 것은 우연이 아닐 것이다. 생각도 잠시, 문득 다시 해가 넘어 간다.

2021년 봄의 길목에서
곽 승 훈 씀

찾아보기

2. 일반

편저자 곽승훈(郭丞勳)

서강대 문학사, 한림대 문학박사
제7회 지훈상(국학부문, 2007) 수상

연구논저
『통일신라시대의 정치변동과 불교』(국학자료원, 2002)
『최치원의 중국사 탐구와 사산비명 찬술』(한국사학, 2005)
『신라 고문헌 연구』(한국사학, 2006)
『신라 금석문 연구』(한국사학, 2006)
『지리산권 불교자료 1_ 刊記편』(공편, 심미안, 2009)
『한국금석문집성』 12(공역저, 한국국학진흥원, 2012)
「『殊異傳』의 撰述本과 傳承 연구」(『진단학보』 111, 2011)
「고려 말 환암 선사의 『호법론』 간행 배포와 그 영향」(『한국민족문화』 40, 부산대 한국민족문화연구소, 2011)
「고려시대 운문사 창건연기의 변천과 역사적 의의」(『한국사학사학보』 30, 2014)

고려시대 전적자료집성

곽 승 훈 편저

초판 1쇄 발행 2021년 2월 28일

펴낸이 오일주
펴낸곳 도서출판 혜안

등록번호 제22-471호
등록일자 1993년 7월 30일

주소 04052 서울시 마포구 와우산로 35길 3(서교동) 102호
전화 02-3141-3711~2 / 팩스 02-3141-3710
이메일 hyeanpub@hanmail.net

ISBN 978-89-8494-657-6   93910

값 50,000 원